Benjamin Bardé / Eduard Bolch (Hrsg.)

Wagnis Psychoanalyse

Die Herausgeber:
Benjamin Bardé, Dr. phil., Soziologe und Psychologe, Psychoanalytiker (DGPT) in eigener Praxis, Gruppenanalytiker (DAGG) und Supervisor (DGSv). 1984-1989 wiss. Mitarbeiter am Institut für Psychoanalyse der J. W. Goethe-Universität Frankfurt a. M., 1989-2001 wiss. Mitarbeiter am Sigmund-Freud-Institut Frankfurt a. M. Publikationen zur Psychokardiologie, Behandlung und Prozessforschung.

Eduard Bolch, Diplom-Soziologe, Diplom-Psychologe, Psychoanalytiker (DPV/IPA) in eigener Praxis. Veröffentlichungen zu Theorie und Praxis der Psychoanalyse.

Benjamin Bardé / Eduard Bolch (Hrsg.)

Wagnis Psychoanalyse

Reflexionen über Transformationsprozesse

Geleitwort von
Margarete Mitscherlich-Nielsen

Beiträge von Benjamin Bardé, Josef Dantlgraber,
Alf Gerlach, Hans-Peter Hartmann, Horst Kipphan,
Anne Laimböck, Marianne Leuzinger-Bohleber,
Joseph D. Lichtenberg, Friedrich Markert,
Thomas Müller, Udo Porsch, Hermann Pius Siller,
Helmut Thomä, Ruth Waldeck,
Hans-Volker Werthmann, Sylvia Zwettler-Otte

Brandes & Apsel

Sie finden unser Gesamtverzeichnis mit aktuellen Informationen
im Internet unter: www.brandes-apsel-verlag.de
Wenn Sie unser Gesamtverzeichnis in gedruckter Form wünschen,
senden Sie uns eine E-Mail an: info@brandes-apsel.de
oder eine Postkarte an:
Brandes & Apsel Verlag, Scheidswaldstr. 22, 60385 Frankfurt a. M., Germany

1. Auflage 2012
© Brandes & Apsel Verlag GmbH, Frankfurt a. M.
Alle Rechte vorbehalten, insbesondere das Recht der Vervielfältigung und
Verbreitung sowie der Übersetzung, Mikroverfilmung, Einspeicherung und
Verarbeitung in elektronischen oder optischen Systemen, der öffentlichen
Wiedergabe durch Hörfunk-, Fernsehsendungen und Multimedia sowie der
Bereithaltung in einer Online-Datenbank oder im Internet zur Nutzung
durch Dritte.
Umschlag: Franziska Gumprecht, Brandes & Apsel Verlag, Frankfurt a. M.
DTP: Caroline Ebinger, Brandes & Apsel Verlag, Frankfurt a. M.
Druck: STEGA TISAK, d.o.o., Printed in Croatia
Gedruckt auf säurefreiem, alterungsbeständigem und chlorfrei
gebleichtem Papier.

Bibliografische Information Der Deutschen Nationalbibliothek:
Die Deutsche Nationalbibliothek verzeichnet diese Publikation in der
Deutschen Nationalbibliografie; detaillierte bibliografische
Daten sind im Internet über http://dnb.ddb.de abrufbar.

ISBN 978-3-86099-897-7

Inhalt

Margarete Mitscherlich-Nielsen
Geleitwort   11

Benjamin Bardé / Eduard Bolch
Wagnis Psychoanalyse   15

Teil 1
Psychoanalyse an der Universität,
psychoanalytische Ausbildung und Lehre

Marianne Leuzinger-Bohleber
Psychoanalyse an der Universität
Einige persönliche Reflexionen   24

Helmut Thomä
Psychoanalytische Ausbildung –
eine utopische Vision ihrer Zukunft   48

Anne Laimböck
Die psychoanalytische Selbsterfahrungsgruppe
im Rahmen von Lehre   77

Ruth Waldeck
Ohne Berührungsängste
Psychoanalytische Supervision
an der Frankfurter Universität in den 1970er Jahren   92

Teil 2
Grundlagen und Konzepte

Joseph D. Lichtenberg
Verfügen Neugeborene und Säuglinge über Bewusstheit? 108

Alf Gerlach
Peter Kutters Segmenttheorie der Gruppe –
ein eigenständiger Beitrag
zu Gruppenpsychotherapie und Gruppendynamik 116

Udo Porsch
Psychosomatische Triangulierung, Basiskonflikt
und der Kampf um den Körper
Kutters Beitrag zu einer psychoanalytischen Psychosomatik 122

Teil 3
Klinische Beiträge

Hans-Peter Hartmann
Empathie und Intuition 134

Josef Dantlgraber
Bedeutungsbildungen durch »musikalisches Zuhören« 150

Friedrich Markert
Der Handlungsdialog
Gedanken zur Abstinenzregel
und zur psychoanalytischen Identität,
dargestellt an der Fallgeschichte einer Übertragungsliebe 168

Benjamin Bardé
Paroxysmales Vorhofflimmern, der Tod, die Liebe
und die Entstehung des Neuen 195

Thomas Müller
Enactment in der Psychosentherapie   253

Horst Kipphahn
Die Inszenierung der Sexualsymptomatik
im Auftakt des Erstinterviews   275

Sylvia Zwettler-Otte
Eine ergänzende Überlegung zu Winnicotts Konzept
des Einfrierens einer verfehlten Situation   287

Teil 4
Geschichte in der Gegenwart

Hans-Volker Werthmann
Fahrenbergs Wiederentdeckung
von Wilhelm Wundts Interpretationslehre
und Freuds Beschäftigung mit Wundt in *Totem und Tabu*   302

Hermann Pius Siller
Existentielle Bürgschaft und Trauma   312

Die Autorinnen und Autoren   325

(Foto: Barbara Klemm, mit freundlicher Genehmigung)

Peter Kutter gewidmet

Margarete Mitscherlich-Nielsen

Geleitwort

Nach vielen Auseinandersetzungen, die durch das heute weltweit anerkannte Engagement Alexander Mitscherlichs in den Nürnberger Prozessen begründet war, erhielt er gegen zahlreiche gesellschaftliche Widerstände im August 1965 einen Ruf an die Johann Wolfgang Goethe-Universität in Frankfurt am Main. Nachdem er den Ruf im Februar 1967 angenommen hatte, wurde der Lehrstuhl Mitscherlich mit der Venia Legendi für »Psychologie, insbesondere Psychoanalyse und Sozialpsychologie« eingerichtet. Alexander Mitscherlichs große Vorlesung in der regelmäßig überfüllten Aula der Universität wurde damals zu einem ergreifenden und prägenden Ereignis für viele Studierende der ganzen Universität.

In einer wechselvollen Geschichte, zu der besonders die Umstrukturierungen anlässlich der damaligen Hochschulreform gehörten, gelang es durch unsere guten Beziehungen zum Kultusministerium, noch weitere Professorenstellen für Psychoanalyse einzurichten, die dann zu einem Institut für Psychoanalyse zusammengefasst wurden. Dieses bestand im Fachbereich Psychologie neben dem Institut für Psychologie und dem Institut für Pädagogische Psychologie. Im Institut für Psychoanalyse war eine Professorenstelle durch den langjährigen Universitätsassistenten von Alexander Mitscherlich, Enno Schwanenberg, bereits besetzt. So blieben noch zwei weitere Professorenstellen völlig neu zu besetzen mit Personen, die nicht dem konventionellen deutschen akademischen Milieu, auf das Alexander Mitscherlich nicht gut zu sprechen war, verpflichtet waren und zugleich über das Charisma, aber auch über die Standfestigkeit verfügten, die neue Aufgabe zu übernehmen, die Psychoanalyse an einer Universität zu vertreten. Die besondere Brisanz, dass ein Institut für Psychoanalyse in einem Fachbereich für Psychologie eingerichtet werden musste, lag darin, dass die deutsche Psychologie sich ursprünglich als »Wehrmachtswissenschaft« konstituiert hatte. Die erste Diplom-Prüfungsordnung stammt aus dem Jahre 1944. In den 1960er Jahren setzte die Studentenbewegung, gerade in Frankfurt, große Erwartungen in die aufklärerische und emanzipatorische Kraft der Psychoanalyse.

In dieser Situation wurde Alexander Mitscherlich auf Peter Kutter aufmerksam, der 1972–1974 am Institut für Sozialpädagogik und Erwachsenenbildung der Freien Universität Berlin als Assistenzprofessor den Studienschwerpunkt »Arbeit mit Gruppen« aufgebaut hatte. Er war bereits ausgebildeter Psychoanalytiker und konnte seine Erfahrungen mit Gruppen später an der Universität in Forschung und Lehre auf originelle Weise weiterentwickeln.

Peter Kutter beschreibt sein Leben in seiner »Selbstdarstellung« als eine Gesamtbewegung »aus der Enge in die Weite« und als eine »Kette von Befreiungen«, von denen ein Glied das Zusammentreffen mit Alexander Mitscherlich und seine Berufung an das Institut für Psychoanalyse am 5. Februar 1974 gewesen war. Gewiss war es eine kritische Geisteshaltung und die Liebe zu einem erweiterten, offenen Welthorizont, was Alexander Mitscherlich und Peter Kutter verbunden hat.

Ich hielt mich mit meinem Mann, der von 1972 bis 1973 am Center for Advanced Studies in the Behavioral Sciences at Stanford University die Gelegenheit zu einem »Sabbatical Year« wahrnahm, in Palo Alto auf und ich erinnere mich gerne an den Besuch von Peter Kutter, an seine natürliche und spontane Art und vor allem daran, wie wir in gemeinsamen Unternehmungen die Weiten San Franciscos erkundet haben. Seitdem standen wir uns näher und hatten auch, wie Peter Kutter in seiner Selbstdarstellung erwähnt, persönliche Fragestellungen, die mit Problemen seiner vorhergehenden Lehranalyse verknüpft waren, analytisch mit recht positiven Auswirkungen besprechen können.

Sicherlich wurde die Bedeutung der Psychoanalyse am Institut für Psychoanalyse an der Universität dadurch gestärkt, dass weitere Psychoanalytiker auf Professorenstellen berufen wurden. Ende 1974 begann Hans-Volker Werthmann seine Tätigkeit am Universitätsinstitut. Hermann Argelander folgte meinem Mann 1977–1985 auf dessen Lehrstuhl nach, der sich nun aber nicht mehr auf »Psychologie, insbesondere Psychoanalyse und Sozialpsychologie« bezog, sondern nur noch auf »Psychoanalyse« im Fachbereich Psychologie. Er bot zusätzlich zu den von Peter Kutter initiierten und unter den Studenten sehr beliebten Kompaktseminaren »Selbsterfahrung in Gruppen« weitere originelle Projekte wie etwa dasjenige der »Beratung unter Supervision« für Psychologie-Studenten im zweiten Ausbildungsabschnitt an, von denen später nicht wenige Psychoanalytiker wurden.

Peter Kutter hat über 20 Jahre (1974–1994) seine Professur mit Engagement und einer unermüdlichen Schaffenskraft und Kreativität ausgefüllt und damit die ursprünglich an ihn gerichteten Erwartungen und Hoffnungen im Geiste meines Mannes Alexander Mitscherlich erfüllt.

Sicherlich durchlief das Institut für Psychoanalyse über die Jahrzehnte zahlreiche Transformationen, so wie sich die gesamte Universität in epochaler Weise

Geleitwort

 SIGMUND-FREUD-INSTITUT
Ausbildungs- und Forschungsinstitut für Psychoanalyse

6 Frankfurt am Main, den 14.1.1972
Myliusstraße 20
Telefon 72 92 45
-mo

Direktor:
Prof. Dr. Alexander Mitscherlich

Herrn
Dr. med. P. Kutter

7000 S t u t t g a r t   80
Brenntenhau 20

Lieber Herr Dr. Kutter,

in großer Eile drängt es mich aber doch, Ihnen wenigstens in äußerst komprimierter Form alles Gute zum Neuen Jahr zu wünschen und zur gleichen Zeit Ihnen zu gratulieren zu den vielfältigen Aussichten, die sich Ihnen bieten. Was das Thema "Arbeit mit Gruppen" betrifft, so könnte ich Ihnen am Fachbereich der Psychologie hier in Frankfurt einen Lehrauftrag für dieses Thema schon im nächsten Semester besorgen, ich wäre sogar glücklich, wenn Sie dieses Angebot annehmen wollten. Dieser Wissensbereich wird im Augenblick an der hiesigen Hochschule überhaupt nicht gelehrt. Nach einem Jahr oder vielleicht schon nach einem Semester könnte man gewiß den Lehrauftrag in eine Professur verwandeln.

Dies nur als Anregung und zum Bedenken. Ich finde, Berlin ist doch ein wenig weit ab, auch wenn man in Flugminuten denkt.

Mit herzlichem Gruß

Mitscherlich

verändert hat, was auch die Stellung der Psychoanalyse, deren Weiterentwicklung und Generativität nicht nur an der Universität einschneidend verändert. Das ist ein Prozess, der uns allen gegenwärtig ist und der sich auch in den Beiträgen dieses Bandes widerspiegelt.

Die Psychoanalyse hat heute in Gesellschaft und Wissenschaft einen schweren Stand: Sie muss sich in der Forschung, in der Ausbildung und im Austausch mit den Nachbardisziplinen behaupten und bewähren. Dabei ist es eine wichtige Aufgabe für die nachfolgenden Generationen, dass die Psychoanalyse weiterhin an der Universität repräsentiert ist und auf internationaler Ebene neue Formen findet, in denen sie sich, im Sinne von Jürgen Habermas, als paradigmatische Emanzipationswissenschaft, deren Ziel die Auflösung von Selbsttäuschungen ist, lebendig erhalten und weiterentwickeln kann. Sie soll nicht aufhören, so wie zu Alexander Mitscherlichs Zeiten, zu aktuellen Fragen ihre Stimme zu erheben.

Wagnis Psychoanalyse

In ihrem Geleitwort erinnert Margarete Mitscherlich-Nielsen daran, wie Psychoanalyse unter den Bedingungen der Nachkriegszeit in Deutschland institutionalisiert wurde. Sich zu erinnern war zu dieser Zeit ein Wagnis, und dies im gesellschaftlichen Kontext anzubieten und anzumahnen hatte durchaus auch negative Folgen. Sich dem zu stellen erforderte Mut und Durchsetzungsvermögen. Die besondere Rolle, die Alexander Mitscherlich dank seiner Verdienste dabei spielte, hebt sie ebenso hervor, wie die Einmaligkeit, die in der Schaffung eines eigenen Institutes mit seinen drei Professorenstellen bestand. Zu dieser Gruppe gehörte auch Peter Kutter, auf den Alexander Mitscherlich aufmerksam geworden war.

Ihm zu Ehren haben sich in diesem Band 17 Autorinnen und Autoren versammelt, die sich aus ganz unterschiedlichen Perspektiven heraus – klinischen, theoretischen, wissenschaftsgeschichtlichen und religionsphilosophischen – mit Psychoanalyse reflexiv auseinandersetzen. Alle rekrutieren sich aus dem Kreis der ehemaligen Studenten, Doktoranden und Kollegen aus dem In- und Ausland. Sie alle ehren damit einen Psychoanalytiker, der über zwei Jahrzehnte als Hochschullehrer an der Johann Wolfgang Goethe-Universität in Frankfurt am Main – genauer: am Institut für Psychoanalyse im Fachbereich Psychologie – gemeinsam mit Hans-Volker Werthmann und Hermann Argelander, Studenten der Psychologie Psychoanalyse vermittelte.

Gleichzeitig war Peter Kutter als Lehranalytiker der DPV und IPA an der Aus- und Weiterbildung der nächsten Generation von Psychoanalytikern beteiligt und hat in Lehre und Forschung wesentlich dazu beigetragen, die ihm wichtigen Fragen wissenschaftlich zu beantworten.

Diese Fragen tauchten in ganz verschiedenen Bereichen auf. Es ging ihm um das Verhältnis von Leib und Seele, um eine Modifikation psychosomatischer Konzepte, was *Udo Porsch* in seinem Beitrag über Peter Kutters Basiskonflikthypothese erläutert.

Die in seiner Berliner Zeit gesammelten Erfahrungen in der Arbeit mit Gruppen bildeten einen weiteren Schwerpunkt seiner wissenschaftlichen Arbeit. Er entwickelte einen für die Universität völlig neuen Ansatz, den Studenten der Psychologie Psychoanalyse nicht nur über Bücher und Texte zu vermitteln, sondern ihnen in Form von Selbsterfahrungs- und Supervisionsgruppen einen lebendigen Zugang zur Psychoanalyse als Erkenntnismethode zu eröffnen. *Anne Laimböck* beschreibt diese Innovation des »Kompaktseminars: Selbsterfahrung in Gruppen« und deren spätere Anwendung in Innsbruck und Shanghai. *Ruth Waldeck* berichtet als ehemalige Studentin, wie wichtig für sie diese Erfahrung mit einem nahbaren Psychoanalytiker gewesen ist.

Alf Gerlach würdigt in seinem Beitrag die von Peter Kutter entwickelte »Segmenttheorie« der Gruppe, in der er auf dem Hintergrund jahrelanger Erfahrungen seine theoretischen Überlegungen, insbesondere zur Gruppenanalyse, systematisierte. Eine weitere, für Peter Kutter wichtige Frage war die nach den Auswirkungen der Teilnahme an diesen Gruppen auf die empathische Kompetenz der Teilnehmer.

Kutter war auch mit zentralen Konzepten des Verständnisses von Menschen und der psychoanalytischen Behandlung von Patienten beschäftigt: Hierher gehören besonders seine Veröffentlichungen über »Die Haltung des Psychoanalytikers« und seine vielen Publikationen über die Selbstpsychologie. All diese Fragen wurden sowohl mit den Mitteln der Hermeneutik, als auch mit denen der empirischen Methodik beforscht. Diesen Ansatz nannte Peter Kutter den »zweidimensionalen Ansatz«. Die Resultate dieser Forschungen sind unter dem Titel »Psychoanalytische Interpretation und empirische Methoden« veröffentlicht. Damals stellte dieser Ansatz ein Wagnis dar, ging es doch vielen Kollegen mehr um die »klassische« oder »orthodoxe« Psychoanalyse. Das Wort »klassisch« lässt sich im Gesamtregister von Freuds Werk nur in Verbindung mit »klassisches Altertum« finden; das Wort »orthodox« wird man vergeblich suchen. Freuds Auffassung, dass Psychoanalyse einen unabschließbaren Korpus von jeweils auf den neusten Stand gebrachten Erkenntnissen bilde – diese ein »Work in Progress« sei – konnte sich viele Jahrzehnte nicht behaupten.

Paradigmatisch knüpfen *Joseph Lichtenbergs* Forschungen über die Frage, mit welchen Stadien und Formen frühester Bewusstheit wir rechnen müssen, an Freuds Auffassung zu dem Projekt seiner Psychoanalyse an. Für therapeutisches Handeln ist es entscheidend, ob wir unser Gegenüber als Wesen in einer z. B. »autistischen« Grundverfassung denken, ohne Resonanzkapazitäten, oder ob wir unser Gegenüber auf der Grundlage der neuesten Forschungsbefunde als Wesen betrachten, das schon in frühesten Entwicklungsstadien über eine genuine Bewusstheit von sich und seinen Objekten verfügt. Insofern verweist Lichtenbergs Aufsatz auf den innigen und notwendigen Zusammenhang von Behandlungspraxis und Forschungspraxis.

Einem ähnlichen Schicksal, wie es Freuds Auffassung von Psychoanalyse widerfuhr, waren auch jene Überlegungen ausgesetzt, in denen er – einem Paradigmenwechsel im eigenen Denken gleich – die Traumdeutung als »Königsweg zum Unbewussten« der »Regel« unterordnete, »immer das zu nehmen, was dem Kranken zunächst in den Sinn kommt« (Freud, 1911e). Damit setzte Freud einen deutlichen Akzent zu Gunsten einer wachen, unvoreingenommenen Zuwendung zu dem, womit der Patient jeweils beschäftigt ist. Denn wenn sich ein Analytiker, aus welchen Motiven auch immer, an das Primat der Traumdeutung, in normativer Einstellung an die »Klassik« oder eine fraglos gewisse »Orthodoxie« hält, läuft er Gefahr, darüber jeglichen Kontakt zu seinen Patienten zu verlieren. Dieser Aspekt fand immer mehr Beachtung. So schreibt etwa Landis (2001): »Die Psychoanalyse hat es bei diesem dialektischen Beziehungsmodus mit dem logischen Problem einer reflexiven Intersubjektivität zu tun. Diese ist dadurch bestimmt, dass beide Partner wechselseitig im Anderen bei sich sind und die Fremdheit des Anderen als je auch eigene Fremdheit anerkannt werden kann.«

Die Bestimmung des Verhältnisses vom Gebot der Abstinenz als Schutz vor Missbrauch und dem Gebot des im Persönlichen gebundenen professionellen Engagements als Schutz vor einem als grausam empfundenen, nicht antwortenden Objekt ist eine Grundlage der Psychoanalyse. An die Stelle ideologischer Auseinandersetzungen ist mittlerweile bei Vielen ein verständiger, an den Grundregeln des wissenschaftlichen Diskurses orientierter Austausch getreten. Ganz in diesem Sinne spricht sich Charles Hanly, der gegenwärtige Präsident der Internationalen Psychoanalytischen Vereinigung (IPA), energisch dafür aus, Fragen, die sich aus der therapeutischen Praxis, der mit ihr verbundenen empirischen Forschung, aber auch allgemein ergeben, etwa Fragen der Institutionalisierung und der Selbstorganisation, nicht länger dogmatisch oder ideologisch zu erörtern, sondern sich ihrer im Klima eines offenen und strukturierten Diskurses über die Wissensbestände humanwissenschaftlicher Disziplinen zu vergewissern.

Helmut Thomäs Aufsatz »Psychoanalytische Ausbildung – eine utopische Vision ihrer Zukunft« schildert in seiner historischen Rekonstruktion der Ausbildung die negativen Folgen einer Jahrzehnte wirksamen dogmatisch-orthodoxen Einstellung. In seiner Neubewertung des analytischen Ausbildungssystems spielen sowohl die vollkommene Freiheit in der Gestaltung der Selbstanalyse, als auch die Einbindung in Verpflichtungen, die durch wissenschaftliche Forschungsstandards gegeben sind, eine ausschlaggebende Rolle. Er geht sogar so weit, den Fortbestand der Institutionen der Psychoanalyse für den Fall in Frage zu stellen, dass diese beiden Kriterien in der Ausbildungspraxis künftig nicht angemessen anerkannt und umgesetzt werden.

An diese Sorge knüpft auch der Beitrag von *Marianne Leuzinger-Bohleber* an. Sie reflektiert den zurückliegenden Bedeutungsverlust der Psychoanalyse im Bereich der Hochschulen und entwickelt eine Strategie der Anpassung an bestehende internationale Forschungsnetzwerke, in denen sowohl sozial konsensfähige als auch drängende Problemstellungen finanziell abgesichert anwendungsbezogen erforscht werden können. Unabhängig von den damit notwendig verbundenen unerwünschten Folgen scheint ihr nur so ein Überleben der Psychoanalyse als einer Wissenschaft möglich zu sein.

In diesen komplexen Kontexten von Untergang und Überleben geraten Fragen der Geltungsbegründung – gilt das, was behauptet wird, wirklich? – und der Gegenstandskonstitution – welche Setzungen, z. B. das »dynamische Unbewusste«, konstituieren die Wissenschaft Psychoanalyse – neben aller Forschungs- und Behandlungspragmatik wieder in den Blick: So weist *Hans-Volker Werthmann* darauf hin, dass der universitäre Diskurs über die Frage, was den Menschen essentiell auszeichnet, noch lange nicht zu seinem Ende gekommen ist. Als Zeugen dafür beruft er sich auf den Universitätspsychologen Jochen Fahrenberg, der sich in mehreren neueren Werken der ursprünglichen und lange vergessenen Intention Wilhelm Wundts angeschlossen hat, dass die Interpretation ein unverzichtbares Forschungsinstrument der akademischen Psychologie sein muss, wenn sie ihrem Idealziel, einer psychologischen Anthropologie, näherkommen will. Dieses Ziel verfolgten beispielhaft mit unterschiedlichen interpretativen Ansätzen Wilhelm Wundt in seiner *Völkerpsychologie* und Sigmund Freud in *Totem und Tabu*. Die Spur der Begründung seelischer Urerfahrungen im unbewussten psychischen Entwicklungsprozess hat in neuerer Zeit auf bemerkenswerte Weise auch der Universitätspsychologe und -ethologe Norbert Bischof aufgenommen.

Wie scheinbar unabhängig von diesen ernsthaften Sorgen zeigen die hier versammelten klinischen Beiträge eine eigenständige, weiterhin bestehende Realität. In diesen Beiträgen zeichnet sich eine durchgängige Konvergenz ab. Diese besteht offenkundig in der Aufwertung des lebendigen, singulären Kontaktes, wodurch sowohl dem Analytiker als auch dem Patienten zu einer mutigeren Nutzung und lebendigeren Entfaltung seiner Persönlichkeit verholfen wird. Hierzu ist erforderlich, was alle Autoren in den klinischen Beiträgen auf ihre jeweils besondere Art und Weise veranschaulichen: die persönliche Freiheit in der Ausgestaltung der Begegnung von Patient und Analytiker anzuerkennen. Wobei Freiheit nicht Unverbindlichkeit meint, sondern die Bereitschaft, all das zur Verfügung zu stellen, was wir benötigen: Sicherheit und Verlässlichkeit im Umgang miteinander, Plausibilität der Interventionen, Konsistenz im Verhalten, Sprechen und genaues Zuhören.

So beschreibt *Hans-Peter Hartmann* in seinem Aufsatz »Empathie und Intuition«, wie der Arzt erst nach dem Verlassen institutionell verfestigten konventionellen Denkens auf eine Möglichkeit stößt, über »Intuition« einen transpersonalen Raum zu erschließen, der für die Behandlung genutzt werden kann.

Josef Dantlgraber lässt uns teilhaben an einer Erfahrung, die deutlich macht, wie sich eingefahrene Wortspiele einschließlich festgefahrener Deutungsmuster erweitern lassen mit Hilfe seiner ganz besonderen Fähigkeit, die mit seinem inneren Gehör in den Stunden erinnerte Musik für kreative Bedeutungsgenerierungen zu nutzen und so in einen tieferliegenden Kontakt zu seinem Patienten zu kommen, der jenseits sprachlicher Artikulation situiert ist.

Friedrich Markert setzt sich mit den fiktionalen Aspekten und dem rigiden Umgang mit dem Begriff »Übertragungsliebe« auseinander. In seiner Falldarstellung zeigt er eine mit seiner Patientin gemeinsam erschaffene Welt auf, in welcher der Realcharakter der Empfindungen anerkannt wird. Er veranschaulicht aber auch, wie er im Behandlungsverlauf die professionell notwendigen Grenzsetzungen der Abstinenz mit seinem persönliches Engagement in einer förderlichen, optimalen Balance austariert hat, welche die psychische und geistige Entwicklung seiner Patientin wirkungsvoll befördern konnte.

Benjamin Bardé bezieht sich auf die Forschungen der von Daniel Stern ins Leben gerufenen »The Boston Chance Process Study Group«, die zu dem Ergebnis führten, dass Deutungen nur dann zu neuen Erfahrungsbildungen beitragen, wenn der Analytiker in seinen Deutungen über ein »Etwas mehr«, das in seiner eigenen Persönlichkeit begründet ist, die basale Anerkennung der Persönlichkeit seines Patienten ins Zentrum seiner Grundhaltung rückt. Mit Bezugnahme auf die auch dem psychoanalytischen Diskurs zugrunde liegenden Dimensionen der Transzendentalpragmatik weist er darauf hin, dass in Struktur und Prozess von Sprache und Sprechen die Kriterien der wechselseitigen Anerkennung bereits enthalten sind. Die konventionelle Übertragung (»falsche Verknüpfung«, »Übertragungsneurose«) erscheint demzufolge nur noch als eine empirische, sekundäre Verzerrung der apriorischen universalen Grundprinzipien menschlicher Kommunikation, die aber gleichursprünglich in der psychoanalytischen Situation immer schon konstitutiv enthalten sind. Er zeigt in der Tradition von Sandor Ferenczi und Michael Balint die Konsequenzen für die Behandlungstechnik im Hinblick auf eine größere Elastizität auf. Damit liefert er ein Beispiel dafür, wie sich sprachphilosophische, linguistische und konversationsanalytische Forschungen und Fragen der Behandlungstechnik wechselseitig ergänzen und zu einer neuen Dimension für die klinische Praxis werden können.

Thomas Müller bricht traditionelle Positionen, die in einem reduzierten »Entweder-oder«-Modus prozessieren, auf. Über seine Grundorientierung an dem vorgängigen Begriff der »Paradoxie« kann er sich einen Freiheitsraum eröffnen, in dem er mit seinem Patienten die Balance zwischen Gefährdung und Sicherung der Selbst- und Objektgrenzen empathisch ausloten und gemeinsam ausgestalten kann.

Wozu der Analytiker verhelfen kann, wenn er nicht im Gewand der Orthodoxie steckenbleibt, sondern frei ist, die von sexuellen Triebkräften bestimmte szenische Inszenierung in der Begegnung mit dem Analytiker zur Sprache zu bringen, zeigt *Horst Kipphan* in seinen anschaulichen Beispielen der Inszenierung von Sexualstörungen.

Ein weiteres Beispiel für die Notwendigkeit des Klinikers, sich vorschnellen Zuschreibungen zu enthalten, bringt *Sylvia Zwettler-Otte*. Im Rekurs auf Winnicotts Konzept des »eingefrorenen Zustandes« hebt sie hervor, wie hilfreich und notwendig die Fähigkeit des Analytikers ist, differenzierend und balancierend die immer wieder drohenden Polarisierungen in den affektiven Valenzen der verschiedenen Erlebniszustände persönlich mitzutragen und sie im Rahmen der gegebenen Entwicklungsmöglichkeiten zu thematisieren.

Diese Beiträge wirken wie eine Zäsur zu jener in der Nachfolge Freuds bevorzugten Selbstüberhöhung der Psychoanalyse als »Klassik« oder »Orthodoxie«, und sie wirken wie ein Anknüpfen an Freuds späte Einsichten. Im Wagnis Psychoanalyse ist also von Anbeginn beides gedacht und beschrieben worden: einerseits die Freiheit, den Weg von Unmündigkeit in Mündigkeit gehen zu können, und andererseits eine maßlose, erstarrte Selbstüberschätzung in Gestalt von »Orthodoxie« und »Klassik«. So gerät auch Psychoanalyse unvermeidlich in eine Dimension existentieller Bedeutsamkeit.

In seinem Aufsatz »Existentielle Bürgschaft und Trauma« beschäftigt sich *Hermann Pius Siller* mit diesen Bruchstellen jedweder Erkenntnis und nimmt Bezug zu einem aus seiner Sicht fragwürdigen Umgang mit dem Trauma einer Patientin. Er ist überzeugt davon, dass menschliche Begegnungen nur dann ihre heilsamen Möglichkeiten entfalten können, wenn der Analytiker eine glaubwürdige, dauerhafte und belastbare Identität zwischen seinem Sprechen und seinem Handeln herzustellen vermag.

Im Zentrum der hier zusammengetragenen Beiträge steht das Wagnis aller Autoren, auf dem Hintergrund ihrer jeweils eigenen persönlichen Grundüberzeugungen und spezifischen historischen und methodischen Orientierungen ihren Gedanken freien Lauf zu lassen. Sie bieten damit die Momentaufnahme eines zwanglosen Diskurses, in dessen Zentrum die Suche nach Antworten auf Fragen steht, welche die Psychoanalyse mit ihren Nachbardisziplinen teilt und auch in Zukunft teilen wird.

Benjamin Bardé / Eduard Bolch
Frankfurt am Main, Februar 2012

Teil 1

Psychoanalyse an der Universität, psychoanalytische Ausbildung und Lehre

Marianne Leuzinger-Bohleber

Psychoanalyse an der Universität
Einige persönliche Reflexionen

> »*Herr Kutter, bloß keine abgehobene*
> *Systematik der Neurosenlehre, sondern*
> *lebendige Fälle aus der Praxis* ...«
> – *Das funktionierte!*
> Kutter (2010, S. 157)

Vorbemerkungen

Peter Kutter hat als Professor an der Johann Wolfgang Goethe-Universität eine ganze Generation von Studierenden geprägt und viele von ihnen für die Psychoanalyse gewonnen. Einige dieser Kolleginnen und Kollegen drücken ihre Dankbarkeit in diesem Band aus und widmen sich dem wissenschaftlichen und psychoanalytischen Werk von Peter Kutter. »In der Lehre konnte ich die Studierenden tatsächlich für die Psychoanalyse begeistern – Sie kamen in Scharen: Hauptfachstudierende der Psychologie, aber auch der Pädagogik und Soziologie sowie Nebenfachstudierende in Magisterstudiengängen – sehr zum Ärger der Psychologie-Professoren« (Kutter 2010, S. 157).

Ich selbst habe Peter Kutter nicht als Studierende, sondern als Kollegin kennengelernt. In großzügiger und kluger Weise hat er uns als Gutachter bei verschiedenen Berufungs- und Habilitationsverfahren im Fach »Psychoanalyse« unterstützt. Da ich, wie ich aus verschiedenen persönlichen Gesprächen mit ihm weiß, mit ihm die Sorge und die Betroffenheit darüber teile, dass der Zeitgeist sich in den letzten Jahrzehnten derart gewandelt und die Psychoanalyse viele ihrer Wirkungsfelder an den Universitäten verloren hat (vgl. z. B. Lebiger-Vogel 2011, Koenen & Martin, im Druck), möchte ich mich hier diesem Thema widmen.[1]

---

[1] Eine andere Version dieser Arbeit wird 2012 in der Zeitschrift *Psychoanalyse im Widerspruch* veröffentlicht.

2011 feierte die ehemalige Gesamthochschule, jetzt Universität Kassel, ihr 40-jähriges Bestehen. 2010 wurde mit verschiedenen Events das 50-jährige Jubiläum des Frankfurter Sigmund-Freud-Instituts gestaltet. Da ich seit 1988 als Professorin für das Fach Psychoanalytische Psychologie in Kassel lehre und seit 2001 mit halber Stelle als Direktorin an das Sigmund-Freud-Institut (SFI)[2] abgeordnet bin, war das Zusammentreffen dieser Jubiläen ein Anlass zum Nachdenken über die besondere Geschichte der Psychoanalyse in den beiden Institutionen. Im Folgenden möchte ich einige meiner Erfahrungen in diesen Institutionen miteinander in Beziehung setzen, in der Hoffnung, dadurch das Engagement von Peter Kutter an der Johann Wolfgang Goethe-Universität nochmals zu würdigen und mit ihm und anderen Interessierten darüber in Austausch zu kommen. Meine Ausführungen haben den Charakter persönlicher Reflexionen und erheben keinerlei Anspruch auf historische »Wahrheit« oder Vollständigkeit.

Ich beginne mit einer kurzen Skizze der Psychoanalyse an der Universität Kassel und versuche, die offensichtlichen, veränderten Erwartungen und Aufgaben, die an dieses Fach in Lehre und Forschung heute, verglichen mit den 1970er Jahren, gestellt werden, in einen größeren gesellschaftlichen Kontext zu stellen. Es ist zu vermuten, dass sich dieser Kontext sowohl für die Psychoanalyse an Universitäten als auch in Forschungsinstitutionen wie dem Sigmund-Freud-Institut weit stärker determinierend auswirkt, als wir dies oft realisieren. Ich schließe mit einem kurzen Ausblick.

Vierzig Jahre Psychoanalyse an der Universität Kassel

Hartmut Radebold zeichnete in seinem Festvortrag zur Eröffnung des Instituts für Psychoanalyse am 3. Juli 1996 die spezifische Geschichte der Psychoanalyse an der Kasseler Hochschule detailliert nach, sodass hier darauf verwiesen werden kann (Radebold 1997).[3] Sowohl in den Kasseler Studiengängen für Lehrer

---

[2] Peter Kutter stand dem SFI ebenfalls sehr nahe: »Als es nach dem Ausscheiden de Boors 1983 um die Nachfolge des umstrukturierten Sigmund-Freud-Instituts ging, packte mich der Ehrgeiz. Ich bewarb mich, wäre sogar bereit gewesen, die Unistelle aufzugeben, kam auch in die engere Wahl, aber der Kelch ging an mir vorüber; ich blieb frei!« (Kutter 2010, S. 161)

[3] Die Zitate sind der Festschrift zur Eröffnung des Instituts für Psychoanalyse am 3. Juli 1996 – *Psychoanalyse im Spannungsfeld zwischen Klinik und Kulturtheorie* – entnommen.

als auch in denen für Sozialpädagogen und Sozialarbeiter spielte die Psychoanalyse seit der Gründung der Kasseler Hochschule eine zentrale Rolle, was vor allem dem damaligen Minister für Wissenschaft und Kunst, Ludwig von Friedeburg, zu verdanken ist, der mit führenden Psychoanalytikern in intensivem Austausch stand. Ludwig von Friedeburg, selbst am Institut für Sozialforschung tätig und Theodor Adorno und Max Horkheimer verpflichtet, erlebte das von Alexander Mitscherlich 1960 gegründete Sigmund-Freud-Institut in Frankfurt von Anfang an mit und stand der Psychoanalyse »stets wohlwollend, aber auch kritisch« gegenüber (mündliche Mitteilung). Er war überzeugt, dass zu einer innovativen Lehrerausbildung das Angebot zur fundierten Auseinandersetzung mit eigenen unbewussten Anteilen der Persönlichkeit gehörte. Unreflektierte, unbewusste Quellen führten sonst, so die Überzeugung von von Friedeburg, zu pathologischen Verwicklungen mit Schülern, aber auch mit Institutionen, wie sie im Nationalsozialismus in erschreckender Weise stattgefunden hatte. Wie Mitscherlich sah er in der Psychoanalyse eine Methode der individuellen und gesellschaftlichen Aufklärung, die daher in der Bildung eine zentrale Rolle spielen sollte.

In der Gründungszeit der Gesamthochschule Kassel sorgte eine starke Fraktion dafür, dass die Psychoanalyse ein charakteristisches Merkmal der Kasseler Lehrerstudiengänge wurde. Im Kernstudium sollten alle zukünftigen Lehrenden für unbewusste Dimensionen in der Lehrer-Schüler-Beziehung und für spezifische Konflikte und Aufgaben in unterschiedlichen Entwicklungsphasen von Kindern und Jugendlichen und deren Störungen sensibilisiert werden.

Auch in den sozialpädagogischen Ausbildungsgängen war die Psychoanalyse – wie Radebold ausführt – zentral:

> In diesem – bis heute bahnbrechenden – Entwurf wird der Psychoanalyse eine zentrale Rolle bezüglich Wissensvermittlung, Berufsverständnis, Theorie-Praxis-Transfer, Vermittlung einer psycho- und insbesondere soziotherapeutischen Ausbildung und Weiterbildung (z. B. zum Psychagogen/Kindertherapeuten) und damit insgesamt für die zukünftige Professionalität zugewiesen. Entsprechend wurden ein Modellversuch zur Ausbildung von Sozialtherapeuten, die Errichtung eines sozialtherapeutischen Praxiszentrums und ein Ausschreibungsvorschlag für u. a. mehrere psychoanalytische Hochschullehrerstellen gemacht.

Wie kam es zu dieser damaligen Hochschätzung und möglicherweise Überforderung von Psychoanalyse?

– Die Studentenrevolution von 1968 lag gerade 5 Jahre zurück.[4] Sie hatte die Psy-

---

[4] Diese zeitlichen Angaben sind ungenau: Der Lehrbetrieb wurde 1971 an der Ge-

choanalyse zur aufklärerischen und für sich selbst zur befreienden Wissenschaft erklärt. In Konsequenz bestanden fast »heilsartige« Erwartungen.
- Dazu verdeutlichte die gerade in Entstehung befindliche Psychiatrie-Enquete die Notwendigkeit therapeutischer Arbeit im Vorfeld (u. a. Beratungsdienste, Schulen, Betriebe): Sie forderte Sozialtherapie sowie umfassende diesbezügliche Aus- und Fortbildungen einschließlich Supervision.
- Die Ende der 60er Jahre eingeführte Pflichtleistung der Krankenkassen zur Psychotherapiebehandlung weckte Hoffnungen für den Zugang weiterer Berufsgruppen zur kassenfinanzierten Behandlung, z. B. im Rahmen von Sozialtherapie.

Für die Realisierung dieses kühnen Konzeptes standen bis 1977 insgesamt acht Hochschullehrerstellen mit Psychoanalytikern zur Verfügung, davon drei im Fachbereich 04 (Dieter Eicke, Dieter Ohlmeier, Hartmut Radebold; leider konnte die Professur für Kinderpsychoanalyse nicht mehr besetzt werden. (Radebold 1997, S. 19f.)

Im Fachbereich 01 war dies Hans Kilian,[5] der als Erster an der Hochschule Kassel tätig war und wesentlich zur Berufung der beiden Psychoanalytiker Eugen Mahler und Helmut Junker beitrug. Später besetzten Ralf Zwiebel und ich die Stellen für Psychoanalyse im Fachbereich 01. Neben dem Engagement in der Lehre gründeten die Psychoanalytiker 1975 eine Beratungsstelle für Studierende (zuerst unter der Leitung von Helmut Junker). 1978 entstand das »Wissenschaftliche Zentrum für Psychoanalyse, Psychotherapie und Psychosoziale Forschung« (WZ II), das die Forschungsaktivitäten der Psychoanalytiker an der Hochschule und den interdisziplinären Dialog mit Nichtpsychoanalytikern, die an einer psychoanalytischen Kulturtheorie interessiert waren, bündeln sollte.

Unter dem Stichwort »psychosoziale Humanisationsforschung« zusammengefasst, sollte es die Erforschung der »Defizite psychosozialer Humanisation« im Bereich verschiedener Felder gesellschaftlichen Lebens, zu denen u. a. auch das Gesundheitswesen, das Bildungswesen, die Massenmedien, die organisierte Erziehung, die Arbeitswelt und nicht zuletzt die Wissenschaft gehörten, leisten. Dieser Satz trägt für die Wissenden eindeutig die Handschrift von Hans Kilian. Er hat entscheidenden Anteil daran, dass es überhaupt und in welcher Form Psychoanalyse an dieser Hochschule gibt. Er faszinierte unsere linke Reformhochschule mit den von ihm gese-

---

samthochschule Kassel aufgenommen. Die u. a. durch von Friedeburg in Auftrag gegebenen Planungen hatten schon Jahre vorher eingesetzt, zum Teil parallel zur 1968er Bewegung. Ernst von Weizäcker spielte ebenfalls eine prägende Rolle bei diesen Konzeptualisierungen. (*Anmerkung von mir, M. L.-B.*)

[5] Die Werke von Hans Kilian wurden 2011 von Lotte Köhler, Jürgen Reulecke und Jürgen Straub herausgegeben.

henen Möglichkeiten des psychoanalytischen Beitrags für Lehre und Forschung und damit für die Entwicklung der GhK. Fasziniert waren die Studenten durch seine beeindruckenden, mitreißenden Vorlesungen, fasziniert waren die Gremien [...]. (Radebold 1997, S. 21)

So waren die ersten Jahre nach der Gründung der GhK geprägt durch die gemeinsam getragene Vision und das Bewusstsein, mit der Psychoanalyse an der Reformhochschule Kassel zu einer aufgeklärteren, neuen Generation von Lehrern und Sozialarbeitern/-pädagogen beizutragen.

Ariane Garlichs fasst – bezogen auf die Lehrerstudiengänge – die Umsetzung dieser Visionen wie folgt zusammen:

Der Auftrag zur Neukonzeption der Lehrerausbildung sollte in verschiedener Hinsicht wegweisend sein, sowohl was die durchgehenden Praxisanteile anging als auch in Bezug auf die Reflexion des gesamten Bildungssystems und seine Funktion im politischen System der Bundesrepublik. Die Privilegierung einzelner Schichten in der deutschen Bevölkerung, die Perpetuierung sozialer Ungleichheit durch das Schulsystem, der unbewusste Anteil der Funktionäre – Lehrerinnen und Lehrer –, der Konservativismus der herrschen Kreise u. a. m. waren Themen, die in der Ausbildung von Lehrern an der Kasseler Hochschule reflektiert werden sollten. Die Rahmenbedingungen für einen Neuentwurf waren zunächst sehr günstig: In der neu geschaffenen »Organisationseinheit 01« saßen alle frisch berufenen Erziehungs- und Humanwissenschaftler (einschließlich Psychologen, Psychoanalytiker, Politologen, Historiker, Philosophen) zusammen und mussten sich über ihre Vorstellungen miteinander ins Benehmen setzen. Endlose Diskussionen, Verständigungsversuche mit immer wieder auftauchenden Revierkämpfen konnten nicht ausbleiben. Das Produkt war ein interdisziplinär verstandenes Ausbildungskonzept, das der professionellen Selbstreflexion ebenso einen systematischen Ort zuwies wie der Auseinandersetzung mit der eigenen Bildungs- und Erziehungsgeschichte. Nicht, dass nun plötzlich die interdisziplinären Veranstaltungen und Projekte wie Pilze aus dem Boden geschossen wären, aber es herrschte so etwas wie der »Geist der Interdisziplinarität«. Hinzu kam, dass kooperative Veranstaltungen nicht wie an anderen Universitäten nur zur Hälfte oder einem Drittel angerechnet wurden (je nach Anzahl der Beteiligten), sie wurden in Kassel voll auf das Lehrdeputat angerechnet. Es entstand so etwas wie die Lust an der Interdisziplinarität, d. h. die Neugier, verschiedene fachliche und personelle Kooperationen auszuprobieren und auf ihre Fruchtbarkeit zu prüfen. Es gab gerade in den ersten Jahren eine schier unendliche Gestaltungsfreiheit, was die Formen der Lehre anging, die teilweise dann auch in die Konzeption von Forschungsprojekten führten. Der interdisziplinäre Dialog war allgegenwärtig, anregend und erhellend. Grenzen wurden sichtbar und Grenzüberschreitungen möglich. Das Bewusstsein, dass wir nur gemeinsam die Aufgabe einer reformorientierten – politisch, sozial und gesellschaftstheoretisch reflektierten – Lehrerausbildung realisieren könnten, war bei allen Beteiligten der ersten Phase angekommen. Auch die Studentinnen und Studenten hatten daran Anteil. Sie realisierten ihre eigenen Projekte kreativ und selbstbewusst. Wenn sie einen »Leistungsschein« erwerben wollten, suchten sie sich einen Hochschullehrer (bzw. eine Hochschullehrerin so es eine gab) ihres Vertrauens, der/die das Projekt begleitete und verantwortete – was nicht immer ganz unkompliziert war. Die Mehrzahl der Auszubildenden im »Kernstudium« – so hieß der für alle Lehrerstudenten angebotene Studiengang aus Erziehungswissenschaft, Psychologie, Soziologie und Politologie – unterstützte die Eigenständigkeit von studentischen Gruppen. Außerdem beruhte die Erziehungsphilosophie und pädagogische Anthropologie nicht weniger Hochschullehrer und -lehrerinnen darauf, dass es immer um die einzelnen Menschen in ihrer lebensgeschichtlich geprägten Besonderheit geht, dass diese wahrzunehmen und zu respektieren ist, wenn sie als Ausgangspunkt für Erziehungs- und Bildungsprozesse fruchtbar gemacht werden soll. Die ganzheitliche Sichtweise auf das Bildungsgeschehen und die an ihm Beteiligten floss immer wieder auch in die Gestaltung von Seminaren und Forschungsprojekten ein. Unabhängig von diesen Kasseler Spezifika gab es auch monodisziplinäre Veranstaltungen mit einer eher positivistischen Gesellschafts- und Erziehungsphilosophie. Es waren Konzepte, Theorien und Forschungsmethoden des Mainstreams in ausreichender Breite und Vielfalt vertreten. Das forderte zu Diskussionen und Abgrenzungen heraus. Nach etwa fünf Jahren war durch die wachsende Zahl der Hochschullehrer, die Gründung neuer Fachbereiche, den Erlass von Prüfungsordnungen und Regelstudienzeiten, die Anrechenbarkeit von Lehr- und Prüfungsverpflichtungen und dergleichen mehr eine neue Situation entstanden. Das »tägliche diskursive Miteinander« der verschiedenen Fachrichtungen verlor an Kraft und Dynamik. Dennoch pflegten die erstberufenen »Vertreter des Kernstudiums« und neu hinzugewonnenen Bündnispartner über Fachbereichsgrenzen hinaus weiterhin interdisziplinäre Kontakte, die auch über den bisher praktizierten Rahmen hinausführten und neue Perspektiven eröffneten. »Der Geist der Interdisziplinarität« ließ sich« nicht ausmerzen. Die Psychoanalytiker und Psychoanalytikerinnen gehörten – in ihrer Funktion als »Wissenschaftler zwischen den Wissenschaften« und mit ihrer klinisch und gesellschaftstheoretisch begründeten Forschung – dabei stets zum harten Kern. (Garlichs, mündliche Mitteilung)

Rückblickend betrachtet, ist es verständlich, dass sowohl in der Kasseler Lehrerbildung als auch im Fachbereich Sozialwesen einige der großen, in die Psychoanalyse gesetzten Hoffnungen relativiert, verändert und teilweise enttäuscht werden mussten. Zwar erwarten die in Kassel vertretenen Erziehungswissenschaftler von der Psychoanalyse auch heute noch, dass sie Grundlegendes zur professionellen Beziehungskompetenz im Umgang mit Schülern beitragen kann. Doch wird dies gegenwärtig immer mit der empirischen Bildungsforschung[6] verbunden.

Diese Erwartungen stehen mit einer der einschneidendsten Veränderungen bezüglich der universitären Lehre auch an der Universität Kassel (und Frankfurt!) in Zusammenhang: dem sogenannten Bolognaprozess und der Einführung modularisierter Studiengänge. Die Gliederung in ein Bachelor- und Masterstudium ist im Sinne von Grundlegung und Vertiefung gedacht. Mit dem Bachelor ist der erste – international anerkannte – Abschluss eines Studiums erreicht, in kürzerer Zeit als in den klassischen Diplom- und Magisterstudiengängen. In einigen Studiengängen ist danach ein Übergang in die Berufstätigkeit naheliegend. Der Verbleib an der Universität, der in den lehrerbildenden Studiengängen die Regel ist, verlangt eine nochmalige bewusste Entscheidung. Nach Eindruck vieler Lehrender der Kultur-, Sozial- und Geisteswissenschaften hat der Bolognaprozess die Mentalität der Studierenden und die Atmosphäre im Studium stärker verändert, als es einem weitgehend selbstregulierten und selbst verantworteten Studium in Kassel entsprach. Das wirkt sich besonders auf die weniger technisch ausgerichteten Qualifikationen aus. Wir stellen dazu zweierlei fest: Einerseits wird durch die zunehmende inhaltliche und formale Regulierung des Studiums den Studierenden eine Struktur angeboten, die ihnen die Sicherheit gibt, die geforderten Leistungen in der Regelstudienzeit »zügig« erbringen zu können, das Studium also erfolgreich abzuschließen. Andererseits verführt es zu einer Art »schulförmigem Verhalten« mit einer »Erledigungsmentalität«, das die Möglichkeiten eines freieren universitären Studiums nur noch am Rande wahrnimmt (z. B. in Form von Gastseminaren zu besonderen Themen oder herausragenden hochschulpolitischen, wissenschaftstheoretischen oder philosophischen Vorträgen). Die Suche nach querliegenden Inhalten und Angeboten, die Sinnsuche über das gewählte Studienfach hinaus, die Selbstorganisation in Projekten scheint weder notwendig zu sein, noch findet sie Unterstützung. Sie verliert ihren Reiz und ihre Dynamik.

Eine weitere entscheidende Veränderung für die Psychoanalyse an der Universität Kassel ergab sich durch die Neustrukturierung der Fachbereiche und die Einführung des Bachelor- und Masterstudiengangs (BA/MA) Psychologie

---

[6] Peter Kutter hat schon früh die Notwendigkeit erkannt, dass sich die Psychoanalyse für eine empirische Überprüfung ihrer Ergebnisse öffnen muss (vgl. u. a. Kutter 2004).

sowie des geplanten MA-Studiengangs Klinische Psychologie und Psychotherapie. Da das Institut für Psychoanalyse Ende 2010 im Zuge dieser Veränderungen aufgelöst werden musste, suchen die an der Hochschule tätigen Psychoanalytiker und an der Psychoanalyse Interessierte nach einer neuen institutionellen Verankerung. Daher wurde im Mai 2011 das Netzwerk »Psychoanalyse und Beratung« initiiert.

Wie aus dieser kurzen Skizze zur Geschichte der Psychoanalyse an der Universität Kassel hervorgeht, ist es bemerkenswert, dass nach den produktiven Jahren der Identitätsstabilisierung der Psychoanalyse in Lehre und Forschung unter dem gemeinsamen Dach des Instituts für Psychoanalyse die Zeit reif scheint, dass die interdisziplinäre Tradition des Austauschs zwischen klinisch voll ausgebildeten Psychoanalytikern und an der Psychoanalyse und ihren Anwendungen im Bereich der Beratung und der Kulturtheorie Interessierten in neuer Form weitergeführt wird. Doch die Unterschiede sind evident: War im WZ II dieser interdisziplinäre Austausch mit dem Anspruch verbunden, mit der Psychoanalyse eine Art kulturkritische Metatheorie entwickelt zu haben,[7] die die »gesellschaftliche Produktion von Unbewusstheit« (Erdheim) erkennen und als revolutionäre Kraft Bildung und Universität verändern kann, sind wir heute sehr viel bescheidener geworden: Die Psychoanalyse ist zwar weiterhin eine unverzichtbare, spezifische, klinisch-wissenschaftliche »Disziplin des Unbewussten«, wobei sie sich aber sehr viel mehr auf einen interdisziplinären Dialog mit anderen Wissenschaften »auf gleicher Augenhöhe« angewiesen fühlt (vgl. Kutter 1997).

Im Zusammenhang mit der 50-Jahr-Feier des Sigmund-Freud-Instituts in 2010, an der auch Peter Kutter teilnahm, haben wir intensiv versucht, einige Aspekte der enormen gesellschaftlichen und institutionellen Veränderungen vertieft zu verstehen, die sich in den letzten fünf Jahrzehnten abgespielt haben und die selbstverständlich weder vor den Universitäten in Kassel und Frankfurt noch vor dem Sigmund-Freud-Institut Halt gemacht haben (Leuzinger-Bohleber & Haubl 2011). Im Folgenden möchte ich einige meiner persönlichen Überlegungen zusammenfassen.

---

[7] Peter Kutter beschreibt in seiner Selbstdarstellung ähnliche Grundhaltungen an der Johann Wolfgang Goethe-Universität: »Die aktuelle gesellschaftliche Situation war nach meiner Ernennung 1974 extrem aufregend, bundespolitisch wie hochschulpolitisch. Alle Dramatik der ausgehenden 68er Jahre spiegelte sich an der Universität wie in einem Brennglas [...]« (Kutter 2010, S. 158).

Einige allgemeine Bemerkungen zur veränderten Stellung der Psychoanalyse an den Universitäten und an psychoanalytischen Forschungsinstitutionen seit 1971[8]

Unbestritten gehört es zu den großen Leistungen von Freud und seinen Mitstreitern, dass sie sich seit der Geburtsstunde der Psychoanalyse einerseits auf die Naturwissenschaften ihrer Zeit beriefen, andererseits aber immer auch die Human- und Kulturwissenschaften mitdachten. Als junger Mann interessierte sich Freud bekanntlich sehr für Philosophie und andere Geisteswissenschaften, bevor er sich mit einer auffallend heftigen emotionalen Reaktion den Naturwissenschaften zuwandte. Im Labor am Physiologischen Institut von Ernst Brücke lernte er ein streng positivistisches Verständnis von Wissenschaft kennen, das ihn zeit seines Lebens anzog. Dennoch wandte sich Freud später bekanntlich von der Neurologie seiner Zeit ab, da er die Grenzen der methodischen Möglichkeiten zur Erforschung des Seelischen in dieser Disziplin erkannte. Mit der *Traumdeutung*, dem »Geburtsdokument der Psychoanalyse«, definierte er diese als »reine Psychologie«. Allerdings verstand er sich auch weiterhin als naturwissenschaftlich genau beobachtender Mediziner. Sein Wunsch nach einer präzisen »empirischen« Überprüfung von Hypothesen und Theorien schützte, so Joel Whitebook (2010), Freud vor seiner eigenen Neigung zu wilden Spekulationen. Dadurch konnte er als »philosophischer Arzt« eine neue, »spezifische Wissenschaft des Unbewussten«, die Psychoanalyse, begründen.

Freud setzte daher mit seinem Verständnis von Psychoanalyse Naturwissenschaften und Geisteswissenschaften miteinander in Beziehung. In seiner Konzeption einer Psychosexualität gestaltete er die Dialektik von Biologie und Psychologie, von Körper und Seele, in einer neuen Weise. Ebenso intensiv befruchteten Literatur und Kunst sein Denken. Auch aus ihnen schöpfte er seine Erkenntnisse über die Grundkonflikte des Menschen, die sich aus den frühkindlichen Phantasien und den ersten Objektbeziehungen speisen und ihn ein Leben lang unbewusst determinieren.

Makari (2008) beschreibt eindrucksvoll, wie schon in der Anfangszeit der Psychoanalyse Freud und seine Anhänger einen Weg zu finden versuchten zwischen einer offenen, innovativen Diskussion mit ständigem Hinterfragen von sogenannten Wahrheiten, wie sie einen wissenschaftlichen Diskurs auszeichnen, einerseits und dem Suchen nach einer gemeinsamen Identität, den spezifischen

---

[8] Eine ausführliche Version dieses Kapitel findet sich in Leuzinger-Bohleber (2011).

Merkmalen von Psychoanalyse andererseits. Rückblickend betrachtet, war es eine weitreichende Entscheidung Freuds, dass er an diesem inhaltlichen und institutionellen Spannungsfeld festhielt und der Gefahr widerstand, die Psychoanalyse entweder in die Welt der Medizin oder in eine »reine Kultur- und Geisteswissenschaft« zu integrieren. So bewahrte die Psychoanalyse ihre Eigenständigkeit als wissenschaftliche Disziplin.

Freud verschmolz beide Strömungen in einer vollkommen neuen, weder rein naturwissenschaftlichen noch rein geisteswissenschaftlichen Synthese. Zwingend und kohärent wurde sie durch die Entdeckung eines neuen Objektes: des eigensinnigen, bedeutungsvollen und moralisch bestimmten psychischen Lebens des Menschen. Es war ein neues Verständnis des Subjekts, stand zudem mit den Formen des persönlichen Lebens in Einklang, die sich mit der zweiten industriellen Revolution gesellschaftsübergreifend durchsetzten.

Die psychoanalytische Auffassung des Subjekts machte das Projekt der Aufklärung vielschichtiger und vertiefte es zugleich. Die Forderung war, sich selbst objektiv – nämlich »analytisch« – zu sehen und zugleich empathisch in die innere Welt anderer Menschen einzutreten. Insofern leistete die Psychoanalyse einen gewaltigen Beitrag zur Erweiterung der menschlich-moralischen Fähigkeiten. Als Speerspitze epochaler gesellschaftlicher Veränderungen schuf sie eine neue Ethik, die darauf hinauslief, dass ein bedeutungsvolles Leben gründliche Selbstreflexion verlangt. Solange die Psychoanalyse ihre führende Rolle innehatte, verband sie diese neue Ethik mit der Leidenschaft einer Berufung. (Zaretzki 2006, S. 474f.)

Alexander Mitscherlich kann als ein prototypischer Verfechter dieser »neuen psychoanalytischen Ethik« gelten: Leidenschaftlich setzte er sich für die Aufklärung des dunkelsten Kapitels der deutschen Geschichte, des Nationalsozialismus, ein und nutzte die Psychoanalyse als Forschungsmethode, um die unbewussten Wirkungen des Nationalsozialismus auf die deutsche Nachkriegszeit zu erhellen. Diesem Engagement in Öffentlichkeit und Politik, durch das Psychoanalyse als unverzichtbare, aufklärerische Kraft wahrgenommen wurde, verdanken sowohl das SFI als auch die Psychoanalyse an den Universitäten Frankfurt und Kassel ihre Existenz. Dabei war es gerade die Verbindung von einer genauen, empirisch-naturwissenschaftlichen Beobachtung komplexer Phänomene mit aktuellen geisteswissenschaftlichen Strömungen, die damals zur Attraktivität der Psychoanalyse – auch bei Politikern – beitrug.

Nach Zaretzkis soziologischen Analysen (Zaretzki 2006, S. 475ff.) trennten sich in den 1970er Jahren die natur- und geisteswissenschaftlichen Orientierungen innerhalb der Psychoanalyse wieder – ein wichtiger Faktor für ihren gesellschaftlichen Bedeutungs- und Machtverlust. Die internationale Psychoanalyse spaltete sich in zwei verschiedene Projekte, in eine quasi *medizinische Behandlung psychisch Kranker, eine »therapeutische« Richtung,* einerseits und eine *neue kulturtheoretische Forschungsrichtung, eine »kritisch hermeneutische« Orientierung,* andererseits. Von heute aus gesehen, ist interessant, dass am SFI diese Spaltungen und die damit verbundenen wissenschaftstheoretischen Positionierungen in den 1970er Jahren intensiv diskutiert wurden, erinnern möchte ich hier an die Definition der Psychoanalyse als »Wissenschaft zwischen den Wissenschaften« von Alfred Lorenzer (1985) oder an die Charakterisierung der Psychoanalyse als einer dem »emanzipatorischen Erkenntnisinteresse« verpflichteten Therapiemethode, die ihr »szientistisches Selbstmissverständnis« immer wieder neu zu analysieren habe, von Jürgen Habermas (1968). Damit wurde die wichtige wissenschaftstheoretische Verortung der Psychoanalyse erneut aufgenommen und weiter differenziert. – Allerdings konnten die sich damals vollziehenden gesellschaftlichen Prozesse, die zu einem sukzessiven Verlust der Attraktivität der Psychoanalyse als einer das Unbewusste in der Kultur deutenden Disziplin führten, zwar reflektiert, aber selbstverständlich in ihrer weiteren Entfaltung nicht verhindert werden. Einige dieser Entwicklungen seien hier kurz skizziert, weil sie auch für das Verständnis der veränderten Stellung der Psychoanalyse in den Lehrerstudiengängen der Universität Kassel entscheidend sind.

Niedergang der Freud'schen Kulturkritik zugunsten eines Paradigmas der »Anerkennung« oder »Außengeleitetheit«

Bis Ende der 1960er Jahre sprach die Freud'sche Psychoanalyse – international und in Deutschland – so viele Menschen an, weil sie sich, angeregt durch Kunst und Literatur, mit den großen Themen des menschlichen Lebens auseinandersetzte, mit Liebe und Aggression, Sexualität, Kreativität und Tod, dem »Unbehagen in der Kultur«, Krieg und Frieden etc. Margarete und Alexander Mitscherlich verstanden es zudem, vorherrschende Zeitthemen, wie die »Unfähigkeit zu trauern« in Sprache zu fassen und dadurch breite Diskurse in der deutschen Nachkriegszeit zu initiieren.

Es ist interessant, dass diese aufklärerischen, politischen Schriften zunächst auf großes Interesse bei den Studierenden der 68er Generation stießen. In Frankfurt hatten Mitscherlichs Vorlesungen fast Kultcharakter. Aber bald schon zeigte sich, dass sich die Beziehung der Mitscherlichs, aber auch von Psychoanalytikern dieser Generation weltweit, zu der revoltierenden Studentengeneration abkühlte oder sogar in gegenseitiges Misstrauen umschlug (vgl. dazu u. a. Hoyer 2008). In Zürich etwa waren die Führer der Studentenbewegung fast vorwiegend Psychoanalytiker der *jüngeren* Generation, wie beispielsweise Berthold Rothschild, Emilo Modena und Peter Passett. Die Vorlesung zu Wilhelm Reichs *Die Massenpsychologie des Faschismus* von Rothschild, während der antifaschistischen Woche in der großen Aula der Universität, bildete 1971 einen der Höhepunkte der Bewegung. Doch bald spitzten sich die Konflikte mit der etablierten Generation von Psychoanalytikern zu: Ulrich Moser, Professor für Klinische Psychologie, verteidigte die Bibliothek des Instituts, die von den Studierenden weggetragen und »dem Proletariat« zur Verfügung gestellt werden sollte, mit dem sprichwörtlich gewordenen Satz »Nur über meine Leiche«. In Zürich eskalierten daraufhin die Konflikte zwischen den verschiedenen Psychoanalytiker-Generationen, damit verbunden auch zwischen jüngeren Psychoanalytikern und der institutionalisierten Psychoanalyse (der Schweizer Gesellschaft für Psychoanalyse), und führten zu einer Spaltung der Zürcher Gruppe – mit weitreichenden Folgen.

Doch nicht nur in Zürich, auch in Frankfurt, Paris, Berkeley und New York setzten die Studierenden ihre Hoffnungen immer mehr auf eine politisierte Kultur und politische Bewegungen und Organisationen, die die Gesellschaft als Ganze verändern sollten und nicht mehr nur auf die Psychoanalyse. Die Veränderung der Einzelnen, auf die die Psychoanalyse den Schwerpunkt setzt, wurde eher an den Rand gedrängt. Gruppentherapeutische Angebote (u. a. von Richter, Foulkes, Horn) sowie institutionstheoretische Ansätze gewannen mehr und mehr an Attraktivität. Manche davon waren auch mit der antipsychiatrischen Bewegung liiert, die breiten Einfluss gewann und unter anderem mit der Psychiatrie-Enquete die psychiatrischen Institutionen weitgehend veränderten. Horst-Eberhard Richter und anderen Psychoanalytikern gelang es, viele Psychoanalytiker auf die neu gegründeten Psychosomatik-Lehrstühle zu berufen und sie für ein sozialpsychologisches Engagement zu gewinnen.

Um diesen neuen, gesellschaftskritischen Bedürfnissen zu entsprechen, entwickelten Klaus Horn, Alfred Lorenzer, Hans-Joachim Busch, Karola Brede und Rolf Haubl eine *psychoanalytische Sozialpsychologie*, in die große Hoffnungen gesetzt wurden, die allerdings, auch an der Universität Kassel, nur zum Teil erfüllt werden konnten.

Trotz dieser teilweise aus ihr hervorgegangenen gesellschaftlichen Reformbewegungen wurde die Psychoanalyse als kritische Kulturtheorie auf internationaler Ebene in den kommenden Jahrzehnten eher marginalisiert. »Als der eine große Teilbereich des psychoanalytischen Gebäudes in der Psychopharmakologie versank [...], driftete der andere ab in die Identitätspolitik. Hieraus entstand ein neues Paradigma: ›Anerkennung‹ oder ›Außengeleitetheit‹. Damit blieb von der Psychoanalyse nicht viel übrig« (Zaretzky 2004, S. 480). Zwar erlebte die Psychoanalyse in der Genderforschung nochmals einen neuen Aufschwung und leistete ihren Beitrag zur Konstruktion und Dekonstruktion von Geschlechtsrollen und Identitätsentwürfen (u. a. Chodorow 1985; Butler 1991). Doch auch in diesen Diskursen verlor die Psychoanalyse mehr und mehr ihre Deutungsmacht als »Metatheorie des Unbewussten« und wurde sukzessiv zu einer zwar nach wie vor unverzichtbaren, aber leisen Stimme im interdisziplinären Dialog.

Analoge Entwicklungen lassen sich in den letzten Jahrzehnten auch im Bereich der Medizin sowie – in Zeiten zunehmender Pluralität – ganz allgemein in den Wissenschaften beobachten. Dies sind Entwicklungen, die ein psychoanalytisches Forschungsinstitut wie das Sigmund-Freud-Institut und die Universitäten vermutlich weit mehr determinieren, als wir dies oft wahrnehmen und kritisch in Rechnung stellen.

Bedeutungsverlust der Psychoanalyse in der Medizin: Zum Vormarsch der pharmakologischen Behandlungen und der »evicence based medicine«

Die Beziehung der Psychoanalyse zur Medizin war bekanntlich von Anfang an eine komplizierte. Freud konnte sich einen seiner größten Wünsche nie erfüllen: Er wurde nie ordentlicher Professor an der medizinischen Fakultät in Wien. In Europa, auch durch die politischen Ereignisse im 20. Jahrhundert und die Verfolgung und Vertreibung der jüdischen Psychoanalytiker, hatte die Psychoanalyse eher mit der gesellschaftlichen Marginalisierung als »Geheimwissenschaft« und »Sekte« jenseits der medizinischen Institutionen zu kämpfen.[9] Die bekannten Konflikte im Zusammenhang mit einem Lehrstuhl für Alexander Mitscherlich in der medizinischen Fakultät der Johann Wolfgang Goethe-Universität Frankfurt sind auf diesem historischen und soziologischen Hintergrund kaum erstaunlich. Allerdings hatte es, wiederum rückblickend gesehen, durchaus auch Vorteile,

---

[9] In Deutschland dauert die kritische Auseinandersetzung mit der Anpassung der deutschen Psychoanalytiker an eine synoptische Psychotherapie im Rahmen des Göring-Instituts – und damit auch an die Nationalsozialisten – bis in die heutige Zeit, wie die Wiederaufnahme von Teilen der Deutschen Psychoanalytischen Gesellschaft in die IPA 2009 nach einer intensiven Auseinandersetzung mit der Deutschen Psychoanalytischen Vereinigung und ihrer spezifischen Geschichte exemplarisch zeigt (vgl. Wellendorf 2010).

dass als eine Folge davon das SFI als ein von der Medizin unabhängiges Ausbildungs- und Forschungsinstitut konzipiert wurde. Dafür mag ein wiederum sehr fragmentarisch bleibender Blick auf die Geschichte der Psychoanalyse in den USA sensibilisieren.

In den USA lehnte sich die Psychoanalyse von Anfang an sehr an die Medizin und die Psychiatrie an und ließ bis in die 1990er Jahre nur Mediziner zur psychoanalytischen Vollausbildung zu (Wallerstein 1985, Kernberg 2006, 2007, Hanly 2009).[10] Dies ermöglichte ihr einen einzigartigen politischen Einfluss und eine erstaunliche gesellschaftliche Machtstellung: Die amerikanische Psychiatrie der 1950er und 1960er Jahre war fast vorwiegend in den Händen der Psychoanalyse. Mitscherlich lernte diese Situation durch seine USA-Reisen kennen und brachte die amerikanische Ichpsychologie nach Deutschland. Allerdings entstand durch dieses Anlehnen der amerikanischen Ich-Psychologen an das positivistische Wissenschaftsverständnis der Psychiatrie durchaus eine paradoxe Situation: »Je mehr sie sich am Vorbild Medizin orientierten und dort Schutz suchten, desto lautstärker wurden sie von medizinisch-wissenschaftlicher Seite als ›unwissenschaftlich‹ abqualifiziert« (Zaretzky 2004, S. 476). Dies lässt sich in verschiedenen Diskursen beobachten, in den Diskussionen um das *Diagnostic and Statistical Manual of Mental Disorders* (DSM), in dem der Einfluss des psychodynamischen Denkens von Version zu Version immer mehr verschwand, sowie im sukzessiv stärker werdenden Einfluss der »evidence based medicine«.[11]

---

[10] Eine interessante These wurde von George Makari im Panel »Influences of American Culture on Psychoanalysis« am 16. Januar 2011 auf dem Kongress der American Psychoanalytical Association in New York vertreten. Die jüdischen Emigranten, die dem Holocaust in Europa meist knapp entkommen waren, mussten in den Zeiten der McCarthy-Ära ihre sozialistische Orientierung geheim halten, da diese als gefährlich nahe am Kommunismus wahrgenommen wurde, dessen Repräsentanten teilweise sogar mit der Todesstrafe »eliminiert« wurden. Daher präferierte diese Generation von Psychoanalytikern, so Makari, apolitische theoretische Orientierungen wie die Ichpsychologie. Mir scheint es möglich, dass sie zudem »sichere« gesellschaftliche Positionen, wie die der Mediziner, professionell bevorzugten. Einige renommierte Psychoanalytiker absolvierten nochmals ein volles Medizinstudium, um als Psychoanalytiker »gesellschaftlich unangefochten« arbeiten zu können.

[11] Es ist allerdings zu erwähnen, dass in das 2013 erscheinende DSM-V wieder vermehrt psychoanalytische und psychodynamische Konzepte Eingang finden. Nach Bernardi (2010, mündliche Mitteilung) ist dies wesentlich dem Einfluss des Psychodynamischen Manuals Psychischer Störungen zuzuschreiben„ das von Psychoanalytikern als »Gegenentwurf« zum DSM-IV entwickelt worden war.

Das ausschließlich positivistische Forschungsverständnis breitete sich vor allem auch im Zusammenhang mit der rasanten Entwicklung der pharmakologischen Behandlung psychischer Störungen aus, die als »billiger«, »effizienter« und »wissenschaftlicher« (in Doppelblindversuchen überprüfbar) gesellschaftlich wahrgenommen wurden. Ihr Vormarsch verdrängte die Psychoanalyse mehr und mehr aus der Psychiatrie. Während in den 1980er Jahren durchaus noch ein pluralistischer Methodenansatz, oft eine Kombination von medikamentöser, psychodynamischer und psychosozialer Behandlung, angeboten wurde, führten die heftigen Kontroversen, unter anderem ausgelöst durch Grünbaum und andere »Freud bashers« in den 1990er Jahren, dazu, der Psychoanalyse ihre wissenschaftliche Fundierung ganz abzusprechen und der Verhaltenstherapie immer mehr die Präferenz sowohl in den psychiatrischen Kliniken als auch an den Universitäten einzuräumen.

Solche gesellschaftlichen Entwicklungen fanden, wenn auch in milderer Form, ebenfalls in Deutschland statt und führten zu einem weitgehenden Verlust der psychoanalytischen und psychosomatischen Lehrstühle (Forschungsgutachten: Strauß et al. 2009, Barthel et al. 2010, Lebiger-Vogel 2011). Von all diesen Entwicklungen blieben sowohl die Universitäten Kassel und Frankfurt als auch das Sigmund-Freud-Institut nicht unberührt.

Von der exklusiven »Wissenschaft zwischen den Wissenschaften«
zu einer »spezifischen Wissenschaft des Unbewussten«
in der heutigen pluralen Welt der Wissenschaften
und einer globalisierten, neoliberalen Wissensgesellschaft

Wenigstens erwähnt werden soll, dass die eben skizzierten Veränderungen nicht auf die nationale und internationale Psychoanalyse beschränkt sind, sondern mit den enormen Veränderungen in allen Bereichen von Gesellschaft einhergehen: im Zusammenhang mit der fortschreitenden Globalisierung, dem Zusammenbruch des sogenannten real existierenden Sozialismus und den neuen, extremen Formen der Konkurrenz um Marktanteile, den kaum noch zu steuernden internationalen Finanzmärkten des heutigen Neoliberalismus, den modernen Völkerwanderungen, aber auch mit den sich verstärkenden ideologischen Gegensätzen nach dem 11. September 2001 (Leuzinger-Bohleber & Klumbies 2010).

Bezogen auf die Veränderungen im Bereich der Wissenschaften fasst die Bielefelder Forschungsgruppe (Peter Weingart et al. 2002) die Entwicklung von der Industrie- zur Wissensgesellschaft, die sich in diesen Jahren vollzogen hat und sich immer noch vollzieht, präzise und knapp zusammen:

Die gegenwärtige neue Wissensordnung, deren Merkmale gerade erst erkennbar werden, muss im Vergleich zu ihren historischen Vorläufern verstanden werden. Drei Phasen der Verhältnisse zwischen der Gesellschaft und der Wissenschaft lassen sich unterscheiden: 1) Die neue Wissenschaft des 17. Jahrhunderts trat mit Versprechungen ihres Nutzens auf, die sie nicht einlösen konnte. 2) Erst im späten 19. Jahrhundert kommt es zu der versprochenen Verbindung der Wissenschaft und der technischen Entwicklung. 3) Im Verlauf des 20. Jahrhunderts gerät die Wissenschaft durch die extreme Ausweitung ihres Erklärungsanspruchs und deren Anwendungskontexte erneut in eine Situation der Überforderung. Die Erfolge haben Erwartungen erzeugt, die wiederum nicht erfüllt werden können. Durch das Optimieren an den Grenzen des wissenschaftlich zuverlässig Fassbaren nehmen Erfahrungen unsicheren Wissens zu. Die gerade entstehende Wissensordnung ist durch eine hohe praktische Relevanz der Wissenschaft, aber ebenso durch eine damit einhergehende wachsende gesellschaftliche Einflussnahme auf die Wissenschaft charakterisiert. Die vormalige Selbststeuerung der Wissenschaft wird durch vermehrte Fremdsteuerung ersetzt. Die praktisch relevante oder angewandte Wissenschaft wird zum dominanten Forschungsmodus. Provisorische Erkenntnisstrategien wie exploratives Experimentieren oder die Beschränkung auf kontextualisierte Kausalbeziehungen gewinnen an Bedeutung. Sie belasten die Gesellschaft mit Risiken, die früher auf die Institutionen der Forschung (das abgeschlossene Labor!) beschränkt blieben. (Weingart et al. 2002, S. 11)

In den letzten 50 Jahren ist daher Wissenschaft nicht nur international und interdisziplinär vernetzter geworden. Sie steht im dauernden, beschleunigten, globalen Wettbewerb. Zudem wird von Wissenschaft, und damit auch von der Psychoanalyse, vermehrt praktische Relevanz ihrer Forschungsergebnisse erwartet, was unter anderem damit verbunden ist, dass die gesellschaftlichen Geldgeber und politischen Interessensgruppen beispielsweise über die Finanzierung von Forschungsprojekten immer mehr an Einfluss gewinnen. In diesem Sinne droht, dass Wissenschaft mehr und mehr ihre Selbststeuerung verliert.

Ein zweites Merkmal steht damit in Zusammenhang: Weil Politik und Gesellschaft immer rascher von der Wissenschaft Empfehlungen bei der Lösung gesellschaftlicher Probleme erwarten, bleiben immer weniger Muße und Raum für die Grundlagenforschung, aus der schließlich – nach intensiver Forschungsarbeit – relativ sicher abgestütztes Wissen für Anwendungsfelder abgeleitet werden kann. Dies führt zu neuen Paradoxien: Einerseits trauen sich immer weniger »normale Bürger« und Politiker ein eigenes Urteil über komplexe Sachverhalte zu, ohne vorher wissenschaftliche Experten zurate zu ziehen, andererseits ist es inzwischen zum Allgemeingut geworden, dass auch wissenschaftliche Experten nicht über »objektive« Wahrheiten verfügen, sondern dass das sogenannte »wissenschaftliche Wissen« immer kritisch zu betrachten ist. Zudem trägt es zuweilen sogar neue Risiken in sich, wie Umwelt- und Naturkatastrophen oder auch die Finanzkrise(n) aufdeckten. Dies bildet eine neue Quelle von Unsicherheit und diffuser Angst, wie wir dies exemplarisch und eindrucksvoll in Psychoanalysen mit unseren heutigen, zu Depression und narzisstischem Rückzug neigenden Patienten erfahren.

In dieser Verunsicherung werden wir alle besonders sensibel für Themen wie Glaubwürdigkeit und Authentizität. So wird es zum Beispiel zu einem relevanten gesellschaftlichen Faktor, welchem wissenschaftlichen Experten am ehesten Vertrauen geschenkt wird und wer finanzielle Unterstützung erhält – ein Faktor, um den ebenfalls in Politik, Öffentlichkeit und in den Medien konkurriert wird. Daher spielen die Medien eine immer wichtigere Rolle: Wissenschaftliches Wissen wird allgemein nur dann zur Kenntnis genommen, wenn es – entsprechend vereinfacht und zugespitzt, aber glaubwürdig – den Weg in die Medien findet.[12]

Schließlich hat sich Wissenschaft in den letzten Jahrzehnten immer weiter ausdifferenziert: Heutige Wissenschaftler – auch Psychoanalytiker – sind kaum noch universalistische Forscher, sondern meist hoch spezialisierte Experten mit einem beschränkten Wissen über angrenzende Gebiete. Sie sind bei der Untersuchung komplexer Problemstellungen davon abhängig, sich international, intergenerational und interdisziplinär zu vernetzen. – Verbunden mit diesem Ausdifferenzierungsprozess haben sich auch die Kriterien von »Wissenschaft« und »wissenschaftlicher Wahrheit« in den jeweiligen wissenschaftlichen Disziplinen, und zwar sowohl in den Natur- als auch Geisteswissenschaften gewandelt und spezifiziert: Die Vorstellung von einer Einheitswissenschaft, von »science«, angelehnt an das Experimentaldesign der klassischen Physik, erweist sich als Mythos: Wie auf dem ersten großen internationalen Kongress nach dem Leitungswechsel am SFI 2002 diskutiert wurde, leben wir heute in einer Zeit der *»Pluralität der Wissenschaften«* (vgl. Hampe 2003, Leuzinger-Bohleber et al. 2003), in der auch die Psychoanalyse als spezifische Wissenschaft zur Untersuchung unbewusster Phantasien und Konflikte mit einer eigenen Forschungsmethode und eigenen Qualitäts- und Wahrheitskriterien ihre anerkannte und unverzichtbare Position gefunden hat. Allerdings büßt sie dadurch die – heute

---

[12] »Es ist paradox — je unabhängiger Wissenschaft und Medien voneinander sind, desto enger ist ihre Verkupplung. Und je mehr die Medien an Bedeutung gewinnen, desto mehr verlieren die Wissenschaften ihr Monopol bei der Beurteilung wissenschaftlicher Erkenntnisse« (Weingart 2002, S. 706; *Übersetzung und Hervorhebung von mir, M. L.-B.*).

allgemein negativ bewertete – narzisstisch überhöhte Sonderstellung als einzigartige »Wissenschaft zwischen den Wissenschaften« (Lorenzer) ein. Doch scheint ihr die Trauerarbeit und Entidealisierung sowie die neue Bescheidenheit erstaunlicherweise gut zu bekommen: Weltweit verzeichnet die Psychoanalyse einen enormen Zuwachs: Die Mitgliedschaft der International Psychoanalytical Association (IPA) hat sich seit den 1990er Jahren auf über 12.000 verdoppelt.[13] Zudem sind in vielen Bereichen wiederholt Anstrengungen unternommen worden, die Psychoanalyse in neuer Weise in verschiedenen Fachbereichen der Universitäten zu verankern. Die Umstrukturierung des SFI in den 1990er Jahren ist durchaus vor diesem Hintergrund zu verstehen.

Zusammenfassung und Ausblick

Meiner Einschätzung nach geht es daher für die Psychoanalyse an der Universität Kassel und am SFI derzeit darum, einerseits die Einzigartigkeit und Unersetzbarkeit klinisch-psychoanalytischer Forschung zu schützen, die nur im sicheren, von Vertrauen geprägten Raum der professionellen, therapeutischen Beziehung stattfinden kann. Sie lässt sich weder beschleunigen, noch ökonomisieren oder medialisieren. Andererseits gilt aber für die Psychoanalyse auch, wie für jede wissenschaftliche Disziplin, dass sie der Kritik von außen zugänglich sein muss und zum extraklinischen Nachweis ihrer Wirksamkeit verpflichtet ist, will sie weiterhin als therapeutische Behandlungsmethode in der gesetzlichen Krankenversorgung verbleiben und sich den universitären, wissenschaftlichen Diskursen stellen.

Ein weiteres Spannungsfeld entsteht dadurch, dass der spezifische Forschungsgegenstand der Psychoanalyse krankmachende, tabuisierte Ursachen individuellen und kollektiven Verhaltens sind. Die in psychoanalytischen Interpretationen fokussierten Phänomene rufen jedoch zuerst einmal den Widerstand der Betroffenen hervor und lassen sich außerdem nur schlecht mit den leicht verdaulichen Medienbotschaften der heutigen Gesellschaft verbinden. So steht die Psychoanalyse einerseits in Gefahr, sich zu sehr dem vorherrschenden Zeitgeist (z. B. dem der empirischen Messbarkeit, den Mythen der endlosen Beschleuni-

---

[13] Allerdings ist dieser Zuwachs vor allem den neuen Regionen wie etwa weiten Teilen Südamerikas, Chinas, Russlands und anderen östlichen Staaten zu verdanken: In den USA und Europa hat die Psychoanalyse, wie oben skizziert, aktuell einiges an Bedeutung und auch Positionen, vor allem an den Universitäten, eingebüßt.

gung von psychischen Entwicklungs- und Verarbeitungsprozessen und der grenzenlosen Machbarkeit) anzupassen und dadurch ihre Glaubwürdigkeit, ihre Authentizität als »Wissenschaft des Unbewussten« zu verlieren. Andererseits sollte sie sich aber nicht bei aktuellen gesellschaftlichen Fragen aus der Kommunikation mit der nichtpsychoanalytischen Wissenschaftswelt und der Öffentlichkeit zurückziehen. Sie darf dabei nicht versäumen, die existierenden Abhängigkeiten von anderen Wissenschaftlern und Wissenschaften, von Politik und Medien zu thematisieren. Andernfalls würde sie früher oder später einer selbst verschuldeten wissenschaftlichen und gesellschaftlichen Marginalisierung anheimfallen.

Diese veränderte wissenschaftshistorische Situation stellt die psychoanalytische Forschung an den Universitäten und am SFI vor ganz spezifische Aufgaben:

a) *Die Wissenschaft und klinische Disziplin der Psychoanalyse hat ihre Stellung als unanfechtbare, aufklärerische gesellschaftliche Kraft, als »Metawissenschaft« verloren – und damit auch einen Teil ihres Charismas.* Steven Marcus etwa stellte am Schluss seiner Freud-Vorlesung im Jahr 2008 ernüchtert fest, dass die Zeiten, »als der Einfluss und die kulturelle Autorität, die ihm [Freud] und der von ihm begründeten Institution dort [in den USA] zugestanden wurden, konkurrenzlos waren. Diese Zeiten sind vorbei« (Marcus 2009, S. 501). Stattdessen sieht sich die Psychoanalyse weltweit mit neuen und oft schwer durchschaubaren Abhängigkeiten von anderen Wissenschaften, anderen therapeutischen Ausrichtungen, aber auch von Politik und Geldgebern konfrontiert. Gerade weil diese Abhängigkeiten schwer durchschaubar sind, besteht die Gefahr, dass dadurch archaische Ängste und Phantasien einer existenziellen Abhängigkeit vom »nährenden Primärobjekt« aktiviert werden. In manchen apokalyptisch wirkenden Prophezeiungen eines baldigen Verschwindens der Psychoanalyse, falls sie sich dem aktuellen Zeitgeist verweigert, scheinen mir so aktivierte archaische Phantasien am Werk. Die aktuellen Abhängigkeiten gemeinsam kritisch zu reflektieren und die schmerzliche Trauerarbeit zu leisten, dass die Hochblüte der Psychoanalyse der Vergangenheit angehört und wir auf die damit verbundenen narzisstischen Gratifizierungen verzichten müssen, scheint mir eine neue Anforderung an uns alle zu sein, auch an die am Sigmund-Freud-Institut und an der Universität Forschenden.

b) Wie an anderer Stelle diskutiert, kann die *Psychoanalyse als klinische Disziplin und Profession keine Sonderstellung mehr für sich beanspruchen*: An sie werden, wie an alle anderen wissenschaftlichen Disziplinen auch, die oben erwähnten Erwartungen gestellt (Leuzinger-Bohleber 2010). Von Politik und Öffentlichkeit werden in selbstverständlicher Weise gediegene Professionalität,

Qualität, Relevanz und Nachweis der Wirksamkeit ihrer klinischen Tätigkeit eingefordert.

c) *Für die Psychoanalytiker an der Universität Kassel und am SFI bedeutet die vermehrte Abhängigkeit der Wissenschaft von der Politik konkret, dass diese psychoanalytischen Forschungsinstitutionen ohne die Einwerbung von Drittmitteln heute nicht überleben könnten.* So müssen etwa die dort formulierten Fragestellungen auf Anhieb auch eine politische Relevanz haben und nicht nur für Psychoanalytiker von Interesse sein. Zudem stellt sich bei jedem Forschungsantrag selbstverständlich zuerst die Frage, ob man uns – ohne Wenn und Aber – zutraut, dass wir als Psychoanalytiker über das methodische Knowhow und eine entsprechende spezifische (klinische) Wissensbasis verfügen, um die fokussierten Fragestellungen »wissenschaftlich« zu erforschen. Auch dies kränkt unseren Narzissmus – ist aber in der heutigen Welt der Wissenschaften fast eine Banalität.

Analoges können wir im klinisch-berufspolitischen Bereich feststellen: Auch hier wird die Psychoanalyse nicht anderes behandelt als andere psychotherapeutische Richtungen. Sie muss sich der gesellschaftlichen Forderung nach dem Nachweis ihrer Wirksamkeit, der Transparenz ihrer Ausbildungen etc. stellen, wie dies im Zusammenhang mit dem Forschungsgutachten zur Neuregelung des Psychotherapeutengesetzes (vgl.www. Forschungsgutachten.de) hautnah erlebbar ist. Kluge politische Argumentation, Lobbyarbeit, aber auch qualifizierte wissenschaftliche Forschung in verschiedensten Bereichen sind unvermeidbar: Eine Verleugnung der aktuellen gesellschaftlichen Realitäten und ein narzisstischer Rückzug in den psychoanalytischen Elfenbeinturm können zu einer großen Gefahr für uns alle werden.

d) *Stellen wir uns individuell und institutionell – angesichts des Verlustes einer herausgehobenen gesellschaftlichen Position und der vielfältigen Abhängigkeiten von anderen – einem schmerzlichen Trauerprozess, kann dies allerdings neue Fenster öffnen.* Erleben wir den interdisziplinären Dialog mit dem anderen nicht regressiv als existenzielle Bedrohung und narzisstische Kränkung, sondern auf einer objektalen psychischen Ebene, dann wird das Fremde zur Ergänzung und Modifikation eigener Perspektiven und Erkenntnismöglichkeiten, zur Chance einer gemeinsamen Erforschung komplexer Wirklichkeiten – eine Erfahrung, die ich sowohl im IDeA-Zentrum als auch in der LAC-Depressionsstudie mache.

e) Erwähnen möchte ich noch, dass Psychoanalytiker nicht nur von Geldgebern, Politikern und anderen wissenschaftlichen Disziplinen vermehrt abhängig geworden sind: *In neuer Weise zeigen sich intensive Abhängigkeiten auch zwi-*

schen den Generationen. Verlieren wir in unseren analytischen Forschungs- und Ausbildungsinstitutionen den Nachwuchs, bedroht dies die Zukunft von uns allen, der gesamten psychoanalytischen Disziplin. Analog dazu fühle ich mich als Professorin und als Leiterin anspruchsvoller psychoanalytischer Forschungsprojekte intensiv abhängig von unseren Nachwuchswissenschaftlern: Ohne ihre Begeisterung und Leidenschaft, ihre neue und frische fachliche Kompetenz, ihre Zeit und ihren Wunsch, sich zu profilieren und mitzugestalten kann ich kein einziges der jetzt laufenden Projekte durchführen. Andererseits sind auch die jungen Wissenschaftler von der Erfahrung älterer Forscherinnen und Forscher und ihrer Drittmittelbeschaffung abhängig. Bei psychoanalytischen Projekten ergibt sich zudem noch eine weitere ganz spezifische Abhängigkeit: Die jungen Nachwuchswissenschaftler bringen zwar ein großes Interesse und eine Leidenschaft für die Psychoanalyse mit, doch haben sie oft noch nicht mit der psychoanalytischen Ausbildung begonnen und verfügen daher weder über fundiertes theoretisches psychoanalytisches Wissen noch über klinische Erfahrung. Daher ist es ein besonderes Geschenk für mich, dass in allen laufenden Projekten erfahrene klinische Kollegen mitarbeiten und uns ihre professionelle Kompetenz zur Verfügung zu stellen.

Es ist eine neue, ermutigende Erfahrung, dass wir dank der neuen Bescheidenheit, Selbstkritik, Interdisziplinarität und Intergenerationalität in die hessische Exzellenz-Initiative LOEWE eingeschlossen worden sind, nicht *obschon* wir Psychoanalytiker sind, sondern gerade *weil* wir Psychoanalytiker sind. Offenbar wurde von unseren Partnern wahrgenommen, dass wir mit der intensiven Verbindung von fundiertem klinisch-professionellem Wissen, extraklinischer Forschung und Grundlagenforschung wissenschaftssoziologisch innovativ sind. Wir entwickeln mit diesen Kombinationen eine kreative Form, mit der erwähnten extremen Beschleunigung von Wissenschaft umzugehen und jahrelang erworbenes Wissen und Praxiserfahrungen sowie jahrelange Forschungserfahrung mit dem Schwung und dem beschleunigten Lebensgefühl der Nachwuchswissenschaftler in unserer Institution zu verbinden. Dies kann ein lustvolles transgeneratives Unternehmen werden, sofern wir die gegenseitigen Abhängigkeiten ertragen, reflektieren und nicht durch destruktiven Neid bedrohen. In diesem Sinne scheint die *aktuelle Wissensgesellschaft einen neuen Generationsvertrag* einzufordern, dem wir uns in der Psychoanalyse, wie ich denke, in besonders origineller Form stellen können.

Peter Kutter ist für mich eine psychoanalytische Persönlichkeit, die eine besondere Begabung und Freude an diesem Generationsvertrag ausstrahlt und, wie dieser Band illustriert, dazu einen essentiellen Beitrag geleistet hat. Dafür bin ich ihm, wie so viele andere, sehr dankbar. Viele seiner Bücher und Zeitschriftenartikel belegen dieses Engagement für die nächste Generation, so auch sein »Lehrbuch« *Psychoanalyse. Eine Einführung in die Psychologie unbewusster Prozesse*, das er zusammen mit Thomas Müller 2008 im Klett-Cotta Verlag veröffentlicht hat. Trotz der schwierigen Zeit für die Psychoanalyse entschließen sich die beiden Autoren für einen hoffnungsvollen Blick auf die Psychoanalyse und ihren Beitrag zu einer einflussreichen Kulturkritik:

> Hier hat sich, mehr als 60 Jahr nach Kriegsende, viel getan: Holocaust-Denkmal, Wehrmacht- und Vertriebenen-Ausstellung sowie eine nicht mehr übersehbare, die Vergangenheit aufarbeitende Literatur. Deswegen schließen wir hoffnungsvoll mit Sigmund Freud (1927c, S. 377): »Die Stimme des Intellekts ist leise, aber sie ruht nicht, ehe sie sich Gehör verschafft hat.« Am Ende, nach unzählig oft wiederholten Anweisungen, findet sie es doch. Dies ist einer der wenigen Punkte, in denen man für die Zukunft der Menschheit optimistisch sein darf. (Kutter & Müller 2008, S. 365)

Literatur

Barthel, Y. et al. (2010): Kandidaten in psychotherapeutischer Ausbildung. Zugang und Zufriedenheit. Forum Psychoanal 26, 87–100.

Bohleber, W. (2010): Die Entwicklung der Psychoanalyse in Deutschland nach 1950. Psyche – Z Psychoanal 64, 1243–1267.

Butler, J. (1991 [1990]): Das Unbehagen der Geschlechter. Frankfurt/M. (Suhrkamp).

Chodorow, N. (1985 [1978]): Das Erbe der Mütter. Psychoanalyse und Soziologie der Geschlechter. München (Verlag Frauenoffensive).

Fischmann, T. (2011): Ethical dilemmas resulting from modern biotechnology: Between Skylla and Charybdis. Empirical results from A European wide interdisciplinary study and implications for clinical practice. Kassel, Universität, Habilitationsschrift.

Fischmann, T. & Hildt, E. (2011): Ethical dilemmas in prenatal genetic testing. Dordrecht (Springer).

Habermas, J. (1968): Erkenntnis und Interesse. Frankfurt/M. (Suhrkamp).

Hampe, M. (2003): Pluralität der Wissenschaften und Einheit der Vernunft – Einige philosophische Anmerkungen zur Psychoanalyse. In: Leuzinger-Bohleber, M., Deserno, H. & Hau, S. (Hg.): Psychoanalyse als Profession und Wissenschaft. Stuttgart (Kohlhammer), 17–32.

Hanly, C. (2009): Presidential adress, IPA congress, Chicago.
Hoyer, T. (2008): Im Getümmel der Welt. Alexander Mitscherlich – ein Porträt. Göttingen (Vandenhoeck & Ruprecht).
Kernberg, O. F. (2006): The coming changes in psychoanalytic education: Part I. Int J Psychoanal 87, 1649–1673.
Kernberg, O.F. (2007): The coming changes in psychoanalytic education: Part II. Int J Psychoanal 88, 183–202.
Köhler, L., Reulecke, J. & Straub, J. (Hg): Kulturelle Evolution und Bewusstseinswandel. Hans Kilians historische Psychologie und integrative Anthropologie. Gießen (Psychosozial).
Koenen, M., Martin, R. (im Druck): Wie wird man Psychotherapeut – wie findet man seine »Schule« – Wie entwickelt sich eine schulenspezifische Identität. Doppelpromotion an der Universität Kassel, 2011.
Kutter, P. (Hg.) (1997): Psychoanalyse interdisziplinär. Frankfurt/M. (Suhrkamp).
Kutter, P. (2004): Psychoanalytische Interpretation und empirische Methoden: Auf dem Weg zu einer empirisch fundierten Psychoanalyse. Gießen (Psychosozial).
Kutter, P. (2010): Aus der Enge in die Welt. In: Hermanns, L. (Hg.): Psychoanalyse in Selbstdarstellungen. Band VIII. Frankfurt a. M. (Brandes & Apsel), 117–187.
Kutter, P. & Müller, Th. (2008): Psychoanalyse. Eine Einführung in die Psychologie unbewusster Prozesse. Stuttgart (Klett-Cotta).
Lebiger-Vogel, J. (2011): »Gute Psychotherapie«. Verhaltenstherapie und Psychoanalyse im soziolkulturellen Kontext. Kassel, Universität, Dissertation.
Leuzinger-Bohleber, M. (2010): Psychoanalyse als »Wissenschaft des Unbewussten« im ersten Jahrhundert der IPA. Internationale Psychoanalyse 18, Sonderausgabe zum 100-jährigen Bestehen der IPV, 24–26.
Leuzinger-Bohleber, M. (2011): Von der »one man army« zur interdisziplinären Forschung. Zur Forschung an der Klinischen und Grundlagenabteilung am Sigmund-Freud-Institut heute. In: Leuzinger-Bohleber & Haubl 2011, 21–62.
Leuzinger-Bohleber, M. & Haubl, R. (Hg.) (2011): Psychoanalyse: interdisziplinär – international – intergenerationell. 50 Jahre Sigmund-Freud-Institut. Göttingen (Vandenhoeck & Ruprecht).
Leuzinger-Bohleber, M. & Klumbies, P.-G. (Hg.) (2010): Religion und Fanatismus. Psychoanalytische und theologische Zugänge. Göttingen (Vandenhoeck & Ruprecht).
Leuzinger-Bohleber, M. & Teising, M. (im Druck): »Without being in psychoanalysis I never would have dared to become pregnant ...«. Dealing with the Janus Face of prenatal diagnostics in psychoanalytic treatments. A new challenge for psychoanalysis? International Journal of Psychoanalysis, (erscheint 2012).

Leuzinger-Bohleber, M., Dreher, A. U. & Canestri, J. (Hg.) (2003): Pluralism and unity? Methods of research in psychoanalysis. London (International Psychoanalytical Association).

Leuzinger-Bohleber, M., Engels, E.-M. & Triantis, J. (Hg.) (2008): The Janus Face of prenatal diagnostics: A European study bridging ethics, psychoanalysis, and medicine. London (Karnac Books).

Lorenzer, A. (1985 [1974]): Die Wahrheit der psychoanalytischen Erkenntnis. Frankfurt/M. (Suhrkamp).

Makari, G. (2008): Revolution in mind: The creation of psychoanalysis. London (Duckworth).

Marcus, S. (2009): Freud lesen und wiederlesen: Die Vorlesungen zur Einführung in die Psychoanalyse (1915–17). Zeitschrift für psychoanalytische Theorie und Praxis 24, 485–503.

Pfenning, N. (2011): Wissensmanagement in psychoanalytischen Forschungsprojekten. Kassel, Universität, Dissertation.

Radebold, H. (1997): Ansprache zur Eröffnung des Instituts für Psychoanalyse. In: Leuzinger-Bohleber, M. et al. (Hg.): Psychoanalyse im Spannungsfeld zwischen Klinik und Kulturtheorie. Festschrift zur Eröffnung des Instituts für Psychoanalyse am 3. Juli 1996. Universität Kassel, 19–25.

Strauß, B. et al. (2009): Forschungsgutachten zur Ausbildung von Psychologischen PsychotherapeutInnen und Kinder- und JugendlichenpsychotherapeutInnen. Im Auftrag des Bundesministeriums für Gesundheit. April 2009.

Wallerstein, R. S. (Hg.) (1985): Changes in analysis and in their training. London (International Psychoanalytical Association).

Weingart, P. (2002): The moment of truth for science. EMDO Report 3, 703–706.

Weingart, P., Carrier, M. & Krohn, W. (2002): Nachrichten aus der Wissensgesellschaft. Analysen zur Veränderung der Wissenschaft. Weilerswist (Velbrück Wissenschaft).

Wellendorf, F. (2010): Beitrag auf dem Panel »Die soziokulturelle Position der Psychoanalyse – Gegenwart und Perspektiven« auf der Tagung »100 Jahre Internationale Psychoanalytische Vereinigung (IPV) – 100 Jahre institutionalisierte Psychoanalyse in Deutschland. Brüche und Kontinuitäten«, Berlin, 5.–7. März 2010.

Whitebook, J. (2010): Sigmund Freud – A philosophical physician. Vortrag bei der 11. Joseph Sandler Research Conference »Persisting shadows of early and later trauma«, Frankfurt am Main, 5. Februar 2010.

Zaretzki, E. (2006 [2004]): Freuds Jahrhundert. Die Geschichte der Psychoanalyse. Wien (Zsolnay).

Helmut Thomä

Psychoanalytische Ausbildung – eine utopische Vision ihrer Zukunft

> *[...] wer auch immer sich mit dem Problem der psychoanalytischen Ausbildung befasst, bekommt es unvermeidlich mit der Frage nach der Zukunft der Psychoanalyse zu tun.*
> Paula Heimann 1968, S. 528

Das dreigeteilte Ausbildungsmodell

Die Mängel gängiger psychoanalytischer Ausbildungsmodelle sind seit Langem bekannt – mindestens seit Balints kritischen Beiträgen aus den Jahren 1948 und 1954. Nach der Zerstörung des Berliner Psychoanalytischen Institutes durch die Nationalsozialisten verkümmerte Freuds und Eitingons Konzept zu einem dreigeteilten Ausbildungsmodell ohne systematische Forschungsorientierung und ohne kostenfreie klinische Behandlung für die Patienten. Schon 1948 klagte Balint über diese Verarmung:

> Die ursprüngliche Idee: Psychotherapie für die breiten Massen [...] ging in den Jahren ihrer Entwicklung vollständig verloren. Der Vorwurf gegen uns Analytiker, dass wir uns darum reichlich wenig sorgen, ist gerechtfertigt und es ist nur eine angemessene Folge, dass die Therapie der Massen mehr und mehr in andere Hände übergeht und möglicherweise – zu Recht oder zu Unrecht – ganz ohne uns erledigt wird. Dasselbe gilt für das zweite ursprüngliche Ziel der Institute, für die Forschung. Die Ergebnisse in dieser Hinsicht sind so mager, dass sie kaum der Rede wert sind. Die einzige Ausnahme von dieser traurigen Bilanz ist vielleicht das Chicago Institute. (Balint 1948, S. 168, *aus dem Englischen übersetzt von Andrea Lammers [A. L.]*)

Balints frühe Hinweise auf Mängel und die Einseitigkeiten der Ausbildung sind seither durch eine lange Reihe von Publikationen erweitert worden.[1] Die Auswirkungen waren jedoch minimal.

Moniert wird besonders der Mangel an Forschung und die damit zusammenhängende Dogmatisierung. Als Beispiel ziehe ich die Situation in den USA heran, da sich im Vergleich zu anderen psychoanalytischen Vereinigungen die American Psychoanalytic Association vermehrt um Evaluierungen bemüht hat. Zu den »am wenigsten erwarteten Ergebnissen« einer Umfrage, die Morris (1992) durchgeführt hat, gehörten die folgenden:

> In keinem der 28 Institute der Amerikanischen Psychoanalytischen Vereinigung ist es üblich, dass Lehranalytiker oder auch nur Nachwuchslehrkräfte in fortlaufenden Fallkonferenzen anwesend sind, auch wenn die Lehrenden vielleicht kurze Vignetten klinischen Materials in ihren anderen Kursen präsentieren. Vielmehr ist es üblich, dass Kandidaten neueres oder aktuelles Material bei solchen Konferenzen vorstellen, wobei aber kein einziges Institut, das geantwortet hat, das Ziel verfolgt, einen Einzelfall vom Anfang bis zum Schluss zu verfolgen. Das heißt, dass die einzige vollständige Analyse, die einE KandidatIn in ganzer Länge durchlebt, seine oder ihre eigene ist. (Morris 1992, S. 1200, *übersetzt von A. L.*)

Morris bedauert, dass

> Loewalds Ermunterung aus dem Jahr 1956, erfahrene Lehrende sollten ihr Fallmaterial Studierenden vorstellen, nicht verwirklicht wurde, sondern heutige Kandidaten sogar immer weniger die Möglichkeit haben, an fortlaufenden Falldiskussionen oder -supervisionen bis zum Ende teilzunehmen und davon zu profitieren. (Ebd., S. 1209, *übersetzt von A. L.*)

Leider wird nun klar, dass dem Lehrlingsmodell in der psychoanalytischen Ausbildung ein überaus wichtiger Teil fehlt: des Meisters vorbildhafte Demonstration einer psychoanalytischen Behandlung vom Beginn bis zum Ende.

Die Defizite der meisten Institute können nicht durch gewisse Verbesserungen des »Kern-Curriculums« behoben werden, auf die Morris offenbar sein optimistisches Urteil stützt, die psychoanalytische Ausbildung sei »lebendig

---

[1] Auchincloss & Michels 2003; Berman 2004; Bruzzone et al. 1985; Cremerius 1989; Ermann 1993; François-Poncet 2009; Kappelle 1996; Kächele & Thomä 2000; Kernberg 1986, 1992, 1996, 2000, 2001, 2006/2007, 2008; Lothane 2007; Morris 1992; Rees 2007; Target 2001, 2002; Thomä 1991a/b, engl. 1993, Thomä & Kächele 1999; Wallerstein 2007, 2009a.

und gesund« (ebd., S. 1207). Natürlich ist sie am Leben, da sie ja existiert – aber gesund? Wenn ein gesundes Leben Wandel und Fortschritt meint und nicht etwa Stagnation oder sogar Rückschritt, dann geht es der psychoanalytischen Ausbildung keineswegs gut. In der Tat war von 1960 bis 1990 ein verdächtiger Rückgang der durchschnittlichen Kandidatenzahl von 60 auf 24 pro Institut zu verzeichnen, während die Zahl der Institute der American Psychoanalytic Association sich in dieser Zeitspanne von 14 auf 28 verdoppelte. Die Gesamtzahl der Kandidaten stieg also schon damals nicht im gleichen Verhältnis an. 1960 waren es 888 (allesamt Ärzte), 1990 dann 1.051 (davon 17–20% Nicht-Mediziner). Die Ära des Niedergangs begann aber erst danach, wie wir später sehen werden.

Das dreigeteilte psychoanalytische Curriculum – persönliche Analyse, Seminare, Supervision – ist auffallend weit entfernt von der klassisch akademischen Triade »Forschen, Lehren, Heilen«, die Freud bevorzugte. In den 1950er Jahren klagte Knight in seinem Aufsatz »Der gegenwärtige Zustand der organisierten Psychoanalyse in den Vereinigten Staaten« über die Folgen bestimmter Vorschriften für die Lehranalyse. Er stellte ganz unverblümt fest: »[...] es kann passieren, dass unsere Vorschriften den Nachschub an forschenden Psychoanalytikern austrocknen« (Knight 1953, S. 215). Diese Einschätzung trifft immer noch auf fast alle Institute der Internationalen Psychoanalytischen Vereinigung (IPV) zu. Morris' Untersuchung bestätigt auch nochmals, dass das dreigeteilte psychoanalytische Curriculum keinerlei Forschung enthält. Die narzisstische Fehlinterpretation von Freuds Junktim-These machte aus jedem praktizierenden Psychoanalytiker einen »Forscher«; aus der Suche nach Wahrheit wurde Forschung – wenn auch nur auf dem Papier.

Mit dieser Gleichsetzung konnte die IPV ihren Anspruch, für das Erbe Freuds in vollem Umfang zuständig zu sein, nicht einlösen. Im Gegenteil: Diese Position diente nicht zuletzt der Kontrolle all dessen, was die Psychoanalyse kennzeichnet. Aus der Not wurde die Tugend gemacht, das »reine Gold« sei in Freuds Junktim-Behauptung schon gefunden worden. Es ist also kein Wunder, dass die Programme der IPV-Kongresse wegen ihres Hypothesen generierenden Reichtums stets anregend, aber bezüglich ihres »context of justification« enttäuschend waren. Bis weit in die 1970er Jahre konnten bei IPV-Kongressen kaum Forschungsfragen diskutiert werden; das erste Treffen einer forschungsorientierten Gruppe auf einem IPV-Kongress fand 1981 in Helsinki statt. Die Ankündigung des ersten internationalen Ulmer Workshops zu Psychoanalytic Process Research (siehe Dahl, Kächele & Thomä 1988) vor dem 34. IPV-Kongress in Hamburg 1985, die das lokale Organisationskomitee in das offizielle Programm aufgenommen hatte, musste auf Anordnung des damaligen IPV-Präsidenten Limentani gestrichen und das Programm deshalb neu gedruckt werden. Seit 1985, also seit der Präsidentschaft von Robert Wallerstein, wurden in der IPV dann große Anstrengungen gemacht, das enorme Defizit an Erforschung des »Mutterbodens« der analytischen Therapie zu beheben.

1990 initiierte Sandler eine Forschungskonferenz, die unter anderem ein Research Training Program (RTP) ins Leben rief, um Psychoanalytiker qualitative und quantitative Forschungsmethoden zu lehren. Gleichzeitig setzte sich aber der Stil der Controversial Discussions[2] fort: Jetzt wurde akademisch verwurzelten Psychoanalytikern vorgeworfen, sie würden ja »nur quantitative, positivistische, empirische« Forschung betreiben. Systematische Forschung, die Klarheit in diese Debatten hätte bringen können, war entweder nicht erwünscht oder nicht möglich. Cooper (2008) beschreibt die langfristigen Folgen der nichtakademischen Geschichte der psychoanalytischen Bewegung:

> Indem sie Freud imitierten, ihn aber zutiefst missverstanden, haben die meisten psychoanalytischen Ausbildungsprogramme darin versagt, eine Ausbildung anzubieten, die Grundkenntnisse der Forschung umfasst – wie man sie durchführt, wie man einen Forschungsbericht liest und beurteilt. Das hat ganz enorm zum heutigen intellektuellen und wissenschaftlichen Statusverlust der Psychoanalyse beigetragen. (Cooper 2008, S. 8, *übersetzt von A. L.*)

Die Forschungsdefizite betreffen im Übrigen auch alle psychoanalytischen Institute außerhalb der IPV. Und sie wirken sich indirekt auch auf die professionelle Kompetenz niedergelassener Analytiker aus. Es geht hier übrigens nicht darum, alle Psychoanalytiker zu Forschern auszubilden, sondern vielmehr darum, klinisch tätige Analytiker mit den Forschungsproblemen vertraut zu machen, wie dies unter anderem von Cooper gefordert wird, um »die Lücke zwischen psychoanalytischer Forschung und Praxis« (Luyten et al. 2008) zu schließen.

---

[2] Meines Erachtens ist die gegenwärtige tiefe Krise der Psychoanalyse, die mit früheren keineswegs vergleichbar ist, durch eine Fortsetzung und weltweite Ausdehnung der historischen Controversial Discussions verursacht, zugleich aber auch durch wissenschaftlich begründete Argumente, also True Controversies, wie sie von Bernardi (2002) und Eizirik (2006) beschrieben werden. Wie bei den historischen Controversial Discussions geht es bei den heutigen um die großen Fragen, wer und welche Schule die psychoanalytische Wahrheit besonders rein vertritt. True Controversies haben ein weit bescheideneres Ziel: Sie beschränken sich darauf, plausible, therapeutisch nachweisbare Zusammenhänge empirisch wahrscheinlich zu machen.

Mit dem Fall des Eisernen Vorhangs hat sich die welthistorische Lage so verändert, dass sich auch für die Psychoanalyse neue Räume eröffneten, etwa in den Ländern des ehemaligen Ostblocks, der Sowjetunion und in China.[3] Mit der Globalisierung ist die IPV erstmals in ihrer Geschichte bezüglich der psychoanalytischen Ausbildung flexibel geworden, wie im Kontext des »East-European Institute für Psychoanalysis« sichtbar wurde. Bedenklich ist jedoch der »Prozess der Babelisierung«, wie ihn Jiménez (2009) beschrieben hat. Gleichzeitig mit der Öffnung und zunehmenden Flexibilität der IPV haben sich, auch ideologisch bedingte, Kontroversen alten Stils sogar intensiviert – offenbar getrieben von der Angst vor dem Niedergang der »wahren Psychoanalyse«. Interessanterweise geht es in diesen Debatten vor allem um den Rahmen der Behandlung, also um äußere Faktoren, speziell die Stundenfrequenz.

Der extreme Rückgang des Interesses der jüngeren Generationen an der psychoanalytischen Ausbildung in den meisten Ländern des Westens wird durch die intellektuelle Neugierde junger Menschen in anderen Teilen der Welt nicht ausgeglichen. In der hundertjährigen Geschichte der IPV hat sich, auf die gesamte Welt hin betrachtet, eine asynchrone Entwicklung vollzogen, die besondere Probleme mit sich bringt. Obwohl auch der Zeitgeist der Psychoanalyse nicht freundlich gesonnen ist, sind unsere Probleme vorwiegend hausgemacht. Auf jeden Fall ist es unerlässlich, unsere Versäumnisse zu betrachten. Die langjährige, hartnäckige Kritik an den psychoanalytischen Ausbildungsmodellen hatte, wie erwähnt, bisher so gut wie keine Konsequenzen. Das folgende zusammenfassende Urteil über die Lage in den Vereinigten Staaten passt zur Situation in Deutschland ebenso wie zu der anderer Länder:

> Unser derzeitiges Modell in Nordamerika ist weithin weder inspirierend noch einladend, dafür aber abschreckend teuer, oftmals infantilisierend und voller Interessenskonflikte zwischen den Beteiligten; so ist es keine Überraschung, dass es die Studierenden, die wir haben wollen, nicht anzieht. (Levy 2004, S. 8, *übersetzt von A. L.*)

Levy (2010) veröffentlichte einen faszinierenden Aufsatz über die Versuche von Universitäten, vielfältige Seminare anzubieten, die offenbar nicht nur im Sinne einer vollständigen psychoanalytischen Ausbildung attraktiv sind.

---

[3] So wurde zum Beispiel das Ulmer Lehrbuch (Thomä/Kächele 1987, 1992) vielfältig rezipiert und unter anderem in Ungarn, Polen, Tschechien, Russland, Rumänien, Armenien, Bulgarien (und unlängst auch im Iran) in die jeweilige Landessprache übersetzt. Das große, durchaus staatlich akzeptierte Interesse an der Psychoanalyse in China führt derzeit auch zu einer chinesischen Übersetzung.

Psychoanalytische Ausbildung – eine utopische Vision ihrer Zukunft

Wie ernst die gegenwärtige Lage ist, lässt sich auch an Zahlen aus den USA und aus Deutschland ablesen: Seit der 1992er Veröffentlichung von Morris sind die Bewerberzahlen in den USA dramatisch zurückgegangen (siehe Tab. 1).

Tab. 1: Summe neuer Kandidaten an den psychoanalytischen Ausbildungsinstituten der APsaA) in den USA (Quelle: Mitteilung des Büros der American Psychoanalytic Association [APsaA], 2. Februar 2010)

Jahr	neue Kandidaten
2000	122
2001	56
2002	101
2003	73
2004	92
2005	119
2006	79
2007	67
2008	104
2009	65

In Deutschland gibt es 53 in der Dachorganisation Deutsche Gesellschaft für Psychoanalyse, Psychotherapie, Psychosomatik und Tiefenpsychologie (DGPT) organisierte Institute. Davon gehören 13 Institute der Deutschen Psychoanalytischen Vereinigung (DPV) an, der Rest sind sogenannte freie Institute, deren Ausbildung (mit Ausnahme der Institute der Deutschen Psychoanalytischen Gesellschaft [DPG], die eine hochfrequente Lehranalyse und Supervision anbieten) nicht zur IPV-Mitgliedschaft führen kann. Die jährliche Bewerberzahl bei der DPV sank von 194 im Jahr 1989 auf 16 im Jahr 2009 (siehe Tab. 2).

Tab. 2: Bewerberzahlen an Instituten der DPV (Quelle: Mitteilung des Sekretariats des zentralen Ausbildungsausschusses (zAA) der DPV, 20. Januar 2010)

Jahr	Bewerber	Zulassungen
1989	194	97
1990	122	56
1991	139	72
1992	100	49
1993	88	51
1994	85	49
1995	68	44
1996	100	68
1997	62	35
1998	67	44
1999	41	27
2000	41	33
2001	41	33
2002	33	26
2003	37	28
2004	20	17
2005	38	34
2006	33	21
2007	34	29
2008	27	27
2009	16	13

Der rasche Niedergang der Psychoanalyse in Deutschland trifft zeitlich mit einer Epochenwende in unserem öffentlichen Gesundheitssystem zusammen: 1999 wurde ein dritter Heilberuf, neben Ärzten und Heilpraktikern,[4] geschaffen: der des psychologischen Psychotherapeuten. Seither wächst die Zahl niedergelas-

---

[4] Der Autor verwendet im englischsprachigen Original den pejorativen Begriff »quacks«, also »Quacksalber« (Anmerkung der Übersetzerin).

sener Verhaltenstherapeuten und die Bewerbungen um eine psychoanalytische Ausbildung gehen dramatisch zurück.

Bemerkenswert ist, dass der Anteil der abgelehnten Bewerber in den Jahren 2000 bis 2010 erheblich geringer geworden ist. Mit großer Wahrscheinlichkeit ist dies nicht darauf zurückzuführen, dass sich zwischen 1989 und 2000 so viel mehr Ärzte und Psychologen beworben haben, die – aus welchen Gründen auch immer – als ungeeignet abgelehnt wurden. Viel wahrscheinlicher ist, dass mit dem Rückgang die Fragwürdigkeit des ganzen Bewerbungsverfahrens, wie sie etwa Kappelle (1996) beschrieben hat, noch deutlicher wird, als es allen Beteiligten schon seit Jahrzehnten bekannt ist. Ich kenne nur wenige abgewiesene Bewerber, die darüber im Rückblick froh sind. Für viele blieb die Ablehnung unverständlich. Nur wenige wurden zu Freunden der Psychoanalyse.

Besonders bedauerlich ist, dass in der Medizin der Einfluss der Psychoanalyse zurückgeht und sich nur noch ganz wenige Ärzte unter den Bewerbern befinden. Ab 1967 wurden viele Lehrstühle für psychosomatische Medizin und Psychotherapie mit ausgewiesenen Psychoanalytikern besetzt. Seit etwa zehn Jahren haben eher Bewerber mit psychodynamischer und neurowissenschaftlicher Qualifikation eine Chance. In der universitären klinischen Psychologie ist die Psychoanalyse fast nicht mehr vertreten. Die Gründung der ersten privaten psychoanalytischen Hochschule in Berlin (2009) ist als Reaktion auf diese Entwicklung zu sehen.

Die zentrale Position der Lehranalyse

Bei einer Klausurtagung über das Thema »Die Identität des Psychoanalytikers«, die 1976 in England stattfand (Joseph & Widlöcher 1983), stand die Lehranalyse im Mittelpunkt der Diskussion, in die Anna Freud mit folgenden Worten eingriff:

> Der Kern der Sache ist, dass sich an dem Problem offensichtlich in den letzten 45 Jahren nicht viel geändert hat! Aber wenn ich Ihnen hier zuhöre, habe ich doch den Eindruck gewonnen, dass meine Kollegen, die sich früher für die Einführung der Lehranalyse ausgesprochen haben [...], dies wahrscheinlich niemals getan hätten, wenn sie von all den Gefahren, den positiven und negativen Übertragungen, Spaltungen, Hass usw. gewusst hätten. Sie hätten wohl gesagt: »Lasst sie so sein, wie sie sind!« (A. Freud 1983, S. 259, *übersetzt von A. L.*)

Als Teilnehmer hatte ich den Eindruck, dass Anna Freud vermutet haben könnte, zu weit gegangen zu sein. Ihre nachfolgende Ergänzung fasste ich wie folgt zusammen:

> Ausgeglichen wurde diese negative Einschätzung durch die positive Ergänzung, beim Symposium sei zu wenig über den durch die Lehranalyse vermittelten identifikatorischen Lernprozeß gesprochen worden, der zur Liebe für die Psychoanalyse inspiriere. Die von ihr gegebenen Beispiele zeigen eindrucksvoll, wie die Begeisterung für die Psychoanalyse durch Identifizierung und nicht durch Indoktrination weitergegeben werden kann. (Thomä 1991a, S. 388)

Die meisten der heutigen Probleme bleiben unverständlich, solange man sich nicht mit den Entwicklungen zwischen 1910 und 1939 vertraut macht. Freuds Entdeckung der Gegenübertragung und seine Beobachtung, dass jeder Psychoanalytiker nur so weit gehen kann, »als seine eigenen Komplexe und inneren Widerstände es gestatten« (Freud 1910c, S. 108), gehört in diesen historischen Kontext. Sie ist der Grund dafür, dass Freud forderte, der Analytiker solle seine Arbeit mit einer Selbstanalyse beginnen:

> Eine solche Analyse eines praktisch Gesunden wird begreiflicherweise unabgeschlossen bleiben. Wer den hohen Wert der durch sie erworbenen Selbsterkenntnis und Steigerung der Selbstbeherrschung zu würdigen weiß, wird die analytische Erforschung seiner eigenen Person nachher als Selbstanalyse fortsetzen und sich gerne damit bescheiden, daß er in sich wie außerhalb seiner immer Neues zu finden erwarten muß. Wer aber als Analytiker die Vorsicht der Eigenanalyse verschmäht hat, der wird nicht nur durch die Unfähigkeit bestraft, über ein gewisses Maß an seinen Kranken zu lernen, er unterliegt auch einer ernsthafteren Gefahr, die zur Gefahr für andere werden kann. (Freud 1912e, S. 383)

Mit der Selbstanalyse und später dann mit der Lehranalyse verbanden sich hohe, ja höchste Erwartungen. Ohne eine solche, so warnt Freud, werde der Analytiker

> [...] leicht in die Versuchung geraten, was er in dumpfer Selbstwahrnehmung von den Eigentümlichkeiten seiner eigenen Person erkennt, als allgemeingültige Theorie in die Wissenschaft hinauszuprojizieren, er wird die psychoanalytische Methode in Mißkredit bringen und Unerfahrene irreleiten. (Ebd.)

Um den subjektiven Anteil zumindest bezüglich pathologischer Faktoren zu verringern – mit dem Ziel, möglichst ein fiktives Normal-Ich aufseiten des Analytikers zu erreichen – war die Lehranalyse zu Beginn der 1920er Jahre zum zentralen Bestandteil der Ausbildung gemacht worden. Balint zufolge soll Ferenczi die Lehranalyse sogar als »die zweite psychoanalytische Grundregel« (Balint 1969, S. 296) bezeichnet haben. Ferenczi habe den »definitiven« Eindruck gehabt, dass die Unterschiede zwischen diversen analytischen Techniken seit der Einführung der verpflichtenden Lehranalyse zu verschwinden begännen. Balint, der ein unabhängiger Geist war, kommentierte:

> Es ist erschütternd und ernüchternd, wenn man sich vergegenwärtigt, dass diese idealisierte, utopische Beschreibung, obwohl sie ein recht wahrheitsgetreues Bild aller gegenwärtigen Gruppen der psychoanalytischen Bewegung gibt, vom ganzen her gesehen, völlig falsch ist. Ferenczi sah die Konsequenzen einer »Supertherapie« durchaus richtig voraus, aber er dachte nicht an die Möglichkeit, dass die tatsächliche Entwicklung zu einem Nebeneinander mehrerer »Supertherapien« führen könnte, die miteinander in Wettbewerb treten und zu einer Neuauflage der babylonischen Sprachverwirrung führen würden. (Ebd.)

Angesichts dieser prophetischen Worte ist es erstaunlich, dass »die Lehranalyse immer noch als die wichtigste Komponente des dreigeteilten Modells psychoanalytischer Ausbildung« (Lasky 2005, S. 15) angesehen wird. Von Anfang an hatten sich folgenschwere Verwicklungen daraus ergeben, dass der Lehranalytiker über die berufliche Qualifikation des Kandidaten zumindest mitentschied. Obwohl das Berichtssystem offiziell fast überall abgeschafft ist, erleben sich Kandidaten als Patienten und ihre Analytiker als Therapeuten:

> Target hat einen interessanten Befund aus ihren eigenen Studien und Diskussionsgruppen in Europa festgehalten: Der geläufigste »Ausrutscher«, der Lehranalytikern bei Diskussionen über Kandidaten in ihren Seminaren oder Supervisionen unterlief, war, sich auf sie als »Patienten« zu beziehen. (Seidel 2006, S. 249, *übersetzt von A. L.*)

Die Probleme der Lehranalyse bestehen hauptsächlich darin, dass die Beurteilung der beruflichen Kompetenz von Veränderungen des Kandidaten im Laufe der Lehranalyse abhängig gemacht wird. Im französischen Ausbildungssystem ist die Bewerbung erst nach einem längeren analytischen Prozess möglich. Da weder Kriterien für die Kompetenz noch solche für wünschenswerte Veränderungen von Kommissionen im Einzelfall klar zu benennen sind, ist nur eine radikale Trennung zukunftsfähig: Die eigene Analyse muss von A bis Z und in jeder Hinsicht eine rein persönliche Angelegenheit werden.

Ich bin davon überzeugt, dass nur die Kandidaten selbst berechtigt sein sollten, über ihre »persönliche« Analyse zu entscheiden, wobei dieser Begriff nicht ganz passt, aber zumindest vermeidet, sie als »therapeutisch« oder »didaktisch« zu etikettieren. Im Lauf der Jahre habe ich in dieser Hinsicht jeglichen Kompromiss aufgegeben und bin zu einer radikalen Haltung gelangt. Mein ursprünglicher Vorschlag (Thomä 1993) war noch von der Annahme ausgegangen, dass die Institute aus Gründen der Professionalität das Recht haben, eine didaktische Lehranalyse zu verlangen. In einem rein abstrakten Gedankenexperiment unterteilte ich die persönliche Analyse in einen didaktischen und einen therapeutischen Part.

Wenn man sich zum didaktischen Ziel setzt, dass ein Kandidat etwas über die Auswirkungen unbewusster Prozesse auf seine Gefühle und Gedanken lernen soll, so bin ich immer noch überzeugt, dass etwa 300 Sitzungen eine vernünftige Menge an derartiger Selbsterfahrung ermöglichen. Als Kliniker waren Kächele und ich mit Kernberg einer Meinung, als er schrieb, dass »zum Beispiel Kandidaten mit einer narzisstischen Charakterpathologie möglicherweise mehr als zwei oder drei Jahre persönlicher Analyse benötigen, um ihre narzisstische Abwehr zu überwinden« (Kernberg, zit. n. Kächele & Thomä 2000, S. 114f.). Als Lehrende haben wir jedoch energisch jegliche Idee zurückgewiesen, dass etwa ein Ausbildungsausschuss kompetent ist, eine etwaige Pathologie bei einem Kandidaten zu diagnostizieren, oder sich gar das Recht dazu herausnehmen könnte (Kächele & Thomä 2000).

Meiner Meinung nach sollten die therapeutischen Aspekte der persönlichen Analyse, ihre Frequenz und Dauer, außerhalb jeder administrativen Regelung liegen. Allerdings waren Missverständnisse zu erwarten gewesen, da meine damalige abstrakte Unterteilung in »therapeutisch« und »didaktisch« völlig künstlich war. Deshalb habe ich diesen letztlich unhaltbaren Kompromiss aufgegeben: Als exemplarische Erfahrung kann die Lehranalyse nur in völliger Freiheit von externen Faktoren, d. h. in völliger Privatheit, gedeihen. Nur eine drastische Lösung sichert die therapeutische Qualität und schützt Kandidaten davor, pathologisiert zu werden. Die Überprüfung der professionellen Qualität von Kandidaten sollte nicht länger an Urteile über ihre Persönlichkeit und deren Veränderung in der Therapie geknüpft werden. Es reicht nicht aus, das unethische Berichtssystem abzuschaffen, das ganz klar die Pflicht des Analytikers zur Vertraulichkeit verletzt. Umfassende Diskretion ist absolut notwendig, um den therapeutischen Raum zu schützen, den es in Lehranalysen bisher nicht gab (Thomä 2004).

Wie dem Bericht vom 10. Lehranalytiker-Kongress von Zimmer (2003) zu entnehmen ist, hat Amati-Mehler unsere Reformvorschläge zur psychoanalytischen Erziehung, im Gegensatz zu Auchincloss und Michels, mit folgender Begründung abgelehnt:

Eine angemessene Lehranalyse, versicherte sie, sollte die psychotischen Schichten des Kandidaten ergründen, um dadurch die Fähigkeit von Kandidaten zu entwickeln, klinisch *mit den Gegenübertragungen zu arbeiten, die im Mittelpunkt der klinischen Arbeit mit schwerkranken Patienten stehen*. In einer Nicht-Lehranalyse sei eine derartige Ausforschung nicht unbedingt nötig. Die psychoanalytische Ausbildung sollte auf eine höhere Stufe gehoben werden, um Kandidaten zu befähigen, Patienten mit ernsteren Psychopathologien zu analysieren, anstatt diese an andere Behandlungsformen zu verweisen. Die Funktion des Lehranalytikers sei gleichermaßen aufzuwerten und Lehranalytiker müssten überlegene klinische Fachkompetenz vorweisen und darin angeleitet werden, ihre Aufmerksamkeit für spezielle Probleme der Lehranalyse zu erhöhen.

Sie widersprach der Interpretation der Dres. Michels und Auchincloss von Thomäs und Kächeles Vorschlag; dieser, betonte sie, versuche nicht, das dreigliedrige System in einen größeren Zusammenhang zu stellen, sondern wolle die Triade aus Seminar, Supervision und persönlicher Analyse durch eine andere aus Lehre, Behandlung und Forschung ersetzten und dabei *die persönliche Analyse, mit Ausnahme einer sehr kurzen Erfahrung, eliminieren*. Sie fügte hinzu, dass die empirische Forschung, die im Zentrum dieses Modells stehe, nicht das sei, was die meisten Psychoanalytiker für psychoanalytische Forschung hielten. (Zimmer 2003, S. 148, *übersetzt von A. L., Hervorhebungen von H. T.*)

Offenbar hatte mein Vorschlag den Anschein erweckt, als wolle ich die Lehranalyse auf eine »sehr kurze Erfahrung« reduzieren. Richtig ist, dass ich 300 Sitzungen nicht als »sehr kurz« ansehe. Ich selbst bedaure, dass meine Lehranalyse bei M. Balint nur 230 Sitzungen dauerte. Weitere Sitzungen hätten gewiss mein Leben bereichert. Ich bin aber ziemlich sicher, dass meine psychoanalytische Kompetenz durch weitere Stunden nicht wesentlich zugenommen hätte. Amati-Mehler hingegen scheint eine besondere berufliche Kompetenz von der Dauer und den Inhalten der Lehranalyse abhängig zu machen. Bei ihren Einwänden handelt es sich meines Erachtens um »unqualifizierte Behauptungen« im Sinne von Schafers (1985) diplomatischer Umschreibung dogmatischer Überzeugungen.

Psychoanalyse zu praktizieren ist nicht identisch damit, klinische Forschung zu betreiben. Wallerstein (2009b) drückte seine Vorbehalte dadurch aus, dass er sich auf den Unterschied zwischen der »Suche nach Wahrheit« (search for truth) und der »Forschung« (re-search) bezog. Um aus »Suche« »[...] Forschung« zu machen, muss Prozess- mit Ergebnisforschung kombiniert werden, indem man für beides qualitative und quantitative Kriterien definiert und überprüft (Sandell et al. 2000). Fallstudien, die sich auf die Beschreibung von Übertragungs-

und Gegenübertragungsprozessen konzentrieren, sind oft weit entfernt von der Möglichkeit, den analytischen Prozess zu evaluieren (Kächele et al. 2009). Schlimmer noch ist der weitverbreitete Mangel an Verarbeitung der Resultate der Psychotherapieforschung – eines Feldes, das sehr reich an Evaluierungsinstrumenten ist (Luborsky & Spence 1978, Lambert 2004).

Befreiung von der Orthodoxie

Orthodoxien bilden sich in Gruppen oft unter dem Einfluss einer charismatischen Persönlichkeit. Die Befreiung von der Orthodoxie ist deshalb an Personen gebunden, deren Befreiungskämpfe sich oft lange hinziehen und als traumatisierend erlebt werden. Ich wähle zwei Beispiele: Paula Heimann (1899–1982) und Herbert Rosenfeld (1910–1986). Rosenfeld hat erst im letzten Lebensabschnitt, etwa ab 1978, seine psychoanalytische Haltung wesentlich geändert und damit innerhalb seiner Gruppe ertragen müssen, ein Außenseiter geworden zu sein (J. Steiner 2009).

Heimann[5] war eine kreative Psychoanalytikerin; als Analysandin und enge Mitarbeiterin von Melanie Klein galt sie als deren »Kronprinzessin«. Durch ihren Vortrag *On Counter-Transference* (Heimann 1950) hat sie beim historischen Züricher Kongress 1949 neben Racker, Little, Searles und anderen die psychoanalytische Methode wesentlich umakzentuiert. Der Titel ihrer vorletzten Publikation, *Über die Notwendigkeit für den Analytiker, mit seinem Patienten natürlich zu sein* (Heimann 1978), lässt menschliche Aspekte und ein Temperament erahnen, die es ihr erleichtert haben mögen, dass sie damit zur intersubjektiven Wende des Freudschen Paradigmas wesentlich beigetragen hat.

Durch Kings Einleitung zu den *Gesammelten Schriften* von Paula Heimann (King 1989) ist bekannt geworden, dass sie ihren Züricher Vortrag mit Unterstützung von Ernest Jones und hinter dem Rücken von Melanie Klein gehal-

---

[5] Auch aus persönlichen Gründen gebe ich Paula Heimann hier den größeren Raum. Sie nahm meine Frau Dr. Brigitte Thomä und mich während unseres Aufenthaltes in London 1962 in ihren kollegialen Freundeskreis auf. Danach trafen wir Paula Heimann vor allem bei ihren Seminaren in Frankfurt/M. und Heidelberg. Wahrscheinlich war sie erstmals im November 1959 als Patin des späteren Sigmund-Freud-Instituts nach Frankfurt/M. gekommen und nach 1961 regelmäßig. Trotz unserer guten Beziehung haben wir respektvoll vermieden, über persönliche Aspekte ihrer Trennung von Melanie Klein zu sprechen. Auch sind mir theoretische Klärungen wesentlicher als die der subjektiven Verwirrungen und Konflikte, die ihnen zugrunde liegen.

ten hat. Bemerkenswert ist, dass die Schulgründerin Melanie Klein als Einzige zeitlebens am traditionell negativ definierten Übertragungsbegriff festhielt. Der Point of no Return für Paula Heimann scheint Kleins These vom angeborenen Neid und dessen Ableitung vom Todestrieb gewesen zu sein.

Einige Themen lassen sich in Heimanns Werk über viele Jahre verfolgen: Zunächst ist ihr langsamer Abschied von der sie faszinierenden Todestriebs-Hypothese erwähnenswert. Im Nachwort zu *Dynamics of transference interpretations* (1955/56) schrieb sie:

> Seit meinen Studententagen war ich eine enthusiastische Befürworterin der Freudschen Theorie der Lebens- und Todestriebe, die als die letzte Quelle aller triebhaften Prozesse galten. Ich meine immer noch, dass Freud mit dieser Theorie ein ehrfurchtgebietendes Konzept präsentiert hat – und in welch feiner Sprache! –, das uns eine Ahnung davon gibt, welche Beziehungen zwischen verschiedenen Elementen das Universum ausmachen und das die Gegensätze zwischen seinen verschiedenen Phänomenen miteinander versöhnt: Anziehung und Abstoßung, Ausdehnung und Zusammenziehen des Universums, belebte und unbelebte Materie. Dennoch bin ich schrittweise dazu übergegangen diesem bloßen Enthusiasmus zu misstrauen und einzusehen (wie ich schon andernorts, Heimann 1968, gesagt habe), dass meine Haltung eher »ozeanisch« als wissenschaftlich war, so dass ich mittlerweile zwischen den klinisch überprüfbaren Elementen von Freuds Theorie und den kosmischen Spekulationen, die sie beinhaltet, unterscheide. (Heimann 1969b, S. 252f., *übersetzt von A. L.*)

Heimanns Abschied zog sich bis zum denkwürdigen Wiener Kongress 1971 hin, auf dem Anna Freud über das Thema Aggression den Schlussvortrag hielt. Dieser Vortrag verdeutlicht noch stärker als das bei Heimann der Fall ist, in welchem Ausmaß die bewussten und noch mehr die unbewussten Loyalitätskonflikte den Diskurs bestimmten. So brachte Anna Freud beim Wiener Kongress das Kunststück fertig, in rationaler Klarheit zu beweisen, dass der Aggression jedes Definitionsmerkmal des Triebs fehle, und dennoch, als treue Tochter unseres Gründungsvaters, am Todestrieb festzuhalten. Der scharfsinnigste Verteidiger Freuds, Kurt Eissler, lieferte hierzu das scheinbar passende Argument. Er hatte den spekulativen Biologen R. Ehrenberg entdeckt, der als einziger ausgebildeter Naturwissenschaftler am Glauben an den Todestrieb festhielt. Anna Freud ließ unerwähnt, dass Eissler vor allem auch mit Heideggers existenzphilosophischen Betrachtungen über den Tod argumentierte. Kurz: Sowohl Ehrenberg als auch Heidegger sprechen von einem Tod, der himmelweit von Freuds Todestrieb-Spekulation entfernt ist.

Zurück zur Praxis und zu Paula Heimanns Züricher Vortrag über die Gegenübertragung. Zu jener Zeit hatte die Gegenübertragung in der kleinianischen Theorie und Praxis noch nichts mit der projektiven Identifikation zu tun. Die Gründerin dieser Schule hat als Einzige eine solche Verbindung nie hergestellt. Die von Spillius (2007) aus den Melanie-Klein-Archiven wiedergegebenen Diskussionen mit besonders interessierten jüngeren Analytikern über ihr Verständnis der Gegenübertragung zeigen eindeutig, dass sie gegen die Ableitung der Gegenübertragung von der projektiven Identifikation war. Mit anderen Worten: M. Klein hielt am klassischen Verständnis der Gegenübertragung fest. Die Zurückführung der Gegenübertragung auf die projektive Identifikation hat erst nach der Publikation von Money-Kyrle (1956) begonnen. Bions »containment« ist dann zum umfassenden Slogan geworden.

Dieser Exkurs war notwendig, um einen kaum zitierten, aber vielleicht sehr wichtigen Satz im kurzen Züricher Vortrag Heimanns in seinen historischen Kontext zu stellen. Er lautet:

> Aus der Perspektive, die ich hier hervorheben möchte, ist die Gegenübertragung des Analytikers nicht nur wesentlicher Bestandteil der analytischen Beziehung, sondern sie ist die Schöpfung des Patienten, sie ist ein Teil seiner Persönlichkeit. (Heimann 1950, S. 83)

Heimann wies stets auf die Gefahren ihrer innovativen These hin. Sie glaubte, damals noch als Schülerin von Melanie Klein sprechend, dass diese durch eine Durcharbeitung der beiden kleinianischen Positionen gebannt werden könnten:

> Die Betrachtungsweise der Gegenübertragung, die ich vorgestellt habe, ist nicht ohne Gefahr. Sie stellt keinen Schutzschild für die Unzulänglichkeiten des Analytikers dar. Wenn der Analytiker in seiner eigenen Analyse seine kindlichen Konflikte und Ängste (paranoide und depressive) durchgearbeitet hat, so kann er leicht mit seinem eigenen Unbewussten in Kontakt treten, er wird nicht dem Patienten das zuschreiben, was zu ihm selbst gehört. (Ebd.)

Dieser Bezug zur Durcharbeitung in der eigenen Analyse wurde später ergänzt oder sogar ersetzt durch entschiedene Hinweise auf die Bedeutung der Auswirkung von Interpretationen auf den therapeutischen Prozess. Obwohl sich Heimann mehrfach kritisch mit der projektiven Identifikation befasst hat, blieb das Thema der Schöpfung (creation) des Patienten unerwähnt. Nach 1950 äußerte sie sich mehrmals kritisch zu »Missverständnissen«. Den Anstoß zu einer weiteren Klärung ihrer Position gaben Diskussionen in Heidelberg und Frankfurt/M., die im Rahmen von Studien des Deutungsprozesses stattfanden, die ich angeregt hatte. Dies führte zu ihrer Publikation über den kognitiven Prozess des Analytikers (Heimann 1977). Sie distanzierte sich schließlich so sehr von der These, dass die Gegenübertragung die Kreation des Patienten sei, dass sie erstaunt war, jemals eine solche Äußerung getan zu haben.[6]

Ein Schlüssel zum Verständnis dessen, was Heimann mit der Schöpfung des Patienten gemeint haben könnte, ist vielleicht das »Dritte Ohr« von Theodor Reik (1976), bei dem Heimann in Berlin ihre erste Lehranalyse absolviert hatte. Für viel wesentlicher halte ich allerdings ihre Betonung der Beziehung als umfassende Voraussetzung aller eingeschränkten psychoanalytischen Begriffe. So verwundert es auch nicht, dass Gabbard (1995) die Gegenübertragung als »common ground« der modernen Psychoanalyse bezeichnet. Ich bin zwar der Meinung, dass Übertragung und Gegenübertragung im höchsten Maße dyadenspezifisch sind und der »common ground« etwas Allgemeines sein müsste. Zweifellos ist aber die intersubjektive Wende das Kennzeichen der modernen Psychoanalyse – und diese hat nicht zuletzt Paula Heimann auf den Weg gebracht.

Herbert Rosenfeld hat erst im hohen Alter erkannt, dass negative therapeutische Reaktionen durch antitherapeutisches Verhalten des Analytikers entstehen können. Es gibt indes einige Gemeinsamkeiten in der Befreiung von Paula Heimann und Herbert Rosenfeld. So haben beide negative therapeutische Reaktionen nicht mehr auf den »angeborenen« Neid und letztlich auf den Todestrieb zurückführt. Rosenfeld beschrieb negative therapeutische Reaktionen vielmehr als Folge exzessiver Übertragungsdeutungen, die auf die Annahme eines »angeborenen Neides« zurückgehen. Er stellt fest:

> Neid-Deutungen sollten nicht allzu oft wiederholt werden. Der Schwerpunkt sollte darauf liegen, dem Patienten zu helfen, den Schmerz, das Leid und die Scham zu ertragen, die von Neid ausgelöst werden, weil er die Fähigkeit zu lieben blockiert. Ernsthaft frustrierende Situationen schaffen unvermeidlich Anreiz für Neid. Das Hauptproblem, das in der Analyse auftaucht, ist, dass der Patient sich bisweilen gedemütigt fühlt, weil der Analytiker den Patienten so viel besser versteht als dieser sich selbst. Diesem Problem muss dadurch entgegengetreten werden, dass man den Patienten darin unterstützt, zu verstehen, dass sein Fortschritt in der Analyse von einer gemeinsamen Anstrengung von seiner selbst und des Analytikers abhängt und ganz besonders von der Wahl des jeweils richtigen Zeitpunkts und der einfühlsamen Deutung seitens des Analytikers. Eine Überbetonung der Neid-Deutung oder ein

---

[6] In einem privaten Gespräch mit B. und H. Thomä am 3. August 1980.

Überschätzen des Betrags des Analytikers im Vergleich zu dem des Patienten sind häufige Ursachen für Sackgassen in der Behandlung. (Rosenfeld 1987, S. 266f.)

Um überhaupt einen angeborenen Neid annehmen zu können, muss eine Voraussetzung gemacht werden, die die gesamte Phänomenologie des Neides aus der Differenz des Habens oder Nicht-Habens erst ermöglicht. Es verdient besonders hervorgehoben zu werden, dass diese Grundvoraussetzung jeder Neid-Reaktion sich anhand eines Zitats aus dem Buch von Roth und Lemma (2008) mit dem Titel *Envy and Gratitude Revisited* darstellen lässt:

> Erfahrungen von Neid und die Erfahrung der Dankbarkeit hängen von einem Bewusstsein des Getrenntseins ab – einem Bewusstsein des Andersseins des Anderen. Es ist schwierig, ein Konzept des Neides zu formulieren, das in eine Beziehung absoluter Verschmelzung zwischen Selbst und Objekt passt: Solange das, was Gut ist, Ich ist, muss das, was es als gut erfährt, nicht beneidet werden, weil es ja zu mir gehört. Neid kann nur in dem Moment aufkommen – wie kurz und flüchtig auch immer – in welchem dem Individuum bewusst wird, dass das, was Gut ist, nicht Ich ist. In gleicher Weise kann Dankbarkeit nur in Bezug auf eine andere Person erfahren werden – ein Nicht-Ich. Klein war überzeugt, dass ein kurzzeitiges Bewusstsein des Getrenntseins vom Objekt mit der Geburt beginnt. Sie glaubte, dass Säuglinge ein angeborenes Bewusstsein eines getrennten, guten Objektes haben [...] das sich in der ersten Erfahrung des Gestilltwerdens durch die reale Mutterbrust erfüllt. (Roth 2008, S. 6, *übersetzt von A. L.*)

Alle Orthodoxien bringen mit sich, dass die jeweilige Schulzugehörigkeit zu einer sehr diplomatischen Sprache führt. Man wagt es nicht, Konsequenzen zu ziehen, auch wenn diese logisch notwendig wären. In diesem Fall geht es um die Frage, ob der Glaube an einen angeborenen Neid gerechtfertigt ist oder nicht. Eine klare Antwort wird typischerweise vermieden.

Um das volle Ausmaß von Rosenfelds Positionswechsel begreifen zu können, muss betont werden, dass er lange an den tradierten Behandlungsregeln festgehalten hat. Beispielsweise hat er 1972 in einem Nachwort Klauber kritisiert. Beide hatten im gleichen Heft des International Journal of Psychoanalysis (No. 53, 1972) Stracheys historische Arbeit über die mutative Deutung (Strachey 1934) aufgegriffen. Klauber hatte die Bedeutung der »Begegnung«[7] hervorgehoben, Rosenfeld empfahl ihm daraufhin, diplomatisch verschlüsselt, ein Stück weiterer Analyse zu machen, um solche unanalytischen Ideen aufgeben

---

[7] Zu Klaubers Konzept des »encounter« als Meilenstein auf dem Weg zu einem intersubjektiven Verständnis der psychoanalytischen Methode siehe Thomä (2009).

zu können (Rosenfeld 1972, S. 460). Zugleich wirkte Rosenfeld innerhalb der kleinianischen Schule innovativ. Bei genauerer Lektüre zeigt sich nämlich, dass er die Destruktivität nicht vom Todestrieb ableitet. Vielmehr steht bei ihm die Destruktivität im Dienste eines hochgradig pathologischen Narzissmus. Hier bestehen, bei aller Verschiedenheit, verwandtschaftliche Beziehungen zu Kohuts und Kernbergs Konzeptionen narzisstischer Wut:

> Es gibt einen anderen Punkt, der mir in den letzten Jahren klarer wurde. Er bezieht sich auf die Existenz des Todestriebs. Ich hatte immer das Gefühl, dass es aggressive Kräfte gibt, die gegen die Kräfte des Lebens kämpfen, ein Faktor, der mir klar wurde, als ich die Wichtigkeit des destruktiven Narzissmus entdeckte [...] (Rosenfeld 1987, S. 267f.)

Besonders wichtig sind Rosenfelds selbstkritische Veränderungen im Hinblick auf seine späte Betonung der therapeutischen Beziehung. Unter der Überschrift »The analyst's flexibility« argumentiert er:

> Ich denke, es ist wesentlich, dass der Analytiker sich bewusst ist, dass die analytische Situation und die Übertragungssituation beide nicht nur von den vergangenen Erfahrungen des Patienten beeinflusst werden, sondern auch von den Sichtweisen des Analytikers, seinem Verhalten und der Gegenübertragung. Mein Verständnis der Analyse von negativen Übertragungen und Aggression hat sich maßgeblich verändert. (Rosenfeld 1987, S. 270)

Rosenfeld befand sich auf dem Weg zu einem intersubjektiven Modell der therapeutischen Situation. Dass hierbei Begriffe wie Gegenübertragung eine Bedeutungseinschränkung erleiden, ist ihm entgangen.

Abschließend möchte ich die Auswirkungen der Befreiung eines Einzelnen auf die jeweilige Schule kurz erwähnen. Schafer (2009) registriert die Effekte von Rosenfelds später »Konversion« überrascht und fast mit Bedauern:

> Was einen Schatten auf den späten Teil seiner Karriere warf, wirft nun einen provozierenden Schatten auf diesen Band, der zu Recht der Ehrung Rosenfelds für seine früheren und immer noch geschätzten Beiträge gewidmet ist. (Schafer 2009, S. 991)

Aus meiner Sicht bedient sich Schafer in seiner Besprechung des Sammelbandes *Recent and contemporary Kleinians. Rosenfeld in retrospect: Essays on his Clinical Influence* nicht nur einer diplomatisch-verklausulierten Sprache, sondern er nimmt obendrein Partei für die kleinianische Schule und wird deshalb Rosenfelds gut begründetem, originellen Beitrag nicht gerecht. Ich bin mir ziemlich sicher, dass die große Mehrheit heutiger Analytiker mit den Sichtweisen des späten, »konvertierten« Rosenfeld einiggeht, aber strenggenommen wäre eine Menge wissenschaftlicher Forschung nötig, um dieses klinische Wissen zu validieren.

Die verlorene Einheit – wiedergewonnen?

Nach der frühen Gründung eigenständiger Organisationen durch A. Adler und C. G. Jung blieb Dissidenz lange Zeit eher an einzelne Persönlichkeiten gebunden. Erst 1962 gründeten prominente Mitglieder von vier psychoanalytischen Gesellschaften bei einem Kongress in Amsterdam die International Federation of Psychoanalytic Societies (IFPS)[8] – eine Art Unabhängigkeitserklärung gegenüber der IPV. Die Gründungsgesellschaften waren: Deutsche Psychoanalytische Gesellschaft, Sociedad Psicoanalítica Mexicana A. C., Wiener Arbeitskreis für Tiefenpsychologie und die William Alanson White Psychoanalytic Society. Der deutsche DPG-Psychoanalytiker W. Schwidder hatte ein Jahr zuvor in Düsseldorf ein Vorbereitungstreffen organisiert und prominente IPV-Mitglieder dazu eingeladen. Bezeichnenderweise wollten viele IPV-Psychoanalytiker die Einladung annehmen. Das Motto hieß »Liberale Psychoanalyse«. Man wollte den Eindruck vermeiden, hier werde ein Konkurrenzverband ins Leben gerufen. Aber Scheunert und Mitscherlich gewannen als DPV-Psychoanalytiker die Unterstützung W. Hoffers und der IPV gegen Schwidders Versuch. Die IPV informierte ihre Mitglieder darüber, dass die Teilnahme am Düsseldorfer Treffen als illoyaler Akt betrachtet würde. Aufgrund dieses Drucks zogen viele, die ihr Kommen schon bestätigt hatten, ihre Zusagen kurzfristig zurück (Lockot 2010, S. 1221).

Glücklicherweise scheint mit dem Anbruch des zweiten Jahrhunderts der Psychoanalyse eine neue Ära zu beginnen: Die aktive Teilnahme von IPV-Mitgliedern am wissenschaftlichen Programm des IFPS-Kongresses in Athen (2010) ist vielleicht Zeichen für einen Perspektivwechsel. Dennoch wird eine vollständige gegenseitige Anerkennung erst erreicht sein, wenn Mitglieder der IFPS eingeladen werden, Referate bei einem IPV-Kongress zu halten.

---

[8] Die IFPS umfasste 2010 26 psychoanalytische Gesellschaften in 15 Ländern und hatte insgesamt 2650 Mitglieder. Das Motto des IFPS-Kongresses 2010 lautete »Das Intrapsychische und das Intersubjektive in der zeitgenössischen Psychoanalyse«. Der Einladungstext des Organisationskomitees weist klar eine umfassende Sichtweise der heutigen Psychoanalyse auf.

Als Neunzigjähriger bin ich immer noch verliebt in die Psychoanalyse – und tief besorgt über ihre Zukunft. Ich teile die Sorge, die IPV-Präsident Charles Hanly 2009 in einem Beitrag zum elektronischen Rundbrief der IPV (No. 8, Dezember 2009) zum Ausdruck brachte. Meiner Meinung nach hängt die Zukunft der Psychoanalyse von Veränderungen in den wesentlichsten Bereichen ab. Eine ideale Wiedervereinigung könnte nur zustande kommen, wenn die IPV ihre Türen für Analytiker öffnet, die nicht in von ihr anerkannten Instituten ausgebildet wurden und wenn zugleich wirklich eine beträchtliche Zahl von in freien Instituten ausgebildeten Analytikern eine Mitgliedschaft in der IPV anstreben wollte. Die in der über hundertjährigen Geschichte der psychoanalytischen Bewegung entstandenen Trennungen mit nachfolgenden eigenständigen Entwicklungen lassen sich nicht rückgängig machen. Meine Vision wird utopisch bleiben. In-toto-Übertritte werden nicht möglich sein. Der einzelne Bewerber wird sich fragen, worin die Attraktivität der IPV liegen könnte. Hierbei werden die Kränkungen ins Kalkül aufgenommen werden, die ausgeschlossene Gründer von Gruppen oder Schulen erlitten haben. Diese wirken nämlich transgenerational in der Weise weiter, wie dies Margolis (2001) als scheidender Vorsitzender der American Psychoanalytic Association beschrieben hat:

> Organisationen, die Jahrzehnte erfolgreicher Praxis in Sachen psychoanalytische Ausbildung vorweisen können – und deren Gründer möglicherweise von unserem Verband gedemütigt und zurückgewiesen wurden – zu bitten, Gespräche über einen Zusammenschluss mit unseren Leitungsgremien zu beginnen und dabei zu riskieren, abgewiesen zu werden, ist für diese verständlicherweise unzumutbar. (Margolis 2001, S. 23f., *übersetzt von A. L.*)

Auf der anderen Seite ist nicht zu erwarten, dass die IPV jeden, der sich selbst als Analytiker bezeichnet und der Mitglied einer Nicht-IPV-Institution ist, ohne jegliche Prüfung aufnimmt. Aber hier möchte ich es doch noch einmal auf ein Gedankenexperiment ankommen lassen: Warum nicht die IPV für jeden öffnen, der als Psychoanalytiker arbeitet und ein IPV-Mitglied als Bürgen findet? Der IPV wird wahrscheinlich die Empfehlung eines ihrer Mitglieder nicht ausreichen. Deshalb läuft mein Vorschlag auf einen sogenannten »referral test« hinaus. In seinem Versuch eines Ausbildungskonzepts für umfassend kompetente Psychoanalytiker macht Tuckett (2005) geltend, dass es bisher nur ein valides und einigermaßen zuverlässiges Kriterium für die Bewertung der Kompetenz eines Psychoanalytikers gibt. Es ist ein sehr subjektives – der sogenannte Überweisungstest, also die Frage, ob wir einen Freund oder ein Familienmitglied an den betreffenden Analytiker überweisen würden (Tuckett 2005, S. 47). Meiner Meinung nach bildet ein bestandener »referral test« eine ausreichende zusätzliche Eintrittsprüfung für eine IPV-Mitgliedschaft. Ich würde sogar wagen zu behaupten, dass eine positive Bewertung der Kompetenz eines Kandidaten durch ein IPV-Mitglied mindestens so valide und verlässlich ist wie ein traditionelles Bewerbungsreferat.

Da voraussichtlich weder die IPV ihre Politik ändern wird, noch mit allzu vielen Bewerbungen zu rechnen wäre, komme ich zu einer alternativen Lösung. Sie muss realistisch sein und erwarten lassen, dass eine Reform erreicht wird, die die Zukunft der Psychoanalyse sichert. Realisierbare Lösungen müssen von einem »common ground« ausgehen, der alle Psychoanalytiker verbindet. Über unseren Gründungsvater sind wir alle miteinander verwandt. Außerdem gehe ich davon aus, dass meine Beschreibung der gegenwärtigen Krise zustimmungs- und mehrheitsfähig ist. Mein Rückblick auf die Geschichte der IPV hat gezeigt, dass zwei Einschränkungen die Entwicklung der Psychoanalyse besonders behindert haben, nämlich der weitgehende Ausschluss von der Universität und, in engem Zusammenhang damit, die Ausbildung an freien Instituten anstelle einer akademischen Vollzeitausbildung. Die Abendschulausbildung in freien Instituten durch praktizierende Psychoanalytiker entspricht der Ausbildung von Ärzten in den USA, bevor der Flexner Report[9] 1910 – also zufällig im Gründungsjahr der IPV – wirksam wurde und das Medizinstudium an den Universitäten beheimatete.

Es gibt keine Notwendigkeit für einen neuen *Flexner Report* für Psychoanalytiker, wie ihn der Psychiater, Neurobiologe und Nobelpreisträger Kandel (1999, S. 521) gefordert hat – ein Bewunderer von Freuds Werk, der das überholte Ausbildungssystem für die Krise der Psychoanalyse verantwortlich machte. Die entscheidende Frage ist, ob auf längere Sicht wenigstens an einigen Zentren in der Welt eine forschungsorientierte Vollzeit-Ausbildung durch hauptamtliche Lehrende möglich erscheint. Es hat mich begeistert, auf diese Frage

---

[9] Bis zu Abraham Flexners (1910) Bericht lag die medizinische Ausbildung in den Händen registrierter Ärzte in privaten Instituten außerhalb der Universitäten. Danach wurde die Medizin in Universitäten aufgenommen und so der Aufstieg der Medizin in den USA ermöglicht. Die Medizin-Zentriertheit der US-amerikanischen Psychoanalyse geht auf Brills Versuche zurück, die Anerkennung der Psychoanalyse im Nach-Flexner-Amerika zu fördern: »Brill strebte danach, auf der Basis von Zulassungen durch die neuen medizinischen Hochschulen mit den Anforderungen der neuen, Nach-Flexner-Welt Schritt zu halten, die zwischen ›Quacksalbern‹ und ›Medizinern‹ unterschied.« (Gilman 2006, S. 385, Richards 2006)

Psychoanalytische Ausbildung – eine utopische Vision ihrer Zukunft

eine positive Antwort geben zu können: In den USA ist es gelungen, alle psychoanalytischen Einrichtungen im Interesse großer gemeinsamer Aufgaben in einem Psychoanalytischen Konsortium unter einem Dach zu vereinen. Als ehemaliger Präsident der American Psychoanalytic Association hat Margolis (2001) diese Entwicklung im Anschluss an den sogenannten »lawsuit« (Simons 2003, Wallerstein 2003, Welch & Stockhamer 2003) beschrieben. Er sprach von einer »Epoche des Wandels« und kündigte unter dem Untertitel »Allianzen und Vereinigung« ein neues Zeitalter der Beziehung der *American* zu anderen psychoanalytischen Institutionen in den USA an. Die Verwirklichung eines Psychoanalytischen Konsortiums auf internationaler Ebene, ähnlich dem US-amerikanischen Vorbild, ließe allen psychoanalytischen Ausbildungsstätten und ihren Mitgliedern ihr Eigenleben.[10] Ein Internationales Psychoanalytisches Konsortium, in dem alle psychoanalytischen Institutionen vereinigt wären, könnte die Zukunft der Psychoanalyse im Sinne einer Hilfe zur Selbsthilfe sichern: Es ist nirgendwo in der Welt zu erwarten, dass Regierungen über universitäre oder andere staatliche Einrichtungen Forschungs- und Ausbildungszentren für eine Vollzeit-Ausbildung von Analytikern finanzieren. Wie schon oft in ihrer Geschichte müssen Psychoanalytiker auch durch materielle Unterstützung für ihre Sache kämpfen.

Bevor ich die Realisierung der Hauptaufgabe des Internationalen Konsortiums in groben Zügen beschreibe, gehe ich kurz auf ein mögliches Gegenargument ein. Man wird wahrscheinlich vorbringen, in den USA hätten doch universitäre Psychoanalytiker als Chefs psychiatrischer Institute ihre Chance gehabt. Ähnlich hätten auch an deutschen Universitäten Psychoanalytiker eine Generation lang Lehrstühle für psychosomatische Medizin und Psychotherapie innegehabt. Tatsächlich war aber in beiden Ländern noch nicht einmal die halbe Psychoanalyse akademisch institutionalisiert: Die auf den späteren Beruf hin qualifizierende Ausbildung blieb bei den freien Instituten.

Soweit ich weiß, gab es bisher nur eine einzige Institution, die einer unab-

---

[10] In der Tat scheint das Konsortium in den USA eine ähnliche Funktion zu haben, wie die heutige Deutsche Gesellschaft für Psychoanalyse, Psychotherapie, psychosomatische Medizin und Tiefenpsychologie (DGPT) in Deutschland. Gegründet wurde diese Dachorganisation 1949 als Deutsche Gesellschaft für Psychotherapie und Tiefenpsychologie. Damals galten als Psychoanalytiker alle Tiefenpsychologen. Die Mitgliedschaft wurde nur solchen Mitarbeitern des sogenannten »Reichsinstituts« verwehrt, die sich aktiv als Nazis hervorgetan hatten. Ohne eine Gemeinsamkeit in der Berufspolitik wäre das Wiederaufleben der Psychoanalyse in Westdeutschland nicht möglich gewesen. Die DGPT erweiterte ihren Namen 1975 um »psychosomatische Medizin« und fügte 1985 Psychoanalyse hinzu.

hängigen, universitären psychoanalytischen Einrichtung innerhalb eines psychiatrischen Instituts nahekam: die Menninger Stiftung in Topeka, die ein psychiatrisches Lehrkrankenhaus, ein psychoanalytisches Ausbildungsinstitut und einige weitere psychosoziale Einrichtungen umfasste. Die Berufsgemeinschaft kennt die weltweite Bedeutung dieses einzigartigen Geburtsorts kreativer Psychoanalytiker – auch wenn der Austausch mit anderen akademischen Fachbereichen begrenzt war. Mit den Namen Margaret Brenman, Rudolf Ekstein, Glen Gabbard, Merton Gill, Peter Hartocollis, Robert Holt, Philip Holzman, Otto und Paulina Kernberg, George Klein, Robert Knight, Lester Luborsky, Martin Mayman, Karl Menninger, Bill Pious, Ernst und Gertrud Ticho, Ishak Ramzy, David Rapaport, Norman Reider, Arlene und Arnold Richards, Benjamin Rubinstein, Roy Schafer, Herbert Schlesinger, Howard Shevrin, Donald Spence, Judy und Robert Wallerstein, Alan Wheelis und anderen mehr verbinden sich psychoanalytische Veröffentlichungen, die das erste Jahrhundert der Psychoanalyse nachhaltig beeinflusst haben.

Meines Wissens gibt es nirgendwo in der Welt an einer Universität ein in jeder Hinsicht autonomes psychoanalytisches Institut, das eine forschungsorientierte Ganztags-Ausbildung durch Universitätslehrer unter Einbeziehung von praktizierenden Klinikern anbietet. Durch die Mitgliedsbeiträge der im Internationalen Konsortium vereinigten psychoanalytischen und psychodynamischen Gesellschaften könnte eine dauerhafte Finanzierung einiger derartiger Modelleinrichtungen geschaffen werden. Es ist naheliegend, diese an bereits vorhandene, kleine, universitäre psychoanalytische Einrichtungen anzuschließen. Die Realisierung dieser Idee hängt natürlich auch davon ab, dass die bestehenden großen psychoanalytischen Gesellschaften auf die Durchsetzung ihrer Ausbildungsstandards verzichten. Beispielsweise würde ich dieses Projekt als gescheitert ansehen, wenn die IPV die Lehranalysen nach Frequenz und Dauer reglementieren und die Durchführung bei einem hierfür ernannten Psychoanalytiker fordern würde. Es ist selbstverständlich, dass die Lehranalyse als völlige Privatsache bei einem niedergelassenen Analytiker absolviert werden müsste.[11]
Die geringen administrativen Aufgaben des Internationalen Psychoanalytischen Konsortiums könnten von einer der großen Gesellschaften übernommen werden. Als »psychoanalytisches Olympia« sollte alle vier Jahre ein Weltkongress stattfinden.

Mein Fazit: Sigmund Freud hat durch die Erfindung der psychoanalytischen

---

[11] Rubinsteins Erfahrungen mit Karl Menninger als Lehranalytiker bleiben ein warnendes Beispiel (siehe Holt 1997, S. 4).

Methode unbewusste Prozesse in Entstehung und Therapie seelischer Erkrankungen entdeckt. Dort befindet sich ihr »Mutterboden« (S. Freud). Die Bindung der psychoanalytischen Methode an die Person des Therapeuten hat ein humanwissenschaftliches Paradigma geschaffen, das zur Auflösung der Dichotomie von »Verstehen« und »Erklären« geführt hat. So entstand die einzige systematische Psychopathologie, die die menschliche Konflikthaftigkeit in den Mittelpunkt rückt. Die moderne klinische, psychoanalytische Forschung auf diesem Mutterboden ist als kombinierte Prozess- und Ergebnisforschung sehr anspruchsvoll. Die Ressourcen niedergelassener Analytiker und die von der IPV geförderten Projekte reichen hierfür nicht aus. In den projektierten, zentralen psychoanalytischen Ausbildungs- und Forschungsinstituten könnten unserem Gebiet angemessene, wissenschaftliche Untersuchungen mit großen Auswirkungen auf Ausbildung und Praxis durchgeführt werden. Auf längere Sicht werden sich Universitäten dann ihrer Verpflichtung nicht mehr entziehen können, der Psychoanalyse eine akademische Heimat zu geben.

Aus dem Englischen übersetzt von Andrea Lammers

Literatur

Auchincloss, E. L. & Michels, R. (2003): A reassessment of psychoanalytic education: Controversies and changes. Int J Psychoanal 84, 387–403.

Balint, M. (1948): On the psychoanalytic training system. Int J Psychoanal 29, 163–173.

Balint, M. (1954): Analytic training and training analysis. Int J Psychoanal 35, 157–162.

Balint, M. (1969 [1953]): Analytische Ausbildung und Lehranalyse. In: Ders.: Die Urformen der Liebe und die Technik der Psychoanalyse. Bern (Huber) / Stuttgart (Klett), 287–298.

Berman, E. (2004): Impossible Training: A relational View of Psychoanalytic Education. New York, New York (Analytic Press).

Bernardi, R. (2002): The need for true controversies in psychoanalysis: The debates on Melanie Klein and Jacques Lacan in the Río de la Plata. Int J Psychoanal 83, 851–873.

Bruzzone M., Casaula E., Jiménez J. P. & Jordan, J. F. (1985): Regression and persecution in analytic training. Reflections on experience. Int J Psychoanal 12, 411–415.

Cooper, A. M. (1988): Our changing views of the therapeutic action of psychoanalysis: Comparing Strachey and Loewald. Psychoanal Quart 57, 15–27.

Cooper, A. M. (2008): American psychoanalysis today: A plurality of orthodoxies. J Amer Acad Psychoanal 36, 235–253. Hier zitiert nach dem pdf-Dokument: http://internationalpsychoanalysis.net/2008/07/26/american-psychoanalysis-today-a-plurality-of-orthodoxies/ (gesehen am 17. 10. 2011).

Cremerius, J. (1989): Lehranalyse und Macht. Die Umfunktionierung einer Lehr-Lern-Methode zum Machtinstrument der institutionalisierten Psychoanalyse [Training analysis and power. On turning a method into an instrument to exert institutionalized power]. Forum Psychoanal 3, 190–223.

Eizirik, C. L. (2006): Psychoanalysis as a work in progress. Int J Psychoanal 87, 645–650.

Ermann, M. (1993): The training of psychoanalysts and the analyst's sense of responsibility. Int Forum Psychoanal 2, 37–43.

Flexner, A. (1910): Medical Education in the United States and Canada. New York (Carnegie Foundation for the Advancement of Teaching).

François-Poncet, C. M. (2009): The French model of psychoanalytic training: Ethical conflicts. Int J Psychoanal 90, 1419–1433.

Freud, A. (1971): The ideal psychoanalytic institute: A utopia. Bull Menninger Clin 35, 225–239.

Freud, A. (1983): Some observations. In: Joseph, E. D. & Widlöcher, D. (Hg.): The identity of the psychoanalyst. Monogr. 2, 257–263. IPA, New York (International Universities Press).

Freud, S. (1910c): Die zukünftigen Chancen der psychoanalytischen Therapie. GW 8, 104–115.

Freud, S. (1912e): Ratschläge für den Arzt bei der psychoanalytischen Behandlung. GW 8, 376–387.

Freud, S. (1926e): Die Frage der Laienanalyse. GW 14, 209–286.

Freud S (1930c): Geleitwort. GW 14, 570–571.

Gabbard, G. O. (1995): Countertransference: The emerging common ground. Int J Psychoanal 76, 475-485.

Gilman, S. L. (2006): Psychoanalysis and medicine in the time of Freud and Brill: Commentary on Richards. J Am Psychoanal Ass 54, 379–387.

Hanly, C. (2009): Presidential message. IPA-Electronic-Newsletter (n. 8 dec. 2009).

Heimann, P. (1950): On Counter-Transference. Int J Psychoanal 31, 81–84.

Heimann, P. (1968): The evaluation of applicants for psychoanalytic training – the goals of psychoanalytic education and the criteria for the evaluation of applicants. Int J Psychoanal 49, 527–539.

Heimann, P. (1969): Postscript to »Dynamics of transference interpretations« (1955/1956). In: Tonnesmann M. (Hg.) (1989): About children und children-nolonger. Collected papers 1942–80, Paula Heimann. London, New York (Tavistock/Routledge), 252–261.

Heimann, P. (1977): Further observations on the analyst's cognitive process. J Am Psychoanal Ass 25, 313–333.
Heimann, P. (1978): Über die Notwendigkeit für den Analytiker, mit seinen Patienten natürlich zu sein. In: Drews, S., Klüwer, R., Köhler-Weisker, A., Krüger-Zeul, M., Menne, K. & Vogel, H. (Hg.): Provokation und Toleranz. Festschrift für Alexander Mitscherlich zum 70. Geburtstag. Frankfurt/M. (Suhrkamp), 215–230.
Holt, R. R. (1997): Editor's introduction: The life and work of Benjamin Bjorn Rubinstein. In: Ders. (Hg.) (1997): Psychoanalysis and the Philosophy of Science: Collected papers of Benjamin Bjorn Rubinstein. New York (International Universities Press), 1–21.
Jiménez, J. P. (2009): Grasping psychoanalysts' practice in its own merits. Int J Psychoanal 90, 231–248.
Joseph, E. D. & Widlöcher, D. (Hg.) (1983): The identity of the psychoanalyst. Int Psychoanal Ass, monograph series. New York (International Universities Press)
Kächele, H. & Thomä, H. (2000): On the devaluation of the Eitingon-Freud model of psychoanalytic education. Int J Psychoanal 81, 806–808.
Kächele, H., Schachter, J., & Thomä, H. (2009): From psychoanalytic narrative to empirical single case research. London/New York (Routledge).
Kandel, E. (1999): Biology and the future of psychoanalysis: A new intellectual framework of psychiatry revisited. Am J Psychiat 156, 505–524.
Kappelle, W. (1996): How useful is selection? Int J Psychoanal 77, 1213–1232.
Kernberg, O. F. (1986): Institutional problems of psychoanalytic education. J Am Psychoanal Ass 34, 799–834.
Kernberg, O. F. (1992): Authoritarianism, culture, and personality in psychoanalytic education. J Int Assoc History Psychoanal 5, 341–54.
Kernberg, O. F. (1996): Thirty methods to destroy the creativity of psychoanalytic candidates. Int J Psychoanal 11, 1031–40.
Kernberg, O. F. (2000): A concerned critique of psychoanalytic education. Int J Psychoanal 81, 97–120.
Kernberg, O. F. (2001): Some thoughts regarding innovations in psychoanalytic education. IPA Newsletter 10, 6–9.
Kernberg, O. F. (2006): The Coming Changes in Psychoanalytic Education. Part I. Int J Psychoanal 87, 1649–1673.
Kernberg, O. F. (2007): The Coming Changes in Psychoanalytic Education. Part II. Int J Psychoanal 88, 183–202.
Kernberg, O. F. (2008): Discussion. Psychoanal Inq 28, 387–394.
King, P. (1989): Paula Heimann's quest for her own identity as a psychoanalyst: An introductroy memoir. In: Tonnesmann, M. (Hg.) (1989): About Children und Children-no-longer. Collected papers 1942-80, Paula Heimann. London/New York (Tavistock/Routledge), 1–9.

Klauber, J. (1972): On the relationship of transference and interpretation in psychoanalytic therapy. Int J Psychoanal 53, 385–391.

Knight, R. P. (1953): The present status of organized psychoanalysis in the United States. J Am Psychoanal Ass 1, 197–221.

Lambert, M. J. (Hg.) (2004): Bergin and Garfield's Handbook of Psychotherapy and Behavior Change. 5. Aufl. New York/Chichester/Brisbane (Wiley).

Lasky, R. (2005): The training analysis in the mainstream Freudian model. In: Geller, J. D., Norcoross, J. C., Orlinsky, D. E. (Hg.) (2005): The Psychotherapist's own Psychotherapy. Patient and Clinician Perspectives. Oxford (University Press), 15–26.

Levy, S. T. (2004): Our literature. J Am Psychoanal Ass 52, 5–9.

Levy, S. T. (2010): Psychoanalytic education then and now. J Am Psychoanal Ass 57, 1295–1309.

Lockot, R. (2010): DPV und DPG auf dem dünnen Eis der DGPT. Psyche – Z Psychoanal 64 (12), 1206–1242.

Lothane, H. (2007): Ethical flaws in training analysis. Psychoanal Psychol 24, 688–696.

Luborsky L. & Spence D. P. (1978): Quantitative research on psychoanalytic therapy. In: Garfield S. L., Bergin A. E. (Hg.) (1978): Handbook of Psychotherapy and Behavior Change. 2. Aufl. New York (Wiley), 331–368.

Luyten, P., Blatt S. J. & Corveleyn, J. (2008): Bridging the gap between psychoanalytic research and practice: How, when and why? Psychologist-Psychoanalyst 28, 7–10.

Lyon, K. A. (2003): Unconscious fantasy – its scientific status and clinical utility. J Am Psychoanal Ass 51, 957–967.

Margolis, M. (2001): The American Psychoanalytic Association: A decade of change. J Am Psychoanal Ass 49, 11–25.

Mergenthaler, E. & Kächele, H. (2009): The Ulm Textbank. In: Kächele H., Schachter, J. & Thomä, H. (2009): From Psychoanalytic Narrative to Empirical Single Case Research. London/New York (Routledge), 300–351.

Money-Kyrle, R. E. (1956): Normal countertransference and some of its deviations. Int J Psychoanal 37, 360–366.

Morris, J. (1992): Psychoanalytic training today. J Am Psychoanal Ass 40, 1185–1210.

Rees, E. (2007): Thinking about psychoanalytic curricula: An epistemological perspective. Psychoanal Quart 76, 891–942.

Reik, T. (1976): Hören mit dem dritten Ohr. Hamburg (Hoffmann & Campe).

Richards, A. D. (2006): The creation and social transmission of psychoanalytic knowledge. J Am Psychoanal Ass 54, 359–378.

Rosenfeld, H. (1972): Postscript. Discussion of Dr Klauber's paper on the relationship of transference and interpretation in psychoanalytic theory. In: Rosenfeld, H. (1972): A Critical Appreciation of James Strachey's Paper on the Nature of the Therapeutic Action of Psychoanalysis. Int J Psychoanal 53, 460–461.

Rosenfeld, H. (1987): Impasse and Interpretation: Therapeutic and Anti-Therapeutic Factors in the Psychoanalytic Treatment of Psychotic, Borderline, and Neurotic Patients. New Library of Psychoanalysis. London (Tavistock).

Roth, P. (2008). Introduction. In: Roth P. & Lemma A. (Hg.) (2008): Envy and gratitude revisited. London (Karnac), 1–18.

Sandell, R., Blomberg J., Lazar A., Carlsson J., Broberg J. & Schubert, J. (2000): Varieties of long-term outcome among patients in psychoanalysis and long-term psychotherapy: A review of findings in the Stockholm outcome of psychoanalysis and psychotherapy project (stoppp). Int J Psychoanal 81, 921–942.

Schafer, R. (1985): Wild analysis. J Am Psychoanal Ass 33, 275–299.

Schafer, R. (2009): Recent and contemporary Kleinians. Rosenfeld in retrospect: Essays on his clinical influence (Review). J Am Psychoanal Ass 57, 991–998.

Simons, R. C. (2003): The lawsuit revisited. J Am Psychoanal Ass 51, 247–271.

Shakow, D. (1962): Psychoanalytic education of behavioral and social scientists for research. In: Masserman, J. H. (Hg.) (1991): Science and Psychoanalysis. No. 5, New York (Basic Books), 146–161.

Seidel, R. G. (2006): Do cultural differences affect training or have all analysts, across cultures, been trained equally since 1920? Int J Psychoanal 87, 247–250.

Spillius, E. B., Roth, P., Rusbridger, R. (Hg.) (2007): Encounters with Melanie Klein: selected papers by Elizabeth Spillius. New York (Routledge).

Steiner, J. (2009): A personal review of Rosenfeld's contribution to clinical psychoanalysis. In: Steiner, J. (Hg.) (2009): Rosenfeld in Retrospect. Essays on his Clinical Influence. London (Routledge), 58–84.

Strachey, J. (1934): The nature of the therapeutic action of psychoanalysis. Int J Psychoanal 15, 127–159, reprinted: 50, 275–292.

Target, M. (2001): Some issues in psychoanalytic training: An overview of the literature and some resulting observations. Presented at: The 2nd Joseph Sandler Research Conference, University College London, March 10th.

Target, M. (2002): Psychoanalytic models of supervision: Issues and ideas. Presented at: European Psychoanalytic Federation Training Analysts' Colloquium, Budapest, November.

Thomä, H. (1991a): Idee und Wirklichkeit der Lehranalyse. Ein Plädoyer für Reformen (I). Psyche – Z Psychoanal 45 (5), 385–433.

Thomä, H. (1991b): Idee und Wirklichkeit der Lehranalyse. Ein Plädoyer für Reformen (II). Psyche – Z Psychoanal 45 (6), 481–505.

Thomä, H. (1993): Training analysis and psychoanalytic education: Proposals for reform. Ann Psychoanal 21, 3–75.

Thomä, H. (2004): Ist es utopisch, sich zukünftige Psychoanalytiker ohne besondere berufliche Identität vorzustellen? Forum Psychoanal 20, 133–157.

Thomä, H. (2009): Transference and the psychoanalytic encounter: International Forum of Psychoanalysis 18 (4), 1–13.
Thomä, H. & Kächele, H. (1985): Lehrbuch der psychoanalytischen Therapie. Bd.1: Grundlagen. Berlin/Heidelberg/New York/Tokyo (Springer).
Thomä, H. & Kächele, H. (1999): Memorandum on a reform of psychoanalytic education. IPA News 8, 33–35.
Tuckett, D. (2005): Does anything go? Towards a framework for the more transparent assessment of psychoanalytic competence. Int J Psychoanal 86, 31–49.
Wallerstein, R. S. (2003): The history of lay analysis: Emendations. J Am Psychoanal Ass 51, 273–282.
Wallerstein, R. S. (2007): The optimal structure for psychoanalytic education today. A feasible proposal? J Am Psychoanal Ass 55, 953–984.
Wallerstein, R. S. (2009a): Psychoanalysis in the university: A full-time vision. Int J Psychoanal 90, 1107–1121.
Wallerstein, R. S. (2009b): What kind of research in psychoanalytic science? Int J Psychoanal 90, 109–133.
Welch, B. & Stockhamer N. (2003): The lawsuit from the plaintiffs' perspective. J Am Psychoanal Ass 51, 283–300.
Zimmer, R. B. (2003): Reassessment of Psychoanalytical Education: Controversies and Changes. Int J Psychoanal 84, 143–150.

Annemarie Laimböck

Die psychoanalytische Selbsterfahrungsgruppe im Rahmen von Lehre

»Am Anfang war die Gruppe«

Das hätte 1973 das Motto sein können von Peter Kutters Auftakt als Professor der Universität Frankfurt. Im Fachbereich Psychologie, genauer im integrierten Institut für Psychoanalyse, richtete er ein sogenanntes Kompaktseminar ein, das einen pädagogisch erfolgreicheren Unterricht ermöglichen sollte. In der ersten Woche jedes Semesters wurden parallellaufende Selbsterfahrungsgruppen und Großgruppen angeboten, während ein Leitungsteam (Leitungsgruppe) kontinuierlich die Gruppendynamik reflektierte.

Die Einrichtung von Gruppen zur psychoanalytischen Selbsterfahrung bot sich natürlich aufgrund der Organisationsstruktur eines Studiums an. Die Gruppe steht aber auch am Anfang des Lebens jedes Menschen. Die Vorstellung einer autistischen Phase ist überholt, wir gehen heute davon aus, dass bereits der Säugling in einer Beziehung lebt und seine psychische Existenz in dieser gründet. Neben anderen Familienmitgliedern bringt vor allem die Mutter ihre vielfältigen Bezüge zur Umgebung in ihre Beziehung zum seinerseits aktiven Säugling ein. Das Kind lebt somit von Anfang an in einer Gruppe und entwickelt seine Psyche in der Auseinandersetzung mit ihr. Deshalb ist die Gruppe auch eine besonders geeignete Übertragungsfläche für die unbewussten Objektbeziehungen und deren zu Charakterstrukturen geronnenen Eigenarten.

Die Selbsterfahrung an der Uni Frankfurt fand zu Semesteranfang statt, also vor der Theorievermittlung, um eine frische, von Rationalisierungen und Intellektualisierungen freie Erfahrung zu ermöglichen. In den zeitlich unmittelbar darauffolgenden Theorieseminaren sollte dann nachträglich eine kognitive Verknüpfung mit den Erfahrungen erfolgen.

Historischer Kontext[1]

Die Psychologie in Frankfurt teilte sich damals in eine positivistische und eine kleine, im Institut für Psychoanalyse angesiedelte verstehende Richtung auf. Heute muss man sagen, dass die positivistische zur Leitpsychologie wurde und die verstehende nur außerhalb der Universität in den entsprechenden Vereinigungen und Weiterbildungen existiert und ihre Verankerung an den Hochschulen schwächer ist als je zuvor. Die Studierenden damals aber waren noch nicht festgelegt und hatten ihr Studium vermutlich aus Interesse und Wissbegier gewählt – sie wollten nichts weniger als den Menschen verstehen. Eine polemische Wandmalerei in einem Hörsaal bescheinigte dem Positivismus »sorgfältig bewiesene Banalitäten« und drückte damit aus, wie wenig diese Richtung über das Unerklärliche menschlichen Verhaltens auszusagen hatte. Die Studierenden strömten ins Institut für Psychoanalyse auf der Suche nach Erklärungen und Einsichten. Nun ist die psychoanalytische Theorie nicht immer unmittelbar evident und »Beweise« im psychologisch empirischen Sinne hatte sie damals kaum zu bieten. Erst später wurde die empirische Forschung (z. B. Leuzinger-Bohleber et al. 2002) vorangetrieben und Forschungsergebnisse aus anderen Wissenschaften, etwa der Neurobiologie, einbezogen.

Wie also erklärte man zu der Zeit, als Peter Kutter seine Professur in Frankfurt antrat, einem aufgeschlossenen, neugierigen, aber äußerst kritischen und auch skeptischen Publikum den Ödipuskomplex? Oder was sollte die Abwehr über das reine Nicht-wahrhaben-Wollen hinaus bedeuten? Diese Aspekte und andere Bestandteile psychoanalytischer Theorie den Studierenden näherzubringen, war und ist nicht einfach. Die Vorlesungen und Seminare wurden und werden dazu mit Beispielen aus der Praxis angereichert, denn nur dort zeigt sich ihre Evidenz. Aber auch diese Beispiele vermittelten und vermitteln eine bereits interpretierte »Wahrheit« und konnten und können deshalb nicht immer überzeugen. Dabei war zusätzlich klar, »daß auf diese Weise nur Kenntnisse über Psychoanalyse und nicht die Psychoanalyse selbst (vgl. Freud 1919) vermittelt werden konnte« (Kutter 1989, S. 628). In dieser Situation war es eine geniale Idee, den Studenten die Möglichkeit zu geben, gewisse Prozesse selbst erfahren zu können. Das aus diesen Überlegungen heraus von Kutter eingeführte Kompaktseminar enthielt vier parallel laufende Selbsterfahrungsgruppen mit maximal 10 Teilnehmenden. Während der einen Woche wurden 15 Sitzungen pro Gruppe durchgeführt, begleitet von Großgruppensitzungen, in denen eine Erfahrung mit Großgruppen-

---

[1] Vgl. hierzu auch Kutter 2000, S. 65.

prozessen und eine Reflexion über die Kleingruppenprozesse stattfinden konnten. Die Intervision der unbewussten Prozesse durch die Gruppenleiter vertiefte die Einsicht in das Geschehen (vgl. Kutter & Roth 1981, Laimböck 1983). Das Design war angelehnt an das Trainingsprogramm der Londoner Tavistock Clinic of Human Relations (Ricciardi 1973). Wie Kutter (1976, S. 69) umfassend darstellte, experimentierten zu dieser Zeit mehrere psychoanalytische Hochschullehrer (Durner, Leber, Mahler, Ohlmeier) ebenfalls mit erfahrungsnahen Unterrichtsformen, denn mithilfe der Anwendung der psychoanalytischen Methode in Gruppen lässt sich ein unmittelbares Wissen über psychische Prozesse erreichen, das über die kognitive Einsicht hinausgeht und eine größere Bereitschaft erzeugt, sich diesem Vorgehen oder dem theoretischen Wissen weiter zuzuwenden. Was in einem psychoanalytischen Erstgespräch durch die Anwendung der Methode hinsichtlich einer Motivation zur Weiterbehandlung gelingen kann, kann in einer im Rahmen von Ausbildung angesiedelten Selbsterfahrung zu einer Motivation zur Beschäftigung mit der Wissenschaft Psychoanalyse und zu einem tieferen Verständnis der psychoanalytischen Theorie, einem Mehr als nur Wissen über Psychoanalyse führen. In diesen Gruppen konnten die Studierenden »aus unbewußten Motiven ablaufende Übertragungen, Widerstände gegenüber dem Sich-Eingestehen unbewußter sexueller, aggressiver und narzißtischer Wünsche und zunehmende Einsicht in die zuvor vom Bewußtsein ausgeschlossenen Vorstellungen und Affekte« (Kutter 1989, S. 628) gewinnen.

Kutters Absichten reichten allerdings noch erheblich weiter als bis zur Einführung dieser gruppenanalytischen Seminare. Insgesamt schwebte ihm eine »Psychoanalysierung« (Kutter 1976, S. 61) der Pädagogik vor, in der ein kombiniertes, mehrdimensionales Lernen, d. h. eine Einbeziehung der emotionalen Prozesse, möglich werden sollte. Mittels systematischer Beobachtungen hatte er festgestellt, dass in den üblichen Seminaren vermittelte Themen, z. B. der Ödipuskomplex, sich dynamisch im Gruppengeschehen abbilden und entsprechende regressive Prozesse auslösen. Dies aber nur als Störung zu betrachten, hätte Kutters Menschenbild und seiner Anteilnahme an der Lebenssituation der Studierenden nicht entsprochen. Er sah vielmehr die Notwendigkeit für den Hochschullehrer und Analytiker, diese Prozesse zunächst zu erkennen und sodann angemessen darauf zu reagieren. Angemessen hieß für ihn nicht nur, dass die Studierenden ihren Lernprozess so effizient wie möglich weiterführen können sollten. Zugleich lag ihm daran, ihre persönlichen Entwicklungsprozesse zu fördern und ihnen als betroffene, in der Adoleszenz befindliche und oft mit unbewältigten unbewussten Konflikten aus der Kindheit belastete Personen einen gewissen therapeutischen Nutzen anzubieten. Dies forderte den Hochschullehrer und Analytiker in besonderer Weise: Der Hochschullehrer hatte mit dem Wissen um die latente Gruppendynamik und ihre angemessene Beantwortung ein förderliches Lernen zu ermöglichen, also seinen Lehrauftrag zu erfüllen, und als Analytiker hatte er unter der Bedingung eines Lehrsettings dennoch seine analytischen Möglichkeiten im Dienste einer emotionalen Erweiterung und Entwicklung einzusetzen. Diesen Anspruch stellte Kutter an sich. In den Selbsterfahrungsgruppen lag der Akzent von vornherein auf der persönlichen Erfahrung und den individuellen, subjektiven Themen. Dieses Setting bot dem Analytiker im Hochschullehrer ein geeignetes Umfeld, doch gleichzeitig galt es, immer auch Lehrer und Erzieher zu bleiben und die Prozesse dem Lernen insgesamt zur Verfügung zu stellen.

Dieser zweiseitige Anspruch ist ein hoher und angesichts der heutigen, überfüllten Hochschulen geradezu utopisch. Er sollte aber gerade deshalb nicht vergessen werden, man sollte eher erneut über die »krankmachende Hochschulstruktur« (Kutter 1976, S. 63) und das darin stattfindende Lernen nachdenken. Eine 1975 über der Fassade des AFE-Turms der Frankfurter Universität prangende Schrift »Grabmal des unbekannten Studenten« (ebd.) könnte eine äußerst aktuelle Empfindung der Studierenden an den heutigen Hochschulen aufgreifen.

Kutter selbst betont, dass sein Anspruch den Analytiker und Hochschullehrer in einem erfordert. Mir scheint dieses Anliegen, jenseits von erlernten Techniken, sehr an eine entsprechend begabte Person gebunden zu sein. Diese Person war Professor Kutter, dem es in einer Zeit der allgemeinen Revolte gelang, die konflikthaften Prozesse zu sehen, ja zu fördern, und zugleich als Autorität und damit oft als negative Übertragungsfigur den Kontakt zu der anderen Seite aufrechtzuerhalten, negatives Agieren, auch bei sich selbst, zu vermeiden und auf diese Weise eine emanzipatorische Entwicklung bei den Studierenden einzuleiten. Mir scheint, dass die große Zahl von engagierten, an ihrem Beruf hoch interessierten, schreibenden und Neues initiierenden ehemaligen Studierenden von Kutter dafür spricht.

Damals war die Durchführung von psychoanalytischen Selbsterfahrungsgruppen an der Universität eine Neuheit, wie erwähnt experimentierte man an anderen Universitäten zeitgleich mit ähnlichen Verfahren. Da die Psychoanalyse aber immer weniger in den Hochschulen vertreten war, verlor das Konzept an Bedeutung. Es bleibt abzuwarten, ob und wie es in die neu entstandenen psychoanalytischen Hochschulen, z. B. der International Psychoanalytic University in Berlin, integriert werden wird.

Nicht mehr wegzudenken sind dagegen psychoanalytische Selbsterfahrungsgruppen in Ausbildungsgängen für angehende Psychoanalytiker (z. B. den Österreichischen Arbeitskreisen für Psychoanalyse) und anderen Ausbildungsgängen in verstehender, psychodynamischer Psychotherapie. Eine ganz neue Anwendung findet das Konzept in einem solchen Zusammenhang gerade in Shanghai, wo Psychiater, Psychologen und Psychotherapeuten eine Ausbildung in psychodynamischer Psychotherapie absolvieren. Dort ist die Selbsterfahrungsgruppe eine tragende Säule im gesamten Ausbildungsverlauf (Gerlach 2010).

Lernziele

Das primäre Ziel der akademischen Selbsterfahrungsgruppen ist nicht Therapie, obwohl ein therapeutischer Effekt und eine Persönlichkeitserweiterung durchaus damit einhergehen können, sondern die Unterstützung der Lehre.[2] Als Lernziel gilt die Trias von Introspektion, Empathie und Einsicht. Einsicht bedeutet in diesem Zusammenhang die Verknüpfung eigener Erlebnisse mit psychoanalytischen Theorieteilen.

Introspektion

Über die im Laufe einer Gruppenselbsterfahrung zunehmende Vertrautheit im psychoanalytischen Umgang mit dem Material zeigt sich ganz von selbst die Bedeutung von Introspektion. Die Teilnehmenden erfahren, dass die Erforschung ihrer Innenwelt einen relevanten Beitrag zum Verständnis des Prozesses leisten kann. Wenn zunehmend deutlich wird, dass das psychoanalytische Verstehen auf die subjektiven Motive abhebt und von daher jedem Geschehen eine andere, ungewöhnliche, subjektive Bedeutung gibt, was zu neuen und anderen Sinnversionen führt, wird diese Sichtweise und die dazu nötige Introspektion von den Teilnehmenden verstärkt und erprobt. Dieser Vorgang ist uns vertrauter aus Balint- oder psychoanalytischen Supervisionsgruppen. Wenn die Teilnehmenden dort bemerken, wie das Verständnis eines Falles durch ihre persönlichen Einfälle, ihre Gefühle und inneren Bewegungen beim Zuhören vorangetrieben wird, so werden introspektive Einsichten vermehrt gemacht und mitgeteilt. So ist es auch in Selbsterfahrungsgruppen.

---

[2] Wo die Selbsterfahrungsgruppe die einzige Möglichkeit zu einem therapeutischen Zugang zu sich selbst innerhalb einer therapeutischen Ausbildung sein sollte – eine solche ist mir nicht bekannt –, steht natürlich analog zur Lehranalyse die Persönlichkeitserweiterung im Zentrum.

Empathie

Hier kommt ein spezifischer Vorteil von Gruppen zutage. Die Teilhabe vieler Menschen am Prozess lässt eine Vielzahl von Sicht- und Erlebnisweisen und Motiven hervortreten. Die Gruppe nötigt dem einzelnen Teilnehmer die Erkenntnis auf, dass andere Menschen andere sinnvolle Beweggründe und Sichtweisen haben, die ihr Verhalten bestimmen. Was banal klingt, ist aber im konkreten Fall oft eine fast traurige, weitreichende und bis dahin abgewehrte Erkenntnis.

Anders herum kann die Einfühlung in einen anderen Teilnehmer indirekt eine Einfühlung in eine eigene, noch schwer zugängliche innere Situation erleichtern. In Identifikation mit einem noch anderen kann man sich vorsichtig den eigenen Komplexen nähern. Was das Lernen betrifft, so bedeutet dieser Vorgang eine unmittelbare Erfahrung mit der Tatsache, dass es kein sinnloses Verhalten gibt, dass jede auch noch so unverständliche oder unerträgliche Reaktion einen sinnhaften Hintergrund hat. Ebenso erfährt der Teilnehmer, dass dieses Sinnverstehen seine Haltung gegenüber dem anderen oder auch sich selbst ändert und sich damit neue Perspektiven auftun.

Einsicht im Sinne einer Verknüpfung von Erfahrung und Theorie

Dieser dritte Aspekt des Lernvorgangs in psychoanalytischen Selbsterfahrungsgruppen im Rahmen von Lehre ist der am wenigsten kontrollierbare. Sein Gelingen ist unsystematisch und nicht gezielt anzusteuern. Dies mag zunächst verwundern, liegt es doch nahe, eine Lerneinheit einzuführen, in der die Erfahrungen systematisch in den Zusammenhang von Theorien gestellt werden. Gruppenleiter könnten beispielsweise das von ihnen verstandene latente Geschehen zunächst aufzeigen und dann in theoretischen Termini erläutern. Aber dies käme einer Behinderung des Selbsterfahrungsprozesses gleich und würde als eine rationalisierende Abwehr gebraucht. Wie kann man sich einen spontanen Prozess vorstellen, wenn die Teilnehmer gleichzeitig angehalten sind, den Prozess theoretisch zu fassen? Es käme einer Anleitung zu Rationalisierung und Intellektualisierung im Gruppenprozess gleich und stünde somit den anderen Lernzielen im Weg.

Für eine eher systematische Verknüpfung von Erfahrung und theoretischen Konzepten wurden deshalb damals am Institut für Psychoanalyse andere Lehrformen eingeführt.[3] Kutter zeigte zum Beispiel Filme, die dann von den Stu-

---

[3] Kutter (1983, 2000, S. 67ff.) beschreibt in diesen Texten Supervisionsgruppen an der Hochschule und gibt einen Überblick über die psychoanalytische Arbeit mit Gruppen an der Universität.

dierenden, analog einer Supervision, psychoanalytisch untersucht wurden. Die so erfahrungsnah gefundenen Ergebnisse konnten mit Theorieteilen verknüpft werden. Ich erinnere dieses Vorgehen mit dem Film *Belle de Jour* von Buñuel. Dabei wirkte das dramatische Geschehen als Ersatz für die Selbsterfahrungsgruppe. Die Zuschauenden sind bei diesem Verfahren qua identifikatorischer Prozesse am Geschehen beteiligt, also emotional involviert. Das Sprechen über ihre Gefühle und die gesehenen Vorgänge, ihre spontanen Eindrücke usw. können – wie in einer Supervisionsgruppe – zu einer Gestalt zusammengefügt werden, die die latenten Beweggründe, das unbewusste Thema der Szenen beleuchtet. Diese evidente Gestalt wiederum kann dann mit Theorieteilen verknüpft werden, ohne den spontanen Selbsterfahrungsprozess zu behindern, aber auch ohne eine direkte persönliche Analyse zu benötigen. Die Szene im Film, die dort agierenden Personen, fungieren bei diesem Vorgehen als Stellvertreter für die teilhabenden Studierenden.

In den akademischen Selbsterfahrungsgruppen konnte und kann dieser dritte Teil des Lerneffekts nur dem Einzelnen – und dort unsystematisch – überlassen werden. Wir, die mit diesem Verfahren arbeiten, nehmen an, dass die zeitlich parallele oder unmittelbar darauf folgende Vermittlung von Theorie in entsprechenden Einheiten und die Erlebnisse in den Gruppen verknüpft werden. Wir müssen uns damit zufriedengeben und anerkennen, dass bei dieser Lernform ein optimales Ergebnis bezüglich der Introspektion und Empathie vorliegt, die Einsicht jedoch unsystematisch und unkontrollierbar stattfindet. Andere Veranstaltungsformen, die diesen Aspekt kontrolliert vermitteln, wie Supervisionen oder Filmseminare, entbehren dagegen einer so starken Selbstbeteiligung, wie sie bei den Selbsterfahrungsgruppen der Fall ist. Deshalb kommen in psychotherapeutischen Ausbildungsgängen alle Formen, die Selbsterfahrungsgruppe, Supervisionen und Theorieveranstaltungen, parallel vor. Aus einer solchen Weiterbildung stammt das folgende Beispiel, an dem ich die Lerneffekte aufzeigen will.

Beispiel 1: Selbsterfahrungsgruppe in Shanghai mit chinesischen Kollegen

Die Teilnehmenden dieser Gruppe, Psychiater, Psychologen, Sozialarbeiter, befinden sich in einer fortgeschrittenen Ausbildung in psychoanalytischer Psychotherapie oder Gruppentherapie. Sie erfolgt in vier Etappen mit je acht oder neun Tagen. An jedem Tag finden in der Regel zwei Gruppensitzungen statt, sodass eine Gruppe am Ende der Ausbildung ca. 70 Sitzungen absolviert hat. Insgesamt finden im Rahmen dieser Ausbildung parallel fünf Selbsterfahrungsgruppen statt, von denen ich eine leitete. Die nun dargestellte Episode ereignete sich im ersten Block, also am Anfang des gesamten Prozesses. Vorausschicken möchte ich noch, dass es für chinesische Teilnehmer besonders ungewöhnlich ist, dass ein Lehrer oder Leiter keine Anleitungen gibt, sondern, wie es der analytischen Haltung eigen ist, in den Selbsterfahrungsgruppen scheinbar passiv dem Geschehen folgt. Diese ungewöhnliche Situation verunsichert und irritiert chinesische Teilnehmer vermutlich besonders.

Diese Gruppe ist während der ersten 15 Sitzungen in einer narzisstischen Abwehr befangen. Die Teilnehmenden schlafen oder schließen die Augen demonstrativ, werten mich als Leiterin und die Psychoanalyse ab und quittieren jede Äußerung von anderen Teilnehmern höhnisch bis abfällig. Eine Teilnehmerin etwa lässt auf eine Bemerkung von mir hin ironisch verlauten, ich habe ja anscheinend doch etwas zu sagen. In dieser Atmosphäre ist Introspektion unmöglich, Öffnungen nach innen und außen ziehen eine Kränkung oder Verletzung nach sich. Manche Teilnehmer beklagen nichtsdestotrotz diese Situation, sie haben aus anderen Gruppen von ganz anderen Prozessen gehört. Ich bemühe mich, die auf diese Weise vermutlich abgewehrten aktuellen Themen, wie Hilflosigkeit in einer scheinbar führungslosen Gruppe, Unsicherheit, was den Umgang der Gruppe mit sensiblen Mitteilungen angeht, und Angst angesichts der Neuheit der Situation und der schweigenden Gruppe, anzusprechen. Es macht aber den Eindruck, als höre niemand in der Gruppe diese Beiträge. Dennoch erzählt schließlich ein älterer Teilnehmer, der bisher den Abwehrreigen angeführt hatte – er saß für gewöhnlich mit geschlossenen Augen da, ruhte sich angeblich aus, da ja nichts passiere oder er prahlte mit seinen teuren Einkäufen und Reisemöglichkeiten –, wie er als Kind noch dem Hunger ausgesetzt war. Seine Familie lebte auf dem Land und er und sein Bruder waren tagelang zu Hause eingesperrt, weil die Eltern arbeiten mussten. Er erinnert sich an die endlose Wartezeit und den Hunger, den sie verspürten. Im Zimmer gab es einen gusseisernen Topf, in dem Reis gekocht und aufbewahrt wurde, den aber niemand eigenmächtig berühren und öffnen durfte. Eines Tages konnte er sich aber nicht zurückhalten, versuchte an den Reis zu kommen, verbrannte sich ernsthaft und war zunächst ohne Hilfe, allein mit seinem jüngeren Bruder. Der Teilnehmer berichtet ausdruckslos und scheinbar ohne jeden Bezug zum aktuellen Geschehen, so, als wolle er der Gruppe einen besonders unsinnigen und nicht zu verstehenden Brocken hinwerfen. Es ist aber spürbar, dass sich die Atmosphäre in der Gruppe ändert. Die Langeweile weicht einem angespannten Schweigen, in dem etwas Drängendes zu verspüren ist. Da niemand in der Gruppe verbal reagiert, übernehme ich als Leiterin diese Versprachlichung. Ich fasse die möglichen Gefühle des hilflosen Kindes zusammen: Hunger und der Verlust der Beherrschung führen zu einer noch schlimmeren Lage. Das Kind muss Schmerzen, Schuld und Scham empfunden haben, die Verbrennung und die Schmerzen müssen ihm Angst gemacht haben und die Hilflosigkeit muss schlimm gewesen sein. So in etwa stelle ich mir laut die innere Lage des kleinen Buben vor. Ein wenig erreiche ich damit einen Durchbruch, denn nun berichten einige Teilnehmer aus ihrer Kindheit, in der es auf unterschiedlichste Weise zu solchen und ähnlichen traumatischen Erfahrungen gekommen war. An einer mir passend erscheinenden Stelle bringe ich diese Erfahrungen, besonders die Geschichte des Teilnehmers, der zuerst gesprochen hat, mit dem Verhalten der Gruppe in Zusammenhang: Sie leiden Hunger, da die Leiterin der Selbsterfahrungsgruppe sie nicht füttere, wie es sich für sie gehörte. Aber in eine derart ohnmächtige, abhängige Position wie die des kleinen, hungrigen Buben wollten sie nie mehr geraten. Deshalb sei es ihnen wichtig, bedürfnislos (Abwertung dessen, was sie bekamen), selbstversorgend (Prahlerei) und fühllos zu sein, keine Angst, kein Schmerz solle sie erreichen können. So könne ich ihr Verhalten, das ihren bewussten Absichten so entgegengesetzt sei, besser verstehen. Diese Intervention und andere, die eine ähnliche Richtung hatten, erreichten die Teilnehmer zusehends und sie konnten mit der Zeit anders miteinander umgehen (Laimböck 2011).

Ich möchte die Episode in diesem Zusammenhang nicht unter dem Blickwinkel des therapeutischen Effekts oder der Technik betrachten, sondern unter dem des Lernens von Introspektion, Empathie und Einsicht in Theorie.

Der Lernprozess

Der dargestellte Prozess schildert, wie eine Gruppe, völlig unfähig zur Introspektion, nach Thematisierung des Abgewehrten sich allmählich diese Fähigkeit zurückerobert. Im Rahmen des hier vorgestellten Lernprozesses erfahren die Teilnehmenden folgende für die Theorie und Technik der Psychoanalyse zentralen Punkte:

– Introspektion und Empathie können aus guten, aber unbewussten Gründen verloren gehen (Abwehr).

Am Modell der Leiterin können sie lernen, wie der Umgang (Technik) damit ist:

– Zunächst reagiert sie äußerlich nicht – wie vielleicht von den Teilnehmern erwartet – auf die Provokationen (Abstinenz).

- Sie sucht offenbar nach nicht bekannten, aber für sie denkbaren Gründen für das provokante Verhalten der Teilnehmer (Empathie im Dienste des therapeutischen Prozesses).
- Ihre Annahmen teilt sie der Gruppe mit (Intervention). Man könnte sagen, sie übernimmt für die Gruppe eine Hilfs-Ich-Funktion.
- Die Teilnehmer erfahren, wie durch eine Zusammenhangsbildung – die Kindheitserlebnisse und das aktuelle Verhalten – eine Erklärung für ihr anfängliches, der bewussten Absicht, eine offene Gruppe zu sein und tiefgreifende Erfahrungen zu machen, zuwiderlaufendes Verhalten verständlich wird (Deutung).
- Die Gruppe erfährt, dass es eine Veränderung gibt, die mit diesem Verhalten der Leiterin in Zusammenhang steht (Wirkungsweise dieser Technik).
- Sie sehen, wie die durch Introspektion und Empathie gewonnenen Einsichten therapeutisch genutzt werden können (Hilfs-Ich-Funktion).
- Darin enthalten ist eine erste Erfahrung mit der bereits theoretisch vermittelten Tatsache, dass verdrängte Inhalte aus der Kindheit aktuelles Verhalten motivieren können. Dadurch bekommt der Begriff »Übertragung« eine erste erfahrungsnahe Anreicherung.

Man könnte nun sagen, dass solche Lernprozesse in jeder auch therapeutisch motivierten Gruppe möglich sind, und damit recht behalten. Allerdings ist zu bedenken, dass diese und andere psychoanalytische Selbsterfahrungsgruppen in einen Lernrahmen eingebettet sind. Die Teilnehmer rezipieren und diskutieren dem Curriculum folgend vor und nach ihrer Selbsterfahrung psychoanalytische Theorie. Alleine diese zeitliche Nähe von Theorie und Erfahrung legt eine Verknüpfung der beiden Bereiche nahe. Die Verknüpfung findet, was man an den bewussten Beiträgen und Fragen von Teilnehmern sehen kann, auf der kognitiven Ebene tatsächlich statt. Sie findet aber auch – und das entspricht Kutters zuvor erwähnten Untersuchungsergebnissen aus Theorieseminaren – latent statt, indem Prozesse aus der Selbsterfahrungsgruppe in die Lerngruppen übertragen werden und umgekehrt. Dieses Geschehen ist unabwendbar, nicht kontrollierbar und bisher noch nicht systematisch für den Lernprozess genutzt. Lediglich das kontinuierliche Reflektieren der Leiter auf diese Vorgänge erleichtert einen dem Lernprozess dienlichen Umgang damit und verhindert Agieren, auch aufseiten der Leiter.

Beispiel 2: Selbsterfahrungsgruppe mit Studierenden der Psychologie an der Universität Frankfurt

Diese Gruppe traf sich im Rahmen des beschriebenen Kompaktseminars. Die dargestellte Episode ereignete sich ungefähr in der Mitte des Prozesses, also in der 8./9. Sitzung. In dieser Sitzung bemerken die Teilnehmenden, sehnsüchtig aus dem Fenster schauend, das schöne Wetter draußen. Sie würden am liebsten hinausgehen und die Sitzung auf der grünen Wiese abhalten. Diese Vorstellung lässt sie nicht mehr los und die Gruppe beginnt darüber nachzudenken, ob sie tatsächlich nach draußen umziehen soll. Nichts anderes scheint mehr wichtig. Ich beginne, diesen Vorgang zu deuten. Mein erster Einwurf greift die Möglichkeit auf, dass die Gruppe meine Autorität als Leiterin auf die Probe stellt und herausfinden will, wie weit sie gehen kann, bis es zu realen Sanktionen oder sonstigen Reaktionen von mir kommt. Diese Bemerkung hat insofern keinen Einfluss, als die Gruppe ungerührt weiter ihr Hinausgehen diskutiert. Die nächste Intervention greift einen Konflikt zwischen Wunsch und Pflicht auf und den Versuch, beide zu vereinen. Auch diese Intervention führt zu nichts und die Gruppe beschließt schließlich, den Raum zu verlassen. Ich bleibe allein in dem leeren Raum mit den leeren Stühlen zurück. Es bleibt mir nur übrig, meine eigenen Gefühle in dieser Situation zu reflektieren. Erstaunlicherweise fühle ich keinen Ärger, sondern Traurigkeit, Niedergeschlagenheit und Hoffnungslosigkeit. Meine Gedanken beginnen um die Sinnhaftigkeit der ganzen Veranstaltung zu kreisen. Ich bekomme Zweifel am Sinn der Veranstaltung und frage mich, ob sie überhaupt fortgesetzt werden solle. Ich bemerke die kalte Atmosphäre des Raums, die kahlen Betonwände, die spartanischen Stühle, die nun unordentlich im Raum verteilt sind. Mir kommt der Gedanke, dass die Gruppenteilnehmer diese Situation ähnlich erlebt haben könnten und sie der zugehörigen Niedergeschlagenheit und dem Sinnlosigkeitsgefühl in das warme und bunte Draußen entkommen wollten. Ich erwäge diese Einsicht in der nächsten Sitzung zu vermitteln.

Die Gruppe beginnt die nächste Sitzung mit einem Gespräch darüber, wie sie sich im Grünen gefühlt habe. Einige Teilnehmer sind überrascht, dass sie sich draußen nicht so wohl fühlten. Sie seien weniger befreit gewesen als erwartet, ja einige konstatieren sogar eine gewisse Langeweile, die sich dort breitgemacht habe. In diesem Moment sage ich: »Ich habe den Eindruck, dass Sie sich niedergeschlagen und traurig in diesem kalten Raum fühlten und Ihnen auch der Sinn der Veranstaltung verlorenging. Vielleicht fühlten Sie sich verloren in dieser kalten und nicht fürsorglichen Umgebung. Sie wollten diesen Gefühlen entgehen und hofften, dass Ihre Bedürfnisse nach Wärme in einer anderen Umgebung befriedigt würden. Aber Sie fanden heraus, dass es nicht allein die äußere Umgebung ist, sondern eine innere Situation, die Sie in diese Lage brachte«. Mit dieser Bemerkung erfasste ich etwas von der inneren Wahrheit der Teilnehmer. Diese griffen das Thema auf. Einige sprachen nun von dem Gefühl der Sinnlosigkeit in ihrem Studium und dem der eigenen Bedeutungslosigkeit. Diese Eindrücke wurden mit biographischen Ereignissen in Zusammenhang gebracht und das Thema wurde ausführlich in verschiedenen Zusammenhängen bearbeitet.

Der Lernprozess

Obwohl der therapeutische Effekt dieser Episode – die Teilnehmer konnten sich mit einer persönlich relevanten und bisher unterdrückten Gefühlslage in ihrer aktuellen Lebenssituation beschäftigen, anstatt sich, wie bisher, in Aktivitäten oder Ersatzbefriedigungen zu begeben – eindeutig ist, ließ das damit verbundene Agieren einige Lernmöglichkeiten verpuffen.

Lernen konnten die Teilnehmer am Modell der Leiterin, da ich nicht mitagierte, sondern im Raum blieb und damit den psychoanalytischen Rahmen wahrte. Für die Teilnehmer war zu sehen, dass dies typisch ist für die analytische Vorgehensweise und sie brachten es vermutlich mit der Abstinenz in Verbindung. Da sie aber meine inneren Vorgänge nicht kennenlernten, konnten sie keinen Einblick und keine Kenntnisse über den technischen Umgang mit Übertragungs-/Gegenübertragungsgefühlen gewinnen. Sie hatten lediglich erkannt, dass es so etwas wie Ersatzbefriedigung gibt, was an einer gewissen Enttäuschung abzulesen war. Introspektion konnten sie an dieser Stelle als eine sinnvolle Methode erkennen, um sich mit sich selbst zu beschäftigen (die Reflexion ihrer Gefühle, als sie im Grünen saßen).

Sie konnten des Weiteren erkennen, dass die deutende Aktivität und der neue Inhalt eine Erweiterung bewirken und persönlich relevante Themen zur Sprache bringen können (Wirkung von Deutung). Wie ich zu diesen Einsichten kam, blieb ihnen verschlossen. Im Verhältnis zu der im ersten Beispiel geschilderten Episode war der Lernprozess hier gering. Vermutlich lag dies an der Dominanz des unbewussten Themas, das wohl doch mit der Auseinandersetzung und Unschlüssigkeit im Umgang mit Autorität zu tun hatte und mit mir, die ich dies nicht wirklich kommunizieren konnte. Am Ende dieser Episode musste es den Teilnehmenden so erscheinen, als hätte ich aufgrund meiner größeren Erfahrung, Autorität, technischen Skills oder was auch immer – jedenfalls etwas, das ihnen noch nicht zugänglich ist – ein Wissen über sie gewonnen, das ihnen selbst verborgen war. Sie wollten die Autorität einerseits überwinden – entgegen der Regel nach draußen gehen – und blieben andererseits gerade dadurch einer unterlegenen oder kindlichen Position verhaftet.

Abschließende Überlegungen

Es war mir wichtig, an den beiden Episoden nicht nur den Lernprozess und die möglichen Lerninhalte aufzuzeigen, sondern gerade an ihrer Unterschiedlichkeit zu vermitteln, dass dieser Vorgang nicht selbstverständlich ist, er deshalb einer ständigen Beobachtung, Aufrechterhaltung und Unterstützung bedarf.

Die Legitimation von Selbsterfahrungsgruppen an der Hochschule oder dort, wo sie als erfahrungsnaher Einstieg in die psychoanalytische Theorie benutzt werden, besteht in dem stattfindenden Lernprozess. An der Hochschule etwa, wo zunächst keine Berufsausbildung, sondern wissenschaftliches Arbeiten und wissenschaftliche Theorien vermittelt werden, kann der Sinn einer solchen Veranstaltung nur in dem aufgezeigten Einsichtsprozess liegen, der als kognitive Verknüpfung von Erfahrung und Theorie benannt wurde. Überall dort, wo es auch oder nur um die Vorbereitung auf eine berufliche Arbeit mit Menschen geht, kommt zu diesem Lernprozess die Vertiefung von Introspektion und Empathie hinzu, die für die zukünftige Arbeit notwendige Fähigkeiten sind. Finden die Selbsterfahrungsgruppen gar im Rahmen einer Ausbildung zum Psychotherapeuten statt, so ist neben den aufgezeigten Lernzielen – Introspektion, Empathie, Einsicht – auch der therapeutische Effekt von Bedeutung, denn er erweitert die therapeutischen Fähigkeiten des zukünftigen Praktikers ähnlich einer Lehranalyse.

Für Selbsterfahrungsgruppen an der Hochschule gilt, dass vor allem der Lerneffekt das Ziel ist. Wird die Begründung solcher Veranstaltungen auf Persönlichkeitsentfaltung oder gar Therapie erweitert, so trifft eventuell die Kritik Oevermanns zu, der wohl solche Veranstaltungen im Sinn hatte, als er von einer »Mystifikation und [...] Erosion« dessen sprach, »was für wissenschaftliche Erkenntnis konstitutiv ist: methodenkritisches und methodisch kontrolliertes Überprüfen von Behauptungen über die erfahrbare Wirklichkeit« (Oevermann 1994, S. 135), oder auch Wellendorfs Warnung vor einer »Blindheit für die institutionelle Realität« (Wellendorf 1979).[4]

---

[4] Mit dieser Kritik setzen sich im selben Heft Kutter et al. (1979) auseinander.

Wird hingegen die genannte Zielsetzung des Lernens systematisch beachtet, so sind diese Veranstaltungen bei der Vermittlung von Psychoanalyse eine große Bereicherung für das Lernen und aus pädagogischer Sicht kaum ersetzbar oder gar verzichtbar. Kutter selbst, ein Pionier des vorgestellten Konzepts, ließ die Bedeutung therapeutischer Effekte nicht ganz unter den Tisch fallen. Er sah die psychischen Probleme der Studierenden und verzichtete nicht aus Angst vor dem Vorwurf der Unwissenschaftlichkeit darauf, das so Offensichtliche beim Namen zu nennen: »Mit diesem Konzept können gleichermaßen genuin therapeutische Effekte von nicht zu unterschätzender gesundheitspolitischer Bedeutung und eine Optimierung des Lehrens und Lernens ausgehen, was in bildungspolitischer Hinsicht von großer Relevanz wäre« (Kutter 1977, S. 264).

Literatur

Gerlach. A. (2010): Deutsche Psychoanalytiker in China und der Beginn gruppentherapeutischer Arbeit – ein Erfahrungsbericht. Gruppenpsychother. Gruppendynamik 46, 318–330.

Kutter, P. (1976): Probleme der Vermittlung von Psychoanalyse an der Hochschule. Gruppenpsychother. Gruppendynamik 11, 60–88.

Kutter, P. (1977): Psychoanalytisch orientierte Gruppenarbeit an der Hochschule – Möglichkeiten und Grenzen. Gruppenpsychother. Gruppendynamik 11, 256–266.

Kutter, P. (1983): Psychoanalytische Supervisionsgruppen an der Hochschule. Psyche – Z Psychoanal 37, 237–253.

Kutter, P. (1989): Lust und Unlust in der psychoanalytischen Ausbildung. Positive und negative Erfahrungen bei der Vermittlung psychoanalytischer Theorie und Praxis. In: Bareuther, H., Busch H. J. Ohlmeier, D. & Plänkers, Th. (1989): Forschen und Heilen. Auf dem Weg zu einer psychoanalytischen Hochschule. Beiträge aus Anlaß des 25jährigen Bestehens des Sigmund-Freud-Instituts. Frankfurt/M. (Suhrkamp), 622–632.

Kutter, P. (2000): Psychoanalyse und Universität – Gefahren und Chancen. In: Drews, S. (Hg.): Zum »Szenischen Verstehen« in der Psychoanalyse. Frankfurt/M. (Brandes & Apsel), 65–76.

Kutter, P., Laimböck, A. & Roth, J. K. (1979): Psychoanalytische Selbsterfahrung an der Hochschule. Gruppendynamik 10, 176–186.

Kutter, P. & Roth, J. K. (1981): Psychoanalyse an der Universität. München (Kindler).

Kutter, P. (Hg.) (1977): Psychoanalyse im Wandel. Mit Beiträgen von Loch, Kernberg, Stierlin, Parin, Richter, Fürstenau. Frankfurt/M. (Suhrkamp).

Laimböck, A. (1983): Psychoanalytische Selbsterfahrungsgruppen im Rahmen von Ausbildung. Frankfurt/M. (R. G. Fischer).

Laimböck, A. (2011): Menschen in China zwischen Rückzug und Aufbruch. Psychoanalytische Überlegungen. Psyche – Z Psychoanal 65, 555–568.

Leuzinger-Bohleber, M., Rüger, B., Stuhr, U. & Beutel, M. (2002): »Forschen und Heilen« in der Psychoanalyse. Ergebnisse und Berichte aus Forschung und Praxis. Stuttgart (Kohlhammer).

Oevermann, U. (1994): Die objektive Hermeneutik als unverzichtbare methodologische Grundlage für die Analyse von Subjektivität. Zugleich eine Kritik der Tiefenhermeneutik. In: Jung, Th. & Müller-Doohm, S. (Hg.): »Wirklichkeit« im Deutungsprozeß. Verstehen und Methoden in den Kultur- und Sozialwissenschaften. Frankfurt/M. (Suhrkamp).

Ricciardi, A. (1973): Das Tavistock-Modell des Human Relations Training. Gruppendynamik 4, 2238–2260.

Wellendorf, F. (1979): Blindheit und Naivität. Zwei Gefahren psychoanalytisch-gruppendynamischer Seminare mit Studenten. Gruppendynamik 10, 160–175.

Ruth Waldeck

Ohne Berührungsängste
Psychoanalytische Supervision an der Frankfurter Universität in den 1970er Jahren

Heute mutet es paradiesisch an, dass Studierende der Psychologie und Pädagogik in den 1970er und 1980er Jahren an der Frankfurter Universität in den Genuss psychoanalytischer Supervision kommen konnten. Die Teilnahme an der einjährigen Supervisionsgruppe war kostenlos – und pro Semester gab es dafür auch noch einen benoteten Schein. Das Angebot wurde gern aufgegriffen, auch ich hatte das Glück, daran teilnehmen zu können. Nun möchte ich aus 30 Jahren Abstand auf diese Erfahrung zurückblicken.

Was konnte psychoanalytische Supervision bei den Studierenden bewirken? Welche Veränderungen konnte ihnen die Begegnung mit den Methoden der Psychoanalyse, also nicht nur mit ihren Theorien, ermöglichen? Was mag es für den lehrenden Analytiker bedeutet haben, sich in universitärem Rahmen, zumal in den wilden 70er Jahren, diesem Projekt auszusetzen und Supervision anzubieten für Studierende verschiedener Fachbereiche, mit unterschiedlichen Vorkenntnissen und Bezügen zur Psychoanalyse, dazu noch aus den verschiedensten Praxisfeldern? Und was bedeutete es für die Psychoanalyse, jenseits der geordneten Welt der Institute und Vereinigungen unter's Volk zu kommen? Was blieb da noch vom »reinen Gold«? Wurde es so sehr mit dem »Kupfer der [...] Suggestion« legiert (Freud 1919a, S. 193), dass es sich verflüchtigte, unkenntlich und wertlos wurde? Und kann die Angst, das reine Gold könnte verlorengehen, vielleicht etwas damit zu tun haben, dass die wunderbare Möglichkeit, Psychoanalyse schon im Studium kennenzulernen, an deutschen Universitäten fast nicht mehr existiert?

Kleine Zeitreise in die 1970er Jahre

Auf der Homepage von Peter Kutter ist im kurzen Abriss seines Lebens zu lesen: »Die sozialen Gegensätze zwischen Arbeitern und Akademikern lernte er schon als Kind hautnah kennen.« Dieser Satz steht nicht irgendwo zwischendrin, sondern ist der dritte Satz seiner Lebensbeschreibung und erscheint mir als eine wesentliche Aussage. Durch die Bedeutung, die soziale Unterschiede für seine Entwicklung hatten, wird mir heute noch verständlicher, warum Kutter mit seinem Supervisionsangebot mir damals am ehesten helfen konnte, die Skepsis gegenüber der Psychoanalyse – die ich mit vielen Studierenden jener Zeit teilte – abzubauen.

Denn Anfang der 70er Jahre hielt ich die Psychoanalyse für eine bürgerliche Wissenschaft, die sich für Neurosen interessiert und gesellschaftskritische Fragen zum »Elend mit der Psyche« nicht mehr stellte: »[...] die psychoanalytische Bewegung hat den ursprünglichen kulturkritischen Impetus nicht weitergetrieben« (Wolf & Hartung 1972, S. 78), heißt es im ersten der beiden legendären Kursbücher von 1972. Als Methode kam die analytische Behandlung demnach nur für bürgerliche Individuen mit hohen Verbalisierungs- und Reflexionsfähigkeiten und sicherem finanziellen Hintergrund infrage, so hatte ich dieser Lektüre entnommen. Die Praxis dieser »sozialen Selektion« belegten die Autoren mit einer Bemerkung Freuds selbst: »Man übersehe nicht über der Krankheit den sonstigen Wert einer Person und weise Kranke zurück, welche nicht einen gewissen Bildungsgrad und einen einigermaßen verläßlichen Charakter haben« (Freud 1905a, S. 20, zit. n. Wolf & Hartung 1972, S. 75).

Da ich ohne bildungsbürgerlichen Hintergrund studierte – meine Eltern hatten beide nur die Volksschule besuchen können –, ließ ich also die Psychoanalyse links liegen. Das Kursbuch 29 zur Psychoanalyse bot zudem einige erschreckende Beispiele für ignorantes und empathieloses analytisches Verhalten, mit dem manche Analysanden Anfang der 70er Jahre konfrontiert waren. Meine Angst, ebenso verständnislos und ablehnend behandelt zu werden, trug nicht unwesentlich zu meiner Skepsis gegenüber der Psychoanalyse als Theorie und Praxis bei. Auch meine studienbegleitende, praktische Arbeit lenkte mein Interesse zunächst in andere Richtung: auf Menschen mit psychotischen Störungen und einer sozialen Herkunft, die man damals »Unterschicht« nannte. Seit 1974 arbeitete ich in einer sozialpsychiatrischen Rehabilitationseinrichtung. In diesem Modellprojekt hatte man Wohngruppen eingerichtet, die von je zwei Betreuern begleitet wurden. Neben einer wöchentlichen Gruppensitzung gehörten Kriseninterventionen zu den Aufgaben der Betreuer. Die Supervision, die wir hier erhielten, bot immer weniger Unterstützung, nachdem der erste Schwung, gemeindenahe Anti-Psychiatrie zu realisieren, verebbt war. Die institutionellen Rahmenbedingungen und der Zustand der lange psychiatrisierten Heimbewohner ließen die Hoffnung, ihnen wieder ein selbstständiges Leben zu ermöglichen, kaum noch erfüllbar erscheinen.

Immerhin aber hatte diese Praxiserfahrung mich dazu motiviert, mich nach dem Pädagogikstudium noch in Psychologie zu immatrikulieren, und hier fand ich dann doch noch einen Zugang zur Psychoanalyse. Die Annäherung war zunächst theoretischer Art. Ermöglicht hatten sie Bücher wie Michael Schneiders *Neurose und Klassenkampf* von 1972 oder Dieter Duhms *Angst im Kapitalismus*. Wenn ich diese zerfledderten und staubigen Bücher heute wieder aus dem Regal nehme, klingen Stimmen und Diskussionen aus einer längst vergangenen Ära wieder an. Befremdlich ist die Rede vom Klassenkampf, aber der Titel *Angst im Kapitalismus* hat eine irritierende Aktualität. Er könnte das Motto abgeben für die Hälfte unserer abendlichen Fernseh-Talkshows oder als Überschrift dienen für Fachaufsätze psychotherapeutischer Zeitschriften zur Zunahme von Burn-Out und Depressionserkrankungen.

In diesen Büchern wurde nicht nur das subversive Potenzial seelischer Krankheit hervorgehoben, sondern auch die subversive Kraft der Psychoanalyse betont und eingefordert. Im Originalton lautete das beispielsweise so: »[...] einer materialistisch aufgeklärten Psychoanalyse [...] [kommt] eine wichtige Aufgabe zu: *nämlich alle psychischen Widerstands- und Widerspruchsformen gegen die kapitalistischen Arbeits- und Sozialisationsbedingungen, die sich als Krankheit äußern, zum subjektiven Hebel der Politisierung zu machen.* Eine so verstandene psychoanalytisch aufgeklärte materialistische Krankheitstheorie hat zu zeigen, daß psychische Krankheit, in welcher Form auch immer, ein *subversives und progressives Moment* enthält« (Schneider 1972, S. 320). Ähnlich martialisch und fordernd schrieb Duhm: »Die im Leiden verborgene Rebellion müßte entfaltet werden zum politischen Kampf, mit dem allein wir die Befreiung des Menschen erreichen können« (Duhm 1972, S. 154).

Wenn also die Psychoanalyse für gesellschaftliche Veränderung nutzbar zu machen ist, dann lohnt sich die Beschäftigung damit vielleicht doch, sagte ich mir, und war auch damit wieder in einem Tross ähnlich Gesinnter unterwegs. Erdheim merkte zu diesem Sinneswandel später an, dass die Forderung nach einer kulturkritischen Einstellung die Psychoanalyse für die Linke akzeptabel machte, insofern »Kulturkritik den ›linken‹ Umgang mit der Psychoanalyse, dem Unbewußten und dem Es legitimieren helfen« sollte (Erdheim 1988, S. 67). Meine Skepsis gegenüber der Psychoanalyse war damit zumindest soweit gemildert, dass ich mich für die Theorie der Psychoanalyse zu interessieren begann. Die Bedingungen waren günstig, denn an der Frankfurter Uni gab es ein großes Angebot in verschiedenen Fachbereichen. Im Fachbereich Psychologie war Psychoanalyse ein mögliches Prüfungsfach, wir konnten am Institut für Psychoanalyse viele Scheine erwerben und Diplomarbeiten schreiben. Also ließ ich nun die akademische Psychologie rechts liegen und konzentrierte mich auf die Psychoanalyse. Neben den Theorie-Seminaren gab es auch Möglichkeiten, die Methoden der Psychoanalyse kennenzulernen; dazu gehörten die von Kutter angebotenen Selbsterfahrungs- und Supervisionsgruppen sowie das von Argelander initiierte Projekt »Beratung unter Supervision«.

»Geh doch mal zu Kutter in die Supervision!«, hatten mir damals schon einige Kommilitonen nahegelegt. Aber was sollte eine psychoanalytische Supervision zu meinem Praxisfeld zu bieten haben? Würde ein Analytiker sich auf die Menschen einlassen können, mit denen ich arbeitete? Würde Kutter, der in seinem Uni-Büro eine Couch stehen hatte, auf der in geregeltem Setting seine Analysanden Platz nahmen, Verständnis aufbringen dafür, wie wir in der Wohngruppe arbeiteten? Von heute aus betrachtet, ist klar, dass ich damals mindestens ebenso sehr Angst davor hatte, in einem psychoanalytischen Praxisseminar selbst nicht angenommen zu werden, wie ich Angst hatte, dass »meine« Klienten verächtlich behandelt würden.

Die Supervisionsgruppe war dann eine angenehme Überraschung. In einem kargen Raum des Uni-Turms stand ein Kreis aus diesen klapprigen und schmuddeligen orangefarbenen Plastikstühlen. Sonderlich hierarchisch ging es damals ja auch in den Seminaren nicht zu, aber der Lehrende hatte immerhin seinen festen Platz vor der Tafel. Hier saßen nun alle im Kreis. Auch wenn der Leiter uns theoretische und methodische Kenntnisse voraushatte, war er nun mit uns gemeinsam auch ein Suchender, insofern er sich auf das einlassen musste, was wir thematisierten. Viele von uns Pädagogik- und Psychologie-Studierenden hatten, ähnlich wie ich, irgendwo und irgendwie eine praktische Tätigkeit aufgenommen, ein eher »wildes« Arbeiten mit Klienten aus den verschiedensten Problemfeldern. Kutter aber ging auf all unsere Falldarstellungen und die Dynamik der Gruppe bemerkenswert freundlich, geduldig und wertschätzend ein.

Das Konzept: Psychoanalyse als lebensverändernde Praxis

Kutter war auf dieses bunte Völkchen eingestellt, wie in der Dokumentation *Psychoanalyse an der Universität* (Kutter & Roth 1981) nachzulesen ist. In den Jahren zuvor hatte er während seiner Tätigkeit an der FU Berlin bereits Supervisionen für Sozialarbeiter angeboten (Kutter 1974). Er war also mit der Klientel, die wir in unserer Supervisionsgruppe vorstellten, besser vertraut, als ich es nach der Lektüre der Kursbücher zum »Elend mit der Psyche« von einem Psychoanalytiker erwartet hätte. Auch stand er den gesellschaftskritischen Anliegen meiner Studentengeneration wohl näher, als ich es damals bei einem Professor für Psychoanalyse vermutet hätte. Im Pädagogik-Studium zuvor war die Sache einfacher gewesen, denn da verrieten oft schon der Habitus und die Themenwahl der Dozenten ihre kritische Haltung. Kutters Einstellung zu den gesellschaftskritischen Anliegen der Studentenbewegung wird in der Einleitung zu *Psychoanalyse an der Universität* deutlich. Er greift das Bedürfnis nach Abbau von Hierarchien, nach nichtautoritären und kooperativen Interaktionsformen zwischen Lernenden und Lehrenden auf (Kutter & Roth 1981, S. 21) sowie das Bedürfnis, für ihre praktischen Erfahrungen »mit sehr verschiedenen Klienten [...], meist aus den Randschichten der Bevölkerung« (ebd., S. 106), Unterstützung durch Supervision zu erhalten. Als Besonderheit der studentischen Supervisanden sah Kutter an, dass sie sich »in einer Entwicklungsphase befinden, die sich zum Teil noch mit der Spätadoleszenz überschneidet. [...] Man protestiert gegen die Gesellschaft, wechselt im übrigen häufig die Rollen [...], was wir aber nicht als Ausdruck einer Pathologie [...] verstehen, sondern, phasenspezifisch betrachtet, mit dem besonderen Entwicklungsstadium der Studenten in Zusammenhang bringen« (ebd., S. 108).

Das Bemühen, Psychoanalyse nicht nur als theoretisches Wissen zu vermitteln, sondern auch praktisch erfahrbar zu machen, teilte Kutter mit seinen analytischen Kollegen.[5] Ihr Anliegen war, »unmittelbar in Erfahrung umzusetzen, was Psychoanalyse tatsächlich ausmacht, nämlich nicht nur eine interessante Theorie, sondern lebensverändernde Praxis« zu sein (ebd., S. 24). In einer psychoanalytisch orientierten Supervision sah Kutter eine gute Möglichkeit, praktisch tätigen Studierenden Psychoanalyse nahezubringen. Sein Konzept der Supervisionsgruppen ging von der Arbeit mit Balint-Gruppen aus und berücksichtigte die besonderen Bedingungen an der Universität. Wie Balint in Supervisionsgruppen mit Ärzten gezeigt hatte, kann durch diese Gruppenerfahrung »eine begrenzte Persönlichkeitsveränderung« (ebd., S. 155, vgl. auch S. 97) ermöglicht werden. Diese Entwicklung erwartete Kutter auch bei Studierenden, und er sah wegen ihrer spätadoleszenten Offenheit die Chance dazu, solche Effekte auch im begrenzten Zeitraum zweier Semester zu erreichen, während Balint für Ärzte und Psychologen, die in ihrer Berufsidentität und ihrem Charakter schon gefestigt waren, von längeren Zeiträumen ausging. Durch die Teilnahme an der Supervisionsgruppe sollte insbesondere die Fähigkeit zur Empathie gefördert

---

[5] Neben den drei Professuren am Institut für Psychoanalyse des Fachbereichs Psychologie hatten damals auch an andern Fachbereichen Psychoanalytiker Lehrstühle, bei den Pädagogen Aloys Leber, bei den Soziologen Alfred Lorenzer.

werden und das Vermögen, zwischen Identifikation und Distanzierung im Umgang mit den Klienten zu oszillieren. Ziel dieser Supervisionserfahrung sollte sein, »die eigenen Gefühle für die Beziehungsdiagnose und -analyse im Umgang mit Klienten einzusetzen und zu trainieren« (ebd., S. 109).

Kutter geht mit diesem Ziel einer »lebensverändernden Praxis« nur sehr verhalten auf die lauten Forderungen der damaligen Linken nach einer gesellschaftskritischen Psychoanalyse ein. Seine Fokussierung der innerpsychischen Veränderungsprozesse bei den studentischen Supervisanden könnte den Eindruck erwecken, dass er sich damit genau der Innerlichkeit des (bürgerlichen) Individuums wieder zuwandte, die von der Linken so kritisiert wurde. Kutter distanziert sich in seinem Konzept psychoanalytischer Lehre an der Universität auch deutlich von Mitscherlich: »Während Mitscherlich vorwiegend an einer Nutzung der Psychoanalyse für eine Aufklärung über ungeklärte gesellschaftliche Prozesse, durchaus im Rahmen der kritischen Theorie der Frankfurter Schule [...] interessiert war, gilt unser Interesse vorwiegend dem Ziel, den angehenden Diplompsychologen zu befähigen, mit seinen Klienten im klinisch-psychologischen Bereich besser umgehen zu können.« (Ebd., S. 26)

Kutters Konzept psychoanalytisch orientierter Supervision für Studierende geht zwar auf deren Situation ein, thematisiert aber die Lebensbedingungen ihrer Klientel nicht ausdrücklich. Demgegenüber wird die soziale Realität der Klientel im Projekt »Beratung unter Supervision«, das Argelander entwickelt hatte, explizit mit in den Blick genommen. In diesem Projekt konnten Studierende über zwei Semester zwei zehnstündige Beratungen für Menschen in Konfliktsituationen anbieten, die sich an Beratungsstellen gewandt hatten. Die Beratungen wurden in Viererguppen wöchentlich supervidiert, meist von externen Analytikern. »Dabei sollte die schwierige aktuelle Lebenssituation in ihrer unbewussten Bedeutung, ihrer thematischen Abgrenzbarkeit, ihrer szenischen Reproduktion in der Beratungsbeziehung und hinsichtlich ihrer Eignung zur Ableitung eines Beratungszieles formuliert werden« (ebd., S. 105; vgl. auch Vogt 1980, S. 27).

Nachlese: Was die Supervision bewirken konnte

Was also konnte die Supervision bei Kutter mir damals bieten, die ich mit so viel gesellschaftskritischem Anspruch und großer Skepsis gegenüber der Psychoanalyse in diese Veranstaltung ging? Ich wüsste wohl kaum noch etwas außer dem oben geschilderten Eindruck der engagierten Arbeit im orangen Stuhlkreis zu erinnern, wenn ich nicht zwei Jahre nach meiner Teilnahme meinen Veränderungsprozess zum Thema meiner Diplomarbeit gemacht hätte. Anhand meiner Protokolle der Wohngruppensitzungen konnte ich mich selbst davon überzeugen, dass ich mich verändert hatte. Vor der Supervisionszeit hatte ich oft eine drastische Sprache benutzt (»Scheiß-Psychiater«), das milderte sich nun deutlich. Auch war ich zu Beginn der Supervisionszeit gerade in eine unschöne Konkurrenz mit meinem Kollegen verstrickt. Dann bekam ich einen neuen Kollegen, mit dem ich sehr gut arbeiten konnte. In die Supervisionszeit fielen auch die schwersten Ereignisse in den acht Jahren meiner Arbeit dort: Ein Wohngruppenbewohner machte in psychotischem Zustand zwei Suizidversuche, ein anderer starb durch Suizid. Mein Entsetzen, meine Trauer und meine Selbstzweifel, inwiefern ich daran eine Mitschuld trage, konnte ich in der Supervisionsgruppe ansprechen und ein Stück weit bearbeiten. Ich begriff dadurch viel von meinen eigenen Grenzen und den Grenzen solcher laientherapeutischen Arbeit. Kutter hatte diesen Lerneffekt als wichtigen Aspekt im Blick: Es »kommt zu schmerzlichen Enttäuschungen mit Einsicht in die eigenen Unvollkommenheiten. [...] Diese Enttäuschungen sind aber konstruktiv, wenn es den Teilnehmern der Gruppe gelingt, sich in ihrer Selbsteinschätzung dem realen Verhalten zu nähern.« (Kutter & Roth 1981, S. 158) Diese Prozesse spiegelten sich auch in meinen Protokollen der Gruppenarbeit: »Nach der Gruppensitzung habe ich gedacht, daß diese ganzen Therapiegeschichten mir zuviel sind. In der Supervision habe ich dann aber auch wieder gemerkt, daß es mir Spaß macht, daß die Phantasien und Wahnideen – und wenn es noch so schlimme Bilder sind – auch was Faszinierendes, Reizvolles für mich haben. [...] Und was dann aber auch wieder erschreckend ist, ist die Stärke der Beziehungen, die sich entwickelt haben, ohne daß ich mir das so klar gemacht habe« (Waldeck 1981, S. 57). Durch die Supervision wurden mir meine Grenzen bewusster, zugleich aber wuchs auch meine Aufmerksamkeit für die Klienten, ich gewann Verständnis für Wahnsysteme und staunte darüber, welche Übertragungsangebote auch in psychotischen Inhalten stecken können. Diese Entdeckungen fand ich besonders spannend. So gesehen, hatte es mir gutgetan, mich auf Innerpsychisches einzulassen und die soziale Realität der psychisch Kranken, mit der ich mich schon ausführlich genug befasst hatte, ein Stück weit beiseitezulassen.

Der Rahmen des Projekts »Beratung unter Supervision« war sehr viel formeller, »streng organisiert und detailliert strukturiert« (Kutter & Roth 1981, S. 104). Kutters Beschreibung kann ich hier nur zustimmen. Zur Supervision ging unser Vierergrüppchen zu Analytikern in ihre Praxis. Hier war es steifer, weniger lebhaft und spontan als in der großen Supervisionsgruppe bei Kutter. Auch hier war für mich wieder die Beschäftigung mit Übertragungs- und Ge-

genübertragungsphänomenen am interessantesten. Für die Beratungsprotokolle war gefordert, die eigenen Empfindungen vor, während und nach der Beratungsstunde festzuhalten. Das Realisieren dieser Gefühle empfand ich immer wieder als eine schwere Übung, habe sie aber aus dem strengen Beratungsprojekt mit in mein Berufsleben genommen. Rückblickend erscheint auch die Abfolge der Supervisionsteilnahme stimmig: Nur durch die Supervisionsgruppe bei Kutter hatte ich meine Skepsis überwinden und mich neuen Erfahrungen öffnen können. Nur dank der offenen Atmosphäre bei Kutter konnte ich mich dann auch auf das strenge Reglement des Beratungsprojekts einlassen.

Denn Kutter war der nahbarste der drei Professoren, er hatte wenig Berührungsängste im Umgang mit uns kritischen, rebellischen Studierenden und auch nicht im Umgang mit Klientel, die nicht ins klassische Bild psychoanalytischer Praxis passte. Nur er wusste auch die Gelegenheit zu nutzen, ein Theaterstück wie König Ödipus – in der Inszenierung von Neuenfels – mit einer ganzen Seminarbelegschaft anzuschauen, und saß dann bei einem Nachgespräch mit den Schauspielern gemeinsam mit uns auf der Treppe im Theaterfoyer. Nicht nur die Vermittlung psychoanalytischer Praxis an sich war lebensverändernd, auch die Persönlichkeit der Lehrenden und ihre Nahbarkeit trugen zu verändernden Erfahrungen bei. Diese Nahbarkeit hatte sich in meiner Diplomarbeit in einer Art Fehlleistung niedergeschlagen. Und zwar hatte ich zwecks Anonymisierung alle Namen verändert, auch die meiner Kollegen, und nannte den neuen Kollegen Peter: »Ich hab Peter gegenüber ein gutes Gefühl, er wirkt ernsthafter und stärker auf mich« als der frühere Kollege (Waldeck 1981, S. 62). So steht es in meinen damaligen Protokollen, die ich in der Diplomarbeit zitierte. Erst nach Abgabe der Arbeit machte mich eine Kommilitonin darauf aufmerksam, dass der Professor, bei dem ich die Arbeit eingereicht hatte, ja auch Peter mit Vornamen heiße. Peter Kutter mag geschmunzelt haben.

Was also hatte sich durch die Supervisionen an der Universität bei mir verändert? Zunächst einmal war ich neugierig geworden auf psychoanalytisches Arbeiten und damit auch auf mehr theoretisches Wissen. Bedeutete diese Veränderung nun aber, dass ich mich durch die Erfahrungen mit der Psychoanalyse habe blenden lassen, indem ich den Blick nach innen richtete, für eigene Empfindungen, Übertragungs- und Gegenübertragungsprozesse sensibilisiert wurde? War meine gesellschaftskritische Haltung damit geringer oder nebensächlich geworden? Ich kann mich vage an eine Situation in der »Kutter-Supervision« erinnern, in der ich mich empört gegen eine Äußerung Kutters wandte. Und zwar muss Kutter in Zusammenhang mit einer Falldarstellung – nicht mal einer von mir, sondern der eines Gruppenmitglieds – gesagt haben, dass wir es oft mit »schweren Fällen« zu tun hätten. Diese Bemerkung hatte ich so verstanden, als meine Kutter, wir arbeiteten mit Menschen, deren Problematik wir nicht gewachsen seien oder für die wir nicht ausgebildet seien, und dass wir besser die Finger davon ließen. Auf jeden Fall klang seine Bemerkung für mich entmutigend und ich sah mich genötigt, das Gruppenmitglied zu verteidigen.

In der von Roth verfassten Kasuistik einer Supervisionsgruppe wird eine ähnliche Sequenz wiedergegeben. Im Zusammenhang mit Gefühlen von Hilflosigkeit und Überforderung, die sich als Gegenübertragung in der Supervisionsgruppe ausgebreitet hatten, sagt Kutter: »Mir fällt auf, daß Sie meist an sehr schwere Fälle geraten sind« (Kutter & Roth 1981, S. 143). Weiter heißt es: »Die Interventionen des Leiters werden als ›zu pauschal‹ abgelehnt.« (Ebd.) Roth – und wohl auch Kutter – führen das Problem der Überforderung auf die hohen, idealistischen Ansprüche der Studierenden zurück: »Die hohen Ansprüche an die Arbeit zeigen sich auch darin, daß viele Teilnehmer mit sehr schwierigen Fällen arbeiten. Darin kommt eine ideale Vorstellung von vollkommener Hilfe zum Ausdruck. Das Ideal dient zur Abwehr der Realität: Die Begrenzung der eigenen Möglichkeiten nicht wahrnehmen zu müssen und mit Nähe und Distanz völlig angstfrei umgehen zu können.« (Ebd.) Diese innerpsychische Deutung der Hilflosigkeitsgefühle hat sicher ihre Berechtigung, aber es ist seitens der Teilnehmenden wohl auch berechtigt gewesen, sie als zu pauschal zurückzuweisen. Denn die Praktika oder die selbst gesuchten Engagements brachten uns ja nicht zufällig mit genau solcher Klientel zusammen, die aus dem Raster staatlicher oder caritativer Betreuung herausgefallen war. Die Kasuistik der Supervisionsgruppe bietet eine Reihe von Beispielen dafür.

Vielleicht hat an solchen Punkten des Supervisionsprozesses tatsächlich etwas »Gesellschaftskritik im Deutungsprozeß« (Parin 1968) gefehlt, wie Paul Parin die Einbeziehung gesellschaftlicher Umstände ins psychoanalytische Denken und Deuten nennt: eine Bemerkung dazu, dass das Gefühl der Hilflosigkeit eben nicht nur innerpsychisch bedingt ist, sondern auch auf den sozialen Ort der Arbeit zurückgeht, weil das gesellschaftspolitische Engagement die Studierenden mit der – oft schwer erträglichen – sozialen Realität konfrontierte. Dieser Gedanke war Kutter ansonsten nicht fern, er thematisierte ihn im Zusammenhang mit dem Rückblick auf seine Berliner Arbeit: Die Studierenden dort hätten vielfach mit Klienten »aus den Randschichten der Bevölkerung« gearbeitet, vonseiten der Universität aber »keinerlei Unterstützung« dabei erfahren und hätten sich deshalb »in dieser Arbeit überfordert« gefühlt (Kutter 1974, S. 106). Dies war der Anlass für Kutter, erstmals psychoanalytische Supervision an der Universität anzubieten.

Zwischen allen Stühlen –
als Psychoanalytiker an der Universität

Was mag es nun für einen Psychoanalytiker bedeutet haben, sich dem Gemenge an der Universität auszusetzen? Was hieß es für den Professor, sich in einer Supervisionsgruppe am forschenden Fragen und Agieren zu beteiligen, dabei von der Dynamik auch selbst erfasst zu werden? Ich kann mich an einen Moment einer Supervisionssitzung erinnern, als es gerade wieder wild herging und ich mich fragte, wie dieser Kutter das alles aushält. Das war wohl eher gegen Ende der einjährigen Supervision, denn meine Empathiefähigkeit war offensichtlich schon so gewachsen, dass ich auch Mitgefühl für einen Professor aufbringen konnte. Harte Angriffe gegen den Supervisor gehörten genauso zur Dynamik wie Vereinnahmungen in der Art, wie sie mir in meiner Diplomarbeit unterlaufen war.

Eine Supervisionsgruppe ist kein Seminar, der Gruppenleiter wird anders einbezogen, vereinnahmt, kritisiert, angegriffen als ein Professor, der sich lediglich in der Rolle des Wissensvermittlers und Diskussionsleiters einer Seminargruppe stellt. Eine Supervisionsgruppe an der Universität ist auch keine Balint-Gruppe, wo der Leiter auf beruflich etablierte Kollegen trifft und man einen respektvollen Umgang miteinander erwarten darf. Eine Supervisionsgruppe mit Studierenden erfordert von einem Psychoanalytiker auch ein weit flexibleres Verhalten als im gewohnten Setting analytischer Behandlung. Das gilt sicher noch mehr für die Selbsterfahrungsgruppen, die Kutter ebenfalls anbot und in denen es erst recht turbulent zuging, wie die Forschungsberichte hierzu zeigen (Kutter & Roth 1981, S. 47–86). Hinzu kommt, dass auch die jeweilige Klientel auf den eigenen Status Auswirkungen hat. Ärzte haben einen höheren sozialen Status als Sozialarbeiter und Pädagogen, deshalb hat auch die supervisorische Arbeit mit Studierenden oder Berufstätigen im sozialen Bereich ein geringeres Prestige (Waldeck 2004).

Erdheim und Nadig sprechen in Zusammenhang mit Prozessen, bei denen jemand seine angestammte Rolle und seinen Status verliert, vom »sozialen Tod« (Erdheim 1982, S. 76). Sie beschreiben dieses soziale Sterben zunächst für Ethnologen, die bei der Begegnung mit fremden Kulturen sehr viel von dem aufgeben müssen, was ihnen in ihrer eigenen Kultur sonst Sicherheit gewährt. Auch an der Entwicklung Freuds zum Analytiker zeigt Erdheim diesen Prozess auf: Erst der Verlust prestigeträchtiger Rollen als Arzt und Wissenschaftler ermöglichte ihm, sich selbst zu analysieren und sich darin mit seinen Patienten gleichzusetzen (ebd., S. 89). Kutter hat sich auf dieses Wagnis, die etablierten Rollen des Analytikers und Professors zu verlassen, also auf Prozesse des sozialen Sterbens, weit eingelassen. Er ist uns Studierenden dadurch sehr menschlich begegnet und hat uns ermöglicht, Psychoanalyse als lebensverändernde Praxis kennenzulernen.

Schon für die Kollegen am Institut für Psychoanalyse mag diese Offenheit gegenüber Studierenden verschiedener Fachbereiche und gegenüber ihrer Arbeit mit Randgruppen etwas befremdlich gewesen sein. Erst recht irritiert haben dürfte er damit die Kollegen des Fachbereichs Psychologie, dem das kleine Institut für Psychoanalyse zugeordnet war. Die akademische Psychologie betrachtete die Psychoanalyse mit Herablassung, denn sie war in ihren Augen keine Wissenschaft, weil sie ihre Theorie und Praxis nicht in naturwissenschaftlicher Manier mit harten Fakten belegen kann. Auch vonseiten der akademischen Psychologie waren Kutter und seine analytischen Kollegen also der Gefahr der Missbilligung und Entwertung ausgesetzt. Das bekamen auch wir Studierenden zuweilen zu spüren, wenn wir unsere Scheine mehrheitlich im Institut für Psychoanalyse erworben hatten und uns dann den Prüfungen bei den Psychologen stellen mussten.

Und noch einer dritten Seite gegenüber hatte Kutter mit seinem Projekt, Psychoanalyse an der Uni zu vermitteln, wohl einen schweren Stand. Die institutionalisierte Psychoanalyse sah es eher mit gemischten Gefühlen, wenn ein Analytiker sich in einem anderen Tätigkeitsbereich engagierte. Sicher galt auch in den 1970er Jahren schon, was Pollak 2001 konstatierte: »Wer sich stärker im Rahmen von Universität und Forschung engagiert, kann in den Ruf geraten, kein wahrer Analytiker mehr zu sein« (Pollak 2001, S. 853), insofern er sich als Lehrender und Forscher stärker mit anderen Disziplinen, damals der akademischen Psychologie oder der Psychiatrie, auseinandersetzen muss und wohl auch möchte. Diese für einen Universitätsprofessor notwendige Offenheit gegenüber anderen Denkweisen und Theorien war für diejenigen, die um das »reine Gold« der Psychoanalyse fürchteten, an sich schon zwiespältig. Hinzu kam, dass es auch um das Monopol der psychoanalytischen Aus- und Weiterbildung ging, das bis dato den psychoanalytischen Fachgesellschaften oblag. Kutter erwähnte, dass es Diskussionen zwischen Hochschulen und Kultusministerien um die Frage der psychoanalytischen Weiterbildung gab. Er teilt die Einschätzung, dass eine Weiterbildung zum Psychoanalytiker »im Rahmen eines Zusatzstudiums an der Universität [...], selbst wenn wünschenswert, wegen der besonderen Bedingungen der unverzichtbaren Lehranalyse im Rahmen der Universität nicht realisierbar [sei], obwohl diese Möglichkeiten auf ministerieller Ebene und universitärer Ebene punktuell diskutiert wurden« (Kutter & Roth 1981, S. 24). Eben deshalb wollten Kutter und seine Kollegen es nicht bei dieser Dichotomie von psychoanalytischer Theorievermittlung an der Universität und praxisbezogener Psychoanalyse in der externen Ausbildung belassen und wagten es, an der Hochschule auch praxisbezogen Psychoanalyse zu lehren.

Schlussforderung: Psychoanalyse fürs Volk!

Heute muss sich niemand mehr mit diesem Dilemma quälen, ob und wie Psychoanalyse theoretisch und praktisch an der Universität zu vermitteln ist – weil es fast keine Lehrstühle für Psychoanalyse mehr gibt. Aus den Fachbereichen Psychologie und Medizin, also Psychosomatik und Psychiatrie, sind psychoanalytische Lehrstühle weitgehend verschwunden. Studierende dieser Fächer werden folglich nicht mehr verführt, psychoanalytische Theorie und Praxis kennenzulernen. Das trägt sicher wesentlich dazu bei, dass die psychoanalytischen Institute unter einem eklatanten Mangel an Nachwuchs leiden. Die Verhaltenstherapie dagegen scheint aus dem Zaudern der institutionalisierten Psychoanalyse ihre Lehren gezogen zu haben, denn hier kooperieren Hochschulen und Ausbildungsinstitute und ermöglichen den Studierenden der Psychologie, einen Teil ihrer Weiterbildung schon an der Universität zu absolvieren. Das sichert der Verhaltenstherapie Nachwuchs und Verbreitung in der klinischen Praxis. Im Bereich der Psychoanalyse sind stattdessen private Universitäten (in Berlin und Wien) entstanden, die kostenpflichtig sind. Damit scheint die Psychoanalyse wiederum dort angelangt zu sein, wo sie in den rebellischen 1970er Jahren misstrauisch gewähnt wurde: als Theorie und Praxis für eine finanzstarke, bildungsbürgerliche Elite.

Aber zum Glück sind auch noch andere Entwicklungen zu beobachten. Denn die Offenheit der Psychoanalyse für kulturkritische Fragen und sozial engagierte Studierende in den 70er und 80er Jahren hat psychoanalytisches Wissen und Handeln auch in gesellschaftlichen Bereichen bestärkt, die jenseits der institutionalisierten, weitgehend klinisch ausgerichteten Psychoanalyse liegen. Psychoanalytisches Arbeiten und Forschen im sozialen und pädagogischen Bereich hat seit den Wiener Anfängen eine lange Tradition und gab der Weiterentwicklung der Psychoanalyse immer wieder wichtige Impulse, gerade insofern hier direkt mit Kindern, Jugendlichen und Randgruppen gearbeitet wird. Wenn psychoanalytische Theorie und Praxis »fürs Volk« (Freud 1919a, S. 194) betrieben wird, bietet das der institutionalisierten Psychoanalyse also eher Anregungen und Verbreitungsmöglichkeiten und schadet ihr genauso wenig wie die Kassenfinanzierung von Analysen und Psychotherapien im Gesundheitssektor.

Heute existieren psychoanalytische Lehrstühle wohl nicht zufällig allenfalls noch an einigen pädagogischen Instituten deutscher Hochschulen. Auch an manchen sozialpädagogischen Fachhochschulen wird Psychoanalyse angeboten. Angehende Lehrer und Sozialpädagogen können sich so mit der Psychoanalyse vertraut machen und arbeiten in ihrer späteren Berufspraxis damit. Wenn ich heute als Supervisorin mit Sozialpädagogen arbeite, staune ich oft, wie viel psychoanalytisches Fachwissen sie aus ihren Studiengängen mitbringen, und vor allem: wie viel Neugier darauf, Übertragungs- und Gegenübertragungsprozesse in ihrer täglichen Arbeit zu begreifen und für den Umgang mit ihren Klienten produktiv zu nutzen. Sie sind sichtlich froh, wenn sie das »Kupfer der direkten Suggestion« (ebd., S. 193), heute also etwa verhaltenstherapeutische Anleitungen, gegen psychoanalytisch fundiertes Arbeiten eintauschen können. Auch im sozialen und pädagogischen Bereich wird also weiterhin Psychoanalyse als gesellschaftskritische, lebensverändernde Praxis betrieben.

Um solche sozialpädagogische Praxis mit der sonstigen psychoanalytischen Theorie und Praxis forschend zu verbinden und damit kulturkritische Psychoanalyse wieder stärker voranzutreiben, wäre die Universität der ideale Ort. Das würde Lehrstühle auch in psychologischen, medizinischen und soziologischen Fachbereichen erfordern, besetzt mit Hochschullehrern ohne Berührungsängste – also das, was wir in den 70er Jahren erleben konnten und was heute so paradiesisch anmutet.

Literatur

Duhm, D. (1972): Angst im Kapitalismus. Lampertheim (Kübler).
Erdheim, M. (1982): Die gesellschaftliche Produktion von Unbewußtheit. Frankfurt/M. (Suhrkamp).
Erdheim, M. (1988): Psychoanalyse und Sozialforschung. Zusammen mit Maya Nadig. In: Ders.: Die Psychoanalyse und das Unbewußte in der Kultur. Frankfurt/M. (Suhrkamp), 61–82.
Freud, S. (1905a): Über Psychotherapie. GW 5, 13–26.
Freud, S. (1919a): Wege der psychoanalytischen Therapie. GW 12, 181–194.
Kursbuch 29 (1972): Das Elend mit der Psyche II. Darin: Dossier: Auf der Couch (und dahinter). Berlin (Wagenbach).

Kutter, P. (1974): Sozialarbeit und Psychoanalyse. Göttingen (Vandenhoeck & Ruprecht).

Kutter, P. & Roth, J. K. (1981): Psychoanalyse an der Universität. Selbsterfahrungs- und Supervisionsgruppen mit Studenten in Theorie und Praxis. München (Kindler).

Parin, P. (1978): Gesellschaftskritik im Deutungsprozeß. In: Ders.: Der Widerspruch im Subjekt. Ethnopsychoanalytische Studien. Frankfurt/M. (Syndikat), 34–54.

Pollak, T. (2001): Ist die psychoanalytische Identität bedroht? Zur aktuellen berufspolitischen Situation der Psychoanalyse in der Bundesrepublik. Psyche 55 (8), 835–863.

Schneider, M. (1972): Neurose und Klassenkampf. Reinbek (Rowohlt).

Vogt, R. (1980): Organisation, Theorie und Technik eines psychoanalytischen Beratungsprojekts zur Ausbildung von Psychologiestudenten. Psyche 34 (1), 24–53.

Waldeck, R. (1981): Auswirkungen psychoanalytischer Supervision auf den Betreuungsprozeß ehemaliger Psychiatrie-Patienten. Unveröffentl. Diplom-Arbeit.

Waldeck, R. (2004): Kränkung als Berufsrisiko. Adoleszente Beziehungsdynamik im Spiegel einer Supervisionsgruppe mit JugendarbeiterInnen. Gruppenanalyse 14 (1), 37–53.

Wolf, R. & Hartung, K. (1972): Psychische Verelendung und die Politik der Psychiatrie. In: Kursbuch 28: Das Elend mit der Psyche I. Berlin (Wagenbach), 1–104.

Teil 2
Grundlagen und Konzepte

Joseph D. Lichtenberg

Verfügen Neugeborene und Säuglinge über Bewusstheit?

Es ist mir eine Freude, zu dieser Festschrift zu Ehren meines geschätzten Kollegen und Freundes Peter Kutter einen Beitrag zu leisten. Als Psychoanalytiker legt Peter wie ich Wert darauf, Theorien eine wissenschaftliche Grundlage zu geben. Hier nun werde ich die Frage behandeln, ob Neugeborene und Säuglinge über Bewusstheit verfügen. Als Peter und ich uns zum ersten Mal vor Jahren in Dreieich trafen, wäre diese Frage für die damals vorherrschende Theorie, die von der Annahme einer autistischen, ozeanischen oder undifferenzierten Phase ausging, kaum als wesentlich erachtet worden. Hätte jemand damals diese Frage aufgeworfen, wäre eine Antwort unmöglich erschienen.

Das heftige Weinen eines fünf Minuten alten neugeborenen Mädchens verwandelte sich in ein Wimmern, als ich es in meinen Armen wiegte, und es verstummte vollkommen, als es seiner Mutter auf die Brust gelegt wurde und deren vertrauten Herzschlag hörte. Welche Kriterien können wir anführen, um zu belegen, dass dieses und andere Neugeborene über Bewusstheit verfügen? Neugeborene erleben Affekte, sie haben Wahrnehmungen, bilden implizite Erinnerungen aus, erzeugen, wie REM-Schlaf-Phasen zeigen, Vorstellungen und unterscheiden zwischen den sie pflegenden Personen. Sie unterscheiden sehr schnell zwischen Umgebungen, die vertraut und mit einem Gefühl der Sicherheit verbunden sind, und Umgebungen, die neu sind und Interesse oder Furcht auslösen. Sie sind kleine Handelnde, deren Handeln andere einschließt – nach etwas greifen, etwas berühren, saugen, sich bemerkbar machen und sich abwenden. Darüber hinaus sind sie aufgrund innerer Prozesse in der Lage, Information schnell einzuordnen und zu organisieren.

Im Mutterleib und außerhalb davon sind Säuglinge in den Klang der menschlichen Sprache getaucht. Da sie die kommunikative Bedeutung nicht erfassen können, ist zu fragen, ob die Allgegenwart der an den Fötus oder den Säugling gerichteten und ihn umgebenden Sprache für das sich entwickelnde Empfinden des Selbst von Bedeutung ist. Eimas et al. (1971) haben eine ähnliche Frage gestellt: Wie kommt es, dass Kinder lernen, die Sprache zu beherrschen, ohne dass sie hierfür in spezieller Weise unterrichtet werden wie beispielsweise beim

Lesen oder Rechnen. Schon im frühen Alter von fünf Monaten können Kleinkinder ihren Namen wiedererkennen und mit sieben Monaten sind sie in der Lage zu unterscheiden, auf wen sich die Begriffe Mama und Papa beziehen. Eimas et al. schließen daraus, dass Säuglinge über eine angeborene Fähigkeit verfügen, die Grundelemente der Sprache zu verarbeiten und zu kategorisieren wie etwa bestimmte Arten der Lautbildung und der Artikulation, Vokale, Fließ- und Gleichlaute und Intonation.

Ein anderes Beispiel der Fähigkeit von Säuglingen und Kleinkindern, Intonationsverlauf und -rhythmen zu verbinden, gibt eine Studie von DeCasper und Fifer (1980). Sogar vor der Geburt bilden Kleinkinder implizite Erinnerungen gehörter Sprachlaute. So bekamen Kinder in den letzten sechseinhalb Wochen vor ihrer Geburt von ihren Müttern aus dem Buch *Die Katze im Hut* vorgelesen. Bei einem Test nach der Geburt saugten die Neugeborenen, um die Stimme ihrer Mütter zu hören, wie sie aus diesem Buch, nicht aber wie sie aus einem anderen Buch von Dr. Seuss[1] vorlas. Und ein paar Tage alte Neugeborene saugten an einem Schnuller, um den Klang gesprochener Silben, nicht aber um nichtsprachliche Laute zu hören (Vouloumanos & Welker 2007). Brazelton (1980) berichtete, dass zehn Tage alte Säuglinge ihren Kopf bevorzugt in Richtung der Stimme der Mutter drehten, nicht aber in Richtung der Stimme ihres Vaters oder einer anderen Frau.

In dem klassischen Gedächtnisexperiment von Rovee-Collier et al. (1980) wurden Kleinkinder in eine Umgebung gebracht, in der an ihrem Fußknöchel eine Schnur befestigt wurde, die mit einem Mobile verbunden war. Sie lernten, dass Treten mit dem Fuß das Mobile in Bewegung versetzte. Brachte man die Kinder 24 Stunden später wieder in diese Umgebung, traten zwei bis drei Monate alte Kinder mit ihrem Fuß, um das Mobile in Bewegung zu setzen. Ich habe vorgeschlagen, dass das organisierende Prinzip, das dieser Art von frühen Erinnerungen gelebter Erfahrungen zugrunde liegt, als »war da; dies getan; geneigt, es wieder zu tun« beschrieben werden kann (Lichtenberg, Lachmann & Fosshage, unveröffentl. Manuskript). In dem genannten Beispiel steht das »war da« für das als vertrauten Kontext erlebte Setting. Dem »dies getan« entspricht »getreten und das Mobile bewegt«. Das »geneigt, es erneut zu tun« ist darauf gerichtet, die Affekte des Interesses, der Kontrolle und die Freude an dem erlebten visuellen Eindruck wieder zu erleben. Die Kombination aus »war da«, »dies getan« und »geneigt, es wieder zu tun« bildet den Ursprung der Ab-

---

[1] Dr. Seuss ist das Pseudonym des amerikanischen Kinderbuchautors Theodor Seuss Geisel. (Anm. d. Übers.)

sichten und Ziele des explorativ-assertiven Motivationssystems: ein Kontext, der Exploration, die Aktivierung von Interesse, das Streben nach Wirksamkeit und Kompetenz und die Durchsetzung von Vorlieben für lustvolle Empfindungen anregt.

Bei Kleinkindern funktioniert das Gedächtnis in Bezug auf Speichern und explizites Abrufen von Information nicht in derselben Art und Weise wie bei Erwachsenen. Vielmehr stellen implizites Gedächtnis und Abrufen integrale Bestandteile von Mustern und Schemata dar, die zusammen mit dem sich entwickelnden Handlungsvermögen und dem Empfinden des Selbst als einem Handelnden entstehen, der mit anderen umgeht, agiert und aufnimmt, initiiert und reagiert. Abwandlungen des Experiments von Rovee-Collier, die Beebe und Lachmann (2002) beschreiben, lassen die Feinheiten des frühen impliziten Gedächtnisses erkennen. Das Mobile, das die Säuglinge durch Treten bewegen konnten, wurde so verändert, dass es später nicht mehr aus zehn, sondern nur noch aus zwei Teilen bestand (Singer & Fagen 1992). Erneut in diese Umgebung versetzt, weinte die Hälfte der Säuglinge, während die anderen keine solche Reaktion zeigten. Die Säuglinge, die nicht weinten, erinnerten sich bis zu drei Wochen, dass ihr Treten das Mobile in Gang setzte. Säuglinge, die weinten, traten dagegen nicht, um das Mobile in Bewegung zu bringen. Diesbezüglich wurde zunächst angenommen, dass ein negativer Affekt die Erinnerung beeinträchtige. Zeigte man den Säuglingen, die geweint hatten, jedoch drei Wochen später das Mobile in Bewegung, begannen sie zu treten. »Die Forscher zogen den Schluss, dass die Kinder kein Problem mit dem Abspeichern der Erinnerung, sondern mit dem Abrufen hatten. Der erhöhte negative Affekt zum Zeitpunkt des Lernens interferierte mit dem Zugriff auf die Gedächtnisinhalte« (Beebe & Lachmann 2002, S. 72). Aus meiner Sicht interferieren normale, mittelstarke Affekte im Unterschied zu traumatischen nicht mit kognitiven Leistungen. Die Veränderung eines gewöhnlichen mittelstarken Affekts in ein und derselben Situation lässt eine *neue* Erinnerung entstehen. Die Enttäuschung der Erwartung der Babys, die anfingen zu weinen, schuf ein anderes inneres Abbild – ein anderes »war da«, »dies getan«, das sich auf die Prädisposition, »es wieder zu tun«, auswirkte. Anstelle von Interesse und dem Streben nach einem Gefühl der Wirksamkeit (der Aktivierung des explorativ-assertiven motivationalen Systems) entstand ein negativer Affekt. Die Verletzung der Erwartung, die von den Kindern erlebt wurde, die anfingen zu weinen, aktivierte Vermeidung, eine Verlagerung von dem explorativen zum aversiven System. Als die Kinder dann später das Mobile in Bewegung sahen, wirkte dies gleichsam als Erinnerungshilfe, die einen Wechsel der Intentionen erleichterte. Nun wechselten die Kinder von Aversion zu Exploration. Das erinnerte Abbild des bewegten Mobiles vor Augen zu haben, reaktivierte das erinnerte Handlungsmuster und die mit ihm verbundenen affektiven Belohnungen.

Diese Experimente haben mehr als nur die sensorischen und motorischen Fähigkeiten und das Gedächtnis von zwei bis drei Monate alten Kindern zum Gegenstand. Sie beziehen sich vielmehr auf das Entstehen gelebter Erfahrung im Hier und Jetzt. Gelebte Erfahrung entsteht durch Prozesse, die die Aktivierung von Systemen der Wahrnehmung, der Kognition, der Affekte und des Gedächtnisses integrieren. Die gelebte Erfahrung eines Kleinkindes, das mit seiner Umgebung in Interaktion tritt, besteht aus einem Kontext, einer Intention und einem Ziel. So verstanden, gibt es keine impliziten Erinnerungen als solche, sondern lediglich auf Erfahrung basierende Schemata, die das Gedächtnis und das eventuelle Abrufen mit anderen grundlegenden Systemen integrieren (Wahrnehmung, Kognition, Affekt und rekursive Aufmerksamkeit; Lichtenberg et al. 2010). Das Abbilden und Kategorisieren gelebter Erfahrung beeinflusst die Prozesse, die zum Entstehen von Intentionen und Zielen und dem begleitenden Gefühl der Selbstwirksamkeit führen. Fosshage (2011, S. 59) hat den weiten Bereich von Fähigkeiten und Intentionen des impliziten Gedächtnisses diskutiert: »Implizite Verarbeitung schließt eine Vielzahl von Gedächtnissystemen ein – Fertigkeiten, Reaktionslernen, ›Priming‹, klassisches Konditionieren, Nachahmung und prozedurales Lernen« (ebd.) ebenso wie implizites relationales Lernen.

In einer weitreichenden Serie von Studien (Beebe & Lachmann 2002) haben Beebe und Mitarbeiter die soziale Kompetenz von Kleinkindern untersucht. Jeder soziale Austausch beinhaltet ein vorgängiges Muster des Selbst in seiner Beziehung mit anderen, das sowohl Mutter als auch Kind in die Interaktion einbringen, und die Entfaltung einer spezifischen fortlaufenden Interaktion, die sie gemeinsam konstruieren können. Die Forscher analysierten detaillierte Beobachtungen des aufmerksamen Anblickens, des Gesichtsausdrucks und des Spiegelns, von Satzmelodie und -rhythmus, der räumlichen Orientierung, des wechselseitigen Berührens, der Selbstberührung und der Körperhaltung. Aus diesen Beobachtungen zogen sie Schlüsse über die gemeinsame Konstruktion einer auf die Interaktion und das Selbst bezogenen Regulation, die Auswirkungen leichter bis schwerer Formen der Störung und Wiederherstellung und die organisierende Wirkung von Momenten erhöhter Affektivität. Aus unserer aktuellen Perspektive heraus könnte man auch fragen: »Wie beeinflussen all diese sozialen Interaktionen das sich entwickelnde Empfinden eines Selbst, das sich als wirksam Handelnder versteht, der lernt, sich in der Welt zu bewegen?« Beebe und Lachmann folgend schlage ich vor anzunehmen, dass Schemata existierender Kategorien der Bestätigung oder Verletzung von Erwartungen hinzugefügt oder in Reaktion auf diese modifiziert und neu geordnet werden.

Jede soziale Interaktion, an der die Sprache der Mutter beteiligt ist, schafft ein Potenzial für das Lernen des Kleinkinds, das seine Auffassung des Selbst als einem Handelnden, der mit anderen umgeht, beeinflusst. Kleinkinder erfahren das emotionale Klima von Bindung, das sich dann in einem Gefühl der Sicherheit, mit der sie Dinge tun, oder, wie Winnicott (1958) es formuliert hat, in ihrer spontanen Geste niederschlägt. Durch den semantischen Inhalt lernen sie, sprachliche Verbindungsglieder zu ihrem Lächeln, ihrem Stirnrunzeln, ihren Bewegungen und vermutlichen Absichten und Zielen herzustellen. Die Mutter benennt den Ursprung der Tätigkeit, wenn sie äußert »*Du* hast es getan« oder »Oh, *ich* habe die Tasse fallen lassen« (Vivona 2011, persönliche Mitteilung). Neben Hinweisen auf den Ursprung von Tätigkeiten enthalten die verbalen und affektiven Kommentare der Betreuungsperson Bewertungen der Tätigkeiten eines oder jedes der beiden Beteiligten: Beiß nicht; reiße nicht an Mutters Ohr oder Brille; mache dich nicht schmutzig; wirf nicht mit dem Essen um dich; fasse dich dort nicht an; oh, entschuldige, ich habe Seife in dein Auge kommen lassen; ich liebe es, wenn du mich anlächelst; oh, ich habe deine Bettdecke vergessen. In vielen Fällen beziehen sich elterliche Äußerungen darauf, wer mit wem etwas tut, und schließen eine pragmatische oder ethische Bewertung dieser Aktivität ein. Das hat zur Folge, dass frühe Schemata oder Abbilder des Empfindens des Selbst als einem Handelnden und Erlebenden nicht-bewusste Werturteile beinhalten, die das weitere Handeln und die spätere Bildung von abstrakteren Werten, Sitten oder Ethiken beeinflussen.

In einer anderen Studie stellen sich Beebe und Kollegen (2010) der Herausforderung, Bindungsmodi von Kleinkindern im Alter von zwölf Monaten auf der Basis von Mikroanalysen der Interaktion zwischen ihren Müttern und ihnen im Alter von vier Monaten vorherzusagen. Sie untersuchten Modalitäten der Aufmerksamkeit, des Affekts, der Berührung und der räumlichen Orientierung. In frühen Phasen der Theoriebildung über den zentralen Faktor, der das Entstehen sicherer vs. unsicherer Bindung beeinflusst, hatten Bindungsforscher die Bedeutung der mütterlichen Empfindsamkeit hervorgehoben. In ihrer Studie von 2010 vertreten Beebe und Kollegen eine differenzierte und ausgewogene Auffassung. Sie untersuchen, wie die kommunikative Aktivität zwischen Mutter und Kind von den Reaktionen des jeweils anderen abhängt und inwieweit die kommunikativen Aktivitäten des Kleinkindes und seiner Mutter mit deren jeweiligen früheren Kommunikationsmustern übereinstimmen bzw. sich aus diesen vorhersagen lassen. Unter dieser Perspektive gewinnt die Vorhersagbarkeit oder Bestätigung von Erwartungen neben der offensichtlichen Koordination von Absichten, die auf expliziten Hinweisreizen basiert, einen großen Stellenwert im Hinblick auf das Handeln. Die Erfahrung, dass sich dyadische Interaktionen über die Zeit hinweg vorhersagen lassen, unterstützt die Auffassung, dass die jeweiligen individuellen wie auch die gemeinsamen Handlungen intendiert, d. h. Ausdruck von Handlungskontrollprozessen sind. Die Autoren stellen weiter fest, dass Vorhersagbarkeit, die auf dem Interaktionsverhalten und dem vorangegangenen Verhalten eines jeden der Beteiligten basiert, in einem mittleren oder einem extremen Maß beobachtet werden kann, wobei die extreme Ausprägung in besonderem Maße prädiktiv für eine Bindung vom Typ C (unsicher ambivalent) und D (desorganisiert) im Alter von einem Jahr ist. Eine spätere unsicher ambivalente Bindung lässt sich vorhersagen, wenn Mütter in Bezug auf die räumliche Regulation scheitern, wie sie beim Fangen-Spielen zum Ausdruck kommt, oder wenn Mütter wenig positive Berührung anbieten und wenn Kleinkinder die Berührung, die sie erhalten, ausblenden.

Ist es von Bedeutung, dass Psychoanalytiker als Praktiker und Theoretiker erkennen, dass Säuglinge über Bewusstheit verfügen? Für Analytiker, die annehmen, dass Bewusstheit von Patienten bzw. von allen mehr als sechs Jahre alten Menschen durch die Lösung der Konflikte der ödipalen Phase reorganisiert worden ist, repräsentieren die primär interessierenden Aspekte der kindlichen Erinnerung Spuren von Oralität und Analität. Für Analytiker, die Bewusstheit als identisch mit einem voll entwickelten Bewusstsein, explizitem Gedächtnis und Prozessen des Abrufens daraus sowie sprachlich fundierten symbolischen Prozessen definieren, dürften die Erfahrungen und Prozesse einer subsymbolischen Phase nicht der Rede wert sein. Im Gegensatz dazu gehen Analytiker wie ich auf der Basis von Hypothesen, die sich aus den Neurowissenschaften, der wissenschaftlichen Beobachtung von Säuglingen und aus Beobachtung in Kombination mit klinischer Erfahrung ableiten lassen, von Annahmen aus, die auf die unmittelbare und mittelbare Bedeutung der Erfahrungen und geistigen Fähigkeiten von Neugeborenen und Säuglingen verweisen: das Spiel ihrer Bewusstheit.

Die Gesamtheit der Quellen, auf die ich mich beziehe, zeigt, dass Erleben und Verarbeitung auf der Basis neuronaler Netze Faktoren darstellen, die sich wechselseitig beeinflussen. Von Geburt an, ja sogar schon vorher, erklären die bidirektionalen Einflüsse zwischen dem Erleben und der über neuronale Netzwerke vermittelten Verarbeitung sowohl die Stabilität als auch die Offenheit für Veränderungen, die das geistige Leben charakterisieren. Eine schematische Darstellung dieser Entwicklungen besagt:

1. Infolge der genetischen Entwicklung entstehen neuronale Netzwerke.
2. Neuronale Netzwerke ermöglichen Erleben.
3. Erfahrungen beeinflussen Richtung und Stärke der Verbindungen der neuronalen Netzwerke immer wieder aufs Neue.
4. Neuronale Netzwerke ermöglichen die Zuordnung von Erfahrungen zu Schemata, die stabilisiert, aber in ihrer Form nicht endgültig bestimmt werden.
5. Bestehende Schemata beeinflussen spätere Erfahrungen, indem sie zu Erwartungen disponieren, die Wahrnehmung, Kognition, affektive Ansprechbarkeit und reflektierende Bewusstheit leiten.

Die von mir vorgestellte Position lässt sich wie folgt zusammenfassen: Die Erfahrung von Neugeborenen und Säuglingen ist formativ, nicht nur im Hinblick auf Dispositionen bezüglich künftiger Reaktionen und Absichten, sondern ebenso hinsichtlich der Struktur neuronaler Netzwerke. Zudem liegen überzeugende Befunde für die Annahme vor, dass Neugeborene ihre menschliche und gegenständliche Umgebung interagierend erfahren. Wenn Neugeborene folglich Erfahrungen machen, aus denen sie implizite Erinnerungen und Schemata ableiten, die Prädispositionen und Erwartungen erzeugen, die dann spätere Intentionen und Ziele färben und leiten, dann muss angenommen werden, dass sie über Bewusstheit verfügen. Und welche Wendung diese Bewusstheit nimmt, muss berücksichtigt werden, wenn man die Entwicklung von Affekten, Intentionen und Zielen verfolgt, die in Zusammenhang mit Bindung, physiologischer Regulation, Erkundung und Behauptung von Vorlieben, Fürsorge, Zugehörigkeit und Sinnlichkeit stehen. Die Perspektive der Entwicklung bildete schon immer einen starken Faden, der das psychoanalytische Denken zusammenhielt, seit Freud das Spiel seiner Enkelin mit der Garnrolle (»da – fort«) beobachtet und seine erste (und zutreffende) Theorie des traumatischen Einflusses von Ereignissen bei Kindern jeden Alters formuliert hat. Erst jetzt aber verfügen wir über Belege der Forschung, die es uns erlauben, die vielen Lücken in unserem Wissen über die frühen Ursprünge und die Entwicklung der Bewusstheit zu schließen.

Aus dem Englischen übersetzt von Jürgen und Marianne Giesler

Literatur

Beebe, B. & Lachmann, F. (2002): Infant Research and Adult Treatment. Hillsdale, N. J. (The Analytic Press).

Beebe, B., Jaffe, J., Markese, S., Buck, K., Chen, H., Cohen, P., Bahrick, L., Andrews, H. & Feldstein, S. (2010): The origins of 12-month attachment: A microanalysis of 4-month mother-infant interaction. Attachment and Human Development 12, 6–141.

Brazelton, B. (1980): New knowledge about the infant from current research: Implications for psychoanalysis. Presented at the meeting of the American Psychoanalytic Association. May 3rd.

DeCasper, A. & Fifer, W. (1980): Of human bonding: Newborns prefer their mothers' voices. Science 208, 1174–1176.

Eimas, P., Siqueland, E., Judczyk, P. & Vigerito, J. (1971): Speech perception in infants. Science 218, 1138–1141.

Fosshage, J. (2011): How do we »know« what we »know« and change what we »know«? Psychoanalytic Dialogues 21, 55–74.

Lichtenberg, J., Lachmann, F. & Fosshage, J. (2010): Psychoanalysis and Motivation: A New Look. New York (Routledge).

Rovee-Collier, C., Sullivan, M., Enright, M., Lucas, D. & Fagen, J. (1980): Reactivation of infant memory. Science 208, 1159–1161.

Singer, J. & Fagen, J. (1992): Negative affect, emotional expression, and forgetting in young infants. Developmental Psychology 28, 48–57.

Vouloumanos, A. & Welker, J. (2007): Listening to language at birth: Evidence for a bias for speech in neonates. Developmental Science 10, 159–164.

Winnicott, D. (1958 [1953]): Transitional objects and transitional phenomena. In: Collected Papers. London (Tavistock), 229–242.

Alf Gerlach

Peter Kutters Segmenttheorie der Gruppe – ein eigenständiger Beitrag zu Gruppenpsychotherapie und Gruppendynamik

Peter Kutter vertrat seit 1974 das Fach Psychoanalyse im Fachbereich Psychologie der Universität Frankfurt a. M. und hatte Selbsterfahrungs- und Supervisionsgruppen für Studenten initiiert, ein damals neuartiges Instrumentarium, mit dem er zuvor schon an der FU Berlin Erfahrungen gesammelt hatte. Mit dieser Initiative, Psychoanalyse an der Universität nicht nur als Theorie zu vermitteln, sondern in einem begrenzten Umfang eine Anwendung der analytischen Methode auch in der eigenen Erfahrung, im direkten Erleben der Studenten wirksam werden zu lassen, wurde Peter Kutter zu einem Pionier. Er hat nicht nur den Frankfurter Studenten verschiedener Fachbereiche diesen spezifischen Rahmen ermöglicht, psychodynamische und gruppenspezifische Aspekte des eigenen Erlebens in Gruppen wahrzunehmen und zu untersuchen, sondern hat hierüber zahlreiche Weiterentwicklungen angestoßen, auch in der Arbeit seiner Schüler, die gruppendynamisches und gruppentherapeutisches Denken aufnahmen und in ihren eigenen Arbeitsfeldern zur Anwendung brachten.

Dabei hat Kutter auch eine eigene Konzeptualisierung der psychoanalytischen Gruppentherapie vorgelegt, die unsere Beachtung verdient. Aus eigener Erfahrung heraus, nachdem er über Erich Lindemann früh mit Gruppentherapie und Gruppendynamik in Kontakt gekommen war, hat er sich für die Verbreitung des Verfahrens in der therapeutischen Praxis eingesetzt, es immer auch als einen Teil seines psychoanalytischen Handwerkszeuges begriffen und aus seiner Praxis heraus zur theoretischen Weiterentwicklung beigetragen. Dabei war ihm besonders wichtig zu betonen, dass das »Phänomen Gruppe (…) in seiner Pluralität und Komplexität freilich eine eigene Methode und Theorie (erfordert), die dem besonderen Gegenstand angemessen ist. Dabei wollen die schwierigen methodologischen Probleme bei der Entwicklung von Konzepten und Modellen beachtet sein, sollen sich Methode, Theorie und Leiterverhalten in der täglichen Praxis bewähren« (Kutter 1984, S. 145).

In seiner theoretischen Sicht auf die Gruppe fühlte sich Peter Kutter v. a. den Gedanken S. H. Foulkes verbunden, der von 1930 bis 1933 dem Frankfurter Psychoanalytischen Institut angehörte und dann vor den Nazis nach London emigrieren musste. Foulkes (1974, 1965) geht davon aus, dass die in einer Gruppe beobachtbaren Phänomene nicht auf die beteiligten Individuen und ihre Interaktion beschränkt sind, sondern dass darüber hinaus ein nicht bloß interpersonales, sondern transpersonales oder suprapersonales Kommunikations-Netzwerk existiert. In Anlehnung an die neurophysiologische Vorstellung vom Gehirnaufbau bezeichnet er dieses Netzwerk als »Matrix«: »The social matrix can be thought of as a network in quite the same way as the brain is a network of fibres and cells which together form a complex unit. In this group network all processes take place, and in it they can be defined with regard to their meaning, their extension in time and space, and their intensity« (1965, S. 258).

Nach Foulkes Auffassung versuchen die Teilnehmer einer therapeutischen Gruppe, in deren Interaktionsmatrix wieder die Bedingungen des Netzwerks der eigenen Primärgruppe zu errichten. Der einzelne Patient wie auch seine spezifische psychische Störung ist insofern nur ein Träger oder ein Symptom der Konflikte und Spannungen seiner Primärgruppe. Das in der therapeutischen Gruppe entstehende Netzwerk von untereinander verbundenen transpersonalen Prozessen ist dann die operationale Grundlage, die zu beobachtende Einheit. Es äußert sich über die Kommunikation, die als ein gemeinsames Gruppenprodukt entsteht: »In einer derartigen Gruppe sind alle beabsichtigten und unbeabsichtigten nichtverbalen Kommunikationen gleich wichtig, und die Äußerungen und Reaktionen werden durch die Emotionen hervorgerufen, die zwischen den Mitgliedern entstehen« (1974, S. 102).

Jedes einzelne Ereignis in der Gruppensituation sieht Foulkes als eine Figur-Grund-Konfiguration; das Ereignis bildet die manifeste Figur, während sich der latente Grund im zurücktretenden Rest der Gruppe manifestiert. Ein wichtiger therapeutischer Faktor liegt nun in der Lokation, d. h. im Deutlichwerden solcher wechselseitig aufeinander bezogener Figur-Grund-Gestalten. Weiterhin beschreibt Foulkes Spiegelreaktion und Translation als therapeutisch wirksame Faktoren. Spiegelreaktion meint, dass der einzelne Gruppenteilnehmer sich oder einen unterdrückten Teil seiner selbst in den Interaktionen der anderen widergespiegelt sieht. Translation schließlich ist das Äquivalent der »Bewusstmachung des Unbewussten« in der Gruppensituation, ein Vorgang, der »vom unartikulierten Symptom zum verbalen Ausdruck, zu Verständnis und Einsicht, vom Primärprozess zum Sekundärprozess, vom primitiven zum logischen, rationalen Ausdruck führt« (1974, S. 166).

Mit dieser Orientierung an Foulkes Grundkonzepten musste Kutter sich selbstverständlich absetzen von allen Konzeptualisierungen eines Gruppengeschehens, in denen die komplizierte Vielpersonenbeziehung dadurch in eine Zweipersonenbeziehung umgewandelt würde, indem die Gruppe als Gesamt wie ein Individuum betrachtet würde. Als Protagonist eines solchen Modells wirkte 1972 Hermann Argelander, als er schrieb: »Je mehr wir unsere Aufmerksamkeit von den einzelnen Teilnehmern abziehen und dem Gesamtgeschehen in der Gruppe zuwenden, um so mehr gehen wir mit der Gruppe wie mit einem einheitlichen Wesen um. Unabsichtlich verwandeln wir dabei eine Vielpersonensituation in eine bipersonale Beziehung. Wir sprechen von den Gefühlen der Gruppe in Relation zum Gruppenleiter, der ihre Äußerungen beobachtet und sich mit ihnen auseinandersetzt. (...) Wir reden von einem Gruppen-Ich, Gruppen-Über-Ich, von den Bedürfnissen und Ängsten der Gruppe, von ihrem Abwehrverhalten usw.« (1972, S. 48). Damit konstituierte Argelander die Gruppe in Analogie zum metapsychologischen Modell der Ich-Struktur und konnte sie nun wie ein Einzelindividuum beobachten und behandeln. In Anlehnung an Bion sah er die Verhaltensweisen und Gesprächsinhalte der Gruppenteilnehmer von gemeinsamen unbewussten Phantasien gelenkt. Der Zusammenschluss der einzelnen Teilnehmer zu einem von allen geteilten Gefühl in den »Grundannahmen« (Bion) war für ihn ein Abwehrvorgang, der mit Hilfe verschiedener Abwehrmechanismen zustande kommt. Neben Idealisierung, Projektion und Identifikation hob Argelander besonders die Regression hervor, die dem Gruppenverhalten primitive Züge gebe.

Kutter hat diese Möglichkeit, das Gruppengeschehen nahezu ausschließlich vom Wirken der Gesamtgruppe her zu beobachten und zu untersuchen, nicht ausgeschlossen. Aber er hat immer darauf insistiert, dass auch die einzelnen Teilnehmer in der Gruppe mit ihrer spezifischen Persönlichkeitsstruktur, ihren individuellen Krankheitsgeschichten und ihren unterschiedlichen Möglichkeiten der Beziehungsgestaltung in der Gruppe gesehen und verstanden werden müssen. In unserem eigenen Gruppentherapieprojekt an der damaligen Abteilung für Psychotherapie und Psychosomatik war es Stavros Mentzos, der eine ähnliche Haltung vertrat, wie wir sie bei Kutter in seinem 1976 erschienenen Buch *Elemente der Gruppentherapie* nachlesen konnten.

Mentzos kam eines Tages in unsere Forschungsgruppe und legte ein einzelnes Blatt Papier mit seinen Thesen zur Gruppentherapie auf den Tisch, in dem er in Merksätzen festgehalten hatte, was seiner Ansicht nach zu beachten war. Jeder Merksatz begann mit einem: »Es muss nicht immer...« Zwei Merksätze sind mir besonders haften geblieben: »Es muss nicht in jeder Sitzung eine Deutung gegeben werden.« Und: »Es muss nicht immer eine Gruppendeutung sein.« Das spiegelte auch Kutters Auffassung vom Gruppengeschehen und seine therapeutische Haltung wider: Es darf auch Einzeldeutungen geben, nicht nur die Gruppendeutungen sind wirksam und treiben den Verstehensprozess voran. Folgerichtig sprach Kutter dann von einem »zweidimensionalen Modell« der psychoanalytischen Gruppentherapie und forderte, dass sich der Gruppenleiter der doppelten Aufgabe stellen solle, sowohl den Einzelnen wie auch die Gruppe als Ganzes zu sehen. Um dem Gruppenleiter das Beobachten und Verstehen zu erleichtern, entwickelte er schon 1971 ein Drei-Schichten-Modell. Darin unterschied er folgende Beobachtungsebenen:

1. Die oberflächliche Schicht der bewussten, realen Interaktionen bzw. der Gruppendynamik. Hier gehe es v. a. um die soziale Rolle der Teilnehmer.
2. Die Schicht der Übertragungs- und Gegenübertragungsbeziehungen. Hier spielen sich an der Person des Gruppenleiters die Kämpfe mit den phantasierten Elternfiguren der Vergangenheit ab – und wir können ergänzen, dass hierin auch die Wiederbelebung der Geschwisterübertragungen mit Neid, Rivalität und Eifersucht gehört.
3. Die tief unbewusste Schicht der »anaklitisch-diatrophischen Gleichung«, in der die Gruppe Anlehnung an den Leiter suche, aber auch stark idealisierende und zerstörende Prozesse erlebe.

Ein ähnliches Modell finden wir übrigens, aber zeitlich später (1973) vorgeschlagen, in den Gruppenkonzeptionen von Heigl und Heigl-Evers. Sie setzten verschiedene psychosoziale Abwehrleistungen – normative Verhaltensregulierung, psychosoziale Kompromissbildung und gemeinsames Tagträumen – in Bezug zur regressiven Tiefe des Gruppenprozesses. Alle drei Formen psychosozialer Abwehr entstehen nach ihnen als spezifische Gruppenleistungen aus der Notwendigkeit gemeinsamer Abwehr heraus. Ungeklärt bleibt allerdings in ihrem Modell, ob sich die unterschiedlichen Ebenen der Regression tatsächlich immer für alle Gruppenteilnehmer einstellen oder durch die entsprechende Technik des Gruppentherapeuten einstellen lassen.

Zu diesem Aspekt vertritt Kutter die Ansicht (1976), dass sich zwar in jeder Gruppentherapie verschiedene Schichten unterscheiden lassen (bei ihm: Schicht der bewussten, realen Interaktionen; Schicht der Übertragungs- und Gegenübertragungsbeziehungen; tief unbewusste Schicht der anaklitisch-diatrophischen Gleichung (1976, S. 56), dass aber jeder Teilnehmer mit seiner individuellen Krankengeschichte ein Segment bildet, in dem er zu jedem gegebenen Zeitpunkt sich hauptsächlich in einer bestimmten Schicht des Gruppenprozesses befindet. Die Gesamtheit der Segmente bilde eine »spezifische innere Struktur« der Gruppe.

Kutter differenzierte sein Grundmodell weiter: Er unterteilte die zweite Schicht der Übertragungs- und Gegenübertragungsbeziehungen in vier Untergruppen: 1. Die Ebene der Übertragungsprozesse, wie man sie bei den sogenannten klassischen Neurosen wiederfinde; 2. Die Schicht der narzisstischen Übertragungen und der Mobilisierung eigener Größenphantasien; 3. Eine Ebene der Spaltungsübertragungen; und 4. Eine Schicht der psychotischen Übertragungen. Er schlug vor, die drei Schichten, von der die mittlere sich dann in vier Unterebenen ausdifferenziert, sich in drei Halbkreisen übereinander gelagert vorzustellen. Dann trage »jeder Teilnehmer in Form seiner individuellen Persönlichkeitsstruktur ein Segment zu diesem Halbkreis bei, der als Querschnitt eines kontinuierlich längsschnittartigen Prozesses zu verstehen« (1976, S. 58) sei. Welche Segmente der Einzelne beitrage, hänge aber nicht allein von ihm ab, sondern ebenso von der gerade aktuellen Struktur des Gruppenprozesses. Wenn wir uns nun von einer gegebenen Gruppe jeweils ein Bild der Beteiligung der Einzelnen in diesen Segmenten machen, können wir sowohl die einzelnen Segmente wie auch das Gesamt des Kreises fortlaufend verfolgen. Ich halte dies nach wie vor für eine ausgezeichnete Idee, die sowohl dem Praktiker Orientierung über die Beteiligung der einzelnen Teilnehmer am Gruppengeschehen wie auch über die Gesamtperspektive der Gruppe gibt, aber auch ein Forschungsdesign ermöglicht, das sich bis heute nutzen lässt.

Diese von Peter Kutter entwickelte »Segmenttheorie« der Gruppe ist leider nur unzureichend rezipiert worden. Zwar erschien sein Buch in einer englischen Übersetzung *Basic Aspects of Psychoanalytic Group Psychotherapy* 1982 bei Routledge. Aber im deutschsprachigen Raum unterblieb eine Auseinandersetzung mit seinen Ideen. Um nur zwei Handbücher zur Gruppenanalyse im deutschsprachigen Raum herauszugreifen: Weder im Literaturverzeichnis des Buchs *Psychoanalytische Gruppentherapie*, 1991 von Karl König und Wulf-Volker Lindner veröffentlicht, noch im *Handbuch Gruppenanalyse*, 1994 herausgegeben von Rolf Haubl und Franziska Lamott, findet sich die Arbeit *Elemente der Gruppentherapie* von Peter Kutter, auf die ich mich hier im Wesentlichen beziehe. Zwar wird auf Zeitschriftenaufsätze von ihm Bezug genommen, aber auch die Register der beiden Handbücher kennen den Terminus »Segmenttheorie« nicht. Kutters Beitrag kann aber aufgrund seiner Originalität beanspruchen, gleichberechtigt neben anderen Gruppenkonzepten zu stehen, in einer Reihe mit Bions Konzept der Arbeits- und Grundeinstellungsgruppen, mit Argelanders Ich-Struktur-Modell der Gruppe, mit dem von Langer, Grinberg und Rodrigué entwickelten Konzept des Gestaltcharakters der Gruppe und der dynamischen Kollektivkonstellationen, mit Ezriels Konzept der unbewussten gemeinsamen

Gruppenspannung, mit Schindlers Überlegungen zur Rangordnungsdynamik der Gruppe, mit Foulkes Netzwerk-Modell, mit Heigl und Heigl-Evers Schichtenmodell.

Literatur

Argelander, H. (1972): Gruppenprozesse. Wege zur Anwendung der Psychoanalyse in Behandlung, Forschung und Lehre. Reinbek (Rowohlt).
Bion, R. (1961): Experiences in Groups and Other Papers. London (Tavistock Publications).
Ezriel, H. (1950): A Psycho-Analytic Approach to Group Treatment. British Journal of Medical Psychology 23, 59-74.
Foulkes, S.H. (1974): Gruppenanalytische Psychotherapie. München (Kindler).
Foulkes, S.H. & Anthony, E.J. (1965): Group Psychotherapy. The Psychoanalytic Approach. Harmondsworth (Penguin Books).
Grinberg, L., Langer, M., Rodrigué, E. (1972): Psychoanalytische Gruppentherapie. Praxis und theoretische Grundlagen. München (Kindler).
Haubl, R. & Lamott, F. (Hg.) (1994): Handbuch Gruppenanalyse. Berlin (Quintessenz).
Heigl-Evers, A. & Heigl, F. (1973): Gruppentherapie: interaktionell – tiefenpsychologisch fundiert (analytisch orientiert) – psychoanalytisch. Gruppenpsychother. Gruppendyn. 7, 132-157.
König, K. & Lindner, W.-V. (1991): Psychoanalytische Gruppentherapie. Göttingen (Vandenhoeck & Ruprecht).
Kutter, P. (1971): Übertragung und Prozess in der psychoanalytischen Gruppenpsychotherapie. Psyche – Z Psychoanal 25, 856-873.
Kutter, P. (1976): Elemente der Gruppentherapie. Göttingen (Vandenhoeck & Ruprecht).
Kutter, P. (1982): Basic Aspects of Psychoanalytic Group Psychotherapy. London (Routledge).
Kutter, P. (1984): Psychoanalyse in der Bewährung. Methode, Theorie und Anwendung. Frankfurt/M. (Fischer).
Schindler, R. (1969): Das Verhältnis von Soziometrie und Rangordnungsdynamik. Gruppenpsych. Gruppendyn. 3, 31-37.

Udo Porsch

Psychosomatische Triangulierung, Basiskonflikt und der Kampf um den Körper

Kutters Beitrag zu einer psychoanalytischen Psychosomatik[1]

Ausgangspunkt

Ausgangspunkt und Geburtsstunde psychoanalytischer Theoriebildung waren letztlich körperliche Symptome und Beschwerden. Dennoch muss man konstatieren, dass seit geraumer Zeit die psychoanalytische Psychosomatik aus vielerlei Gründen ein Schattendasein in der psychoanalytischen Theorieentwicklung und leider auch im psychosomatischen Praxisfeld einnimmt. Bereitet man ein Seminar für psychoanalytische Psychosomatik vor, so greift man an den von Overbeck (1998) aufgelegten Reader aus den 1980er Jahren zurück. Aber das war es schon fast. Gut, man reichert diesen Reader vielleicht noch durch die Arbeiten von Guthrie (Guthrie, Creed, Dawson, & Tomenson, 1991; Guthrie, Creed, Whorwell, & Tomenson, 1992), Gaddini (1998), Bucci (1997), Milrod (2007) und Hirsch (1985, 1989a, 1989b, 2000) an. Lässt man die eher unspezifischen Konzepte der Bindungstheorie außen vor, so hat man damit eine nahezu erschöpfende Übersicht, wenn da nicht die, wie ich finde, unzureichend rezipierten Konzepte von Peter Kutter wären.

Es geht um diesen rätselhaften Sprung vom Seelischen ins Körperliche, wie ihn Felix Deutsch (1959) während eines Symposiums anlässlich des 100. Geburtstages Sigmund Freuds nannte, den Freud mit dem Konzept der Konversion wagt. Es ist das erste Paradigma, welches einen Brückenschlag im Leib-Seele-Dualismus im Sinne Descartes versucht. Die später, teilweise auch heftig geführte methodologische Diskussion, ob die Psychoanalyse nun eine Naturwissenschaft oder eine tiefenhermeneutische Geisteswissenschaft sei, möchte ich auch in diesem Zusammenhang sehen. Freud scheint hier eher eine zwiespältige Haltung einzunehmen.

---

[1] Vortrag anlässlich des 80. Geburtstages von Prof. Peter Kutter, Frankfurter Psychoanalytisches Institut (FPI), Samstag, 12. Juni 2010, und gekürzte, modifizierte und ergänzte Fassung des 2. Kapitels aus Porsch (1997).

So wie in meiner Einschätzung Psychoanalyse weder das Eine noch das Andere, sondern beides zugleich oder sogar etwas eigenes ist, sind psychische Symptome und Befindlichkeitsstörungen weder – wie uns die biologische Psychiatrie Glauben lassen möchte – ausschließlich medikamentös zu beeinflussende Stoffwechselprozesse im zentralen Nervensystem, noch lassen sich alle körperlichen und organpathologischen Symptome, wovon Groddeck (1923) überzeugt war, auf unbewältigte Konflikte im psychischen Apparat zurückführen.

Freud war hier jedoch schon weit mehr Monist als seine Nachfolger und hatte den Leib-Seele-Dualismus hinter sich gelassen, wenn er am Beispiel des Fräuleins von R., die unter Schmerzen in den Beinen litt, schreibt: »Die Umstände des Falles weisen darauf hin, dass dieser Schmerz nicht von der Neurose geschaffen, sondern bloß von ihr benützt, gesteigert und erhalten wurde. Ich will gleich hinzusetzen, in den allermeisten Fällen von hysterischen Algien, in welche ich Einsicht bekommen konnte, war es ähnlich; es war immer zu Anfang ein wirklicher, organisch begründeter Schmerz vorhanden gewesen. (...) Dieser ursprünglich rheumatische Schmerz wurde nun bei der Kranken zum Erinnerungssymbol für ihre schmerzlichen psychischen Erregungen« (GW I, S. 242-243).

Freud unterschied damit schon recht früh zwischen einer Konversion auf Grund von Gleichzeitigkeit und einer Konversion durch Symbolisierung, was heute nahezu vergessen ist. Nach seiner Auffassung findet zwischen dem beispielsweise primär organischen Schmerz und einer schwierigen und traumatischen Situation eine assoziative Verknüpfung statt, bei dem der organische Schmerz zum Erinnerungssymbol für schmerzliche Erlebnisse wird. Dieser Konversion auf Grund von Gleichzeitigkeit folgt erst sekundär in einem späteren Stadium, und diese verstärkend, die Konversion durch Symbolisierung.

Freud überwindet hiermit den Leib-Seele-Dualismus, ohne körperliche Phänomene als Dépendence und Ausdrucksorgan des Psychischen zu betrachten. Vielmehr verwies er auch auf die Rolle und Eigenständigkeit organischer und körperlicher Prozesse, jedoch ohne deren Primat zu postulieren. Und genau diese Perspektive bestimmt auch die Arbeiten von Peter Kutter zur psychoanalytischen Psychosomatik.

In seiner Theorie des Basis-Konfliktes und der Emotiogenese psychosomatischer Störungen ist er sozusagen Theorie grenzüberschreitend und Brücken bauend, indem er die drei Grundprobleme des Verstehens im Zusammenhang mit psychosomatischen Erkrankungen zu überwinden sucht. Einmal das *informationstheoretische Problem*, dass etwas mit Worten ausgedrückt werden soll, was sich körperlich abspielt, das *erkenntnistheoretisches Problem*, dass nämlich unsere Kultur von dem cartesianischen Dualismus geprägt ist, und drittens das *Werteproblem*, dass in unserer Gesellschaft, und ich möchte hinzufügen, auch in unserer psychoanalytischen Community, psychische Funktionen und Tätigkeiten weit höher bewertet werden als körperlich-physische. Er formuliert in diesem Kontext auch eine Gesellschaftskritik (1980, S. 136): »Die Menschen der griechischen Mythologie und der Rosenkriege hatten keine psychosomatischen Symptome. Sie lebten ihre Emotionen aus, mordeten und wurden gemordet. Wir tun dies heute nicht. Der Preis dafür sind psychosomatische Charakterstörungen und psychosomatische Symptome.« Und weiter (1980, S. 138): »(Wir) machen doch alle im historischen Kontext des Leib-Seele-Dualismus eine Art ›Psychisierung‹ durch, in deren Ablauf sich die Psyche weitgehend auf Kosten des Körpers entwickelt. In dieser Perspektive erscheint uns die Somatisierung als ausschließlich pathologisch. Betrachten wir aber Leib und Seele als Einheit, dann müssen wir uns zumindest fragen, ob diese ›Psychisierung‹ nicht zu weit geht.«

Und es stimmt: somatisierende Patienten werden von uns häufig als sogenannte unergiebige oder unmotivierte Patienten betrachtet (Schubart, 1985), weil sie nicht primär über interpersonelle und intrapsychische Konflikte sprechen, sondern ihr Leid klagen, über ihre unzähligen Behandlungen und gescheiterten Behandlungsversuche sprechen wollen. Wenn wir jedoch den Bericht dieser Patienten über ihre Behandlungen und die Beziehungserfahrungen mit Behandlern, ähnlich wie das Milrod macht, sozusagen paradigmatisch als manifesten Trauminhalt zu verstehen suchen, so offenbart der scheinbar belanglose und erst einmal quälend ausführliche Bericht des Patienten eine Geschichte und Legende von destruktiv-wirksamen Beziehungserfahrungen, die es zu entschlüsseln gilt. Aus diesem Blickwinkel können wir mit dem Bericht der Patienten sehr viel anfangen, d. h. genau besehen, dass wir den Patienten da abholen, wo er sich befindet. Oder im Klüwerschen Duktus ausgedrückt: »Was ist jetzt dran?«

In seinem ätiologischen Modell psychosomatischer Störungen versucht Peter Kutter objektpsychologische, triebpsychologische und ein modifiziertes aktualneurotisches Konzept zu einem Amalgam zu verbinden. Ihm reicht Freuds Strukturmodell nicht aus, um die fundamentalen Störungen bei psychosomatischen Erkrankungen zu verstehen, sondern er bezieht sich neben Glover u. a. auf Melanie Kleins Beiträge über die Entwicklung von Objektbeziehungen, insbesondere was die Bildung von frühen, archaischen Über-Ich-Strukturen angeht.

Psycho- und Soziogenese

Kutter (1980) sieht bei den psychosomatischen Störungen eine frühe emotionale Deprivation, bedingt durch das Fehlverhalten eines möglicherweise selbst gestörten Elternteils, das durch geringe Empathie, durch einen eindringenden Beziehungsmodus bzw. durch ein In-Beschlag-Nehmen oder aber durch Desinteresse und Nichtbeachtung bestimmt ist. Dies ergibt eine Psychodynamik mit einer präödipalen Störung, einer Grundstörung im Sinne Michael Balints bzw. einer narzisstischen oder Borderline-Entwicklung mit vorzugsweise interpersonalen Abwehrmodalitäten. Es herrschen überwiegend wenig neutralisierte *Triebe* mit primär archaischer Destruktivität und oralen Verschmelzungswünschen vor. Im Zentrum steht die unbewusst gefürchtete Katastrophe, vom Objekt getrennt zu sein, was mit Vernichtung und Tod gleichgesetzt wird. Die Folge ist, dass weitgehend ein *benignes Introjekt* fehlt, »vielmehr beherrscht ein *malignes*, aggressiv besetztes *Introjekt* das Selbst, wobei lediglich die Formen der Herrschaft variieren.« (1981, S. 53)

Affekte und auslösende Situation

»Gelingt es dem Kind, durch Weinen und Schreien die Affekte der Unlust zu äußern, bleibt es von akuten oder späteren chronischen psychosomatischen Störungen verschont. Ist ihm dies dagegen von Seiten der Beziehungspersonen verwehrt, dann können die gleichermaßen Emotionales und Körperliches umfassenden ›*Körper-Emotions-Phantasien*‹ nicht in eine Beziehung eingebracht werden, sondern bleiben innerhalb der Psyche-Soma-Einheit bzw. innerhalb der ›Emotion-Soma-Einheit‹ gestaut und führen dann (...) zu psychosomatischen Störungen« (1980, S. 141). Solche *Emotio-Phantasien* sind noch primär an körperlich-physiologische Reaktionen gebunden und haben noch nicht ihren Niederschlag in der Welt der Symbole finden können. Sie scheinen auch noch eng mit der Funktionsweise des jeweiligen Organs verknüpft zu sein und bieten den Ausgangspunkt und die Fixierungsstelle psychosomatischer Erkrankungen. Kutter nimmt damit vorweg, was später z. B. Wilma Bucci (1997) und die Arbeitsgruppe um Fonagy (Fonagy, Gergely, Jurist, & Target, 2008) mit ihrer Affektregulationstheorie weiter ausformulieren werden.

Eine solche psychogenetische Entwicklung führt bei nicht ausreichender Abfuhrmöglichkeit der archaischen Affekte und Impulse zu einem »psychosomatischen Charakter«. Zum Auftreten eines psychosomatischen Symptoms kommt es, wenn über Traumatisierungen bzw. phantasierte oder erlebte Objektverluste die Charakterabwehr destabilisiert wird und es im psychosomatischen Symptom zu einer regressiven, psychophysiologischen Wiederbelebung von früheren Entwicklungsphasen kommt, in denen damals durch Versagungen heftige präverbale und damit emotionale und somatische Reaktionen ausgelöst wurden: »Das psychosomatische Symptom (entspricht) einem regressiven psychophysiologischen Zustand, bei dem Körperliches und Seelisches in Form einer untrennbaren Einheit reagiert. (...) Mordimpulse und Verschmelzungstendenzen mit den dazu gehörigen Ängsten und abwehrbedingten Gegenimpulsen bilden dann zusammen das psychosomatische Symptom (...)« (1980, S. 135). Im psychosomatischen Symptom hat sich der Patient von der Außenwelt zurückgezogen und kommuniziert nur noch mit seinem Körper.

Im Gegensatz zur französischen psychosomatischen Schule bzw. Vertretern der Alexithymie, die die beschriebenen Phänomene als Ausdruck einer genuinen Gefühlsblindheit betrachten, geht Kutter davon aus, dass es sich bei den beobachtbaren Phänomenen um eine *Abwehrmaßnahme des Ichs* handelt, ähnlich wie Mentzos (2002) den Abwehrcharakter der Psychosen hervorhebt.

Die Ich-Schwäche dieser Patienten sieht Kutter aus einer dynamischen Perspektive. Diese Störungen in den Ich-Funktionen seien nicht nur das Resultat der Abwehr der andrängenden Emotionen, sondern auch durch die Verarmung an Energie bedingt, die durch die zur Abwehr verbrauchten Kräfte benötigt wird. Er spricht deshalb lieber von einem »Pseudo-Ich-Defekt« (1981), womit er sich von einer überwiegend negativ konnotierten Defekttheorie deutlich unterscheidet.

Basiskonflikt und psychosomatische Triangulierung: die verinnerlichte pathogene Objektbeziehung

Im Rahmen einer normal verlaufenden ontogenetischen Entwicklung eignet sich das Kind im Rahmen einer gewährenden und fördernden Umgebung den Körper an, es entreißt ihn sozusagen von der Mutter und nimmt ihn in Besitz. Die Objekt-, Körper- und Selbst-Repräsentanzen resultieren dann in drei voneinander abgrenzbare Instanzen, die Kutter als *psychosomatische Triangulierung* bezeichnet.

Bei der Entwicklung eines psychosomatischen Symptoms wurde diese *psychosomatische Triangulierung* nicht befriedigend gelöst. Der Körper bzw. ein

Teil des Körpers ist dann noch im Besitz des primären Objektes, ein Aspekt, auf den McDougall (1987) mit ihrem *ein Körper für zwei* ebenfalls hinweist. Ähnliches beschrieben auch Richter & Beckmann (1973) in ihrer bekannten Arbeit zur Herzneurose. Den Autoren fiel auf, dass herzneurotische Patienten in ihren Äußerungen scheinbar in gleicher Konnotation von ihrer Mutter und dem Herzen sprachen. »Die Mutter bleibt also in vielen Fällen im Organ buchstäblich ›verkörpert‹, genauer gesagt, die u. U. ›schlechte‹ Interaktion mit ihr. Vom bewussten Erleben abgespalten bleiben deshalb dann häufig auch jene Körperteile und Organe, die als Sitz der ›bösen‹ Affekte empfunden werden« (Müller-Braunschweig, 1986, S. 29).

Aufgrund der schwierigen und traumatisierenden psychogenetischen Entwicklung konnte die Körper-Repräsentanz bzw. die Körper-Teil-Repräsentanz nicht vollständig mit der Selbst-Repräsentanz verbunden werden. Sie verbleibt außerhalb der Ich-Organisation und kann so zum Keim einer späteren psychosomatischen Störung werden (1980, S. 139). Der psychosomatisch Kranke hat keine Beziehung zu seinem Körper. Er hat seinen Körper bzw. die Repräsentanz seines Körpers verloren. Selten ist jedoch die gesamte Körper-Selbst-Repräsentanz betroffen, sondern meist nur eine Körper-Teil-Repräsentanz, die der Patient wie ein amputiertes Organ erlebt, als nicht zu ihm gehörig. Ein Aspekt, der in der therapeutischen Arbeit mit somatisierenden Patienten regelhaft zu finden ist.

In dieser inneren Welt der Objekte beherrschen nun die *malignen Objektimagines* die Selbst-Repräsentanzen in ähnlich grausamer Weise, wie die ursprünglich äußeren realen Bezugspersonen das schutzbedürftige Kind beherrscht haben (Kutter, 1981, S. 53). Die Folge sind heftige und zur psychosomatischen Charakterstörung führende Konflikte zwischen einem zur Fragmentierung neigenden Ich und einem eindringenden, verachtenden und vernichtend erlebten Über-Ich. Kommt es zum Objektverlust als auslösende Situation, findet eine Somatisierung und Regression auf eine psychosomatische Fixierungsstelle statt, die zu einer Wiederbelebung des oben beschriebenen Kampfes um den Körper führt: »Selbst-Repräsentanz und Objekt-Repräsentanz streiten um den umstrittenen Bereich der Körper-Repräsentanz« (Kutter, 1988, S. 230). Hiermit erfolgt eine Wiederbelebung der frühen pathogenen Interaktionsmodi, bei denen sich das Selbst in seiner Hoffnungslosigkeit aufgibt und einen Teil der Körper-Repräsentanz opfert: die psychosomatische Symptombildung. Manche sprechen hier auch von einem Körper-Teil-Suizid.

Ein neu aufgenommener Kampf um den Körper entsteht nun, wenn entweder ein erstarktes Ich oder ein durch ein anderes Objekt unterstütztes Ich, z. B. in einer therapeutischen Beziehung, den Körper von der Objektrepräsentanz zurückfordert und ihn selbst zu besitzen beginnt, d. h. sich des enteigneten Körpers wieder anzunehmen versucht.

Körperlichkeit, psychosomatische Symptombildung und Ich-Entwicklung sind damit aus Sicht Kutters zu einem einheitlichen und genuin psychoanalytischen Konzept verschmolzen. Und was klinisch besonders bedeutsam ist: ein solches Konzept ist hilfreich und Orientierung gebend in einer durch latente Destruktion bestimmte Übertragung- und Gegenübertragungsbeziehung innerhalb eines schwierigen Praxisfeldes.

Ausblick

Wenn man sich nun fragt, was aus dem Brückenschlag geworden ist, den kulturhistorisch tief verwurzelten Leib-Seele-Dualismus im Sinne von Descartes zu überwinden oder zumindest abzuschwächen, so desillusioniert der Blick auf das psychosomatische Praxisfeld insbesondere im universitären Kontext. Allein schon dadurch, dass mittlerweile nur noch wenige Psychoanalytiker Lehrstühle für das Fach Psychosomatische Medizin innehaben, wird eine Sprachzerstörung im Sinne Lorenzers (1985) von psychoanalytischen Konzepten in Forschung und Lehre beschleunigt. Und was weder beforscht noch gelehrt wird, droht letztlich dem Vergessen anheimzufallen.

Sekundär verstärkt wird dieser Prozess sicherlich auch dadurch, dass im klinischen Diskurs dieses Praxisfeldes psychoanalytische Begrifflichkeiten antizipierend hinsichtlich des vermeintlichen oder aber tatsächlich stattfindenden Naserümpfens des Gegenübers sukzessive vermieden werden. Es ist eine defensive und m. E. auch illusionäre Hoffnung, sozusagen über die begrifflichen Verschleierungen in einem zunehmend schwieriger werdenden Praxisfeld noch irgendwie präsent bleiben zu können.

Stattdessen ist eine nahezu restaurativ anmutende Entwicklung zu beobachten, bei der das funktionale, konkretistische und phänotypisch alexithyme Verhalten der psychosomatisch erkrankten Patienten mit ähnlichen Phänomenen des tradierten medizinischen Versorgungssystems hervorragend korrespondiert. Es dominieren medikamentöse Behandlungsversuche oder aber überwiegend handlungsorientierte Ansätze der Verhaltensmedizin, damit der laute Schrei des Körpers als Ausdruck eines inneren Kampfes der Selbst-, Körper- und Objektrepräsentanzen endlich zum Verstummen gebracht werden kann. Bedeutungen von Symptomen und insbesondere deren unbewusste Bedeutung sollen neutralisiert und entsorgt werden, denn sie gehen, wenn man sich ihnen mental zuwendet, für alle Beteiligten mit mehr oder weniger ausgeprägten diffusen Ängsten einher. In Abwandlung des Devereuxschen Konzeptes (1992) scheint daher die gemeinsame *Angst als Methode im medizinischen Versorgungssystem* zunehmend in eine vordergründig stabile Kollusion von Arzt und Patient überführt, bei denen die an körperlich-physiologische Prozesse noch gebundenen und bedrohlichen, weil unsymbolisierten Emotio-Phantasien i. S. Kutters nicht ins Zentrum der Bearbeitung einer Übertragungs- und Gegenübertragungsbeziehung gerückt werden müssen. Soviel zur Angst und der Kollusionsbereitschaft im medizinischen Versorgungssystem.

Nur wie kann man auf der anderen Seite die Zurückhaltung unserer Community verstehen, sich im Gegensatz zum Ausgangspunkt psychoanalytischer Theorieentwicklung so wenig in den letzten Jahren mit körperlich determinierten oder bedingten Symptomen theoretisch zu beschäftigen?

Patienten mit somatoformen und besonders auch somatopsychosomatischen Erkrankungen (Psychosomatosen; »holy seven« nach Alexander 1950) passen nicht in das klassische Schema: Viele von ihnen sind nach der Erstinanspruchnahme für eine 3-5-stündige Behandlung im Liegen weder motiviert, noch ist ein solches Setting am Anfang wirklich auch indiziert. Auch sprechen diese Patienten meist nicht von vornherein über intra- oder interpersonale Konflikte, sondern sie klagen meist über körperliche Beschwerden und die hiermit assoziierten Behandlungsversuche. Besonders bei den sogenannten somatopsychosomatischen Erkrankungen ist der organische Faktor dieser chronischen Erkrankungen wesentlich und daher Genesung oder gar Heilung von den körperlichen Symptomen nicht zu erwarten.

Die Beschäftigung und Auseinandersetzung mit Körper, Körperlichkeit und besonders auch mit dem kranken Körper können uns auch Angst machen. Denn es ist eben nicht nur ausschließlich das ödipale, inzestuöse und sexuell-erotisch Verführerische, mit dem wir es dann zu tun haben, sondern zugleich eben auch das Ungerichtete, das symbolisch noch nicht repräsentierte Destruktive sowie das symbiotisch Verschmelzende und Verschlingende, die oftmals innerhalb der Übertragungs- und Gegenübertragungsbeziehung über projektiv-identifikatorische Prozesse mit eigenen, ähnlichen Körpersymptomen einhergehen können.

Darüber hinaus konfrontieren uns organisch wie auch psychosomatisch Kranke nicht nur mit der Endlichkeit und Begrenztheit von möglichen Veränderungen, sondern auch mit der Größenphantasie, dass man nur ausreichend durchanalysiert sein muss, um vor körperlichen Erkrankungen und damit letztlich auch vor der Endlichkeit gefeit zu sein.

Literatur

Alexander, F. (1950): Psychosomatische Medizin. Berlin (de Gruyter).

Bucci, W. (1997): Symptoms and symbols: A multiple code theory of somatization. Psychoanalytic Inquiry, 17(2), 151–172.

Deutsch, F. (1959): On the mysterious leap from the mind to the body. New York (International University Press).

Devereux, G. (1992): Angst und Methode in den Verhaltenswissenschaften. Frankfurt (Suhrkamp).

Fonagy, P., Gergely, G., Jurist, E. L., & Target, M. (2008): Affektregulierung, Mentalisierung und die Entwicklung des Selbst. Stuttgart (Klett-Cotta).

Gaddini, E. (1998):»Das Ich ist vor allem ein Körperliches«: Beiträge zur Psychoanalyse der ersten Strukturen. Tübingen (edition diskord).

Groddeck, G. (1923): Das Buch vom Es. Psychoanalytische Briefe an eine Freundin. Leipzig (Internationaler Psychoanalytischer Verlag).

Guthrie, E., Creed, F., Dawson, D., & Tomenson, B. (1991): A controlled trial of psychological treatment for the irritable bowel syndrome [see comments]. Gastroenterology 100(2), 450–457.

Guthrie, E. A., Creed, F. H., Whorwell, P. J., & Tomenson, B. (1992): Outpatients with irritable bowel syndrome: A comparison of first time and chronic attenders. Gut 33(3), 361–363.

Hirsch, M. (1985): Psychogener Schmerz als Übergangsphänomen. Prax Psychother Psychosom 30, 261–267.

Hirsch, M. (1989a): Der eigene Körper als Übergangsobjekt. In: M. Hirsch (Hg.): Der Körper als Objekt. Berlin (Springer).

Hirsch, M. (Hg.) (1989b): Der Körper als Objekt. Berlin (Springer).

Hirsch, M. (2000): Der eigene Körper als Objekt: Zur Psychodynamik selbstdestruktiven Körperagierens. Gießen (Psychosozial).

Kutter, P. (1980): Emotionalität und Körperlichkeit. Prax Psychother Psychosomat 25, 131–145.

Kutter, P. (1981): Sein oder Nichtsein. Die Basisstörung der Psychosomatose. Prax Psychother Psychosom 26, 47-60.

Kutter, P. (1988): Phantasie und Realität bei psychosomatischen Störungen. Psychosomatische Triangulation, Basiskonflikt und der Kampf um den Körper. Prax Pschother Psychosom 33, 225–232.

Lorenzer, A. (1985): Sprachzerstörung und Rekonstruktion. Vorarbeiten zu einer Metatheorie der Psychoanalyse. Frankfurt (Suhrkamp).

McDougall, J. (1987): Ein Körper für zwei. Forum Psychoanal 3(4), 265–287.

Mentzos, S. (2002): Psychodynamische Modelle in der Psychiatrie. Göttingen (Vandenhoeck & Ruprecht).

Milrod, B., Leon, A. C., Busch, F., Rudden, M., Schwalberg, M., Clarkin, J., et al. (2007): A randomized controlled clinical trial of psychoanalytic psychotherapy for panic disorder. The American journal of psychiatry 164(2), 265–272.

Müller-Braunschweig, H. (1986): Psychoanalyse und Körper. In: E. Brähler (Hg.), Körpererleben. Berlin (Springer).

Overbeck, G., Overbeck, A. (Hg.) (1998): Seelischer Konflikt – körperliches Leiden. Reader zur psychoanalytischen Psychosomatik: Frankfurt (Klotz).

Porsch, Udo (1997): Der Körper als Selbst und Objekt. Studie zur inneren Repräsentanz des erkrankten Körpers. Göttingen (Vandenhoeck & Ruprecht).

Richter, H. E., & Beckmann, D. (1973): Herzneurose. Stuttgart (Thieme).

Schubart, W. (1985): Die psychoanalytische Konsultation am Beispiel des unmotivierten (z. B. psychosomatischen) Patienten. Psyche – Z Psychoanal 39(6), 519–537.

Teil 3

Klinische Beiträge

Hans-Peter Hartmann

Empathie und Intuition

*Its good to be accepted,
but its better to be welcomed.*

Hannah Arendt

Einleitung

Zunächst einige eher historische Anmerkungen: Empathie ist als Begriff aus den USA nach Europa zurückkehrt, nachdem – Anfang des 20. Jahrhunderts – Lipps (1907) Begriff der Einfühlung in den USA mit »empathy« übersetzt worden war. Einfühlung wurde zwar schon sehr viel früher als Begriff benutzt, jedoch selten auf diese frühe Quelle zurückgeführt. Es war Johann Gottfried Herder, der bereits Ende des 18. Jahrhunderts in seinem Werk *Auch eine Philosophie der Geschichte zur Bildung der Menschheit* von Einfühlung sprach (Herder 1990). Bei ihm ging es um das Verstehen fremder Kulturen. Wir sind in der Lage zu verstehen, warum Menschen so leben, wie sie leben, auch wenn sie anders sind als wir und selbst wenn wir ihnen gegenüber Hassgefühle empfinden oder sie verurteilen. Diese Möglichkeit setzt die Existenz eines Vermögens voraus, das Herder Einfühlung nannte. Herder hat auch erstmals nachdrücklich deutlich gemacht, dass das Bedürfnis, einer menschlichen Gemeinschaft anzugehören, ein menschliches Grundbedürfnis und genauso stark ist wie das Bedürfnis nach Essen, Trinken, Wärme und Sicherheit. Er war dabei entschieden antinational und antiimperialistisch. Er erkannte Menschenrechte als universal an – im Gegensatz zu einem kulturrelativistischen Standpunkt. Interessanterweise ist 2010 eine Art Update von Herder erschienen, und zwar in Form Jeremy Rifkins *Die empathische Zivilisation*. Dort wird die Frage gestellt, ob es möglich sei, dass Menschen ein vollkommen anderes, nämlich ein empathisches Wesen haben und dass alle anderen als primäre Triebe angesehenen Charakterzüge wie Aggressivität, Gewalttätigkeit, Egoismus und Habgier sekundäre Triebe sind, deren Ursprung in der Unterdrückung unseres – empathischen – Wesens liegt.

Empathie

Im Vergleich zu traditionellen Vorstellungen in der Psychoanalyse als Ein-Personen-Psychologie – alles spielt sich im individuellen seelischen Innenleben ab – nimmt die relationale Psychoanalyse die Position einer Zwei-Personen-Psychologie ein, das heißt, man versteht sämtliche psychischen Phänomene als interpersonal, abhängig von den jeweils interagierenden Partnern. In der Intersubjektivitätstheorie wird diese Sichtweise durch den Begriff des Kontextuellen erweitert. Damit ist die Kontextabhängigkeit jedes psychischen Phänomens im Individuum gemeint.

Kohut (1974, 1979, 1987) hat dagegen eine theoretische Position vertreten, die man als Eineinhalb-Personen-Psychologie bezeichnen könnte. Er verbindet über den Begriff des Selbstobjekts[1] innen und außen und hebt damit das Alte im Neuen auf und integriert es.[2] Kohut leistet damit aus meiner Sicht einen Beitrag zum Verständnis der Ichwerdung, nämlich vom existenziellen Nicht-Ich, was eine Art ungetrennter Erfahrung darstellt, hin zum Ich-Selbst, einer Vorstellung von sich selbst (etwa ab dem 18. Lebensmonat im Spiegelversuch erkennbar; siehe Rochat 2001) über die Entwicklung einer Selbstrepräsentation durch frühe Spiegelungsprozesse in der Interaktion mit anderen. Einschlägige Konzeptualisierungen zu diesem Thema liegen zum Beispiel in den Theorien zur Affektspiegelung (Gergely & Watson 1996) und derjenigen von Bråten (1998) über den virtuellen Anderen vor.

Kohut (1977) betont die Notwendigkeit von Empathie, also stellvertretender Introspektion, ohne die er so etwas wie eine Selbstobjektfunktion und die zugehörigen Selbstobjektübertragungen nicht erkannt hätte. Sein Verständnis von Empathie fußt auf einer bewussten inneren Einstellung und kognitiven Leistung.

Kohut (1977) geht es also nicht um Empathie als psychische Aktivität oder eine mit spezifischen Affekten verknüpfte Empathie,[3] sondern um eine erfah-

---

[1] Unter Selbstobjekt verstand Kohut (1974, 1979, 1987) diejenige Dimension unseres Erlebens eines Mitmenschen, die mit dessen Funktion als Stütze unseres Selbst verbunden ist. Das Selbstobjekt ist also der subjektive Aspekt einer das Selbst erhaltenden Funktion, zustande gekommen durch die Beziehung zwischen Selbst und Objekt.
[2] Hier kann man auf das integrale Bewusstsein hinweisen, was evolutionär eine umfassendere Sichtweise ins Feld führt (Gebser 1949).
[3] Kohut (2001a) verwendet als Beispiel die mit Sirenen versehenen Stuka-Bomber der Nazis, die – durchaus empathisch erdacht – die Ängste der Luftangriffen ausgesetzten Menschen durch diese Sirenen verstärkten. Auch bei Folterung oder Gehirnwä-

rungsnahe Theorie der Therapie. Dabei unterscheidet er zwei Niveaus von Empathie (Kohut 2001b):

1. Empathie als Methode der Datengewinnung (Aussagen über objektive Realität sind nicht erzielbar, man kann nur über Resultate unter Bezug auf die Anwendung spezifischer Operationen sprechen) und
2. Empathie als emotionale Verbindung zwischen Menschen (für Kohut ist Todesangst und Furcht, verrückt zu werden, Ausdruck der Angst, das eigene empathische Milieu zu verlieren, also die emotionale Verbindung zu anderen Menschen, deren Reaktionen das Gefühl, lebendig zu sein, erhalten).

Auf ein erfahrungsnahes Niveau heruntergebrochen, spreche ich von einer elementaren Verbindung von Selbst und Empathie. In einem empathielosen Raum kann sich kein Selbst entwickeln. Gänzlich ohne Empathie kann ein Säugling nicht überleben. Die punktuelle Erfahrung einer empathischen Umgebung ermöglicht zumindest punktuell ein Selbstgefühl. Wenn es so bleibt, entsteht eine brüchige Selbststruktur – in der OPD (Arbeitskreis OPD 2006) spricht man dann entweder von einem desorganisierten oder niedrigen Strukturniveau –, die immer wieder Erfahrungen empathischer Art benötigt, um sich selbst zu spüren, eine Ahnung von sich selbst zu bekommen und sich wahrzunehmen. Aus diesen Gründen gehen auch kognitive Klärungsversuche durch Deutungen oder Konfrontation bei einem Gegenüber mit brüchiger Selbststruktur im Allgemeinen daneben bzw. erreichen ihn nicht. Vielleicht erreichen sie ihn ungewollt auf einer empathischen Ebene, wenn er spüren kann, dass er zumindest in diesem Moment eine Bedeutung für den anderen hat und gesehen wird (wer bin ich, wenn mich niemand anschaut). Dann geht es nicht um den Inhalt einer Deutung oder Konfrontation, sondern um die Tatsache, jemand spricht mit mir oder nimmt mich offenbar wahr. Bei depressiven Bezugspersonen in der Kindheit liegt eine eingeschränkte Empathie auf der Hand, auch bei chronisch verrückten Bezugspersonen, die nicht fähig sind, zwei Perspektiven – ihre eigene und die des Kindes – gleichzeitig zu halten. Wenn Kinder jedoch – um mit Harry Potter zu sprechen – »knallrümpfige Kröter« als wesentliche Bezugspersonen haben, d. h. Menschen, die sowohl hochaggressiv als auch hochempfindlich sind, dann bleibt ihnen nur, sich total anzupassen und ein völlig instabiles Selbst zu entwickeln.

Die Bildung eines Kernselbst als Basis einer Selbststruktur gelingt nur bei angemessener Empathie der relevanten Bezugspersonen. Dabei spielen die Pro-

---

sche kann Empathie mit den Opfern in Hinblick auf die am meisten terrorisierenden Methoden stattfinden.

zesse der »ongoing regulation«, »heightened affective moments« und »disruption and repair« (Beebe & Lachmann 1994) eine wesentliche Rolle. Unter den beschriebenen Randbedingungen genügend guter Empathie kann ein stabiles Selbst entstehen, was wiederum die Voraussetzung von Selbstempathie (Achtsamkeit) und Empathie für andere darstellt.

Für eine bewusste Gewährung von Selbstobjektfunktionen ist Empathie notwendig, weil durch Empathie versucht wird, die Welt aus Sicht des Patienten wahrzunehmen. Die meisten Selbstobjektfunktionen im täglichen Leben werden allerdings in Abwesenheit von Empathie in diesem Sinn erbracht, das heißt, hier spielt die affektive Verbindung eine Rolle oder man kann auch von Intuition sprechen (z. B. intuitive Elternschaft; siehe Papoušek & Papoušek 1995).

Hier stellt sich schon die Frage, inwieweit Empathie, die ja auf Introspektion gründet, denn nur über Wahrnehmungen von mir kann ich den inneren Zustand des anderen wahrnehmen,[4] nicht den emotionalen oder nicht-kognitiven Anteil vernachlässigt, der in diesem Prozess ohne Zweifel eine Rolle spielt. Denn wie Bollas (1997, ähnlich Donnel Stern 1997) formulierte, als er das Unbewusste als ungedachtes Bekanntes bezeichnete, kann das Nicht-Ich als existenzielle Ungetrenntheit in Form eines ersten Gedankens erst durch den zweiten Gedanken gedacht werden. Erst durch die Entwicklung des Ichs kommt das Empfinden der Getrenntheit – nämlich vom Du – zustande. Wo noch kein Ich ist, herrscht Ungetrenntheit vom anderen, etwa im Sinne der symbiotischen Momente, von denen Dornes (1997) spricht. Die anfängliche Unmittelbarkeit der Erfahrung, die im Kindesalter zu dem führt, was Dürckheim (2009) Seinserfahrung genannt hat und was im Erwachsenenalter häufig vergessen wird, kann erst durch Nachdenken und Nachfühlen überhaupt vorgestellt und in spezifischen Situationen erlebt werden. Gemeint sind Naturerlebnisse, Erlebnisse beim Betrachten eines Kunstwerkes oder beim Hören von Musik oder sonstige unmittelbare Eindrücke, die Kohut als Selbstobjekterfahrungen ohne Anwesenheit eines anderen bezeichnete. Auf dieser Grundlage ist nachvollziehbar, dass die Wahrnehmung bzw. unser Erleben eben nicht nur empathisch-bewusst, sondern auch intuitiv ist. Eine rational betonte Empathie vernachlässigt einen großen Anteil an nicht mit rationalen Mitteln fassbarer Information. Gibt es andererseits etwas außerhalb der Vernunft? Freud hat betont, dass die Trockenlegung der Zuidersee, das heißt, wo Es war soll Ich werden, notwendig für ein vernunftbestimmtes Le-

---

[4] Siehe die Theorie der Spiegelneurone (Rizzolatti & Craighero 2004) und die Theory of Mind-Konzepte in Form von Simulationstheorie, Theorie-Theorie, Modularitätstheorie (z. B. Fonagy et al. 2004, Gallese & Goldman 1998, Bischof-Köhler 2011).

ben sei. Aber das hat in der Realität zu einer ziemlich öden Landschaft geführt. Darüber hinaus enthält jedes Empfinden und Erleben, wie wir mindestens seit Herder wissen, bereits eine unbewusste Deutung.

Die Betonung der Vernunft in der Folge der Aufklärung ist auch eine Gegenbewegung gegen die Angst vor der Unberechenbarkeit der Natur, die in der Romantik eher akzeptiert wurde (Marquard 1987). Diese Betonung der Vernunft reicht bis in die *evidence-based medicine* bzw. RCT-Gläubigkeit[5] heutiger Zeit, die aber andererseits bei genauerem Hinsehen schon durch die nicht den Gesetzen von Ursache und Wirkung folgende Quantentheorie und sogar bestimmte Phänomene experimenteller Forschung infrage gestellt wird (Lehrer 2010). In der Entwicklung des Denkens hat die Menschheit nach Gebser (1949) verschiedene Stadien durchlaufen, vom archaischen über das mythische und magische bis zum rationalen Denken, wobei insbesondere in den ersten drei Stadien über Imagination bereits ein Urwissen von den Zusammenhängen in der Welt entstanden ist. Intuition hängt vermutlich am ehesten mit dem archaischen Denken zusammen und ist bereits bei den Vorsokratikern und früher anzutreffen. Auch die Kommunikation des Unbewussten funktioniert auf dieser imaginativen Ebene. Hier gibt es nur Intuition und Inspiration, die manchmal etwas vollkommen Neues enthüllen können, ohne dass es Form und Inhalt hat und in Worte gefasst werden könnte. Solche intuitiven Formen der Erkenntnis haben gelegentlich zu völlig neuen Theorien geführt, etwa zu Kekulés Entdeckung des Benzolrings (Gigerenzer 2008).

Intuition

Von Einstein sind die Sätze überliefert: »Was wirklich zählt ist Intuition:« Und: »Probleme kann man niemals mit derselben Denkweise lösen, durch die sie entstanden sind.«

»Wenn wir alle Handlungen unterließen, für die wir den Grund nicht kennen oder die wir nicht rechtfertigen können, wären wir wahrscheinlich bald tot.«[6] Dieses Zitat stellt Gigerenzer (2008, S. 64) an den Anfang seines Kapitels über angepasste Gehirne. Gigerenzer bringt viele anschauliche Beispiele für das Vorliegen von Intuition in allen Lebensbereichen. Besonders beeindru-

---

[5] RCT = random control trial
[6] Friedrich A. von Hayek (1996): Die verhängnisvolle Anmaßung: Die Irrtümer des Sozialismus. Tübingen (Mohr).

ckend erschien mir ein Beispiel aus der Medizin (Gigerenzer 2008, S. 29f.): Ein krankes Kind im Alter von 21 Monaten wird in eine führende US-amerikanische Universitätskinderklinik eingeliefert. Der Junge »war blass und verschlossen, hatte für sein Alter dramatisches Untergewicht, wollte nichts essen und litt unter ständigen Ohrentzündungen«. Der Vater verließ die Familie, als er sieben Monate alt war, »die Mutter, die häufig ›um die Häuser zog‹, versäumte es gelegentlich, ihn zu füttern, oder stopfte ihm unter Zwang Babybrei aus Gläsern und Kartoffelchips in den Mund [...] Ein junger Arzt [...] bemerkte, dass er die Nahrungsaufnahme verweigerte, nachdem er mit Nadeln gestochen worden war. Intuitiv schränkte der Arzt alle invasiven Untersuchungen auf ein Minimum ein und versuchte stattdessen, ihm möglichst viel Fürsorge angedeihen zu lassen. Der Junge begann zu essen und erholte sich.« Die Vorgesetzten waren davon jedoch nicht überzeugt und entzogen dem jungen Arzt die Verantwortung für das Kind und übertrugen sie auf verschiedene Spezialisten, die ausgiebig diagnostizierten. Sie wollten die Ursache der Erkrankung herausfinden. In den nächsten neun Wochen wurde das Kind in alle Richtungen untersucht und es kam nichts Eindeutiges dabei heraus. Unter dem Bombardement von Untersuchungen hörte der Junge erneut auf zu essen und verstarb schließlich. Intuitiv lag der junge, unerfahrene Assistenzarzt vermutlich goldrichtig mit seiner Annahme, dass dem Kind schlicht emotionale Fürsorge gefehlt hatte. Aber er konnte sich gegen eine kontraintuitive Auffassung von standardisierter und wissenschaftlich begründeter Behandlung nicht durchsetzen.

Betrachten wir den Begriff Intuition etwas genauer. Immerhin finden sich hierzu ca. 31 Millionen Einträge im Internet. Etymologisch leitet sich Intuition her von *lat.* intueri »betrachten«, »erwägen«. Die Internet-Enzyklopädie Wikipedia ergänzt: »eigentlich: *angeschaut werden*, daher auch passiver Sinn von Eingebung, ahnendes Erfassen; Partizip Perfekt Passiv *intuitum.*« Intuition sei »die Fähigkeit, Einsichten in Sachverhalte, Sichtweisen, Gesetzmäßigkeiten oder die subjektive Stimmigkeit von Entscheidungen zu erlangen, ohne diskursiven Gebrauch des Verstandes, also etwa ohne bewusste Schlussfolgerungen. Intuition ist ein Teil kreativer Entwicklungen. Der die Entwicklung begleitende Intellekt führt nur noch aus oder prüft bewusst die Ergebnisse, die aus dem Unbewussten kommen. Kritisch ist hierbei zu sehen, dass bei positiver Wirkung einer (zunächst nicht begründbaren) Entscheidung gerne von Intuition gesprochen wird, während man im Falle des Scheiterns schlicht ›einen Fehler gemacht‹ hat, wobei es gerade keinen Mechanismus gibt zu prüfen, welche mentalen Vorgänge zur jeweiligen Entscheidung führten.« (http://de.wikipedia.org/wiki/Intuition; gesehen am 9. November 2011)

Intuition ist nach dem Artikel von Kobusch im *Historischen Wörterbuch der Philosophie* (Ritter & Gründer 1976) ein philosophischer Ausdruck für das »schlagartige Erfassen des ganzen Erkenntnisgegenstandes im Unterschied zur partiellen Erkenntnis« (Kobusch 1976, S. 524). Im Folgenden skizziere ich Kobuschs Ausführungen. Intuitives Erkennen wird seit der griechischen Philosophie in Abgrenzung und als Gegenbegriff zum diskursiven Erkennen gesehen. Nach Plotin ist Erkenntnis des rein Geistigen nur durch intuitive Erkenntnis möglich. Im Unterschied zum sinnlichen Sehen verliere die Seele bei der intuitiven Schau nicht ihre aktuelle Identität, weil der Geist alles zugleich denkt und sich selbst aktuell sieht. Die Bedeutung der Intuition als Erkenntnismethode wird in der Nachfolge von Plotin sogar als unfehlbar und dem schlussfolgernden Denken überlegen gesehen. In den nachfolgenden Jahrhunderten erlebt der Begriff der Intuition eine wechselvolle Bedeutungsgebung. Für unser heutiges Verständnis jedoch noch relevant ist Eduard von Hartmanns Definition der Intuition, »die genau wie das diskursive Denken durch logische Gründe bestimmt wird, vor allem durch ihr momentanes Erfassen der gestellten Aufgabe« (Kobusch 1976, S. 533). Zugleich weist von Hartmann auf die Gefahr der fehlerhaften Intuition hin, die auf Vorurteilen beruhen könnte. Von Hartmann sieht seine Lehre des Unbewussten als Vorläufer der Psychoanalyse und die Intuition als »Prototyp des Ubw« (ebd.). Dem wäre hinzuzufügen, dass intuitive Fähigkeiten durch die Wahrnehmung des inneren Dialogs verbessert werden können. Diese Art von Selbstbeobachtung ist dem Psychoanalytiker vertraut, aber gerade hier kommt es darauf an, die intuitiven Eindrücke richtig zu deuten und dann in konkretes Handeln umzusetzen. Der Vorstellung von Hartmann hinsichtlich der Intuition als Prototyp des Unbewussten folgt C. G. Jung, der den intuitiven Prozess als unbestimmte Mischung von Intellekt und Gefühl ansieht. Jung definiert: »Der Intuitive findet sich nie dort, wo allgemein anerkannte Wirklichkeitswerte zu finden sind, sondern immer da, wo Möglichkeiten vorhanden sind.« (ebd.)

Schließlich geht Bergson (2006) davon aus, dass man sich mittels Intuition in ein ichfremdes Sein hineinversetzen kann. Hier zeigt sich die Nähe zur Empathie. Im Zusammenhang mit seiner Philosophie der Zeit, die er grundsätzlich als ungeteiltes Kontinuum versteht, in dem sich das Leben entfaltet, versteht Bergson den intuitiven Akt, »der sich durch Einheitlichkeit und Zwecklosigkeit« von der auf die Bezwingung toter Materie gerichteten Intelligenz unterscheidet« (Kobusch 1976, S. 535), eingebettet in den Strom der Zeit und ungetrennt davon. Auf diese Weise könnte der intuitive Geist Zugang zum universalen Geist gewinnen, eine Folge der Ungetrenntheit, wie sie vielleicht im frühen Kindesalter vor Entstehung des Ich/Selbst erlebt wird. Zum Ende dieser knappen Begriffsgeschichte möchte ich auf Croce's Intuitionstheorie hinweisen, der »Intuition gegenüber dem logischen Denken ausdrücklich für autonom erklärt« und sie »in engem Zusammenhang mit der schöpferischen Geistestätigkeit des Menschen« (Kobusch 1976, S. 537) sieht und daher mit der Expression identifiziert. Intuition ist hier also mehr Kunst als Handwerk. Dieses schöpferische Prinzip sieht auch Dürr (2002) am Werk, insbesondere bei der Theoriebildung in der neueren Physik.

Es gibt viele Kritiken an den erwähnten Auffassungen zur Intuition, in neuerer Zeit vor allem aus Richtung des kritischen Rationalismus, die aber zumindest in Verdacht stehen, Intuition genauso instinktiv misszuverstehen, wie sie dies den Intuitionsphilosophen hinsichtlich ihres Verständnisses von Intuition vorwerfen.

Intuition meint also ein Erspüren von etwas, was mit rationalen Methoden nicht erfassbar ist. Insofern greift die Intuition auf eine Form von Denken zurück, die im rationalen Denken schon überwunden schien, wo es aber – ähnlich wie in der Quantentheorie – um eine besondere Form von Verbundenheit (Spin-Verschränkung, Korpuskular- und Wellentheorie etc.) geht. Diese Verbundenheit zielt auf das, was vor der Entwicklung des Ich bestanden hat und noch besteht, auf Seinserfahrung (Dürckheim 2009). Bei einer Seinserfahrung verschwindet der Unterschied zwischen Subjekt und Objekt. Es geht um eine Haltung des Einsseins mit der Sache, dem Instrument oder dem Handwerkszeug, wodurch sich die Möglichkeit des Ineinanderfließens, der Auflösung von Grenzen ergibt, verbunden mit einer ganz ungewöhnlichen Atmosphäre. Es geht darum, geöffnet zu bleiben, sich vom ichbezogenen Schutz vor Gefahren zu befreien, für einen Moment das Ich und seine begriffliche Ordnung einzuklammern. Dies kann durchaus Angst machen, aber Angst behindert die Intuition. Vielleicht kann man diese Erlebnisweisen auch mit Erfahrungen bei der Einnahme von LSD vergleichen, wo Wahrnehmungen eine Tiefe bekommen, die sie sonst nicht haben. Beispielsweise können Farben eine ungewöhnliche Intensität erreichen. Um dies auch ohne Drogen erleben zu können, muss man innerlich darauf eingestimmt und nicht verstimmt sein; diese Form des Erkennens geht über Resonanz. Wir können aus einer Einheit heraus fühlen, aber nicht mit einem egozentrischen Standpunkt. Für Plotin ist dies das höchste Ziel menschlicher Selbstwerdung – die Rückkehr von Vernunft, Seele und Ich zum Einen hin, wodurch die Trennung von Subjekt und Objekt, Ich und Sein, Gott und Welt zumindest in Momenten, nicht auf Dauer, überwunden werden kann (Eckharts Unio mystica) (Flasch 2008). Auch Goethe geht in diese Richtung, wenn er sagt, dass in der lebendigen Natur nichts geschehe, was nicht in einer Verbindung mit dem Ganzen stehe. Vielleicht ist es das, was mit Flow (Csikszentmihalyi 2010) gemeint ist, einem Zustand, in dem man völlig im Augenblick lebt und mitfließt und mit der Umgebung verschwimmt.

Wir können hier durchaus Verbindungen zu Bions Denken erkennen (no memory, no desire, no understanding), der eine absichtslose Zuwendung zum Patienten fordert (Bion 1997, 2006). Freud spricht von ähnlichen Voraussetzungen, wenn er die gleichschwebende Aufmerksamkeit des Analytikers als Voraussetzung des Zugangs zum Unbewussten betrachtet. Der Neuplatoniker Plotin empfahl die gleiche Absichtslosigkeit wie Bion und Freud, ebenso Meister Eckart 1000 Jahre später, wie wir bei Kurt Flasch nachlesen können: »[…] das Wort, das in uns geboren wird, wird eher im Nichtwissen als im Wissen erkannt« (Flasch 2010, S. 89). Flasch meint, dass wir nichts wissen und nichts wollen sollten, eine auch psychoanalytisch bedeutsame Haltung, die – wie bereits von Hartmann vor Freud erkannte – einen direkten Zugang zum Unbewussten ermöglicht.[7]

In Eckharts Schriften finden sich weitere Hinweise auf sein Verständnis von Intuition und durchaus auch Assoziationen zur indischen Chakrenlehre (Steer & Sturlese 2003). Eckart spricht davon, dass »die Seele [...] zwei Augen [hat], ein inneres und ein äußeres. Das innere Auge der Seele ist jenes, das in das Sein schaut und sein Sein ganz unmittelbar von Gott empfängt: dies ist sein ihm eigenes Werk. Das äußere Auge der Seele ist jenes, das da allen Kreaturen zugewendet ist und sie in bildhafter Weise und in der Wirkweise einer Kraft wahrnimmt« (Steer & Sturlese 2003, S. 57). Da werden Anklänge zum Dritte-Auge-Chakra hörbar, was in ein oberes und unteres Drittes Auge eingeteilt wird. Das obere stellt die Verbindung zum universellen Geist dar, das untere dient der Erfassung der konkreten Welt, also auch des anderen Objekts. In den Momenten der Intuition verschwinden die Grenzen zwischen Subjekt und Objekt, es entsteht eine Art Ungetrenntheit, wie wir sie zum Beispiel in einem »moment of meeting« (Stern 2005) erleben oder bei einer Modellszene (Lichtenberg 1991) und bei anderen Resonanzphänomenen in der Begegnung mit anderen Menschen. In seiner Arbeit über »Transformative Transzendenz und die Erfahrung ›O‹ in der Mystik« stellt auch Lutz Goetzmann (2008) eine Verbindung zu Eckart her. Er spricht von der »Berührung Gottes in Form einer Einswerdung« (Goetzmann 2008, S. 1235) und meint einen intuitiven Kontakt im Sinne einer Aufhebung der Getrenntheit. »Eckart glaubt, dass unser prä-existentes Sein ursprünglich ganz in Gott, und zwar in völliger Eigenschaftslosigkeit, aufgehoben

---

[7] Weitere Anregungen zu diesem Thema finden sich in dem von Michael Buchholz verfassten Psycho-News-Letter Nr. 80, Juni 2010.

war.« (ebd.) Götzmann (ebd., S. 1233f.) illustriert seine Aussagen mithilfe der mystischen Gotteserfahrung von Schwester Kathrei. Die Unmittelbarkeit dieser mystischen Erfahrungen, die gleich den Seinserfahrungen sich vollständig im vorsprachlichen Bereich abspielen, wird von Bion als Erfahrung O (origin) bezeichnet. Es geht hierbei um Erfahrungen, die geistig nicht unmittelbar repräsentierbar sind, es geht um eine Art plötzliches Erleben psychischer Wahrheit, wie man es bei einem intuitiven Akt erlebt.

Intuition kann übrigens durch Meditation verbessert und gefördert werden (Ott 2010, S. 47), denn hierdurch wird eine Bewusstseinsveränderung durch erweiterte Wahrnehmung des eigenen Körpers erreicht. Schließlich finden sich Hinweise zur Anwendung von Intuition sogar in Theorien zur Veränderung der sozialen Wirklichkeit, so in Scharmers Theorie U (Scharmer 2009). Dort werden in Hinblick auf das Zuhören vier Feldstrukturen der Aufmerksamkeit unterschieden. »Der erste Typ des Zuhörens ist das Runterladen: zuhören, indem man die eigenen Denkgewohnheiten wieder bestätigt« (Scharmer 2009, S. 35). Hier werden also nur die gewohnten Denkmodi bestätigt. »Der zweite Typ des Zuhörens ist der des objektfokussierten Zuhörens: man hört zu, indem man seine Aufmerksamkeit auf Fakten und auf neue oder unerwartete Daten lenkt. Bei dieser Art des Zuhörens achten Sie auf das, was sich von dem unterscheidet, das Sie bereits wissen. Ihr Zuhören wandert weg davon, der eigenen inneren Stimme des Urteilens zuzuhören, hin zu einem Hören der Fakten, die direkt vor Ihnen stehen. Sie beginnen, wach zu werden gegenüber der sich Ihnen offenbarenden Realität, die sich von Ihrer Vorstellungswelt (Downloading) unterscheidet« (Scharmer 2009, S. 35). Das ist im Allgemeinen die Methode guter Wissenschaft. »Die dritte und tiefere Schicht des Zuhörens ist das empathische Zuhören. Wenn wir uns auf einen wirklichen Dialog einlassen, können wir, sofern wir darauf achten, eine grundlegende Verschiebung des Ortes wahrnehmen, von dem aus unser Zuhören stattfindet [...] Wir verlassen den Modus des Starrens auf eine dinghafte Welt und wechseln in die Innenwelt eines Lebewesens, eines lebenden Systems und dessen Selbst hinein. Um dies zu können, müssen wir ein bestimmtes Instrument aktivieren und auch stimmen: das Zuhören mit dem Herzen« (Scharmer 2009, S. 35f.). Wir müssen hier also unsere Liebe aktivieren. Die vierte Ebene des Zuhörens charakterisiert Scharmer so: »Ich kann das, was ich erlebe, nicht mit Worten fassen. Mein ganzes Sein hat sich verlangsamt. Ich fühle mich ruhiger, gegenwärtiger und mehr ich selbst. Ich bin mit etwas Größerem als mit mir selbst verbunden [...] Sie [diese Ebene] verlagert den Ort unseres Zuhörens zu der Quelle des Werdenden. Ich bezeichne diese Ebene des Zuhörens als schöpferisches Zuhören oder Zuhören aus dem entstehenden

Zukunftsfeld her. Diese Ebene des Zuhörens erfordert von uns, dass wir einen Zugang finden zu unserem offenen Herzen und zu unserem offenem Willen – also unserer Fähigkeit, uns mit der höchsten Zukunftsmöglichkeit, die entstehen will, zu verbinden. Auf dieser Ebene konzentriert sich unsere Arbeit darauf, das (alte) Selbst loszulassen, um Platz für eine Lichtung zu machen, durch die sich eine andere Zukunftsmöglichkeit vergegenwärtigen kann [...] Wir befinden uns in einem anderen gesteigerten Zustand der Aufmerksamkeit« (Scharmer 2009, S. 36). Hier entsteht so etwas wie eine momentane zeitlose Stille, ein »Dazwischen«. Dies ist ein Zustand, der viel mehr der Struktur der Wirklichkeit ähnelt, wie sie von der Quantentheorie behauptet wird, und der in völligem Widerspruch zu unserer alltäglichen Lebensrealität des zweiseitigen Urteilens (ja oder nein) steht. Hier kann etwas ganz anderes und Neues beginnen. Die Ähnlichkeit zu Veränderungsmomenten im psychoanalytischen Prozess, wie sie von Balint, Bion oder Stern beschrieben worden sind, ist meines Erachtens unverkennbar.

Als klinisches Beispiel für Intuition verwende ich Auszüge aus einer Fallvignette, die Raanan Kulka (2010) in einem Vortrag auf der International Conference of Self Psychology in Antalya darstellte: Eine junge Frau, die seit einigen Jahren in Analyse war, stand eines Tages von der Couch auf und schaute aufmerksam zum Fenster. Sie gab auf Nachfrage keine Antwort und ihr Verhalten erschien rätselhaft. Seit dieser Zeit wiederholte sie dieses Ritual immer wieder, bis der Analytiker die Bedeutung verstand. »Ist es die Ambulanzsirene?« Die Patientin nickte bestätigend. Ihr Ehemann war in einem der Kriege in Israel ums Leben gekommen. Er war schwer verwundet worden und es war unmöglich, ihn zu evakuieren, sodass er auf dem Schlachtfeld dem Tod überlassen worden war. Für einige Zeit stand die Patientin jedes Mal beim Hören der Ambulanzsirene auf und der Analytiker versuchte, ihre Gefühle zu enthüllen. Keine seiner genetischen und dynamischen Deutungen vermittelte der Patientin neue Einsichten über sich selbst oder den traumatischen Einfluss des Todes ihres Mannes. Erst als der Analytiker in seinem Herzen ihr ausagiertes Ritual akzeptierte, fühlte er sich entspannt und beide wurden regelmäßig stumm, wenn sie die Ambulanzsirene hörten. Die Patientin stand auf und ging zum Fenster, während der Analytiker mit geschlossenen Augen in seinem Sessel für einige Momente meditierte. Eines Tages, als der Analytiker über das Ambulanzauto und die Menschen in ihm nachdachte, empfand er eine besondere Tiefe seiner Empathie und seines Mitgefühls und entwickelte in diesem Moment ein ihm unbekanntes inneres Zittern. Er stand von seinem Sessel auf und stellte sich stumm neben seine Patientin. So verhielt er sich auch bei den folgenden Malen, wenn seine Patientin aufstand. Als eines Tages die Ambulanzsirene wieder einmal beide zum Aufstehen kommandierte, sagte die Patientin mit ruhiger Stimme: »Ich muss nicht länger aufstehen.«

Kulka versteht diese Szene, diesen Ausdruck des Aufstehens und der symbolischen Aufhebung des privaten, individuellen Lebens, als eine Aufhebung der Getrenntheit zwischen Analytiker und Patientin und als ein Ereignis, in dem eine Auflösung des Ich geschehen ist. Erst als eine Sättigung der ethischen Erfahrung des Aufstehens für und mit dem anderen erreicht war, entstand der Augenblick, in dem die Patientin wieder zu ihrer privaten, individuellen Existenz im Sinne eines emergenten Prozesses zurückkehren konnte.

Schluss

Heutzutage wird unter der positiven Konnotation des Begriffs Autonomie als Abgrenzung vom anderen manches Mal das Mit-Leiden mit dem anderen vermieden, das Mitleid, welches nach Schopenhauer Grundlage jeder Moral ist. Hier könnte eine Neubestimmung der Grenzen zwischen Empathie und Mitgefühl, Autonomie und Verbindung zum anderen als Fähigkeit zum Mitleid sinnvoll sein. Denken wir nur an Kohuts Bemühungen (2001a), Empathie nicht mit Sympathie und Mitleid zu verwechseln. Andererseits können wir gar nicht anders als fremdseelisches Erleben mitfühlend zu erfassen, sonst bleibt unser Verständnis rein kognitiv. Gerade die neurobiologische Forschung zeigt uns die Unmöglichkeit, uns dem Mitgefühl zu entziehen, wenn wir Kontakt mit dem anderen aufnehmen. Das ist die schmerzvolle Seite der Empathie (Singer & Frith 2005). Wir fühlen den Schmerz emotional auch dann, wenn wir ihn physisch nicht verspüren, und es werden dieselben Hirnregionen aktiviert, ob der Schmerz nur mitgespürt oder selbst körperlich erfahren wird. Dieses empathische Mitfühlen des Schmerzes bei einem anderen ist umso ausgeprägter, je stärker wir emotional mit dem anderen verbunden sind (Problem bei Pflegepersonen). Empathie kann als evolutionäre Errungenschaft verstanden werden, die hilft zu verstehen, was andere fühlen, egal ob es um positive oder negative Gefühle geht. Empathie hilft uns auch, bedrohlichen Personen aus dem Weg zu gehen.

Andererseits ist Empathie immer auch bereits Folge einer Deutung der Erfahrung. Nicht die Augen eines Hundes oder einer Katze schauen böse, sondern ein Hundephobiker deutet sie unbewusst als böse. Das verweist auf die Veränderlichkeit von etwas Erlebtem bzw. seine Verschiebbarkeit (hinter den bösen Augen des Hundes stehen die bösen Augen des Vaters o. Ä.). Intuition dagegen ist unmittelbarer, auch wenn Kohut (1974) dies anders betrachtet. Für Kohut ist das, was »wir Intuition nennen, [...] deshalb grundsätzlich in schnell ablaufende Denkprozesse aufzulösen, die in ihrem Wesen nicht von jenen Denkprozessen verschieden sind, die uns nicht als derart ungewöhnlich auffallen« (Kohut 1974, S. 341). Und weiter schreibt er: »Man kann mit vollem Recht sagen, dass einer der besonderen Beiträge der Psychoanalyse darin besteht, die intuitive Einfühlung von Künstlern und Dichtern in das Beobachtungsinstrument eines ausgebildeten wissenschaftlichen Forschers umgewandelt zu haben, obwohl Urteile erfahrener psychoanalytischer Praktiker dem Beobachter manchmal ebenso intuitiv erscheinen mögen wie etwa die Diagnosen eines Internisten« (Kohut 1974, S. 341f.).

Kohut scheint es wichtig gewesen zu sein, Intuition einerseits wissenschaftlich zu begründen und sie andererseits, wie er an anderer Stelle schreibt, als Folge »magischen Denkens und des Wunsches nach Allmacht« (Kohut 1974, S. 343) als Abwehrmechanismus einer narzisstischen Persönlichkeit zu verstehen. Gerade in der Auseinandersetzung mit dem Vorwurf der Unwissenschaftlichkeit gegenüber der Psychoanalyse und hinsichtlich der Unschärfe des Empathiebegriffs erscheint dies nachvollziehbar. Gleichwohl glaube ich, dass neben der Begründung vieler klinischer Interventionen durch empathische Prozesse ein großer Teil intuitiv abläuft. Vielleicht ist die Zeit gekommen, wo wir besser dazu stehen können und uns damit in Einklang mit den Widersprüchen von manchen hochkomplexen naturwissenschaftlichen Theorien und Modellen, wie sie aus der Quantenphysik für den Bereich kleinster Teilchen bewiesen sind, befinden. Denn auch dort gilt, im Gegensatz zum zweiwertigen Denken (wenn das eine richtig ist, muss das andere falsch sein), dass die Wirklichkeit der Welt diesem Denken nicht entspricht. Das Wesentliche ist nicht das Tertium non datur, sondern das Dazwischen. Zugleich eröffnet sich hier nicht nur ein intersubjektiver und relationaler Raum zwischen zwei Subjekten, sondern auch ein transpersonaler Raum, der Psychoanalytiker nicht erst seit heute beschäftigt. Denn dort, wo die Grenzen zwischen Subjekt und Objekt verschwinden, also auch im intuitiven Vorgang, greift keine Theorie, die ein abgegrenztes Ego zur Voraussetzung hat. Eine solche Unterscheidungsfähigkeit ist übrigens auch die Voraussetzung für die Entwicklung von Empathie (Bischof-Köhler 2011). Eine Psychoanalyse, die solche intuitiven Momente ernst nimmt als etwas, das zwischen Subjekt und Objekt liegt, d. h. das nicht zum einen oder anderen gehört und mit einer vorübergehenden Auflösung der Ich-Grenzen einhergeht, hatte schon immer neben einer intersubjektiven und relationalen auch eine transpersonale Seite.

Literatur

Arbeitskreis OPD (2006): Operationalisierte Psychodynamische Diagnostik OPD-2. Bern (Huber).

Beebe, B. & Lachmann, F. M. (1994): Representation and internalization in infancy: Three principles of salience. Psychoanalytic Psychology, 11, 127–165.

Bergson, H. (2006 [1920]): Zeit und Freiheit. Hamburg (Europäische Verlagsanstalt).

Bion, W. R. (1997 [1965]): Transformationen. Frankfurt/M. (Suhrkamp).

Bion, W. R. (2006 [1970]): Aufmerksamkeit und Deutung. Tübingen (edition diskord).

Bischof-Köhler, D. (2011): Theory of Mind und die Entwicklung der Zeitperspektive. In: Keller, H. (Hg.): Handbuch der Kleinkindforschung. Bern (Huber).

Bollas, C. (1997 [1987]): Der Schatten des Objekts. Das ungedachte Bekannte. Zur Psychoanalyse der frühen Entwicklung. Stuttgart (Klett-Cotta).

Bråten, S. (Hg.) (1998): Intersubjective Communication and Emotion in Early Ontogeny. Cambridge (Cambridge University Press).

Buchholz, M. B. (Juni 2010): Psycho-News-Letter Nr. 80. DGPT.

Csikszentmihalyi, M. (2010): Flow. Das Geheimnis des Glücks. Stuttgart (Klett-Cotta).

Dornes, M. (1997): Die frühe Kindheit. Frankfurt/M. (Fischer).

Dürckheim, K. Graf (2009): Vom doppelten Ursprung des Menschen. Rütte (Nordländer).

Dürr, H.-P. (2002): Zum schöpferischen Prinzip. Das Geistige in der Natur. In: Egner, H. (Hg.): Von der Überwindung der Resignation. Zürich/Düsseldorf (Patmos), 122–150.

Flasch, K. (2008): Meister Eckhart. Die Geburt der »Deutschen Mystik« aus dem Geist der arabischen Philosophie. München (C. H. Beck).

Flasch, K. (2010): Meister Eckhart. Philosoph des Christentums. München (C. H. Beck).

Fonagy, P., Gergely, G., Jurist, E. & Target, M. (2004 [2002]): Affektregulation, Mentalisierung und die Entwicklung des Selbst. Stuttgart (Klett-Cotta).

Gallese, V. & Goldman, A. (1998): Mirror neurons and the simulation theory of mindreading. Trends Cogn Sci 2, 493–501.

Gebser, J. (1949): Ursprung und Gegenwart. Band I: Die Fundamente der aperspektivischen Welt. Beitrag zur Geschichte der Bewusstwerdung. Stuttgart (Deutsche Verlags-Anstalt).

Gergely, G. & Watson, J. S. (1996): The social biofeedback theory of parental affect-mirroring: The development of emotional self-awareness and self-control in infancy. Int J Psychoanal 77, 1181–1212.

Gigerenzer, G. (2008): Bauchentscheidungen. München (Goldmann).

Götzmann, L. (2008): Über die Verwandtschaftsbeziehungen der negativen Theologie

– Transformative Transzendenz und die Erfahrung »O« in der Mystik. Psyche – Z Psychoanal 62, 1230–1245.

Herder, J. G. (1990): Auch eine Philosophie der Geschichte zur Bildung der Menschheit. Leipzig (Reclam).

Kobusch, Th. (1976): Intuition. In: Ritter, J. & Gründer, K. (Hg.): Historisches Wörterbuch der Philosophie, Band 4. Darmstadt (Wissenschaftliche Buchgesellschaft), 524–540.

Kohut, H. (1977 [1959]): Introspektion, Empathie und Psychoanalyse. Zur Beziehung zwischen Beobachtungsmethode und Theorie. In: Ders.: Introspektion, Empathie und Psychoanalyse. Frankfurt/M. (Suhrkamp), 9–35.

Kohut, H. (1974 [1971]): Narzissmus. Frankfurt/M. (Suhrkamp).

Kohut, H. (1979 [1977]): Die Heilung des Selbst. Frankfurt/M. (Suhrkamp).

Kohut, H. (1987 [1984]): Wie heilt die Psychoanalyse? Frankfurt/M. (Suhrkamp).

Kohut, H. (2001a): Über Empathie. In: Selbstpsychologie 2, 129–138.

Kohut, H. (2001b): Introspektion, Empathie und der Halbkreis psychischer Gesundheit. In: Selbstpsychologie 2, 147–168.

Kulka, R. (2010): Between emergence and dissoving. Comtemporaty reflections on greatness and ideals in Kohut's legacy. Vortrag auf der 33. Internationalen Tagung der Selbstpsychologie, Antalya, Türkei, Oktober 2010.

Lehrer, J. (2010): The truth wears off. Is there something wrong with the scientific method? New Yorker, December 13, 2010. http://www.newyorker.com/reporting/2010/12/13/101213fa_fact_lehrer?printable=true (gesehen am 1. November 2011).

Lichtenberg, J. D. (1991 [1983]): Psychoanalyse und Säuglingsforschung. Stuttgart (Springer).

Lipps, Th. (1907): Das Wissen von fremden Ichen. In: Ders. (Hg.): Psychologische Untersuchungen. Leipzig (Engelmann), 694–722.

Marquard, O. (1987): Transzendentaler Idealismus, romantische Naturphilosophie, Psychoanalyse. Köln (Verlag für Philosophie Dinter).

Ott, U. (2010): Meditation für Skeptiker. München (Barth).

Papoušek, H., Papoušek, M. (1995): Intuitive Parenting. In: Bornstein, M. H. (Hg.): Handbook of Parenting. Biology and Ecology of Parenting: 2. Mahwah NJ (Lawrence Erlbaum), 117–136.

Rifkin, J. (2010): Die empathische Zivilisation. Frankfurt/New York (Campus).

Ritter, J. & Gründer, K. (Hg.) (1976): Historisches Wörterbuch der Philosophie. Darmstadt (Wissenschaftliche Buchgesellschaft).

Rizzolatti, G., Craighero, L. (2004): The mirror-neuron system. Annu Rev Neurosci 27, 169–192.

Rochat, P. (2001): The Infant's World. Cambridge, Mass. (Harvard University Press).

Scharmer, C. O. (2009): Theorie U – Von der Zukunft her führen. Heidelberg (Auer).
Singer, T. & Frith, C. (2005): The painful side of empathy. Nat Neurosci 8, 845–846.
Steer, G. & Sturlese, L. (Hg.) (2003): Lectura Eckhardi II. Stuttgart (Kohlhammer).
Stern, Donnel N. (1997): Unformulated Experience: From Dissociation to Imagination in Psychoanalysis. Hillsdale, NJ (Analytic Press).
Stern, Daniel N. (2005 [2004]): Der Gegenwartsmoment. Frankfurt (Brandes & Apsel).

Josef Dantlgraber

Bedeutungsbildungen durch »musikalisches Zuhören«[1]

Gerne habe ich die Einladung angenommen, mich mit einem Beitrag an der Festschrift für Herrn Professor Dr. med. Peter Kutter zu beteiligen. Ich habe Herrn Kutter zu Beginn meiner psychoanalytischen Ausbildung in der Arbeitsgemeinschaft Stuttgart–Tübingen der DPV in den 1970er Jahren schätzen gelernt. Noch während meiner Ausbildungszeit ging Herr Kutter nach Frankfurt a. M. und übernahm an der dortigen Universität eine Professur. Unser persönlicher und wissenschaftlicher Dialog intensivierte sich, als er nach seiner Emeritierung wieder nach Stuttgart zurückkehrte. Um unter seinen zahlreichen Veröffentlichungen nur eine einzige Arbeit hervorzuheben, die vielleicht am deutlichsten repräsentiert, wo sich unsere wissenschaftlichen Überzeugungen besonders treffen, erwähne ich jene über die psychoanalytische Haltung[2] (Kutter 1988, S. 17–28). Nicht erst während gemeinsamer Tagungsbesuche erkannten wir unser gemeinsames Interesse am Thema Psychoanalyse und Musik.[3] Deshalb liegt es mir nahe, meinen Beitrag für die Festschrift dieser Thematik zu widmen. Ich habe in einer Arbeit meine Vorstellungen über das musikalische Zuhören vorgelegt (Dantlgraber 2008b). In der vorliegenden Arbeit geht es mir nun darum, die klinische Relevanz dieser Vorstellungen darzulegen. Dazu werde ich anhand von zwei Fallbeispielen zeigen, wie nichtdiskursive Elemente im analytischen Prozess zu Bedeutungsbildungen führen können.

Im psychoanalytischen Diskurs wird zunehmend die Ansicht vertreten, dass neben dem verbalen Dialog zwischen Analysand und Analytiker ständig auch ein averbaler Kontakt stattfindet. Schon Freud (1915, S. 293) bemerkte, »dass das

---

[1] Der Text basiert auf einem Vortrag, der am 7. Mai 2010 auf der Jahrestagung der DPG in Berlin gehalten wurde.
[2] Diese Arbeit bzw. die Herausgabe des Sammelbandes Die psychoanalytische Haltung (Kutter 1988) haben mich zu Veröffentlichungen zu diesem Thema bewogen (Dantlgraber 1989, 2008a).
[3] Ich erinnere mich gerne an Kutters Vortrag »Bis an die äußersten Grenzen. Richard Strauss' *Elektra* – psychoanalytisch gedeutet« während eines Coesfelder Symposiums Musik & Psyche (Kutter 2009).

Ubw eines Menschen mit Umgehung des Bw auf das Ubw eines anderen reagieren kann«. Diese unbewusste Kommunikation ist so selbstverständlich,[4] dass sie oft gar nicht bewusst wahrgenommen wird. Sie hat ihren Ursprung in der frühen Interaktion des Säuglings mit der Mutter, in der er akustische, visuelle und olfaktorische Eindrücke aufnimmt, die seine Psyche strukturieren. Aus dieser Interaktion zwischen Mutter und Säugling entwickeln sich sensomotorische Reizkonfigurationen, die ein »implizites Beziehungswissen« schaffen, wie Stern es nennt (Stern et al. 2002). Für diese basalen Regionen des seelischen Lebens wurden verschiedene Begriffe geprägt; so spricht DeMasi (2003) von einem »emotionalen Unbewussten«, das unterhalb des »dynamischen Unbewussten« wirksam ist. Inhalte des emotionalen Unbewussten kann ein Patient nur über eine »sensomotorische Induktion« (Grotstein 2005)[5] dem Analytiker übermitteln; d. h. dass der Patient innere affektive Zustände in den Analytiker induziert. Das geschieht über die Wahrnehmung der Körpersprache des Patienten, die sich auf subtile Weise in Gestik, Stimmlage[6] usw. äußert. Im Analytiker werden diese Wahrnehmungsqualitäten in Gefühlsqualitäten übersetzt.

Dieses Beziehungsgeschehen hat Leikert mit dem Begriff der »kinetischen Semantik« (Leikert 2008) bzw. der »kinästhetischen Semantik (Leikert 2011) konzeptualisiert; er stellt die »kinetische Semantik« der »lexikalischen Semantik« gegenüber. Hier verkürzt dargestellt beschreibt er einen Modus des Erlebens, der aus der Verarbeitung früher sinnlicher Eindrücke entsteht. Dieser Modus hat seine Wurzeln im vorsprachlichen Bereich, er bleibt aber in allen Lebensphasen erhalten. Er wird durch das Sprachliche (Diskursive) überlagert, aber nicht dadurch ersetzt. Nach Leikert stellt er jenseits von Sprache und Vorstellung eine psychische Organisation dar, die wesentlich aus der inneren Organisation von sinnlicher Erfahrung hervorgeht. In diese Organisation geht das »implizite Beziehungswissen« ein, sie ist aber nicht nur eine Vorstufe zum Aufbau kognitiver Strukturen, sondern »ein in sich geschlossenes System der Bildung, Transformation und Speicherung von Bedeutung«.

---

[4] Das verweist auf Balints Konzept der »primären Liebe«, wonach die früheste Beziehungsform wie das Vorhandensein von Luft zum Atmen als selbstverständlich erlebt wird, solange sie vorhanden ist (Balint 1973).

[5] Grotstein (2005) beschreibt mit dem Begriff der »projektiven Transidentifizierung« folgenden Vorgang: Das projizierende Subjekt induziert sensomotorische Modi (wie Gestern, Körperhaltungen usw.) in das rezeptive Objekt, wodurch das Objekt das Erleben des Subjekts spontan empathisch simuliert.

[6] Zur Bedeutung der Stimme äußerte sich u. a. Leikert (2008, 2011). Er führte aus, wie sich musikalische Phantasien des Analytikers auf seine Stimme auswirken.

Die Kommunikation zwischen Analysand und Analytiker ist ein Beziehungsgeschehen, das wie ein musikalisches Geschehen erlebbar ist. Was ist aber ein musikalisches Geschehen? Zunächst verstehen wir Musik als tönende Bewegung in der Zeit. Wenn wir mit Ogden (2004, S. 74) von der »Musik des Geschehens in der analytischen Beziehung« sprechen, dann gibt es Analogien in den formalen Erscheinungsweisen beider Phänomene. Musik kann archaische Lebenszeit wachrufen; sie stellt eine frühe Wahrnehmungs- und Kommunikationsweise dar. Auch im psychoanalytischen Prozess tauchen Phänomene im Laufe der Zeit auf, so wie sich die Phänomene der Musik innerhalb eines zeitlichen Rahmens abspielen. Charakteristisch für den Ablauf von Musik wie für den psychoanalytischen Prozess ist die Eigenschaft, in Bewegung zu sein. Der Psychoanalyse und der Musik ist die Spannung gemeinsam, die sich aus dem Nachwirken von Gewesenem, aber auch in einer Ausrichtung auf Kommendes ergibt. Musik lässt sich als ein Medium verstehen, das die Affekte darstellt, die sich im Verlauf eines analytischen Prozesses einstellen. Entscheidend ist nun, dass diese Affekte eine Vielfalt von Möglichkeiten bergen, was sie für beide Partner in der psychoanalytischen Situation bedeuten.

Das musikalisch-analytische Zuhören in der analytischen Situation ist erst einmal ein Hören auf das eigene Hören, womit der Analytiker möglichst voraussetzungs- und vorurteilslos die Affekte wahrnimmt. Diesen Vorgang nannte ich Affekthören (Dantlgraber 2008b, S. 65).[7] Die Musik ist ein Medium, das sich von ihrem Wesen her einem diskursiven Verstehensprozess entzieht und dazu zwingt, aus dem Hörbaren etwas »vorstellbar« zu machen. Nachdem Musik präsentativ (Langer 1965) verfasst ist, muss sich der Analytiker zunächst eine Vorstellung von den Eindrücken machen, die durch das Affekthören entstanden sind. Es ist ein komplexer Vorgang, der zur Entstehung einer entsprechenden Vorstellung führt. Einerseits sind es die unbewussten affektiven Mitteilungen des Patienten und die unbewussten Reaktionen des Analytikers darauf. Analog dem musikalischen Geschehen, das stets in Bewegung auf das Kommende ausgerichtet ist, geht in die Entstehung dieser Vorstellung nicht nur ein, was zwischen Analytiker und Analysand geschah bzw. geschieht, sondern auch, was geschehen könnte. Auf diese Weise ist immer auch etwas Neues antizipiert. Das Ergebnis dieses Vorgangs nenne ich Klangvorstellung (Dantlgraber 2008b). Der Schritt vom Affekthören zur Klangvorstellung ähnelt dem Schritt von der reinen Darstellung eines Affekts zum Versuch, dem Affekt eine Bedeutung zuzuschreiben.

---

[7] Analog zum Affekthören gibt es auch ein Affektsehen. Im Unterschied zum Affekthören stellen sich dabei im Analytiker visuelle Eindrücke ein.

Klangvorstellungen können sich in einem weiteren Schritt des Transformationsprozesses zu vagen Vorstellungen von Tonfolgen entwickeln, die ich als Hörassoziationen bezeichne. Dabei erlebt der Analytiker im psychoanalytischen Prozess eine seelische Bewegung, die durch die vorherrschende Affektdynamik ausgelöst wird. Es werden sehr körpernahe Gefühle erlebt, wie Gefühle des Fallens, des Steigens, des Rotierens usw. Diese Vorgänge nennt Stern (Stern et al. 2005) »Vitalitätsaffekte«. Affektive Erlebnisse, wie beispielsweise ein Erlebnis des Fallens, können den Analytiker vorbewusst an ein musikalisches Motiv erinnern; dadurch stellt sich eine »Erinnerungsassoziation« ein, die einer vagen Vorstellung einer bestimmten Tonfolge oder gar Melodie entspricht. Wenn in einer bestimmten analytischen Situation diese Klangvorstellungen auftreten (die sich gelegentlich zu Hör- bzw. Erinnerungsassoziationen ausgestalten können), dann repräsentieren sie die im Vorbewussten gespeicherten Beziehungserfahrungen des Analytikers. Sie sind Bedeutungsträger für ein bestimmtes Beziehungswissen des Analytikers, in das seine eigenen emotionalen Bewältigungserfahrungen eingehen. Klangvorstellungen sind demnach spontane Reaktionen des Analytikers auf die Projektionen – sensomotorische Induktionen (Grotstein 2005) – des Analysanden, zugleich wurzeln sie in einem persönlichen Erfahrungsbereich. Im Analytiker erfolgt eine innere Triangulierung, indem er die Projektion von seinem persönlichen Beitrag unterscheidet. Klangvorstellungen verhelfen dem Analytiker zu einem Verstehen der Bedeutung des nur durch eine sensomotorische Induktion übermittelten affektiven Geschehens. Gelingt ein Verstehen in diesem Sinne, dann kann dem Patienten Material zur Verfügung gestellt werden, das dieser zum Ausbau seiner inneren Welt verwenden kann. Dies ergibt sich dann auf dem Wege einer Deutung.

Eine unbewusste Kommunikation[8] stellt sich in zwei Bereichen des psychisch unbewussten Geschehens ein: Es handelt sich um den Bereich des »psychisch Repräsentierten« (psychische Vorgänge wurden verdrängt) und den des »Unrepräsentierbaren« (es handelt sich um nichtrepräsentierte Erinnerungsspuren). In dieser Arbeit möchte ich darstellen, dass durch musikalisches Zuhören unterschieden werden kann, ob es in der analytischen Situation um die Bewusstmachung von Verdrängtem geht oder ob höchst pathogene Beziehungserfahrungen den analytischen Prozess beherrschen, die nie bewusst wurden, aber im impliziten Gedächtnis gespeichert wurden. Als Kriterium für die Unterscheidung sehe

---

[8] Bion (1990) begreift die projektive Identifikation als Urform menschlicher Kommunikation. Grotstein (2005) orientiert sich an Bion, wenn er von »sensomotorischer Induktion« spricht.

ich, ob zwischen den verbalen Mitteilungen des Patienten und der »Musik« in der analytischen Beziehung eine relative Übereinstimmung herrscht oder ob sich permanent eine Differenz einstellt.

Zu diesem Thema stelle ich zwei Fallbeispiele vor: Im ersten Beispiel geht es darum, wie musikalisches Zuhören dazu verhilft, unbewusstes Material, das verdrängt war, ins Bewusstsein zu transformieren. Im zweiten werde ich zeigen, wie durch musikalisches Zuhören allmählich höchst pathogene Beziehungserfahrungen aufgespürt werden, die über einige Zeit mit progressiver Abwehr überdeckt worden waren.

Im ersten Beispiel geht es um eine Transformation von verdrängten unbewussten Inhalten ins Bewusstsein. Es handelt sich um eine junge Patientin von 25 Jahren. Sie kam wegen Beziehungsproblemen mit Männern. Wegen ihrer hohen Intelligenz war sie erfolgreich in ihrer wissenschaftlichen Tätigkeit als Biologin, zu einer wirklichen beruflichen Entfaltung war sie aber zu selbstunsicher. Zwischen uns stellte sich rasch ein guter, emotionaler Kontakt her; eine positive Übertragung herrschte vor. Ganz im Gegensatz dazu schwieg sie hartnäckig; meine Gegenübertragung war ständig gefordert, um den verbalen Kontakt in Gang zu bringen. Sobald der zustande kam, war ein anregender Dialog möglich. Aber in der folgenden Stunde trat wieder die starke Hemmung ihres Assoziationsflusses auf. Mehrfach auf dieses Phänomen angesprochen, meinte sie nur, es müsse an meinem Alter liegen: Ich gehöre in etwa in die Elterngeneration. Sie meinte, bei Gleichaltrigen sei sie sehr spontan, was ich mir nicht recht vorstellen konnte, ihr aber glaubte.

Es dauerte eine Weile, in der ich durch den Gebrauch meiner kreativen Gegenübertragung sowie mit verschiedenen Deutungen die analytische Situation (quasi spielerisch) auflockern konnte. Das Problem der assoziativen Hemmung blieb aber bestehen.

Schließlich kam sie einmal in eine Stunde, in der sie ohne anfängliche Pause sagte, sie habe Angst, was hier »passieren« könne. Dann schwieg sie. Ich geriet in eine Konfusion, der ich vorerst durch »Verstehen« begegnen wollte. Mir fielen Inhalte der letzten Stunden ein, Ereignisse ihrer Lebensgeschichte drängten sich mir auf, aber ich fand zu keiner Idee, wie ich die momentane Situation verstehen oder gar hätte deuten können. Schließlich gab ich es auf, die passende Deutungsoption zu finden. Daraufhin gelang es mir allmählich, meine Aufmerksamkeit darauf zu richten, was in mir emotional vorging. Die innere Konfusion wich einer inneren Bewegung, es fühlte sich wie ein Schaukeln an. Diese körperliche Wahrnehmung einer Hin- und Herbewegung führte in mir zu einem ängstigenden Gefühl, der Boden unter den Füßen würde schwanken. Daraufhin stellten sich bei mir Klangvorstellungen ein: Sie muteten wie durch einen Sturm aufbrausende, heftige Wellen an. Diese Klangvorstellung konkretisierte sich zu Hörassoziationen, die mich nachträglich am ehesten mit manchen dramatischen Passagen der symphonischen Dichtung *Die Moldau* von Friedrich Smetana erinnerten, es könnten ihnen aber auch Anklänge an Passagen von Debussys *La Mer* zugeschrieben werden.[9] Auf jeden Fall strukturierten diese Hörassoziationen meine anfängliche Konfusion. Das »innere Hören« wurde durch ein »inneres Sehen« ergänzt, als sich in mir die akustische wie auch visuelle Vorstellung einstellte, im Meer würde ein Sturm aufkommen.[10] Erst jetzt war es mir möglich, die Situation zu deuten, und so sagte ich zur Patientin, dass sie Angst habe, unser Analyseschiff könnte in einen Sturm geraten. Die Patientin wirkte erschreckt, schwieg aber und sprach dann über ein harmloseres Thema.

In die folgende Stunde brachte sie dann einen Traum mit: *Sie schwimme im Meer, ein Schiff sei untergegangen, wohl gekentert. Sie habe nach mir gesucht; offenbar waren wir beide auf diesem Schiff. Sie findet mich nicht. Angst erfasst sie und ein schlechtes Gewissen, weil sie Schuld am Untergang des Schiffes haben könnte.* Anfänglich wollte sie diesen Traum bei mir deponieren und hatte keine Einfälle dazu. Erst in der darauffolgenden Stunde fiel ihr zu diesem Traum ein, dass sie vor wenigen Jahren von einem älteren Mann zu einer Flussschifffahrt in Frankreich eingeladen worden war. Zuerst wollte sie ablehnen, der Mann war ihr aber sympathisch und die Aussicht auf diese Schiffsreise in der Flussjacht reizte sie. Alles fing ganz harmlos an; am Abend konnte sie es genießen, wie man sich an Deck betrank. Sie bemerkte jedoch, wie der Mann in immer heftigere Erregung geriet, bis man sich schließlich in die Kajüte zurückzog und im Bett landete. Eigentlich wollte sie nicht mit diesem Mann schlafen, aber sie wurde von seiner Erregung so angesteckt, dass sie sich dem nicht widersetzen konnte.

Die Übertragung war offensichtlich. Wir konnten verstehen, dass sie sich in unserer Beziehung sehr kontrollieren musste, wodurch ihre Spontaneität total zum Erliegen kam. Dahinter stand ihre Angst, sie könnte mich durch ihre Spontaneität erregen und wir beide würden die Kontrolle verlieren.

Kurz darauf tauchten bei ihr Kindheitserinnerungen an einen engen Freund

---

[9] Die angeführten musikalischen Beispiele sollen dazu verhelfen, sich annäherungsweise vorzustellen, von welcher Qualität die in mir auftauchenden Hörassoziationen waren.

[10] Vgl. Bions Ausführungen über den »emotionalen Sturm« (Bion 1994; vgl. auch Eickhoff 2011).

der Familie auf, den sie Onkel nannte und der auch ihr Taufpate war. Der spielte einst gerne mit ihr *Hoppe Hoppe Reiter*. Auch sie mochte das gerne und wollte immer wieder auf seinen Schoß; einmal war sie aber furchtbar erschreckt, als dieser Mann sich bei dem Spiel plötzlich zurücklehnte und stöhnte – unter ihrem Oberschenkel spürte sie etwas Hartes und Feuchtes. Plötzlich schob er sie weg und war unversehens verschwunden. Das war ungefähr in ihrem vierten Lebensjahr. Ab nun gab es kein *Hoppe Hoppe Reiter* mehr. Dieses Geschehen war bis zu der geschilderten analytischen Situation verdrängt. Nur so konnte sie ihre Zuneigung zu ihm erhalten. Aber im Verhalten ihm gegenüber und anschließend auch gegenüber anderen Männern der Vatergeneration, einschließlich dem Vater selbst, hatte sich seitdem etwas verändert; innerlich konnte sie die Verbindung zu diesen Männern aufrechterhalten, äußerlich aber vermied sie alle Kontakte zu zweit. Sobald sie alleine mit einem Mann der Vatergeneration war, erlebte sie ihn als völlig fremd und zog sich zurück. Und diese Fremdheit empfand sie mir gegenüber fast immer am Anfang der Stunde. Sie durfte nicht spontan sein, weil sie vermeiden musste, durch ihre Triebhaftigkeit auch an mir schuldig zu werden. Nach diesem Erkenntnisprozess legte sich ihre Hemmung, spontan zu assoziieren.

Anhand eines zweiten Fallbeispiels möchte ich nun verdeutlichen, wie im psychoanalytischen Prozess durch musikalisches Zuhören Bedeutungsbildungen möglich werden, die ein psychisches Geschehen betreffen, das dem Bereich des »Unrepräsentierbaren« zugehört. Welche Vorgänge spielen sich ab, die dazu führen, dass dem »impliziten Beziehungswissen« eine bewusstseinsfähige Bedeutung abgerungen werden kann?

Im Gegensatz zum ersten Fallbeispiel spürte ich hier eine deutliche Diskrepanz zwischen den mir dynamisch erschließbaren Inhalten und der »Musik des Geschehens in der analytischen Beziehung« (Ogden 2004, S. 74). Diese Diskrepanz hat sich mir erst durch das musikalische Zuhören erschlossen.

Der Patient ist ein 45-jähriger Mann, von Beruf Krankenpfleger in einer psychiatrischen Einrichtung für Jugendliche. Er lebt unverheiratet mit seiner Partnerin, das Paar hat keine Kinder. Schon vor Jahren hatte er eine psychoanalytische Psychotherapie gemacht, die ihm zunächst sehr geholfen hatte. Als er zu mir kam, plagten ihn panikartige Angstzustände, die sich vor allem in Zukunftsängsten äußerten. Er fürchtete, die Anforderungen des jeweils kommenden Tages nicht mehr erfüllen und schließlich seinen Beruf gar nicht mehr ausüben zu können. Er wurde für einige Tage krankgeschrieben, weil er fürchtete, er würde wegen seiner depressiven Phasen »innerlich zusammenbrechen«. Auslösende Situation war ein Gespräch mit einem jugendlichen Patienten, der sehr belastende Erlebnisse und die damit verbundenen destruktiven Phantasien bei meinem Patienten abgeladen hatte. Er hatte zuerst alles in sich aufgenommen; als aber starke Ängste in ihm aufstiegen, musste er das Gespräch abrupt abbrechen. In den probatorischen Gesprächen erfuhr ich noch von einem psychischen Zusammenbruch, den er im Alter von 13 Jahren erlitten hatte und nach dem ihm Psychopharmaka verordnet worden waren. Hinter seinen schwer definierbaren Symptomen fand man damals nichts; später stellte sich heraus, dass es sich um Depersonalisationserlebnisse gehandelt haben musste. Wir vereinbarten eine psychoanalytische Psychotherapie, die wegen der langen Anreise, die der Patient zu mir machen musste, zeitweise niederfrequent war.

In der folgenden klinischen Darstellung lasse ich viele Inhalte weg und konzentriere mich nur auf das Material, das zur Verdeutlichung meiner Überlegungen dient.

Bald nach Therapiebeginn kam der Patient auf das Gespräch mit dem jugendlichen Psychiatriepatienten zu sprechen, das zum Auslöser seines psychischen Zusammenbruchs geworden war. Wie sich zeigte, war das Gespräch für meinen Patienten deshalb so belastend, weil – wie ich ihm deutete – es sich um destruktive Vorstellungen über Trennung und Tod handelte. Auf diese Interpretation erinnerte sich der Patient, dass vor zwei Tagen der Todestag seines Vaters war; ein Datum, das sich fest in seine Erinnerung eingegraben hatte. Mit dem kriegsversehrten Vater verbunden waren dessen Kriegserlebnisse, die er häufig dem Patienten aufdrängte. Das ereignete sich vom fünften bis achten Lebensjahr des Patienten. Besonders eingeprägt hatte sich bei ihm ein bestimmtes, grässliches Kriegserlebnis seines Vaters. Der war noch als junger Mann zum Kriegsdienst eingezogen und während der Ardennenoffensive (1944) eingesetzt worden. Der Vater erhob sich kurz aus dem Schützengraben, als er bemerkte, wie ein feindlicher Soldat mit einem Gewehr auf ihn zielte. Schon sah er seinen Tod vor Augen, als er noch mitkriegte, wie Kopfteile des Soldaten durch ein Geschoss seines Kameraden weggerissen wurden. Diese Erzählung erschütterte mich; ich war aber höchst verwundert, wie sachlich-neutral mir der Patient das berichtete. In mir herrschte eine Stimmung vor, die ich als ein verzweifeltes, trauriges musikalisches Hören wahrnahm. Im Nachhinein assoziierte ich zu dem affektiv Erfassten, aber Unsagbaren, Passagen des »Lacrimosa« aus Mozarts *Requiem*, womit ich das Unsagbare durch eine Klangvorstellung anreicherte und damit die Bedeutungsbildung auf den Weg brachte.

Nach einer kurzen Pause, während der ich noch dieser Diskrepanz zwischen meiner dunkel-unheimlichen und angstvollen Stimmung und der fast neutralen

Unbeteiligtheit des Patienten nachspürte, überkam den Patienten ein wie aus der Tiefe aufsteigendes Weinen, das seinen ganzen Körper erschütterte; er krümmte sich am ganzen Körper und wurde kreidebleich. Mich erschütterte, was da gerade in ihm vorging, und ich versuchte, ihm einen emotionalen Halt zu geben. Letztlich erlebte ich mich aber hilflos und verstand das Geschehen nicht. Nachdem er sich beruhigt hatte, konnte ich interpretieren: Er habe sich den belastenden Kriegserzählungen des Vaters ausgesetzt, weil er dachte, nur so könne er sich dessen Interesse an ihm erhalten. Und daraus entwickelte sich seine Vorstellung, er müsse anderen helfen, aber eigene Probleme selbst bewältigen. Er nahm meine Interpretationen an und fand sie hilfreich. Inhaltlich war sie wohl zutreffend, aber für mich »stimmte« unser Diskurs nicht wirklich, weil weder meine dunkel-angstvolle Stimmung noch sein erschütterndes Weinen dadurch verstanden wurden.

Der Patient überschwemmte mich nun mit reichlich Material und ich bemühte mich, mit analytischen Erkenntnissen deutend dagegenzuhalten. Die »Musik der Psychoanalyse« war aber wie ein Dahinjagen – ein Affekthören, zu dem ich nachträglich das Hauptthema des 1. Satzes von Mozarts großer g-Moll-Symphonie assoziierte. In den folgenden Stunden weinte der Patient noch öfter auf erschütternde Weise. Mein Eindruck verstärkte sich, dass dieses Weinen besonders dann auftrat, wenn es um seinen Vater ging, der sich entweder angetrunken-ratlos entzogen oder intrusiv von seinen unbewältigten Erlebnissen erzählt hatte.

Ich war ihm zwar durchaus zugewandt und auch mitfühlend, ein tiefer emotionaler Zugang zu seinem totalen Ausgeliefertsein blieb mir aber verschlossen. Rückwirkend betrachtet, wollte ich diesen Mangel mit etwas intellektualisierenden Deutungsangeboten kompensieren. Die mir zugängliche analytische Atmosphäre war daher eher als pseudo-optimistisch zu beschreiben. Sie ist am ehesten durch eine Hörassoziation zu charakterisieren, die dem Duktus des 3., vorletzten Satzes von Tschaikowskys 6. Symphonie, der *Pathétique*, entspricht. Psychodynamisch gesehen, blieb ich mit jenem Objektanteil des Patienten identifiziert, der Unerträgliches omnipotent abwehrt.

Emotional näher kam ich dem Patienten, als ich sein Weinen als Ausdruck seiner tiefen Verzweiflung benennen konnte, weil es für ihn keinen Ort gab, wo er sich wirklich sicher fühlen konnte. Die erwähnte Diskrepanz verminderte sich zwar, sie blieb aber bestehen.

Es folgte eine Phase, in der es vor allem darum ging, sich gegen Bedürfnisse anderer, insbesondere gegen Bedürfnisse ihm zur Pflege anvertrauter Patienten, abzugrenzen. Er ging auf mein Deutungsangebot ein, dass er sich auch deshalb auf die Bedürfnisse anderer so intensiv einlasse, weil es ihm um die Berücksich-

tigung seiner eigenen Bedürfnisse gehe. Auf einer ich-nahen Erkenntnisebene ließ sich das auch in der Übertragung besprechen.
In der nächsten Stunde erlebte ich ihn kühl und abweisend. Dezidiert sagte er, er habe keine Lebensberechtigung, wenn er nicht für andere da sei. Er hatte sich gegenüber Kollegen mit eigenen Ansprüchen durchsetzen wollen und dafür klagte er sich an. Mit seinem Vorgehen hätte er sich nur ins Unrecht gesetzt. Es folgten auch Äußerungen, die auf ein aufkeimendes Misstrauen gegenüber dem »analytischen Instrument« hindeuteten. Unmittelbar fiel ihm eine Filmszene ein, in der es um die Erschießung des Hitlerattentäters Graf von Stauffenberg ging. Während er das relativ sachlich einbrachte, schien sich in der Musik meines analytischen Zuhörens so etwas wie ein Absturz abzuzeichnen. Zu meinem Affekthören assoziierte ich musikalisch eine Generalpause, wie sie in Symphonien von Bruckner unvermittelt nach einem orchestralen Ausbruch auftreten.

Diese Sequenz zeigt, wie der Patient auf einer repräsentierbaren Erlebnisebene meinen Deutungen folgen konnte, weil sie ihn vordergründig als das Über-Ich mildernd entlasteten. In einem nicht-repräsentierbaren Erlebnisbereich haben ihn diese Deutungen aber verfehlt: Die Durchsetzung seiner Bedürfnisse erlebte er in dieser archaischen Erlebnisschicht als destruktiv. Dem Patienten fehlte jegliche Vorstellung, dass er destruktive Impulse reparieren könne. Deshalb könne darauf nur eine vernichtende Strafe folgen. Diese archaische Erlebnisschicht war aber im Übertragungsraum noch nicht etabliert, sondern nur durch das erwähnte musikalische Hören zu ahnen.

Sein Zustand verschlechterte sich noch, als er von der Dekompensation einer ehemaligen Freundin erfuhr, die wegen der Trennung von ihrem Mann in einer psychiatrischen Klinik behandelt werden musste. Er war unbewusst mit ihr identifiziert und fürchtete selbst einen Zusammenbruch. Diese Ängste zu containen, war in diesem Moment schwer für mich; er muss sich deshalb bis zur nächsten Stunde nicht mehr genug gehalten gefühlt haben, sodass er telefonisch um eine Extrastunde bat. In dieser Stunde meinte er, er sei auf »seine Wunde« gestoßen, die er nie sehen wollte; sein »seelisches Haus« sei »auf ein instabiles Fundament gebaut«. Er fürchtete, er würde »auf ein Nichts« stoßen,[11] wo es keine Beziehungen mehr gibt. Er sagte, er würde sich »verkrampfen«, und selbst das Weinen, wie es ihn in früheren Stunden entlastet hatte, war ihm nicht mehr möglich. Meine Deutung, er könne seine Tränen nicht mehr herauslassen, weil er keine Vorstellung habe, sie könnten aufgefangen werden, linderte seine Verzweiflung. Er erkannte dann, dass seine Angst, ich wäre ihm verlorengegangen,

---

[11] Offenbar erfasste ihn eine »archaische Angst« (Winnicott 1991).

ihn dazu veranlasst hatte, mich anzurufen. Mir war klar, er litt unter heftigsten Objektverlustängsten und brauchte mich als konkret anwesendes Objekt. Es gab aber zwischen uns kein »emotionales Fließen«, ich war ohne seelischen Kontakt zu ihm und doch war mir klar, wie dringend er meine Hilfe brauchte. Da wir gerade vor einer kürzeren Ferienpause standen, nannte ich ihm meine private Telefonnummer.

Als er nach dieser Pause wieder zu mir kam, fühlte er sich »wie ein Stein«; er war ganz leblos, wie erstarrt und ohne Zugang zur Außenwelt. Sein Magen schmerzte und er dachte, etwas von innen zerfrisst ihn. Das könne er nicht herausbringen. Ich sagte, er könne es nicht einfach ausspucken, weil auch Gutes damit verlorenginge. Darauf fiel ihm ein, er habe sich während seiner schweren psychischen Krise in der Pubertät innig mit Jesus verbunden gefühlt. Es folgten Einfälle, die von Angriffen dritter Personen auf eine enge, duale Beziehung handelten. In der Art, wie er über diese Personen sprach, kam eine erschreckende Erbarmungslosigkeit zum Ausdruck. Meiner wohl vorschnellen Deutung, er sei auf mich wütend gewesen, weil ich ihn in den Ferien alleine gelassen hatte, widersprach er und betonte, wie froh er sei, gerade mich als therapeutisches Gegenüber zu haben.

Im Gegensatz dazu sagte mir mein Affekthören, dass sich in diesem Moment ein erbarmungsloser Angriff auf mich abspielte. Meine diesem Geschehen entsprechenden Klagvorstellungen lassen sich am ehesten mit Bartóks *Allegro barbaro* beschreiben.

Sein Einfall, dass er sich in der kritischen Phase in seiner Jugendzeit als Bevorzugter von Jesus phantasierte, offenbart, wie heftig er spalten musste, um mich in einer idealisierten (Jesus-)Position vor seiner Destruktion zu schützen. Seine Wut galt aber fast ungebremst den Störern der Dualunion.

Nach seiner Versicherung, wie wichtig ich für ihn sei, klagte er über ein unangenehmes Spannungsgefühl zwischen Hoden und After; dynamisch verstand ich das als homosexuelle Unterwerfung. Es war eindeutig eine progressive Abwehr seines aggressiven Potenzials. Auf diese Weise organisierte sich das dynamische Geschehen auf der Ebene des psychisch Repräsentierten. Die negative Übertragung drängte nun in unsere Beziehung. Der Patient brachte seinen deutlich älteren Bruder ins Spiel, der sich in die Rolle eines Ersatzvaters begeben und ihn unterworfen hatte. Obwohl er mein Verhalten strikt von dem des Bruders unterschied, rutschte ihm dann doch die Bemerkung heraus, ich würde manchmal wie sein Bruder »chinesisch« sprechen und mich über ihn erheben, wenn er mich nicht gleich verstand. In der Übertragung oszillierte der Patient zwischen aggressiven Phantasien und Reaktionsbildungen dagegen. Mit Beschämung teilte er eine Phantasie mit, dass er einmal voller Wut einen Speer nach dem Bruder hatte werfen wollen (er betrieb einige Zeit Speerwerfen als Sport). Kurz danach folgte ein Traum: *Sein Vater liegt verletzt am Boden und er geht ungerührt an ihm vorbei. Eine Stimme aus einer Menschenmenge kritisiert seine gleichgültige Kälte.* Dieser Traum ließ mich aufhorchen, weil neben der Thematik von Aggression und gegensteuernder Reaktionsbildung das Thema des Verlassenseins aufgegriffen wurde. Im Traum war er es, der im Sinne einer Rollenumkehr aktiv verlässt.

Auf der Ebene des psychisch Repräsentierten ließ sich im Folgenden einiges bearbeiten. Bei dem Patienten tauchten Erinnerungen an die Zeit seiner psychischen Krise in seinem 13. Lebensjahr auf. Er fühlte sich damals total verlassen und er fürchtete, seine seelische Existenz würde sich auflösen. Nur in einer phantasierten Vereinigung mit einem idealen Objekt – nämlich durch die Phantasie, er sei ein Auserwählter von Jesus – konnte er damals seelisch überleben. Diese Phantasie hatte ihn vor seiner unerträglichen Angst, Verzweiflung und Hilflosigkeit geschützt. Er hob aber in eine narzisstische Welt ab, in der er emotional unberührbar wurde. Wie der erwähnte Traum mit dem am Boden liegenden Vater zeigte, konnte er über eine Identifikation mit dem Aggressor aktive Kräfte in sich mobilisieren. Mir schien, jetzt müsse er sich nicht mehr so sehr in eine narzisstische Welt flüchten, um den Gefühlen von unerträglicher Hilflosigkeit und Angst zu entgehen.

In einer kurz darauf folgenden Stunde war ich deutlich bemerkbar erkältet. Für den Patienten war ich deshalb wenig zugänglich und das brachte er erstmals mit seiner Mutter in Zusammenhang. Er erlebte sie in manchen Situationen als kalt, abwesend und schwer erreichbar. Sie war zwar äußerlich zumeist anwesend, ihm fielen aber jetzt viele Situationen ein, in denen er keinen wirklichen Zugang zu ihr fand. Diese unnahbare Seite seiner Mutter war ihm zwar immer schon bekannt, er machte sich aber bisher wenige Gedanken darüber, weil er das stets mit ihrer Überlastung entschuldigt hatte. Nun konnte er erkennen, dass er sich von der Mutter verlassen fühlte, wenn sie emotional abwesend war. Allmählich begann er, Ärger über die Mutter zu spüren. Diese wütenden Gefühle machten ihm Angst und er musste sie wieder zurücknehmen. Im Zusammenhang mit meiner Erkältung konnte er trotzdem die Phantasie an sich heranlassen, dass er mich durch seine Wut, von mir verlassen worden zu sein, krank gemacht haben könnte. Den wütenden Affekt artikulierte er allerdings nur gegenüber seiner Partnerin, die aus familiären Gründen plötzlich verreisen musste. Als ihm der Ausdruck seiner starken Wut ihr gegenüber gelungen war, dachte ich, nun sei er seinen Gefühlen des Verlassenwerdens nicht mehr so ausgeliefert. Er bestätigte diesen Eindruck durch Bemerkungen, dass er sich nicht mehr in einer »depressiven Soße« befinden würde. Deshalb teilte ich die Zuversicht des Patienten, er werde die bevorstehende Ferienpause ohne größere Probleme ertragen. Etwas beunruhigt fand ich dann aber die diese Situation begleitenden Klangvorstellungen, denen der Charakter einer harten und endgültigen Trennung entsprach, die nichts von trauerndem Abschied hatte. Die diesem Affekthören entsprechenden Hörassoziationen lassen sich am ehesten mit den Hinrichtungsschlägen aus Beethovens »Egmont-Ouvertüre« konkretisieren.

Der Patient kam nach den Ferien in einem Zustand, der nicht dem Inhalt der vorangegangenen Stunden, sondern meiner Klangvorstellung entsprach. Mit stockenden Worten sagte mir der Patient, er erlebe es so, als ob ich nicht mehr für ihn existieren würde. Und dann weinte er sehr lange auf seine erschütternde Weise. Der emotionale Kontakt war abgebrochen; ich spürte keine »Musik« in der Beziehung und rettete mich in die theoretische Vorstellung, ich sei für ihn vom abwesend guten zum anwesend bösen Objekt geworden. Seine diesmal sehr affektbetonten Einfälle betrafen heftige Kriegsträume, die er in der analysefreien Zeit hatte. Eine bestimmte Traumvariante tauchte wiederholt auf: *Ein Soldat schießt auf ihn, er ist getroffen und spürt, wie sich sein Körper aufzulösen beginnt.* In dieser Stunde habe ich nichts gedeutet, sondern nur sein mich betroffen machendes und zugleich befremdendes Weinen ausgehalten. Die folgende Stunde leitete er mit der Bemerkung ein, wie wichtig es für ihn gewesen war, dass ich sein Weinen ausgehalten habe, ruhig war und bei ihm geblieben sei. Er sei nahe daran gewesen, »nach unten abzurutschen«. Mein Bei-ihm-Bleiben habe ihm den Halt gegeben, den er von seinen Eltern nie bekommen habe.

Insgesamt war ich tatsächlich ruhig geblieben. Es gab aber eine kurze Phase, in der ich meinte, der Boden würde mir unter den Füßen wegschwimmen. Auch jetzt gab es keine musikalische Vorstellung, sondern mir half das Vertrauen in die Methode. Ich »wusste« um seine große Gefährdung und ich hoffte, er würde diese Situation bewältigen, wenn ich mich ihm als gutes Objekt zur Verfügung stelle. Zu seinem erschütternden Weinen fand ich aber weiterhin keinen emotionalen Zugang: Er hatte mich also nicht wirklich getroffen.

Ein vorwurfsvoller Ton schwang mit, als er seine Unsicherheit ansprach, ob ich ihn nicht ganz vergessen würde, wenn ich weg sei. Er würde dann für mich nicht mehr existieren und das mache ihn wütend; am liebsten würde er »die Sau rauslassen«. Akzeptieren könnte ich ihn doch nur, wenn er es einfach hinnehmen würde, alleine gelassen zu werden. Dieser Umstand löse einen tiefen Groll bei ihm aus. Aber so eine »innere Revolte« könne er nicht lange durchhalten und dann verfalle er wieder seiner Depression.

Bedeutungsbildungen durch »musikalisches Zuhören«

In einer der folgenden Stunden sprach er wieder von seiner Angst, er könnte »sich ganz auflösen«. Dazu erinnert er einen Traum, in dem er ständig Speere nach mir wirft, die mich zwar nicht treffen, mich aber sehr ängstigen. Diesen Trauminhalt verband er mit seiner Angst und Verzweiflung darüber, dass er dachte, ich könnte nicht verstehen, wie schlecht es ihm wirklich gehe. Schließlich rang er sich durch und sagte mir, es sei kein Traum gewesen, sondern eine im Moment entstandene Phantasie. In diesem Moment verstand ich tatsächlich nichts und spürte nur Angst. Erst später erkannte ich, dass er mich sein Dilemma erleben lassen musste, das sich aus seiner unbewussten Phantasie ergab: Wenn er mich erreicht und trifft, zerstört er mich und geht mit mir unter. Erreicht er mich aber nicht, stirbt er seelisch wegen meiner Unerreichbarkeit. Die analytische Situation war sehr angespannt und für mich schwer erträglich. Ich fühlte mich den »Kräften« dieser Situation ausgesetzt und verfügte im Moment nicht mehr über meine exzentrische Position.[12] Auf dem Wege einer projektiven Identifikation übte der Patient einen derartigen Druck aus, dass ich mich in ein »Einssein« mit ihm gezwungen sah. In dieser totalen Ungetrenntheit erreichte mich der Patient nun wirklich: Wir waren »eins« im Untergang.

In der gemeinsamen Vernichtungsangst war es im Moment nicht unterscheidbar, ob er mich oder ich ihn töte. In dieser prekären Lage tauchte ein Affekthören in mir auf. Die unheimliche, unerträgliche Stimmung bekam eine Gestalt durch einen sich mir aufdrängenden Ton. Im Nachhinein konnte ich eine Ähnlichkeit dieser rudimentären Tongestalt mit dem hohen, viergestrichenen »e« aus dem Finale des 1. Streichquartetts von Smetana assoziativ erkennen. In der Situation selbst war mir das aber nicht bewusst.

Diese Klangassoziation stellte einen ersten Transformationsschritt dar, weil sich in mir schon eine Vorstellung von dem affektiven Geschehen gebildet hatte.[13] In meinem Vorbewussten war dieser Ton zuerst als Präsentation für ein in meiner Lebensgeschichte schwer erträgliches Ereignis gespeichert. Im Zuge früherer Auseinandersetzung mit diesem Ereignis wurde für mich dieser Ton zu einer Repräsentanz der Bewältigung dieses Ereignisses. Darauf konnte ich nun in der geschilderten analytischen Situation zurückgreifen. Die bisherige Erkenntnisgewinnung, die durchaus nicht ohne Empathie war, hatte sich auf der Ebene des psychisch Repräsentierten abgespielt. Erst als der Patient diese Seite in mir getroffen hatte, verstand ich, warum ich ihn im Innersten noch nicht verstanden

---

[12] Der empathische Drittenbezug (Dantlgraber 1982) ist mir abhandengekommen.
[13] Diese musikalische Assoziation wurde dadurch zum präsentativen Symbol (Langer 1965).

hatte: Denn auf der nichtrepräsentierten Beziehungsebene gibt es vorerst kein Verstehen, sondern nur ein gemeinsames Erleben. Selbstverständlich hatte es auch mit dem Patienten zu tun, dass sich mir in dieser Situation gerade dieser Ton zur Repräsentanz dieses Geschehens einprägte. Schließlich litt der Patient zeitweise an Tinnitus und der sich mir aufdrängende Ton hatte Ähnlichkeiten mit Ohrgeräuschen, wie sie bei Tinnitus vorkommen.

Dieses Geschehen leitete eine Wende im analytischen Prozess und im Befinden des Patienten ein. Bis zu diesem Zeitpunkt war es in erster Linie um ein Verstehen der dynamischen Entwicklungsverläufe gegangen. Die »Musik« der analytischen Beziehung erlebte ich in der grundsätzlichen Tendenz disparat zu den Inhalten unseres verbalen Austauschs. Wegen dieser Dissonanz gab es über weite Strecken der Behandlung eine Verengung des assoziativen und kognitiven Raumes. In der Situation, als er mir seinen Tagtraum, mich mit seinem Speer treffen zu wollen, erzählte, verstanden wir nichts, sondern es ereignete sich etwas zwischen uns beiden, das unsere Beziehung veränderte. Es »erschien« etwas Neues, wodurch das Zurückliegende verändert wurde. Im »Einssein« konnte er mich endlich erreichen, so wie er es immer bei seiner Mutter vermisste. Zugleich aber taumelten wir in eine Welt des Untergangs in absoluter Ungetrenntheit, in der nicht differenziert werden konnte, ob er mich oder ich ihn vernichte. Erst meine Klangvorstellung (Smetanas »hohes e«) wirkte wie ein trennendes Signal. Indem sie als ein persönliches Idiom aus meiner Eigenwelt stammte, versicherte sie mir meinen von ihm getrennten Standort. Dazu konnte es nur kommen, weil der Patient einen Angriff auf mich wagen musste – auf mich als ein frühes Übertragungsobjekt, mit dem er in Liebe und Hass verschmolzen war. Und diesen Angriff musste ich überleben,[14] was mir durch mein Besinnen auf unsere Getrenntheit möglich war und sich dem Patienten unmittelbar vermittelte. Bisher kam diese Verschmolzenheit nur in seinem erschütternden Weinen zum Ausdruck – in einem Weinen, das mich selbst erschütterte und das ich doch lange Zeit nicht wirklich verstehen konnte. Nach seinem Angriff auf mich wurde mir die Bedeutung seines Weinens zugänglich: Es drückte seine Verzweiflung aus, mich nicht erreichen zu können, und zugleich seine Angst, wenn es ihm gelänge, würde er mich vernichten. Das oben geschilderte Einssein im Untergang, aus dem mich meine Klangvorstellung rettete, führte schließlich zu einer Verlebendigung unseres Kontaktes. Tatsächlich war ich bis dahin durch eine gewisse Unberührbarkeit eher zu einer »toten Mutter« (Green 2004) gewor-

---

[14] Vgl. Winnicott (1973): Destruktion tritt dann auf, wenn das Objekt objektiv wahrgenommen wird, Autonomie entwickelt und zur erlebbaren Realität gehört.

den. Jetzt zeigte sich, dass die hasserfüllte Rivalitätsbeziehung zu seinem älteren Bruder, vor allem aber sein höchst ambivalentes Verhältnis zu seinem Vater eine Folie für die Probleme seiner frühen Mutterbeziehung darstellte. Diese Defizite aus der Mutterbeziehung waren nicht psychisch repräsentiert und nur in seinem impliziten Beziehungswissen vorhanden. Erst durch den analytischen Prozess sind sie seinem Bewusstsein zugänglich und verstehbar geworden. Ich formuliere verkürzt: Der Patient hat seine frühen, nur im impliziten Beziehungswissen gespeicherten Defizite der Primärbeziehung auf der repräsentierten Ebene der Vaterbeziehung organisiert. Diese Pathologie war aber so tief verankert, dass eine Bearbeitung auf der repräsentierten Beziehungsebene keine Veränderung brachte und nach der früheren drängte. Wenn er immer wieder darauf zurückkam, wie schädigend sich die Kriegserzählungen seines Vaters auf ihn auswirkten, dann war das auch als ein Versuch zu verstehen, mit dem primären Objekt auf sadomasochistische Weise verbunden zu bleiben.

Was nun in weiterer Folge mit dem Patienten analytisch konstruiert und bearbeitet werden konnte, schildere ich aus Zeitgründen unter Verzicht auf das interaktionelle Geschehen.

Der Patient hatte sich auf die Kriegserlebnisse des Vaters fixiert, die ihn überforderten und ihn immer wieder in Träumen verfolgten, weil er darin eine repräsentierbare Erklärung für das Fehlen eines ausreichenden Reizschutzes fand. Implizit »wusste« er, sein damals kindlicher Container wurde so »zerfetzt« wie der Kopf des gegnerischen Soldaten in der Erzählung des Vaters. Seelisch zerfetzt sein stand für die Fragmentierungsängste des Patienten, die er erlebt haben musste, wenn er seine Mutter wie eine Fremde nicht erreichen konnte und sie ihm keinen hilfreichen Container zur Verfügung stellen konnte. Nur durch sensomotorische Induktionen war es ihm möglich, diese frühen Objekterfahrungen in die analytische Beziehung einzubringen. Im Verlauf des analytischen Prozesses bildeten sich bei ihm Vorstellungen eines abwesenden Objekts aus. Weil das für ihn unerträglich war, wurde ich für ihn zum anwesend bösen Objekt. Erst durch den Angriff auf mich, den ich überlebte, wurde ich ein getrenntes Objekt für ihn, mit dem er sich nun weiter auseinandersetzen konnte.

Die Veränderung, auf die ich schon hingewiesen habe, drückte sich in einem Traum aus, den der Patient einige Stunden nach dem geschilderten dramatischen Geschehen berichtete und der eine deutliche Übertragungsrelevanz hatte. In diesem Traum fühlte er sich im Arm der Mutter gehalten. Selbstverständlich war diesem Traum auch ein Wunschcharakter eigen und es überrascht nicht, dass die analytische Behandlung noch einige Zeit fortgeführt wurde, wobei sich auch Rückschläge einstellten. Ein deutlicher Rückgang seiner depressiven Symptomatik stellte sich aber ein. Gegen Ende der Behandlung meinte der Patient, dass er »mit den Füßen am Boden« angekommen sei. Er habe sich von der Vorstellung lösen können, dass Trennung Tod bedeutet, und habe erkannt, dass jeder ein eigenes, getrenntes Leben hat.

Beide Fallbeispiele verweisen auf die klinische Bedeutung des musikalischen Zuhörens. Durch diesen Vorgang erfasst der Analytiker via sensomotorischer Induktion unsagbares – weil entweder verdrängtes oder niemals repräsentiertes – affektives Material des Patienten. Zuerst imponiert es als ein Affekthören. Diese unstrukturierte Hörvorstellung wird mit Klangvorstellungen assoziiert, die sich bis zu Assoziationen eines konkreten Musikstückes verdichten können. Auf diese Weise findet im Analytiker ein Transformationsprozess statt, der dazu führen kann, dass sich in einer nichterfassbaren analytischen Situation Bedeutungen bilden können, die zu einem diskursiven Verstehen führen.

Literatur

Balint, M. (1973): Therapeutische Aspekte der Regression. Reinbeck b. Hamburg (Rowohlt).
Bion, W. R. (1990 [1962]): Lernen durch Erfahrung. Frankfurt/M. (Suhrkamp).
Bion, W. R. (1994 [1979]): Making the best of a bad job. In: Ders.: Clinical Seminars and Other Works. London (Karnac), 321–331.
Dantlgraber. J. (1982): Bemerkungen zur subjektiven Indikation für Psychoanalyse. Psyche – Z Psychoanal 36, 191–225.
Dantlgraber. J. (1989): Psychoanalytische Haltung und Übertragungsbeziehung. Psyche – Z Psychoanal 43, 973–1006.
Dantlgraber, J. (2008a [2000]): Die psychoanalytische Haltung. In: Mertens, W. & Waldvogel, B. (Hg.): Handbuch psychoanalytischer Grundbegriffe. 3. Aufl. Stuttgart (Kohlhammer), 279–282.
Dantlgraber. J. (2008b): »Musikalisches Zuhören« – Zugangswege zu den Vorgängen in der unbewussten Kommunikation. Forum Psychoanal 24, 161–176.
DeMasi. F. (2003 [2000]): Das Unbewusste und die Psychosen. Psyche – Z Psychoanal 57, 1–34.
Eickhoff, F.-W. (2011): Ein Plädoyer für das umstrittene Konzept der primären Identifizierung. Psyche – Z Psychoanal 65, 63–83.
Freud, S. (1915e): Das Unbewusste. GW 10, 264–303.
Green, A. (2004 [1983]): Die tote Mutter. Psychoanalytische Studien zu Lebensnarzissmus und Todesnarzissmus. Gießen (Psychosozial).

Grotstein, J. S. (2005): »Projective transidentification«: An extension of the concept of projective identification. Int J Psychoanal 86, 1051–1069. Dt. in: Junkers, G. (Hg.): Verkehrte Liebe. Ausgewählte Beiträge aus dem International Journal of Psychoanalysis. Bd. 1, Tübingen 2006 (edition diskord), 159–186.

Kutter, P. (1988): Grundhaltung, professionelle Einstellung und psychoanalytische Methoden. In: Kutter, P., Páramo-Ortega, R. & Zagermann, P. (Hg.): Die psychoanalytische Haltung. München/Wien (Verlag Internationale Psychoanalyse), 17–28.

Kutter, P. (2009): Bis an die äußersten Grenzen. Richard Strauss' Elektra – psychoanalytisch gedeutet. In: Oberhoff, B. & Leikert, S. (Hg.): Opernanalyse. Musikpsychoanalytische Beiträge. Gießen (Psychosozial), 149–175.

Langer, S. (1965 [1942]): Philosophie auf neuen Wegen. Frankfurt/M. (Fischer).

Leikert, S. (2008): Den Spiegel durchqueren. Die kinetische Semantik in Musik und Psychoanalyse. Gießen (Psychosozial).

Leikert, S. (2011): Die kinästhetische Semantik. Psyche – Z Psychoanal 65, 409–438.

Ogden, T. H. (2004 [2001]): Gespräche im Zwischenreich des Träumens. Der analytische Dritte in Träumen, Dichtung und analytischer Literatur. Gießen (Psychosozial).

Stern, D. N. et. al. (2002): Nicht-deutende Mechanismen in der psychoanalytischen Therapie. Psyche – Z Psychoanal 56, 974–1005.

Stern, D. N. (2005 [2004]): Der Gegenwartsmoment. Frankfurt/M. (Brandes & Apsel).

Winnicott, D. W. (1991 [1951]): Die Angst vor dem Zusammenbruch. Psyche – Z Psychoanal 45, 1116–1126.

Winnicott, D. W. (1973 [1968]): Objektverwendung und Identifizierung. In: Ders.: Vom Spiel zur Kreativität. Stuttgart (Klett-Cotta), 101–120.

Friedrich Markert

Der Handlungsdialog
Gedanken zur Abstinenzregel
und zur psychoanalytischen Identität,
dargestellt an der Fallgeschichte einer Übertragungsliebe

Durch die Geschichte der psychoanalytischen Bewegung zieht sich die lange Spur einer falsch verstandenen Abstinenzregel. Es besteht Übereinstimmung, dass eine psychoanalytische Behandlung nicht ohne Abstinenz, aber wohl ohne falsch verstandene Abstinenz durchgeführt werden kann. Man könnte die Behauptung aufstellen, dass die Abstinenzregel bei der Behandlung jedes Patienten neu erfunden und angepasst werden sollte.

In diesem Beitrag möchte ich einige Gedanken zur Abstinenzregel sowie zur psychoanalytischen Identität darlegen, und zwar anhand der Schilderung einer Übertragungsliebe. Bei meinen Ausführungen werde ich mich des Begriffs »Analysant« im Sinne Lacans bedienen. Lacan will mit der Verwendung des t anstelle des d verdeutlichen, dass der Analysant nicht vom Analytiker »analysiert« werde, sondern dass er selbst der Analysierende, der Analysant sei, während es die Aufgabe des Analytikers sei, ihn dabei aktiv zu unterstützen (Evans 2002).

In ihrer Arbeit *Über die Notwendigkeit für den Analytiker, mit seinen Patienten natürlich zu sein* (1978) hat Paula Heimann die Haltung und Einstellung des Analytikers als offen, spontan, intuitiv, persönlich und natürlich beschrieben. Der Analytiker lässt den Analysanten an seinen Gefühlen und Gedanken teilnehmen und zieht sich nicht in eine unpersönliche Abstinenz zurück, sondern zeigt sich dem Patienten als Person. Wir können unser authentisches Wesen durchscheinen lassen oder aber hinter einer Maske verbergen – wovon bereits die Etymologie des Wortes zeugt: Das lateinische Wort »personare« bedeutet »durchklingen lassen«, »persona« hingegen heißt »Maske«.

Für Paula Heimann ist jede Analyse aufgrund der Persönlichkeit beider Partner einzigartig. Vom neutralen Analytiker bis zum Neutrum ist es nur eine sehr kurze Distanz – so Paula Heimann. Die passive Spiegel-Anonymitäts-Neutralitätshaltung des Analytikers, die, wie Cremerius (1984) herausgearbeitet hat, im

Zusammenhang mit den Verführungsversuchen hysterischer Patienten entstanden und ganz einem naturwissenschaftlichen Wissenschaftsideal verpflichtet ist, kommt für Heimann nicht mehr infrage.

Paula Heimann schildert in der oben erwähnten Arbeit eine Supervisionsstunde mit einem erfahrenen Psychiater, einem begabten Ausbildungskandidaten, der eine Analysestunde vorstellte, in welcher der Patient durchnässt und blau vor Kälte in die Stunde kam. Sie empfand die an sich richtigen Deutungen des Kandidaten als »lahm und leblos«, denn sein ursprüngliches, natürliches Gefühl, der Patient brauche vor allem zunächst ein heißes Getränk, hatte er beiseitegeschoben und nicht berücksichtigt. Er hatte das Gefühl weder gedeutet noch in Form eines Handlungsdialogs, in dem er dem Patienten ein heißes Getränk angeboten hätte, zum Ausdruck gebracht. Ein anderes Mal reagierte Paula Heimann sehr emotional, als eine Patientin die Leistungen eines jungen Mädchens in glühenden Farben mit der Bemerkung schilderte, »Sie können mit ihr reden wie mit einer Siebzigjährigen«, indem sie äußerte, dass diese Begeisterung sie einfach schaudern lasse. Die Mitteilung dieses authentischen und intuitiven Gefühls des Schauderns setzte dann bei der Patientin einen kreativen Prozess in Gang.

Paula Heimann hat bei der Ausbildung meiner psychoanalytischen Identität eine sehr große Rolle gespielt, denn sie vertrat eine analytische Identität und Einstellung, die mir sehr nahe sind. Zu behaupten, dass einzig fünf Stunden pro Woche als Analyse gälten, betrachtete sie als Unsinn und zitierte Willi Hoffer, der mit großem Nachdruck erklärte, er kenne Analytiker, die in einer einzigen Stunde pro Woche mehr Analyse leisteten als manch anderer mit fünf Wochenstunden.

Auch die Unsitte, keine Fragen zu stellen, kritisierte Paula Heimann mit Nachdruck. Natürlich gibt es unnütze Fragen, es gibt auch übergriffige, grenzüberschreitende Fragen. Doch darf auf keinen Fall übersehen werden, dass es Fragen gibt, durch die der Analytiker mit Interesse auf den Patienten zugeht und Such- und Erkenntnisprozesse anstößt. Warum-Fragen schaffen Abstand. Der Patient stellt sich neben sich, während Wie-, Was- und Wozu-Fragen Suchprozesse anstoßen und das Erleben vertiefen (Prior 2002). Dabei sollte nicht vergessen werden, dass Sokrates seine gesamte Philosophie darauf aufgebaut hat, seinem Gesprächspartner unablässig weiterführende Fragen zu stellen und somit immer tiefer in den Gegenstand des Gespräches einzudringen. Auch der Analytiker wird fragend zum interessierten und empathischen Teilnehmer, Partner und Begleiter auf der Reise in die innere Welt des Analysanten. Durch Fragen drücken sich aktives Dabeisein-Wollen, aktive Zuneigung und aktives Interesse sowie der Wunsch nach aktiver Nähe und Anteilnahme aus. Verhindert wird auf diesem Wege eine Atmosphäre passiver Neutralität und Anonymität oder eine Spiegel-Haltung, die nur widerspiegelt, was der Analysant dem Spiegel anvertraut, wodurch nicht selten eine Wiederholung der unempathischen Familiensituation ausgelöst wird, die zu einer malignen Regression oder Kollusion führen kann (Thomä 1981).

Nach meiner Überzeugung kann das Thema Abstinenzregel am sinnvollsten im Zusammenhang mit der Frage diskutiert werden: Was ist psychoanalytische Identität? Diese impliziert weitere Fragen nach dem Sinn und Ziel des psychoanalytischen Prozesses und danach, wodurch Psychoanalyse wirkt.

Psychoanalytische Identität und Abstinenzregel

Die psychoanalytische Identität basiert zunächst auf dem Wissen um die psychoanalytische Methode und Theorie sowie um deren gekonnte Anwendung. Die psychoanalytische Methode ist vor allem eine phänomenologische Methode. Beide Methoden wollen das Wesen der Phänomene wahrnehmen und erkennen. Es geht also um eine Wesensschau, um die unmittelbare Wahrnehmung des Anwesenden. Die phänomenologische Methode misst dem Hier und Jetzt der Gegenwart einen hohen Stellenwert bei und möchte die Phänomene nicht gleich mit subjektiven, theoretischen oder traditionellen Sichtweisen zudecken. Sie versinnlicht, verlangsamt und vergegenwärtigt den analytischen Prozess, denn es geht um ein tiefes meditatives Einlassen und Versenken in das Gegebene, ohne dies gleich zu vergegenständlichen. Es geht darum, das Alphabet der unmittelbaren Wahrnehmung zu erlernen, ähnlich der aristotelischen Vorstellung, nach der das Sein als Anwesendsein verstanden wird.

Wesentlich ist, in die Phänomene unmittelbar einzutauchen und in diesen aufzugehen, entsprechend den Zen-Buddhisten, die sagen: »Du kannst erst dann über einen Ast sprechen, wenn du selbst zu diesem Ast geworden bist.« Freud hat die Identifizierung als die »ursprünglichste Form einer Gefühlsbindung an ein Objekt« beschrieben (Freud 1921g, S. 118). Die phänomenologische Methode entspricht einer tiefen und umfassenden Identifizierung mit dem Wesen und dem Leid des Patienten.

Zur psychoanalytischen Methode gehören weiterhin jene Wirklichkeiten, die durch folgende Begriffe gekennzeichnet sind: Setting, Arbeitsbündnis, Übertragungs- und Gegenübertragungsbeziehung, gleichschwebende Aufmerksamkeit, reale Beziehung sowie vor allem die therapeutische Ich-Spaltung und die freie und konzentriert-freie Assoziation (Grundregel). Je nachdem, wie ein Analytiker diese Begriffe, denen ja empirische Wahrheiten entsprechen, begreift, wird dies auch Einfluss auf seine Interpretation, Definition und Handhabung der Abstinenzregel haben.

Am Beispiel der Grundregel und der therapeutischen Ich-Spaltung möchte ich dies kurz erläutern. Freud hat das Geschehen der freien Assoziation mit seiner Reisezugmetapher veranschaulicht: Eine Person sitzt in einem fahrenden Zug am Fenster, beobachtet, was zu sehen ist, und erzählt dies alles seinen Mitreisenden im Abteil.

Wenn man die phänomenologische Methode anwendet, die der hypnomeditativen entspricht, so kann man sich vorstellen, dass der Zug seine Geschwindigkeit reduziert, schließlich anhält, dass Patient und Analytiker aussteigen und sich mit konzentrierter Aufmerksamkeit einem Gegenstand zuwenden, ihn gemeinsam unter der Lupe und schließlich unter dem Mikroskop des fokussierten Verweilens betrachten. Dabei führt die Bewusstseinsverengung in der fokussierten Konzentration zu einer schöpferischen Bewusstseinserweiterung: Die Beschränkung macht den Meister (Markert 2005).

Freuds Forderung, »die Kur muss in der Abstinenz durchgeführt werden« (Freud 1915a, S. 313), besagt, dass der Analysant die Freiheit hat, sein Wesen, seine Emotionen, seine Gedanken, seinen Rohstoff der Gefühle so ursprünglich zur Sprache zu bringen, wie es ihm möglich ist (Grundregel). Der nächste Schritt besteht darin, aus vielen Perspektiven, vor allem auch aus der Übertragungsperspektive, diesen Rohstoff der Gefühle und der Gedanken sowie der Handlungsdialoge zu erforschen. Zugleich erlebt und erforscht der Analytiker seine Gegenübertragung, seine spontanen Emotionen, Gedanken, Handlungsimpulse und Handlungen und erkundet deren Bedeutungen durch Selbstreflexion. Die Abstinenzregel beinhaltet also – und dies ist wesentlich – das Konzept der therapeutischen Ich-Spaltung sowie deren Anwendung.

Nach Körner und Rosin (1985) enthält die Abstinenzregel sowohl einen subjektivierenden als auch einen objektivierenden Aspekt. Der subjektivierende Aspekt der Abstinenzregel besteht darin, dass Analysant wie Analytiker ihre Subjektivität erleben. Der Analysant teilt diese entsprechend der Grundregel dem Analytiker frei- und konzentriert-assoziativ mit, wodurch ein gemeinsames Forschungsprojekt entstehen kann (objektivierender Aspekt der Abstinenzregel). Der Analytiker hingegen erlebt und analysiert seine Subjektivität im Wesentlichen allein in seiner Werkstatt und nur ein Teil seiner Subjektivität wird in der analytischen Beziehung mit dem Analysanten kommuniziert. Ähnlich gehen Eltern mit ihrer Subjektivität in der Beziehung zu ihren Kindern um. Der objektivierende Aspekt der Abstinenzregel besteht also darin, die Subjektivität forschend zu betrachten (therapeutische Ich-Spaltung), denn alle analytischen Geschehnisse dienen dem höheren Sinne der Selbsterkenntnis.

Zur analytischen Identität gehört – und dies beeinflusst nach meiner Einschätzung die Handhabung der Abstinenz – auch die Erkenntnis, dass sich im psychoanalytischen Prozess Analytiker und Analysant existenziell begegnen. Dieses wechselseitige Kennenlernen, eingegliedert in das Setting, verstehe ich als intersubjektiv und interaktiv, das heißt, Analytiker und Analysant gestalten auf der analytischen Gegenwartsbühne ihre Begegnung in einem interpersonalen Feld. Diese Begegnung hängt mit den vergangenen internalisierten Beziehungserfahrungen zusammen, schafft aber auch Neues. Zwei Subjekte, zwei Personen begegnen sich existenziell und authentisch und erschaffen im Hier und Jetzt einen Erlebnisraum mit Inszenierungen, Szenen, Handlungsdialogen, Verwicklungen, Konflikten sowie Konfliktlösungen mit der Methode des Tacheles-Redens. Der Analytiker hat stets das Gefühl: Was der Analysant gerade ist, bist du auch. Das heißt, er begegnet sich selbst im Analysanten. Wie auf einer Bühne gestaltet sich also der analytische Prozess in einer existenziellen Begegnung von Analytiker und Analysant.

Und was ist der Sinn dieser Begegnung? Freud hat uns in einem Brief an Binswanger eine Antwort gegeben (Freud & Binswanger 1992). Auf die Frage, wodurch Analyse wirke, antwortete er, dass die Psychoanalyse durch die Liebe wirke. – Wenn man darüber nachsinnt, was Liebe ist, würde ich als wesentliches Element des Liebens das Erkennen und Anerkennen des Anderen benennen. Adam erkannte Eva und Eva erkannte Adam (Erde) nicht nur im Begehren, sondern im jeweiligen Wesen und Leid. Lieben heißt also, den Anderen in seinem Wesen erkennen und anerkennen. Erich Fromm (2005) hat in *Die Kunst des Liebens* die verschiedenen Formen der Liebe, Vater-Tochter-Liebe, Tochter-Vater-Liebe, Mann-Frau-Liebe und so weiter beschrieben.

Die Liebe, die das Wesen des Analysanten und das Wesen seines Leidens erkennt und anerkennt, entspricht der Liebe des Analytikers. Die in diesem Sinne verstandene Liebe hat heilende und versöhnende Wirkung. Die Liebe des Analysanten hingegen besteht darin, die Übertragung als solche, den Analytiker als Analytiker und den Analytiker als Person zu erkennen. Der wesentliche Sinn, gewissermaßen der Hauptsinn der psychoanalytischen Begegnung im psychoanalytischen Prozess, ist also Liebe und Selbstliebe in der eben beschriebenen Weise.

Auch Balint gebraucht den Begriff der Liebe, wenn er von der »Urform der Liebe« als dem fundamentalen innersten Wunsch jedes Menschen, bedingungslos geliebt zu werden, und von der nicht selten vergeblichen Suche nach Erfüllung dieser Sehnsucht spricht (Balint 1997).

Bei der Anwendung der psychoanalytischen Technik arbeiten wir mit den oben erwähnten Begriffen. Wir brauchen ohne Zweifel die Technik, wir brauchen aber noch viel mehr, ähnlich einem Pianisten, der zur Interpretation eines Kunstwerkes nicht nur einer guten Technik bedarf, sondern einer Kunst, die weit darüber hinausgeht. Zur analytischen Identität gehört daher nicht nur das Erlernen einer Technik, sondern eine ärztliche Ethik, die ein tiefes Mitgefühl mit dem leidenden Menschen, Respekt für das Anderssein des Du, eine Fähigkeit, Konflikte auszutragen, sowie Humor umfasst.

Sandor Ferenczi (vgl. Cremerius 1983, 1984) hat uns bei der Frage nach der analytischen Identität viele Ideen mit auf den Weg gegeben. Ähnlich wie Paula Heimann vertritt auch er das Konzept einer persönlichen, einzigartigen und authentischen Beziehung zwischen Analytiker und Analysant. Im Gegensatz zu Freud war Ferenczi der Auffassung, dass nicht nur die Übertragungsdeutung wirke, sondern vor allem die neue Erfahrung des Analysanten mit dem Analytiker. Ferenczi hat erkannt, dass wir während des analytischen Prozesses dem Kind im Patienten begegnen, teilweise einem sogar sehr weitgehend regredierten Kind, und dass wir dieses nicht durch eine neutrale, objektive Distanz mit hoch elaborierten Deutungen in der Erwachsenensprache erreichen können. Vielmehr ist es laut Ferenczi notwendig, sich diesem Kinde gefühlsmäßig auf der entsprechenden Regressionsstufe zu nähern, indem der Analytiker Geborgenheit und Zuwendung gibt, zur Bewunderung und Resonanz fähig ist, sich als Echo anbietet oder konsequent Grenzen setzt, also diesem Kind aktiv und persönlich begegnet. Laut Ferenczi erfühlt der Patient aufgrund seiner intuitiven Wahrnehmungsfähigkeit jede Unaufrichtigkeit des Analytikers. In der Geschichte der analytischen Bewegung ist Ferenczi derjenige Analytiker, der am deutlichsten die Wichtigkeit der Authentizität des Analytikers hervorgehoben und die Hypokrisie des Analytikers nachdrücklich kritisiert hat. Er war ein experimentierfreudiger Analytiker und hat uns viele fruchtbare Ideen hinterlassen. Ich erinnere an die Methode der »forcierten Phantasien«, an die »mutuelle Analyse«, die als Beginn der Gruppenanalyse betrachtet werden kann, sowie an seine Technik, Träume im Tagtraum weiterzuträumen oder phobische Patienten aufzufordern, sich der gefürchteten Situation zu stellen, um sich den mit dieser verbundenen Erfahrungen, Phantasien und Gefühlen forschend auszusetzen.

Um eine analytische Identität aufzubauen, ist es meines Erachtens sehr wichtig, sich mit Vorbildern, Gegenvorbildern sowie mit der Geschichte der Psychoanalyse auseinanderzusetzen – in der eigenen Ontogenese begegnet man dann ganz bestimmten Stadien der Phylogenese der psychoanalytischen Bewegung –, um schließlich bei der eigenen Identität und Authentizität anzukommen, im

Sinne von Sammy Speier, der sagte: »Ich analysiere nicht nach Freud, Kohut, Winnicott oder Lacan, ich analysiere nach Sammy Speier« (mündliche Mitteilung).

Abstinenzregel und philosophische Position

Ich bin der Überzeugung, dass die Art und Weise, wie die Abstinenzregel gehandhabt wird, sehr eng auch damit zusammenhängt, aus welcher weltanschaulichen, also philosophischen Perspektive ein Analytiker den psychoanalytischen Prozess sowie dessen Sinn und Ziel betrachtet. Die philosophische Position des Analytikers beeinflusst entscheidend, welche psychoanalytische Theorie er vertritt. Denn die oft heftigen Auseinandersetzungen zwischen Analytikern über bestimmte analytische Themen, auch dem der Abstinenz, hängen eng mit unterschiedlichen philosophischen Positionen zusammen, die meist unreflektiert bleiben.

Auch wenn der Analytiker schweigt, vertritt er eine philosophische Position. Man kann sagen, dass es in einem gewissen Sinne gar keine Abstinenz gibt, denn mit jeder Deutung beziehen wir eine weltanschauliche Position. Wir wissen aus Erfahrung, dass Freud-Analysanten Freud-Träume und Jung-Analysanten Jung-Träume träumen. So wird sich der analytische Prozess eines Freud-Analysanten deutlich von demjenigen eines Analysanten bei Jung oder Melanie Klein unterscheiden.

An dieser Stelle möchte ich einen Blick auf die philosophische Sicht Freuds werfen, weil diese seine psychoanalytische Identität sehr beeinflusst hat: Freud kann als aufgeklärter Rationalist des Irrationalen bezeichnet werden. Als Rationalist glaubt Freud, die Wahrheit, das Wesentliche mit der Ratio (Vernunft, Verstand) erkennen zu können. Freud ist aber auch ein verspäteter Schopenhauerianer, der an den unbewussten Willen und dessen Manifestation als Sexualität glaubt. Die Sexualität ist nach Freud der Grundbass alles menschlichen Geschehens. Im Übrigen ist Freud von ganzem Herzen Empirist. Er glaubt an die naturwissenschaftliche Methode und dies hat seine Definition der Abstinenzregel in seinen Schriften stark beeinflusst. Auch seine antiteleologische Einstellung, die nur selten nach dem Ziel eines Phänomens fragt, beeinflusst seine analytische Identität sehr.

Der analytische Prozess, der dem bereits beschriebenen Sinn und Ziel dient, kann aus folgenden Perspektiven betrachtet werden: Der analytische Prozess ist ein Trauerprozess, der früheres Leid betrauert (jüdisches Schiwe-Sitzen); er ist ein Separations-Trennungsprozess, der von den inneren Eltern wegführt; er bietet die Möglichkeit, Wesentliches, das versäumt wurde, nachzuerleben. Freud sprach in diesem Zusammenhang von Nacherziehung. Der analytische Prozess kann als eine fortgesetzte, zeitlich nicht befristete Fokaltherapie mit sich veränderndem Fokus verstanden werden (Thomä 1981). Freud verglich den Analytiker mit einer Hebamme, die dem natürlichen Prozess seinen Lauf lässt und nur bei Komplikationen einschreitet, und auch mit einem Archäologen, der Vergangenes aufsucht und rekonstruiert, um Gegenwärtiges im Zusammenhang mit der Vergangenheit besser verstehen zu können. Der psychoanalytische Prozess ist vor allem ein Regressionsprozess, während dem vergangene Beziehungserfahrungen wiederbelebt und bearbeitet werden können.

Welche Perspektive auch immer ein Analytiker besonders gewichtet, sie wird seine analytische Identität und damit seine Interpretation und Handhabung der Abstinenzregel beeinflussen. Denn die Gegenübertragungsgefühle des Analytikers im Verlauf des gleichschwebenden Aufmerksamkeitsprozesses gestalten sich sicher sehr unterschiedlich, je nach der philosophischen und weltanschaulichen Position des Analytikers. Ein Analytiker, der das Unbewusste als kreatives Potential betrachtet, wird die Abstinenzregel anders handhaben als ein Analytiker, der das Unbewusste als ein Reservoir ansieht, das von destruktiven und inzestuösen Wünschen erfüllt ist, ein Kleinscher anders als ein Lacanscher oder Winnicottscher Analytiker. In einem gewissen Sinne gibt es überhaupt keine Abstinenz, denn man kann eine Analyse nie weltanschaulich neutral gestalten.

Geschichte der Abstinenzregel

Die Geschichte der Abstinenzregel kann ich leider nur kurz erwähnen. Wir wissen, dass die Abstinenzregel im Laufe der analytischen Bewegung sehr unterschiedlich interpretiert wurde. Nach Körner und Rosin (1985) blieb bis Anfang der 1960er Jahre das »defensiv objektivierende« Abstinenzkonzept sehr einflussreich. Die Spiegel- und Chirurgen-Haltung sollte die Entfaltung der Übertragung fördern, die als ein vom Analytiker unabhängiges Geschehen betrachtet wurde. Anfang der 1960er Jahre erfuhr die psychoanalytische Methode nach Körner (2008) einige grundlegende Veränderungen. Angeregt durch die Arbeiten von Paula Heimann und anderen, sah man im psychoanalytischen Prozess immer mehr ein interaktionelles Geschehen, das vom Analytiker mitgestaltet und dann wie ein Forschungsprogramm betrachtet werden könne. Die Psychoanalytiker wurden immer bereitwilliger, sich verwenden zu lassen, also die vom

Analysanten übertragene Rolle zu übernehmen (Sandler 1976). Zur analytischen Identität, die sich in der analytischen Haltung ausdrückt, gehört demnach als wesentliches Element etwas, das Klüwer (1983) und Sandler, Holder und Dare (1973) herausgearbeitet haben. Sie postulieren, in einer »gleichschwebenden Antwortbereitschaft« die Rollen zu übernehmen, die der Analysant dem Analytiker zuschreibt, um sie dann zu einem gemeinsamen Forschungsprogramm zu machen. Im Jahre 1973 stellten Sandler, Holder und Dare in ihrer Arbeit *Die Grundbegriffe der psychoanalytischen Therapie* eine These auf, die die analytische Identität und die Abstinenzregel grundlegend veränderte: »Dass man die Übertragung nicht auf die illusionäre Wahrnehmung einer anderen Person [...] zu beschränken braucht, sondern dass zu den Übertragungsphänomenen auch die unbewussten (oft subtilen) Versuche gehören, Situationen mit anderen herbeizuführen oder zu manipulieren, die eine verhüllte Wiederholung früherer Erlebnisse und Beziehungserfahrungen sind« (Sandler et al. 1973, S. 43).

Ich möchte mit Nachdruck betonen, dass die Handlungsdialoge, die ein Patient inszeniert, nicht nur frühere Beziehungserfahrungen wiederholen, sondern auch neue Beziehungserfahrungen im Sinne eines Balintschen Neubeginns erschaffen können.

Das Konzept der Übertragung als einer unbewussten Rollenbeziehung stellt nach Klüwer (1983) eine bedeutsame Erweiterung des Übertragungskonzeptes dar, die uns erlaubt, in neuer Weise das Zusammenspiel von Analysant und Analytiker zu betrachten. Die szenischen Angebote des Patienten enthalten Klüwer zufolge gewissermaßen Einladungen an den Therapeuten, den vakanten Platz des Rollenangebotes zu besetzen. So wird der analytische Prozess als eine »Rollenbeziehung«, als »wechselseitige Be-*handlung*«, als auf der analytischen Bühne stattfindender »Handlungsdialog« verstanden. Dies erweitert das bisherige Frankfurter Szenen- und Inszenierungskonzept von Argelander und Lorenzer und eröffnet die Möglichkeit, den analytischen Prozess ähnlich zu gestalten, wie es in Gruppenanalysen häufig zu beobachten ist. Es versteht sich von selbst, dass diese »Handlungsdialoge« entsprechend dem Konzept der therapeutischen Ich-Spaltung forschend analysiert werden.

Die Handlungsdialoge

Das Konzept des Handlungsdialoges und der »gleichschwebenden Antwortbereitschaft« in Gestalt der Rollenübernahme ändert das bisherige Konzept der Abstinenzregel grundlegend. Agieren, Mitagieren, Ausagieren des Analytikers wie auch des Analysanten werden nun als wichtige Erkenntnisquellen und nicht mehr abschätzig und als hinderlich betrachtet.

Die alten Balint-Fragen, wie der Patient den Analytiker und wie der Analytiker den Patienten be-*handelt*, drücken Ähnliches aus und erforschen entweder die komplementäre oder konkordante wechselseitige Be-*handlung* von Analytiker und Analysant. Es findet also ein handelnder Dialog statt, der allerdings in der analytischen Reflexion, dem analytischen Forschungsprogramm mündet, das einem übergeordneten Sinn dient. Bei diesem Forschungsprogramm sind mir die folgenden stoischen Weisheiten stets hilfreich: »Klug ist es, die Dinge von vielen Perspektiven aus zu betrachten« sowie »Nicht nur die Dinge erregen dich, sondern vor allem deine Phantasien und Emotionen zu diesen Dingen«.

In diesem Zusammenhang ist es wichtig zu erwähnen, dass analytische Identität auch heißt, nicht nur die Übertragungen in der analytischen Situation zu erkennen und zu analysieren, sondern auch die Nebenübertragungen außerhalb der analytischen Situation. Das Gleiche gilt für die Handlungsdialoge, die außerhalb der Analyse stattfinden.

Es gehört also zur analytischen Identität, sich vom Analysanten be-*handeln* zu lassen. Am Ende der Analyse steht dann nicht die Auflösung der Übertragung, sondern nur das Ende der Analyse der Übertragung und hoffentlich ein anderer Umgang mit den Übertragungen.

In seiner Arbeit hat Klüwer (1983) die abschätzige Konnotation, die dem Begriff »Agieren« (statt mit Worten erinnern) anhaftet, infrage gestellt und aufgezeigt, dass Mitagieren analog der Gegenübertragung ein unausweichliches Phänomen im psychoanalytischen Be-*handlungs*prozess darstellt, denn die vom Patienten herbeigeführten oder auch manipulierten Situationen sind als Übertragungsphänomene zu verstehen, da in ihnen frühere Erlebnisse und Beziehungen in verhüllter Weise wiederholt werden.

Neben der gleichschwebenden Aufmerksamkeit bedarf es deshalb auch einer gleichschwebenden, handelnden Antwortbereitschaft des Analytikers. Ich verstehe den Handlungsdialog nicht nur als unbewusstes, sondern auch als bewusstes Geschehen. Analysant und Analytiker begegnen sich im Handeln. Im Handlungsdialog sind zwei Personen handelnd, in freier handelnder Assoziation aufeinander bezogen. Dies impliziert bewusste und unbewusste Bedeutungen. Ein so verstandener Handlungsdialog schafft auch Neues, wie ich später anhand des analytischen Prozesses der Patientin Laura darlegen werde. Zugleich beeinflusst ein solches Verständnis sehr die Handhabung der Abstinenz.

Der bisherige Begriff des Handlungsdialoges ist darauf ausgerichtet, dass Unbewusstes im Handeln aus der Vergangenheit in die Gegenwart übertragen wird, dass im Handeln die Vergangenheit in der Gegenwart fortwirkt. Mein Verständnis des Handlungsdialogs ist zentriert auf das gemeinsame Handeln Analytiker – Analysant, bei dem in der Gegenwart Neues für die Zukunft geschaffen wird.

Bevor ich zu meiner Fallpräsentation komme, möchte ich nochmals betonen: Psychoanalyse ist alles, was in einer analytischen Haltung (Identität) in einem analytischen Setting geschieht. Zur analytischen Identität gehört die wissende und gekonnte Anwendung der psychoanalytischen Technik und Theorie. Mit Haerlin (1992) teile ich die Kritik, dass die gängige psychoanalytische Technik die sehr wertvolle Technik der fokussierten freien Assoziation unterschätzt, dass sie zu wenig ressourcen-, ziel- und lösungsorientiert ist und Distanzierungstechniken, die vor allem bei traumatischen Patienten indiziert sind, kaum wahrnimmt. Ein Analytiker aber, der eine ziel-, ressourcen- und lösungsorientierte Identität hat, wird aktiv an der Gestaltung des analytischen Prozesses teilnehmen.

Psychoanalytiker bemühen sich auffallend wenig um die Erkenntnisse anderer psychotherapeutischer Schulen. Auch die »Kinder der Psychoanalyse« (zum Beispiel Psychodrama, Gestalttherapie, Hypnoanalyse) werden kaum wahrgenommen. Ein gewisser Hochmut ist unverkennbar. Die Integration von Methoden anderer psychotherapeutischer Schulen in die psychoanalytische Identität ist jedoch – so meine Einschätzung – sehr fruchtbar, denn sie verändert das analytische Selbstverständnis und beeinflusst die Definition und Handhabung der Abstinenzeinstellung.

Der Fall Laura

Anhand des nachfolgend vorgestellten Falls, über den ich bereits in dem Aufsatzband *Psychoanalyse des Vaters* (Markert, in: Metzger 2008) berichtet habe, möchte ich einige Themen in Bezug auf das Thema Abstinenz veranschaulichen. Vor allem möchte ich die Handlungsdialoge, die sich in der Beziehung mit der Patientin Laura spontan entwickelt haben, darstellen und deren Bedeutung aufzeigen, aber auch die grundlegende These vertreten, dass die Psychoanalyse nicht nur Übertragungsanalyse ist, die Gegenwärtiges aus der Vergangenheit versteht, sondern auch ein Neubeginn, und dass Analysant und Analytiker aktiv und gemeinsam existentiell Neues erschaffen. Die handelnde Antwortbereitschaft beeinflusst entscheidend das Verständnis und die Handhabung der Abstinenz.

Die Schilderung des analytischen Prozesses der Analysantin Laura ist meiner Meinung nach ein Beispiel dafür, dass eine intensive Liebesgeschichte in der Übertragung auch dann in der Abstinenz fruchtbringend gestaltet werden kann, wenn der Analytiker den analytischen Prozess aktiv mitgestaltet. Der analytische Verlauf zeigt außerdem, dass ein Analytiker sich seiner Analysantin sehr persönlich zuwenden kann. So hatte ich keine Scheu, Laura die von mir für sie empfundene Wärme, meine Zuwendung oder Freude zu zeigen, auch keine Scheu, Gefühle zu äußern, die sie in mir hervorrief. Ich hatte keine Hemmung, von mir, meinen Töchtern oder meiner Frau zu erzählen, wenn dies der analytischen Situation entsprach.

Erstkontakt und Erstgespräch

Die 49-jährige, deutlich jünger aussehende, verheiratete und kinderlose Frau mit schwarzem Haar erzählte mir weinend während des Erstgesprächs, dass sie seit einigen Monaten, wohl auch im Zusammenhang mit einer ihr sehr nahegehenden beruflichen Ablehnung und auch weil ihr das Älterwerden schwerfalle, an einer Vielzahl von depressiven Beschwerden erkrankt sei. Ihre ausgeprägte künstlerische Lähmung sei für sie existenzbedrohend. Sie habe ihr Selbstwertgefühl völlig verloren.

Erst später erfuhr ich von der Analysantin, dass sie sich schon bei der ersten Begegnung mit meiner Stimme am Telefon und dann beim ersten Blickkontakt zu Beginn des Erstgespräches in ihrem Analytiker einen »Phantasie-Papa« erschaffen hatte:

> Schon beim ersten Anruf konnte ich mir vorstellen, dass Sie ein väterlicher Mann sind. Das Timbre und die Melodie Ihrer Stimme hat diese Assoziation in mir hervorgerufen.
> Als ich Sie dann sah, war es Liebe auf den ersten Blick. Ich komme herein, Sie sind der Traumvater für mich.
> Immer, wenn mir so jemand entgegentrat, war ich schnell elektrisiert. In meinem bisherigen Leben habe ich schon mehrere Liebschaften und Affären zu Vater-Männern erlebt und durchlitten.

Die Analyse begann also mit einer Liebesgeschichte, einer spontanen Verliebtheit der Patientin, die Freud Übertragungsliebe genannt hat (Freud 1915a) und von der Laura mir erzählen konnte, weil wir immer wieder unsere gemeinsame Beziehungsgeschichte anschauten.

Friedrich Markert

Lebensgeschichte

Laura war – so hatte ihr die Mutter erzählt – vom Vater heiß ersehnt und sehr geliebt. Der Vater war entzückt von seiner Tochter. So erzählte die Mutter zum Beispiel folgende Geschichte: »Jedes Wochenende ist dein Vater von weither zu uns am Freitag nach Hause geradelt, denn er arbeitete die ganze Woche in einer anderen Stadt. Er hat dir dann erzählt, wie er geradelt ist – und hat dabei deine Beine radeln lassen –, wie es den Berg hochging, wie es wieder runterging, wie er um einen Ort herumgeradelt ist. Das hat er dir jedes Mal erzählt und dich dabei mit den Beinen mitradeln lassen. Du hast dann laut gekreischt.«

Als Laura einviertel Jahre alt war, ereignete sich die Katastrophe. Der Vater starb völlig unerwartet an einer unerkannten Appendizitis und die Mutter stürzte in eine langjährige tiefe depressive Trauer ab. Vier Jahre lang ging die Mutter jeden Tag, tief in Schwarz gekleidet, mit Laura auf den Friedhof an das Grab des Mannes, und es drängt sich die Frage auf, was die kleine Laura in dieser Zeit erlebt und empfunden haben mag.

Lauras Mutter hatte ihre eigene Mutter im Alter von zehn Jahren durch eine Tbc-Erkrankung verloren. Jeder Verlust reaktiviert auch alle früheren Verluste und Trauerfälle. So kann man annehmen, dass Lauras Mutter durch den plötzlichen Verlust ihres Ehemannes auch in die tiefe depressive Trauer um den Verlust der eigenen Mutter abstürzte.

Laura war nun im Alter von einviertel Jahren nicht nur mit der Katastrophe des Vaterverlustes, sondern mit einer »toten Mutter« (Green 2004) konfrontiert. »Ich war mutterseelen- und vaterseelenallein wie ein Waisenkind.«

Laura ist ein Kriegskind; sie wurde im Jahre 1944 geboren. Der Vater war unabkömmlich, weil er in der Rüstungsindustrie arbeitete. Die Mutter hat während ihrer Schwangerschaft Bombenangriffe erlebt und musste schließlich aus der brennenden Stadt mit einem Leiterwagen fliehen. »Bleib' drin, bleib' drin!«, soll die Mutter, die Hände schützend vor und auf ihren Bauch haltend, geschrien haben, als sie hochschwanger aus der brennenden Stadt floh.

Die Analysantin schilderte sich als ein braves Kind, ja sogar als »dressiert«. »Ich litt an einem Liebkindsyndrom.« Laura erzählte: »Die Mutter hat mich selten gekost oder geherzt, sie hatte immer Angst, sie könnte die Tbc ihrer Mutter auf mich übertragen.« Lauras Mutter litt an angst-hysterischen Panikzuständen, die vor allem bei Trennungsversuchen ihrer Tochter akut wurden.

Laura wuchs in sehr armen und wohnlich sehr beengten Verhältnissen auf. Bis zum 25. Lebensjahr schlief sie im Ehebett neben der Mutter. »Zuhause hatte ich nie ein eigenes Zimmer.« »Während meiner Pubertät kapselte ich mich ab und vergrub mich in die Literatur, in Träumereien und ins Tagebuchschreiben. Wenn ich schreibe, kann ich die Dinge benennen und sie aus mir herausholen und dann habe ich Ruhe. Was mich quält, wird aufs Papier gebracht.«

Als Laura sechs Jahre alt war, kam ein Mann als Geliebter der Mutter ins Haus. Er war deutlich jünger als die Mutter, abends ging er immer wieder weg. Laura konnte diesen Mann nicht als Vaterersatz empfinden. Dieser Mann verschwand wieder, als Laura 14 Jahre alt war, und die Mutter machte Laura Vorwürfe: »Wegen dir habe ich mich von Anton getrennt.«

Nun begann die nächste langjährige depressive Trauerzeit der Mutter. »Ich durfte kaum aus dem Haus. Ich musste es immer lange vorher anmelden. Wenn ich ausgehen wollte, dann redete die Mutter lange nicht mehr mit mir und sagte letztlich völlig depressiv: ›Geh' nur, geh' nur‹ – sodass mir jede Lust verging.« Die Mutter war nun wiederum von ihrer depressiven Trauer um alle Verluste in ihrem Leben absorbiert. Diese Zeit erstreckte sich ungefähr vom 14. bis zum 25. Lebensjahr Lauras. Mit dem heroischen Entschluss, »auch wenn meine Mutter stirbt, verlasse ich sie«, trennte sich Laura schließlich von ihrer Mutter.

Die Analysantin und der analytische Prozess

Setting
So wie ein Bild einen Rahmen braucht, so benötigt jeder psychoanalytische Prozess sein Setting. Wie von selbst entwickelte sich dieses Setting aus einer Stunde pro Woche im Sitzen, zu der Laura immer mit dem Fahrrad kam. Erst nach etwa 80 Sitzungen war Laura bereit, sich auf die Couch zu legen.

Obgleich Laura seit Therapiebeginn eine intensive Sehnsucht verspürte, mehr Zeit von ihrem Analytiker-Papa zu erhalten, und am Stundenende mit den verschiedensten Mitteln und Methoden um jede Minute kämpfte, wurde nie ernsthaft erwogen, ein zwei- oder mehrstündiges Setting einzurichten. Von Anfang an hatte Laura in einem mich beeindruckenden Maße Angst, ja geradezu Panik vor dem endgültigen Ende der Analyse, sodass ein einstündiger Rahmen geboten erschien, um die Dauer des analytischen Prozesses in die Länge zu ziehen, zumal sicher war, dass Laura sich nach den Kassenleistungen eine private Finanzierung nicht würde leisten können. So könnte man die Setting-Vereinbarung als einen handelnden Dialog zwischen Analytiker und Analysantin ansehen. Der handelnde Dialog bei der Settingwahl berücksichtigte vor allem Lauras Katastrophenangst im Zusammenhang mit dem endgültigen Ende der Analyse.

Die Analyse im Sitzen ermöglicht eine Vielfalt von wortlosen Begegnungen, denn das Gesicht drückt Gefühlszustände aus, sodass Analytiker und Analysantin sich ohne Sprache begegnen können. Laura konnte sehen, schauen und erblicken, was sie in ihrem Analytiker bewirkte, aber sie konnte auch ihre Gefühlszustände wortlos dem Analytiker kommunizieren. Der Blick gestattet es uns, den anderen in seinem Wesen zu erkennen, ohne dass hierfür Worte nötig sind. Wenn man sich gegenübersitzt, sind dieser Blick und das gegenseitige Anblicken besonders gut möglich. Ich habe die Erfahrung gemacht, dass Patienten, die frühe Verluste und Traumata durchlitten haben, diese Zeit des einander Gegenübersitzens gut nutzen können (Markert 1985).

Ein kurzer Ausflug in die Philosophie der Zeit
In jedem Augenblick sind wir vergangen/gewesen, gegenwärtig und zukünftig. Jeder Augenblick beinhaltet Vergangenes, aber auch die Möglichkeit zu Neuem, zum Neubeginn.

Die psychoanalytische Theorie arbeitet mit einem Zeitbegriff, der Gegenwart und Zukunft in ihrer Abhängigkeit von der Vergangenheit konzipiert. Dies ist sehr fruchtbar und sinnvoll. Der Fall Laura kann uns jedoch lehren, dass es auch eine Gegenwart und eine Zukunft gibt, die weitgehend unabhängig von der Vergangenheit sind, dass ein Neubeginn, eine Neuschöpfung in der Gegenwart für die Zukunft möglich ist. Diese Sichtweise des analytischen Prozesses fördert sicherlich eine aktive Haltung des Analytikers und ermöglicht auf der analytischen Bühne das Schaffen von etwas Neuem.

Verlauf
Schon beim ersten Telefonanruf und erst recht beim ersten Gespräch begann Laura – wie bereits erwähnt –, ihre Liebesgeschichte auf den ersten Blick mit ihrem Analytiker-Vater zu entfalten. Und wie fühlte dieser sich in der Beziehung zu seiner analytischen Tochter? Er fühlte sich von Anfang an wie ein »père maternelle«, also wie ein Vater, der auch mütterliche Aufgaben zu erfüllen hat. Lange Zeit konnte ich dieses intuitive Gefühl des »père maternelle« nicht so recht in Worte fassen. Erst im Laufe des analytischen Prozesses gelang es mir, immer mehr und besser zu erkennen, welche Bedeutung dieses Gefühl hat, gerade auch in der Beziehung zu Laura.

Die leidenschaftlichen und heftigen Gefühle, die Laura in ihrer Liebesgeschichte zu ihrem Analytiker-Vater entwickelte, können nur teilweise als Übertragung, also als Vater- oder Mutterübertragung verstanden werden. In gewisser Hinsicht waren diese Liebesgefühle ein Neubeginn und eine Neuerschaffung einer im Alter von eineinviertel Jahren unterbrochenen Liebesgeschichte zum heiß geliebten Vater, von dem Laura ebenfalls sehr geliebt worden war.

Laura war überglücklich, einen »Papa« gefunden zu haben. Einen Papa! Eine Mama wollte sie zu dieser Zeit überhaupt noch nicht. Obgleich ich damals schon ahnte, dass Lauras heftige Sehnsüchte, den Papa zu lieben und von ihm geliebt zu werden, auch mit einer tiefen Sehnsucht nach einer Mutter in Verbindung zu bringen waren, zögerte ich sehr, dies zu deuten. Es wäre wohl auch völlig verfrüht gewesen.

Für ihre Sehnsüchte standen Laura anfangs *kaum Worte* zur Verfügung. Sie wollte alle möglichen Papa-Spiele erleben: auf Papas Schoß sitzen, an seinem Ohr knabbern, kuscheln, schmusen, Löffelchen liegen und Papas Haut fühlen. Laura war überaus erfinderisch in der Ausgestaltung ihrer Wünsche, wie sie ihren Papa lieben und wie sie von ihm geliebt sein wollte. Bei einem späteren Rückblick erzählte Laura Folgendes:

> Ich war verliebt und habe versucht, Feuerwerke der Verführung abzuschicken, damit Sie sagen: »Davon muss ich mehr wissen, da müssen wir eine Stunde dranhängen.« Einmal habe ich es geschafft, Sie zu einer Doppelstunde zu verführen. Das war anlässlich einer Ausstellung. Ich wollte gerade aufstehen, da fragten Sie, ob ich diese Ausstellung gesehen hätte. Dann habe ich es geschafft, eine Stunde lang von dieser Ausstellung zu erzählen. Das hat Sie sehr interessiert. Mich hat es sehr beglückt. Ich konnte Ihnen zeigen, eine wie kundige Tochter ich bin.

Die Bedeutung der Doppelstunde wurde selbstverständlich analysiert. Eine wesentliche Bedeutung dieses handelnden Dialoges war die Erkenntnis, dass Laura Trennung mit Katastrophe gleichsetzte. Bei aller Liebessehnsucht eines kleinen und größeren Mädchens empfand Laura zugleich einen tiefen Schmerz wegen der Unerfüllbarkeit ihrer Sehnsüchte, und dieser Schmerz brach vor allem am Stundenende und während der Ferienzeiten jäh hervor. Dieser tiefe Schmerz Lauras konnte nur durch aktives und empathisches Containing und Holding bearbeitet werden.

Zu einem späteren Zeitpunkt schuf Laura sprachlich die Verbindung zwischen der Erfahrung, vom Vater geliebt worden zu sein, und ihrer Liebesgeschichte zum Analytiker:

> Meine Liebesgeschichte ist diejenige eines Mädchens in den verschiedensten Altersstufen zu ihrem Vater. Das Mädchen ist voller Sehnsucht, bevatert zu werden. Es will ganz und gar im Mittelpunkt des väterlichen Denkens, Fühlens und Sehnens stehen. Ich wollte der Mittelpunkt in der Welt des Vaters sein (nicht der Mutter!). So umschwärmte ich Sie, flirtete mit Ihnen und überhöhte Sie. Das hatte manchmal schon religiöse Dimensionen.

Laura hielt sich an Nietzsche, könnte man sagen, der in einem Aphorismus schreibt: »Wenn du keinen Vater hast, erschaffe dir einen neuen.«

Abschied, Trennung, Verlust, Tod = Katastrophe –
Briefe an den Vater als Wege zum seelischen Überleben
Laura, die in vorsprachlicher Zeit im Alter von eineinviertel Jahren zwei schwere Verluste erlitten hatte, erlebte im analytischen Prozess für lange Zeit Abschied und Trennung als Tod und Katastrophe. Lange Zeit stürzte Laura nach der analytischen Stunde ab. Sie musste Katastrophengefühle überleben. Die Zeit nach der analytischen Stunde wurde somit zu einem Überlebenskampf für sie, und dabei half ihr ihre Begabung zu schreiben. So schrieb mir Laura anfangs nach jeder Stunde einen Brief.

> Die Briefe halfen mir, die Zeit zwischen zwei Stunden zu überbrücken. In den Briefen habe ich meine Gefühle an Sie herangetragen, mit der Absicht, dass Sie in der Zwischenzeit sich auch mit mir beschäftigen, dass Sie mich in der Zwischenzeit *nicht* aus den Augen verlieren. Für mich war es ein großer Schmerz, dass es für Sie nicht diese Notwendigkeit gab, sich mit mir in der Zwischenzeit zu beschäftigen.

Die Briefe, die Laura mir schrieb, um die Beziehung zu mir aufrechtzuerhalten, wurden in der folgenden Stunde meist auch thematisiert. Im Laufe der Zeit verringerte sich die Häufigkeit des Briefeschreibens. Dies deutete darauf hin, dass das Abschiednehmen von Laura immer weniger als Tod erlebt wurde.

Das Briefeschreiben, eine besondere Begabung Lauras, hatte viele Bedeutungen, die im Laufe des analytischen Prozesses thematisiert wurden. Das Briefeschreiben und mein Lesen der Briefe können als ein handelnder Dialog mit verschiedenen Bedeutungen betrachtet werden. Laura musste immer wieder von Neuem die Erfahrung machen, dass ihr Analytiker-Vater nicht starb, wenn sie sich von ihm trennte und verabschiedete. Immer wieder war er – wie auferstanden – wieder da, wenn sie zur nächsten Stunde kam. Laura konnte zunehmend daran glauben, dass Trennung und Abschied nicht gleichbedeutend mit einer Katastrophe sind. Auch schaffte sie es im Laufe der Zeit immer besser, während der Ferientrennungen zu »überleben«. Mit ihrer kreativen Begabung des Schreibens konnte Laura sich an den Vater wenden, zu ihm Beziehung aufnehmen, den Vater wieder zum Leben erwecken. Und wenn sie dann zur nächsten Stunde kam, stand ihr Analytiker-Papa leibhaftig vor ihr, und sie begrüßte ihn freudig. Das Briefeschreiben hat somit eine existentielle Bedeutung, um Katastrophenängste zu meistern. Eissler hätte das Briefeschreiben und -empfangen als einen Parameter aufgefasst.

Das folgende Erlebnis, das auch als handelnder Dialog verstanden werden könnte, wird mir unvergesslich in Erinnerung bleiben, nicht zuletzt deshalb, weil es den Weg zeigte, auf dem Laura eine Verbindung schuf zwischen ihrer Sehnsucht nach dem Vater, der Angst, ihn zu verlieren, und der Identifikation mit der Mutter.

Zu einer Stunde mit Laura hatte ich mich 30 Minuten verspätet. Schlimmes ahnend, stürzte ich die Treppe hoch zu meiner Praxis. Zunächst empfand ich Erleichterung, denn Laura war da. Doch dann ergriff mich tiefes Mitgefühl. Wie ein Häuflein Elend kauerte sie auf der Treppe vor der verschlossenen Praxistür. Sie sagte: »Ich konnte mir nichts anderes vorstellen, als dass Sie am Herzinfarkt gestorben sind.« Sie habe sich wie erstarrt gefühlt und sich nicht wegbewegen können. So stelle sie sich vor, dass die Mutter sich nach dem Tod ihres Mannes gefühlt habe. Es sei »wie ein Gefühl des Gestorbenseins«.

Laura erkannte immer mehr, dass die »tote Mutter« auch in ihr lebt (Identifikation mit der tief depressiven Mutter). Noch war Laura nicht soweit, ihre Liebessehnsucht nach der Mutter zu empfinden. Dazu brauchte sie noch Erfahrungen mit ihrem Analytiker-Vater, also Vater-Tochter-Erfahrungen mit dem guten, lebendigen Vater, aber auch die Erfahrungen mit einem Vater, der ihr die gute Mutter nahebringt.

Sinn des analytischen Prozesses
Gegen Ende der Analyse fragte ich Laura einmal, welchen Sinn sie ihrer Sehnsuchts-Liebesgeschichte gebe, da antwortete sie:

Ich konnte etwas nachleben und nachholen, das bisher nicht möglich war. Ich habe einen Papa bekommen, der mich in meinem Wesen erkennt, auch als Künstlerin, der mich in meinem Atelier besucht [siehe später] und der, wenn es nötig ist, auch einmal eine Regel fallen lässt [siehe später, der Brief]. Meine nicht zu Ende gelebte Liebesgeschichte zu meinem Vater ist die Antwort. In mir war eine tiefe Sehnsucht, meine nicht gelebte Liebesgeschichte mit dem Vater nachzuholen.
Als ich wegen meines Stipendiums drei Monate in Paris war und die Analyse unterbrach, hatte ich die Vorstellung, mein Papa habe mich nach Paris geschickt. So etwas dürfen viele Jugendliche erleben, und das habe ich nun auch erlebt. In mir war eine schmerzliche Leerstelle, eine Wunde. Nun konnte ich etwas nachleben. Dieses Loch in meiner Existenz webt sich durch die Erfahrungen, die ich hier gemacht habe, allmählich zu.
Zugleich erlebte und empfand ich, dass diese Erfahrungen, die ich mit dem Vater nicht gemacht habe, nur in der Fiktion und nicht real nachzuholen sind, und dabei empfand ich viel Trauer und Schmerz.

Ich konnte die Liebe zu meiner Mutter entdecken. Dies gelang allerdings erst, als mein Analytiker-Vater all das Leid, das mir meine Mutter zugefügt hat, anerkannt hatte.

Auch meinen Hass auf die Mutter erlebte ich zum ersten Mal bewusst, weil er von meinem Papa angenommen war.

Zunehmend konnte ich durch meine Erfahrungen, die ich hier machte, daran glauben, dass Trennung, Verlust, Abschied nicht unmittelbar identisch sind mit einer Katastrophe.«

Die Handlungsdialoge im analytischen Prozess mit Laura
Beim Blick auf den analytischen Verlauf fällt auf, dass sich immer wieder in der analytischen Beziehung ganz spontan fruchtbare Handlungsdialoge entwickelten. Ich erinnere an die Setting-Vereinbarung und an die Doppelstunde, die spontan entstanden und wichtige Bedeutungen in sich bargen.

Nun möchte ich drei weitere Handlungsdialoge beschreiben, die wesentliche Stationen im analytischen Prozess darstellen. Einmal brachte Laura, wenige Monate nach Beginn der Analyse, völlig unerwartet Speiseeis für ein gemeinsames Eis-Essen mit, dann besuchte ich Laura im Herbst des zweiten Analysejahres in ihrem Atelier und schrieb ihr, als sie sich wegen eines Stipendiums für drei Monate in Paris aufhielt, einen Antwortbrief.

Die Speiseeis-Episode
Ungefähr ein halbes Jahr nach Analysebeginn kam Laura mit zwei großen Packungen Speiseeis und lud ihren Analytiker zum Eisessen ein. Mein spontanes Gefühl war, dass ich überhaupt keine Lust hatte, mit Laura Eis zu essen, und ich lehnte ihre Einladung ab. Auch vermutete ich, dass Laura die Vereinbarungen des Settings durchbrechen wollte, also einen massiven Einsatz brachte, um die Rede-Ebene zu überschreiten. Laura verspeiste ihr Eis alleine. Sie zeigte keine für mich wahrnehmbare Wut über meine Ablehnung. Zur nächsten Stunde jedoch entwarf Laura ein kleines Kunstwerk aus Eislöffeln, von dem sie eine Fotografie anfertigte, die sie mir zur nächsten Stunde mitbrachte. Auf der Fotografie stand geschrieben: »No ice today, Daddy?«

Als ich auch dieses kleine Kunstwerk nicht würdigte, sondern stattdessen nach spontanen Gefühlen und Phantasien, nach dem »Rohstoff ihrer Gefühle« fragte, reagierte Laura sehr heftig und zerriss ihre Fotografie. Erst Monate später erfuhr ich, dass sie aus den zerrissenen Teilen ihres Werkes wiederum ein neues hergestellt hatte. Die Hintergründe ihres künstlerischen Schaffens wurden im

Laufe des analytischen Prozesses immer klarer, doch darauf kann ich hier leider nicht eingehen.

Beim Besprechen der Eis-Episode erzählte mir Laura:

> Ich dachte, ich will Eis essen, und brachte das Eis dann einfach mit. Ich wollte mit Ihnen nicht nur Eis essen, sondern scherzen, über Kunst sprechen, spazieren gehen, ich wollte *handelnde Realität*. Sie setzten eine Grenze und einen Punkt und machten mir klar, dass es darum gehe, mit Worten über Bedeutungen zu sprechen. Dies wurde mir durch die Eis-Geschichte klar.

Die Eis-Geschichte kann als ein von Laura intendierter Handlungsdialog verstanden werden, dem vom Analytiker eine klare Grenze gesetzt wurde. Laura rüttelte in Form von Acting-in massiv am Setting und der Analytiker setzte eine Grenze im Sinne der Abstinenzregel. Durch das Erleben dieser Grenze begriff Laura die Bedeutung und den Sinn von »Abstinenz«.

Als ich zu einem späteren Zeitpunkt das gemeinsame Eis-Erlebnis mit Laura erneut besprach, sagte sie: »Ich habe sukzessive versucht, neue Spielregeln einzuführen. Das kleine verführerische Mädchen wollte immer mehr Dinge mitbestimmen. Da mussten Sie sich wehren, denn ich war auch sehr massiv in meinen Versuchen.«

Der Atelier-Besuch

Anderthalb Jahre nach Analysebeginn lud Laura mich ein, ihr Atelier und die dortige Ausstellung ihrer Arbeiten zu besuchen.

Ich sagte zu und kam an einem Sonntag mit dem Fahrrad in Lauras Atelier, und sie zeigte mir ihre Ausstellung. Mir war bewusst, dass ich die künstlerische Identität Lauras auf diesem Wege am besten kennenlernen konnte. Ich bewunderte Laura. Die Produkte ihrer Malerei, ihre Filme und die Aufzeichnungen ihrer Performances haben mich sehr beeindruckt. Laura empfand meinen Atelier-Besuch als eine besondere Zuwendung und Anerkennung ihrer Person:

> Als ich merkte, dass meine Arbeiten Ihnen gefallen und imponieren, habe ich diesen selbst eine andere Bedeutung gegeben. Ihre Anerkennung hat mir Wert gegeben, obwohl Sie kein Fachmann sind. Zugleich habe ich gemerkt, dass ich Ihnen etwas voraushabe. Meine Arbeit war endlich vom Vater anerkannt. – Als Sie dann nach dem Abschied wegradelten, da war es ganz seltsam. Da war nicht dieser Abschiedsschmerz. Das Weggehen aus der Stunde war damals noch Schmerz, Schmerz, Schmerz. Ihr Wegfahren vom Atelier war ganz anders, ich brach nicht zusammen. Ich krümmte mich nicht vor Abschiedsschmerz nach Ihrem Atelier-Besuch. Viel-

mehr war so etwas wie Loslassen da. Ich ging zurück ins Atelier, freute mich und dachte, *nur* über Worte hätte ich meine Kunst Ihnen nicht erklären können.

Für mich war der Atelier-Besuch ebenfalls ein unvergessliches Erlebnis. Ich gewann Zugang zu Lauras künstlerischer Existenz. Ich war auch sehr beeindruckt von ihrem Atelier und dem dazu gehörenden Garten mit den vielen schönen Blumen. Ab und zu brachte mir Laura ein schönes Blumensträußchen aus ihrem Garten, einmal war es sogar ein Strauß Vergissmeinnicht. Mein Atelier-Besuch kann als eine einmalige und besondere analytische Stunde verstanden werden, die die Symbolik des Außergewöhnlichen beinhaltete.

Antwortbrief nach Paris
Nach ungefähr drei Jahren Analyse verabschiedete sich Laura von mir für drei Monate, weil sie ein Kunststipendium für Paris erhalten hatte. Bisher war Laura immer die Verlassene, die mächtig an der Trennung litt, jetzt war ich der Verlassene. Ich freute mich, dass Laura sich aktiv von mir trennte, und war sehr gespannt, wie es ihr in Paris ergehen würde. Dann kam ein Brief, französisch geschrieben und auf den 28. Juli 1961 datiert. Die »17-jährige« Laura schrieb also einen Brief folgenden Inhalts:

> Mein lieber Papa, ich habe mich gut eingelebt in Paris, ich kann Dir die ersten Fotos meines Ateliers und meiner Objekte schicken. Ich habe nun die inoffizielle Zustimmung der Verwaltung, dass ich ein Gebäude als Raum für meine Ausstellung nutzen kann.
> Ich bin mir sicher, dass Du meine Arbeit schätzen wirst ...
> Ich lade Dich jetzt schon ein, am 16. September zur Vernissage zu kommen.
> Ich umarme Dich – Du fehlst mir ein wenig, Laura.«

Ich freute mich sehr über diesen Brief und antwortete ihr:

> Liebes Töchterlein, vielen Dank für Deinen Brief. Es freut den Papa sehr, dass es Dir gut geht in Paris. Großartig, dass es mit der Ausstellung klappt. Ich bin begeistert, wie gut Du schon Französisch kannst. Wir sehen uns bald wieder, Dein Papa.

Sie habe gar nicht erwartet, einen Brief zu erhalten. Umso glücklicher sei sie gewesen, als der Brief angekommen sei. Der väterliche Brief habe für sie die Bedeutung gehabt, jetzt sei sie geschützt, habe den Schutz des Vaters. Sie sei auf einmal viel mehr sie selbst und auch selbstbewusster, sodass sie einen Konflikt mit ihrem Mann viel besser habe austragen können. Der Brief sei für sie wie ein »Papaschutzbrief« gewesen. »Mir kann nichts mehr passieren, ich habe ja meinen Papa.« In Paris habe sie sich vorgestellt, sie sei 17 Jahre alt und ihr Papa habe sie nach Paris geschickt, um Französisch zu lernen. Den Brief habe sie auch in die Hand nehmen und immer wieder lesen können. Sie sei ein sehr »haptischer« Mensch.

Die Wirkung des Briefes zeigt auf, dass eine wesentliche Erfahrung im analytischen Prozess nicht nur über Worte, sondern auch über Handeln entsteht. Leider haben wir noch keine psychoanalytische Handlungstheorie bzw. Handlungstechnik, die unsere therapeutischen Möglichkeiten sehr erweitern würde.

Der Analytiker als »père maternelle« –
Vaterliebe und Inzesttabu
Vor einiger Zeit erzählte mir eine Patientin: »Ich saß als 8-jähriges Mädchen auf dem Schoß meines Vaters, ich spürte, wie sein Glied steif wurde, dann nahm mein Vater mich wortlos vom Schoß.«

Die schönen oder die enttäuschenden Liebesgeschichten der meisten Mädchen und Töchter beginnen in der Beziehung zur Mutter und zum Vater, der oft der erste Mann im Leben eines Mädchens ist. Für diese Liebesgeschichten Vater – Tochter und Tochter – Vater gilt in unserer Kultur das Inzesttabu. Zu dem Inzesttabu gehören die Lust am Inzest, die Inzestangst sowie die Inzestschuld.

Da ich in der Zeit, als Laura ihre Liebesgeschichte zu ihrem Analytiker entfaltete, stets eine gute und klare Grenze einhalten konnte – ich fühlte mich, wie bereits erwähnt, wie ein »père maternelle« –, konnte Laura den analytischen Raum, der auch als Inzestraum zu verstehen ist, lange Zeit lebendig, phantasievoll und lustvoll ausgestalten, ohne bemerkbare Spuren von Inzestangst oder Inzestschuld zu zeigen.

Dann träumte Laura:

Wir beide liegen auf einer Wiese in einem Garten ... Auf einmal haben wir uns geküsst. Erschrecken, fast Panik. Was machen wir. Ich lege meinen Kopf an Ihre Schulter. Was haben wir getan? Das ist katastrophal. – Aber: Wir werden einen Weg finden. Dann kommt jemand. Ihre Frau. Sie deckten mich zu. Wie fürsorglich! Ich lasse mich fallen.

Zu diesem Traum fiel Laura Folgendes ein:

Ich habe großes Zutrauen zu Ihnen empfunden, als Sie mich fürsorglich zugedeckt haben. – Endlich kapiere ich, dass Distanz sein muss zwischen Ihnen und mir. – Der geträumte Kuss war emotional »versiegelt«, es konnte kein Wohlgefühl und Lustempfinden entstehen, weil Panik entstand. – Dann lag ich an Ihrem Hals und spürte

> Ihre Haut. Da war ein Gefühl der Nähe, der Glückseligkeit, wie bei einem Säugling. So stelle ich es mir mit dem Vater vor. Ich sabberte ins Halsgrübchen und das war Glück.

Der Traum stellt sehr eindrucksvoll den Schrecken der Inzestangst dar, aber auch die Sehnsucht nach väterlicher Fürsorge sowie die tiefe Sehnsucht nach körperlicher Nähe zum Vater, also die Sehnsucht nach der Zweiereinheit (Dyade) mit dem Vater, in der wie eine Puppe in der Puppe die Sehnsucht nach der Zweiereinheit mit der Mutter verborgen ist.

Im Traum taucht meine Frau auf, das heißt, Laura befand sich in einem triangulären Raum, den Freud ödipal nennen würde. Nur wenn der Analytiker in einer Haltung der Abstinenz der Analysantin den analytischen Raum zur Verfügung stellt, kann diese ihre ödipale Liebe entfalten.

»Ein feines Plätzchen ist diese Couch«
Nach 80 Sitzungen legte sich Laura zum ersten Mal auf die Couch. Die Couch eröffnete ihr eine neue Welt:

> Da ist das Ganze nochmals eine Ebene tiefer gerutscht. Meine ganze Emotionalität ist in den Bauch gegangen. Da bin ich noch mehr auf die kindliche Ebene gerutscht. – Das Liegen auf der Couch ist Klasse. Wenn ich auf Ihre Stimme höre, da kann ich richtig imaginieren, dass Sie mein Papa sind. Auf der Couch kann ich ignorieren, wie Sie wirklich sind. Ich kann mich ganz meinen Einbildungen hingeben.

Ergänzend schrieb mir Laura in einem Brief:

> Ein feines Plätzchen ist diese Couch ... Ich habe die Couch als 50-Minuten-Freiheit entdeckt: durch die Zuschreibungen, die ich machen kann, ohne sie an der Realität einer gerunzelten Stirn, eines fragenden Blicks, eines Lächelns abgleichen zu müssen. Der Verlust ist die reale Person hinter mir, der Gewinn ist die Fiktion.

Abschließende Bemerkungen
Mit der unerschütterlichen Gewissheit, »ich bin es wert, vom Vater geliebt zu werden«, stürzte sich Laura in die Liebesgeschichte mit ihrem Analytiker und wiederholte mit diesem als Ersatzvater die intensive Liebesgeschichte mit ihrem Vater, setzte diese Liebesgeschichte aber auch wie eine Neuschöpfung fort und wollte am liebsten alles Versäumte nachleben und nachholen, um immer mehr mit Trauer und Schmerz zu entdecken, dass dies nicht möglich ist. Freud hat in seiner Arbeit »Bemerkungen über die Übertragungsliebe« (1915a) diese Neu-

schöpfung in der Übertragungsliebe nicht gesehen und sie ganz auf infantile Wurzeln zurückgeführt. Diese Neuerschaffung einer Liebesbeziehung zum Vater ist mit der Methode der orthodoxen Spiegel-Abstinenzeinstellung nach meiner Einschätzung nicht möglich. Ein aktiver, väterlich-engagierter Analytiker, der bereit ist, auf der analytischen Bühne mit der Analysantin Handlungsdialoge zu inszenieren, wird es jedoch ermöglichen, einen Neubeginn zu gestalten.

An Lauras Geschichte kann man erkennen, mit welcher ungeheuren imaginären Kraft und Phantasie ein Kind in allen möglichen Altersstufen sich einen Vater erschaffen kann, gemäß Nietzsches Motto: »Wenn du keinen Vater hast, erschaffe dir einen neuen.«

Während meiner gesamten analytischen Arbeit mit Laura fühlte ich mich insbesondere als »père maternelle«. Diese Gegenübertragung deutete ich nicht nur, sondern lebte und gestaltete sie, getragen von meiner analytischen Haltung, im Schutze des Settings.

Der Begriff »père maternelle« meint väterliche Fürsorge oder das väterliche, schützende Nein (siehe Speiseeis-Episode), er meint das väterliche Erkennen und Anerkennen des Wesens der Tochter in ihrem So-Sein, er meint die Freude an der Tochter in ihrer erst verschlossenen und schließlich aufblühenden Weiblichkeit, eine Freude, die auch aktiv ausgedrückt werden darf, meint aber auch die Trauer darüber, dass diese Weiblichkeit der »Tochter« einem anderen Manne gehört. Mit dem Begriff »père maternelle« ist aber vor allem auch ein Vater gemeint, der, wenn notwendig, aktiv »mütterliche Aufgaben« übernehmen kann. So wie der »Vater in der Mutter« Laura ihre Liebe zum Vater öffnete, ist auch die »gute Mutter im Vater« wesentlich, um die Liebe zur Mutter entdecken zu können. Und auch diese »gute Mutter« wird im Laufe der Analyse nicht nur gedeutet, sondern auch aktiv im Schutze des analytischen Settings gestaltet und gelebt.

Laura war lange mit Vaterverlust und Vatersehnsucht beschäftigt, um schließlich zu erkennen, dass sich im Vaterverlust und in der Vatersehnsucht wie eine Puppe in der Puppe ein Mutterverlust mit Muttersehnsucht verbirgt. Dieser Mutterverlust mit Muttersehnsucht, die Mutterübertragung, also die internalisierten Beziehungserfahrungen mit der Mutter, standen lange im Mittelpunkt der analytischen Arbeit. Ich bin davon überzeugt, dass das kleine Mädchen in Laura, das ab einsviertel Jahren mit der »toten Mutter« konfrontiert war, einen aktiven, engagierten und persönlichen Analytiker dringend benötigte.

Lauras Neuschöpfung einer Liebesgeschichte mit ihrem Analytiker-Vater und ihrer »Analytiker-Mutter« spielte wie ein roter Faden im gesamten Analyseverlauf eine wesentliche Rolle. Laura erschuf sich einen Analytiker-Vater sowie eine Analytiker-Mutter, war Tochter in den verschiedensten Altersstufen, und dieser analytisch-heilende Prozess war nur möglich durch eine sehr persönlich an Laura angepasste Handhabung der Abstinenz.

Cremerius (1984) spricht in diesem Zusammenhang von einem operationalen anstelle eines regelhaften Gebrauchs der Abstinenzregel.

Abschied von Laura
Wir wissen, dass die Abschiedsphase ein wesentlicher Abschnitt des gesamten analytischen Prozesses ist. Nach Freud kommen wie nach einer Theateraufführung nochmals alle Symptome auf die analytische Bühne, nehmen ihren Hut, um sich schließlich zu verabschieden.

Tiefe existenzielle Trauer erlebte Laura, als sie von ihrem Analytiker Abschied nahm. Wie eine Puppe in der Puppe enthielt diese tiefe Trauer die Trauer über den so frühen Verlust des Vaters, aber auch der Mutter, als diese in ihrer depressiven Trauer wie eine »tote Mutter« für Laura war. Lauras Ehemann tröstete sie: »Wenn du da durch bist, dann bist du stärker.«

Laura erlebte beim Abschiednehmen von ihrem Analytiker einen langen und bewegenden Trauerprozess, den ich mitfühlend begleitete. »Ich hatte nie einen Alltag mit meinem Vater, und wenn er da war, war er nur am Wochenende da«, klagte sie zum Beispiel.

Als ich Paula Heimann einmal fragte, wie sich die weitere Beziehung zu ihren Patienten nach dem Abschied gestalte, gab sie mir als Antwort: »Mit jedem Patienten vereinbare ich, dass wir uns in einem halben Jahr noch einmal sehen. Und dann sehe ich manche Patienten nie mehr, manche kommen nochmals für einige Analysestunden, manche schreiben einmal eine Karte, mit manchen trinke ich mal einen Kaffee und mit einigen meiner Patienten habe ich eine Freundschaft entwickelt.«

Als ich Laura diese Geschichte erzählte (die Wichtigkeit des Geschichtenerzählens habe ich 2005 beschrieben), erkannte sie, dass ich bereit bin, auch nach der Analyse weiterhin Kontakt mit ihr zu pflegen. Dies erleichterte Laura das Abschiednehmen wesentlich und sie sagte: »Jetzt bin ich mit ihnen verwandt.«

Morgenthaler soll einmal gesagt haben, dass nach der Analyse der Analytiker für den Patienten endgültig gestorben sein solle. Nach meinem Verständnis der psychoanalytischen Theorie ist jedoch bei Patienten, die durch frühe Trennungen und Verluste traumatisiert wurden, ein Abschied nach der »Morgenthaler-Abstinenzregel« nicht möglich. So ist auch beim Abschiednehmen wieder der enge Zusammenhang zwischen der Handhabung der Abstinenzregel und der psychoanalytischen Theorie erkennbar.

In einer der letzten Abschiedsstunden erzählte Laura mir, dass sie immer wieder beim Abschied meinen Hass gespürt habe und dass auch sie mich habe hassen können. Doch Liebe und Trauer überwogen bei Weitem den Hass.

Die letzte Analysestunde ist nun lange vergangen. Immer wieder freue ich mich, Laura wiederzusehen. Wir trinken dann gemeinsam einen Kaffee, sprechen miteinander oder Laura erklärt mir wie eine kundige Tochter ein Bild im Museum.

Ein Leben nach der Analyse hat begonnen.

Literatur

Balint M. (1997): Die Urformen der Liebe und die Technik der Psychoanalyse. Stuttgart (Klett-Cotta).
Cremerius, J. (1983): »Die Sprache der Zärtlichkeit und der Leidenschaft«. Psyche 37 (11), 988–1015.
Cremerius, J. (1984): Die psychoanalytische Abstinenzregel. Psyche – Z Psychoanal 38 (9), 769–800.
Evans, D. (2002): Wörterbuch der Lacanschen Psychoanalyse. Wien (Turia + Kant).
Freud, S. (1915a): Bemerkungen über die Übertragungsliebe. GW 10, 305–321.
Freud, S. (1921g): Massenpsychologie und Ich-Analyse. GW 13, 73–161.
Freud, S. & Binswanger, L. (1992): Briefwechsel 1908 – 1938. Hg. v. Gerhard Fichtner. Frankfurt/M. (Fischer).
Fromm, E. (2005): Die Kunst des Liebens. Berlin (Ullstein).
Green, A. (2004): Die tote Mutter. Psychoanalytische Studien zu Lebensnarzissmus und Todesnarzissmus. Gießen (Psychosozial).
Haerlin, P. (1992): Ist die Psychoanalyse eine Trancetherapie? Hypnose und Kognition 9, 1&2, 25–40.
Heimann, P. (1978): Über die Notwendigkeit für den Analytiker, mit seinen Patienten natürlich zu sein. In: Drews, S., Klüwer, R., Köhler-Eisker, A., Krüger-Zeul, M., Menne, K. & Vogel, H. (Hg.): Provokation und Toleranz. Festschrift für Alexander Mitscherlich zum 70. Geburtstag. Frankfurt/M. (Suhrkamp), 215–230.
Klüwer, R. (1983): Agieren und Mitagieren. Psyche – Z Psychoanal 37 (9), 828–840.
Körner, J. (2008): Abstinenz. In: Mertens, W. (Hg.): Handbuch psychoanalytischer Grundbegriffe. Stuttgart (Kohlhammer), 1–6.
Körner, J. & Rosin, U. (1985): Das Problem der Abstinenz in der Psychoanalyse. Forum der Psychoanalyse 1, 25–47.
Markert, F. (1985): Das Ende der analytischen Stunde und die Wichtigkeit des Sehens. PsA-Info [Sonderheft zum 8. IPSO-Vorkongress der IPA/IPV, Hamburg] 24, 81–89.

Markert, F. (1989): Das Ende der analytischen Stunde. Arbeit zur Erlangung der ordentlichen Mitgliedschaft bei der Deutschen Psychoanalytischen Vereinigung, unveröffentlicht.

Markert F. (2005): Hypnoanalyse. Ein Stiefkind der Psychoanalyse. Forum der Psychoanalyse 4, 358–370.

Markert F. (2008): Nur wer die Sehnsucht kennt, weiß, was ich leide. Früher Vaterverlust mit Vatersehnsuchtsübertragung. In: Metzger, H. G. (Hg.): Psychoanalyse des Vaters. Frankfurt/M. (Brandes & Apsel).

Prior, M. (2002): MiniMax – Interventionen. Heidelberg (Carl-Auer-Systeme).

Sandler, J. (1976): Gegenübertragung und die Bereitschaft zur Rollenübernahme. Psyche – Z Psychoanal 30 (4), 297–305.

Sandler, J., Holder, C. & Dare, A. (1973): Die Grundbegriffe der psychoanalytischen Therapie. Stuttgart (Klett).

Thomä, H. (1981): Schriften zur Praxis der Psychoanalyse: Vom spiegelnden zum aktiven Psychoanalytiker. Frankfurt/M. (Suhrkamp).

Benjamin Bardé

Paroxysmales Vorhofflimmern, der Tod, die Liebe und die Entstehung des Neuen

Balints Purzelbaum

In den 1970er Jahren war ich Psychologiestudent und besuchte mit großer Freude die Klinischen Seminare von Peter Kutter im Institut für Psychoanalyse der Frankfurter Johann-Wolfgang-Goethe-Universität. Er machte mir Michael Balint bekannt, der gerade in deutscher Sprache veröffentlicht worden war.[1] 1979 berichtete Balint von der psychoanalytischen Behandlung einer knapp 30-jährigen Frau, deren »Wendepunkt« und »Durchbruch« darin bestand, dass sie in der Stunde etwas tat, was sie seit ihrer Kindheit öfters versucht, aber nie fertiggebracht hatte, nämlich einen Purzelbaum zu schlagen. Das habe einen fundamentalen »Neubeginn« im Selbst- und Weltverhältnis der Patientin eingeleitet (Balint 1979, S. 156f., 160). Seitdem ist der Neubeginn in der klinischen Literatur ein feststehender Begriff für psychische Veränderung in einer Psychoanalyse geworden, zugleich aber ist kaum ein Begriff in der Theorie der Behandlungsmethodik ungeklärter als dieser.[2]

Balint erlebte seine Patientin als eine »attraktive, lebhafte, ziemlich kokette junge Frau« (ebd., S. 156). Sie kann aber ihre Intentionen in ihrer Bedeutung nicht erfüllen und erzeugt dadurch »Leerintentionen«[3]. Balint sagt, dass sie »nichts durchführen konnte«. Daran verzweifelte sie und mit dieser Frage suchte sie Balint um Rat auf. Balint berichtet weiter, auf welchen Handlungs-

---

[1] Das Exemplar von damals besitze ich noch heute; die vielen bunten Anstreichungen lassen noch heute die Begeisterung erkennen, die ich damals bei der Lektüre empfunden habe. Ich widme diese Arbeit Peter Kutter zum 80. Geburtstag in Dankbarkeit für Förderung und Freundschaft.

[2] Hinz (2004) zum Beispiel charakterisiert sein Vorhaben, sich einen Überblick zu diesem Thema zu verschaffen, als die »schrittweise« und »diskontinuierlich« vollzogene Umwandlung eines »Wunders«.

[3] Ich übernehme diese Formulierung von Edmund Husserl, *Logische Untersuchungen*, § 8 »Die dynamische Einheit zwischen Ausdruck und ausgedrückter Anschauung. Das Erfüllungs- und Identitätsbewusstsein« (Husserl 2009, S. 566ff.).

feldern sich die Leerintentionen darstellen. Sie hat ihr Studium praktisch absolviert, kann es aber nicht durch das Abschlussexamen beenden. Sie war bei den Männern »sehr beliebt«, Männer hatten sich ihr »genähert«, davon »einige mit ernsthaften Heiratsabsichten«, sie konnte aber in keinem Fall »die Liebe [...] erwidern«. Die attraktive, lebhafte junge Frau war deshalb in ihrer Vitalität und Spontaneität gehemmt, mit einem »lähmenden Gefühl der Unsicherheit«, sobald sie ein »Risiko« eingehen und eine »Entscheidung« treffen sollte.

Den psychodynamischen Hintergrund, der in einer zweijährigen Analyse »einsichtig wurde«, skizziert Balint mit der kurzen Charakterisierung der Eltern der Patientin. Zum Vater hat sie »eine enge Bindung« und sie »verstanden und schätzten einander«; er sei »energisch«, »ziemlich zwanghaft«, aber »äußerst zuverlässig« gewesen. Die Beziehung zur Mutter sei »offenkundig ambivalent«, da die Mutter von der Patientin als »eingeschüchtert« und »unzuverlässig« empfunden wurde.

Dann schildert Balint, wie es zu dem Ereignis des Purzelbaumes kam, in dem ihm zufolge für die Patientin ein »Durchbruch« stattfand: »Es war zu jener Zeit, als ich einmal die Deutung gab, es sei für sie sehr wichtig, immer den Kopf oben und die Füße fest auf dem Erdboden zu behalten.« Er sagt uns nicht, wie er dazu kam, das zu sagen. »Kopf oben« und »Füße fest auf dem Erdboden« lässt an die »stramme Haltung« denken, die uns von der Skizze des Vaters bereits bekannt ist, zu dem eine enge Bindung besteht. Balint thematisiert hier implizit auch die Hingabe an das Lieben, die mit einer strammen Haltung schwer vereinbar ist. Damit ist unausgesprochen ein Kontrast zur Mutter thematisch eingeführt: Mit einer strammen Haltung ist man keinesfalls »eingeschüchtert« oder gar »unzuverlässig«. Prompt reagiert die Patientin mit einer Amplifikation. Balint fährt fort: »Darauf erwähnte sie, dass sie es seit frühester Kindheit nie fertiggebracht habe, einen Purzelbaum zu schlagen, obwohl sie es oft versucht hatte und ganz verzweifelt war, wenn es nicht ging.«

Darauf reagiert Balint *implizit* mit Anerkennung ihrer Intention, Purzelbäume zu schlagen, und relativiert dadurch die stramme Haltung; er validiert ihre Spontaneität, aus sich selbst als grundloser Grund einen Purzelbaum zu schlagen; und er führt die Zeitlichkeit ein, indem er die gescheiterten Versuche der Vergangenheit zuweist. Offensichtlich handelt Balint selbst spontan, denn er spricht nicht überlegt, sondern er wirft ein: »Ich warf ein: ›Na, und jetzt?‹ – worauf sie von der Couch aufstand und zu ihrer eigenen größten Überraschung ohne weiteres auf dem Teppich einen tadellosen Purzelbaum schlug« (Balint 1979, S. 157).

Man kann spekulieren, dass Balint auf sehr intelligente Weise die Engführung der *Paradoxie* in einem Gegenwartsmoment[4] durchgeführt hat, welche Kern der Neurose der Patientin war. Als strammer Vater appelliert er fraglos an die Leistungsfähigkeit und vitale Spontaneität der Patientin, die sie über die eingeschüchterte, unzuverlässige Mutter weder zur Entfaltung noch zur Erfüllung bringen konnte (der seit frühester Kindheit gescheiterte spielerische, spontan ausgeführte Purzelbaum, dessen Ausführungsversuche sie dann aufgab), und setzt genau dadurch das sich bislang dazu widersprechende Gegenteil der strammen Haltung in Gang, nämlich die Hingabe an den grundlosen Grund der Lust an der Bewegung. Dazu stellt Balint keine Überlegungen an. Ihm reicht es zu sagen, dass hier ein »Durchbruch« stattgefunden habe, der selbstevident war. »Sie erreichte es, zu einer schwierigen Prüfung zugelassen zu werden, bestand sie, verlobte sich bald darauf und heiratete« (Balint 1979, S. 157). Eine spätere kurze Re-Analyse der Patientin bestätigte seine Einschätzung.

Sein Bericht lässt aber vermuten, dass er eine sehr von seiner eigenen Person und deren Spontaneitätsbereitschaft geprägte authentische Einstellung zu seiner Patientin als einer gegenwärtigen Person in Präsenz gehabt haben muss.

Er spricht davon (Balint 1979, S. 159), dass er »die Spannung« in seiner Patientin »erhöht« habe, indem er ihr »Gelegenheit bot, sogleich einen Purzelbaum zu schlagen. D. h. indem ich sie der gefürchteten Situation aussetzte«. Dadurch habe er ihr zu einem Triebdurchbruch »verholfen«, der ihr die lustvolle Befriedigung eines durch Verdrängung gehemmten Impulses erlaubte. »Durch diese Erfahrung« oder sogar »gleichzeitig mit ihr« sei das Ich der Patientin gestärkt worden. Er muss allerdings feststellen, dass dieses Ereignis nicht über die gängigen Begriffe psychoanalytischer Behandlungstechnik erklärt werden kann.

Zwar sei der Purzelbaum ein Agieren, aber es sei »nicht klar, was ausagiert wurde«. An Übertragung im engeren Sinne, nämlich »dass ein Gefühl von einem ursprünglichen Objekt auf den Analytiker übertragen wird«, daran hat Balint seine Zweifel. Auch Wiederholung und Regression scheinen den Purzelbaum als ein Phänomen der Entstehung von etwas Neuem nicht fassbar zu machen. »Man kann doch nur etwas wiederholen, das man wenigstens einmal vorher getan hat, und man kann wohl auch nur zu etwas regredieren, das wenigstens einmal vorher bestanden hat. Wie unser Fall zeigt, war die Patientin aber gerade unfähig gewesen, jemals einen Purzelbaum zu schlagen. So wäre es eigentlich unlogisch, den ersten Purzelbaum ihres Lebens eine Wiederholung oder eine Re-

---

[4] Stern et al. (2002, S. 989f.) sprechen von »Now moments« und »Moments of Meeting«; vgl. auch Stern (2007).

gression zu nennen« (Balint 1979, S. 158). Das Einzige, was bleibt, ist, dass er »sich [...] in der Übertragung [ereignete], wenn wir mit Übertragung die ganze analytische Situation meinen« (ebd., *Hervorh. B. B.*). Wenn sich der »Durchbruch« in der psychoanalytischen Situation ereignet hat, so geschah das »innerhalb einer Objektbeziehung«, die ihr »neue Wege des Liebens und Hassens« eröffnet hatte. »Dies war für sie eine neue Entdeckung, und von da an waren die Beziehungen der Patientin zu ihren Liebes- und Hassobjekten freier und realistischer« (Balint 1979, S. 160).

Mit dem Konzept des »Neubeginns« bezeichnet Balint (1969, S. 165ff., 243ff.) solche Phänomene der ursprünglichen Spontaneität, in denen sich die Patientin in ihrer Vitalität selbst als ein »grundloser Grund«[5] in Präsenz eines Anderen, »in einer Objektbeziehung« entfalten und erfüllen kann. Balint entwickelt die Vorstellung einer »primären Liebe« (Balint 1969), die durch die frühe Abhängigkeit von traumatischen oder chronisch »untoten«, nicht-responsiven Objekten im Sinne einer »Grundstörung« (Balint 1979, S. 193ff.) zur Erstarrung gebracht wurde und die es wieder aufzufinden und wiederzubeleben gilt, um eine stillgestellte psychische und geistige Entwicklung über eine »Nacherziehung« wieder in Gang zu bringen. Balint charakterisiert eine hierzu notwendige Grundhaltung (vgl. Kutter et al. 1988) im Sinne einer »Ästhetik des Performativen«, in deren Zentrum die Logik von »Ereignis und Aura«[6] steht. Balint betont im Sinne einer »elastischeren Technik« (Balint 1979, S. 172) die Herstellung einer »arglosen Atmosphäre« (ebd., S. 178), in der sich der Analytiker auf die besondere Form der Objektbeziehung einstellt, die der Patient »braucht« (ebd., S. 198). Er sollte ihn »annehmen und tragen«, er sollte sich als »unzerstörbar« erweisen und darf nicht »auf starre Grenzen bestehen, sondern muss die Entwicklung einer Art von Vermischung zwischen ihm und dem Patienten zu-

---

[5] In eindrucksvoller Weise durchdenkt dieses Problem Immanuel Kant (1998) in seiner *Kritik der reinen Vernunft* in der 3. Antinomie der Transzendentalen Dialektik. »Diesemnach muss eine Kausalität angenommen werden, durch welche etwas geschieht, ohne dass die Ursache davon noch weiter, durch eine andere vorhergehende Ursache, nach notwendigen Gesetzen bestimmt sei, d. i. eine *absolute Spontaneität* der Ursachen, eine Reihe von Erscheinungen, die nach Naturgesetzen läuft, *von selbst* anzufangen, mithin transzendentale Freiheit, ohne welche selbst im Laufe der Natur die Reihenfolge der Erscheinungen auf der Seite der Ursachen niemals vollständig ist« (A444/B472).

[6] Sehr hilfreich für die Diskussion der psychoanalytischen Behandlungstechnik in der Tradition Michael Balints erscheinen mir die philosophischen Ausarbeitungen von Dieter Mersch (2002a, 2002b, 2010).

lassen« (ebd., S. 177)[7]. Entscheidende Kriterien sind hierfür die Responsivität des Analytikers, Balint spricht von »Beteiligung«, und die basale existenzielle Anerkennung des Patienten in der unhintergehbaren Einmaligkeit seiner Individualität[8]. »Obwohl die Beteiligung von außen, vom Objekt her wesentlich ist, ist es eine ganz andere Art von Beteiligung; abgesehen von der Enthaltung von jeglicher Einmischung und unnötigen Störung der inneren Vorgänge im Patienten [...], besteht die Hauptform dieser vom Patienten erhofften Beteiligung in der Anerkennung der Existenz dieses seines Innenlebens und seiner unverwechselbaren Individualität.« Zentral ist demzufolge eine »Regression mit dem Ziel des Erkanntwerdens« (Balint 1979, S. 176). Seit dem ersten Erscheinen des Buches *The Basic Fault. Therapeutic Aspects of Regression*, in dem Balint diese Überlegungen anstellte, sind inzwischen über 40 Jahre vergangen.

[7] Um diese Beziehungsdimensionen kreisen die wenig überzeugenden Überlegungen um die Entstehung des Neuen. Zum einen ist die Rede von »projektiver Identifizierung« (z. B. M. Feldman 1997), was aber in der nach-kleinianischen Literatur als ein mysteriös undefinierter Begriff verwendet wird, der meistens in Kontiguität mit schweren Pathologien auftritt, mit denen häufig »Angriffe« auf den Analytiker, insbesondere seinen »Denkraum« verbunden seien. »Veränderung« tritt in diesen Sprachspielen gleichursprünglich in der Perspektive einer »Katastrophe« in Erscheinung (M. Eigen 1985, C. Frank 1988, H. Hinz 2004), nirgends mit Freude, Genießen oder Lust und Befreiung. Selbst da, wo versucht wird, logische Klarheit zu schaffen, wie das J. S. Grotstein (2006) versucht hat, bleiben wesentliche Fragen der Kritik (vgl. Thomä & Kächele 1988) unbeantwortet. Bemerkenswert ist, dass in diesen Zitierkartellen das Denken Michael Balints eliminiert ist. Wolfgang Loch, für den ursprünglich der Analytiker dem Patienten bloß »eine psychologische Erklärung als Hypothese zur Verfügung« stellt (W. Loch 1965, S. 37), hält an diesem Verständnis zwar fest, *relativiert* es aber durch die Konzeption des »Neubeginns« von Michael Balint, da man den Neubeginn ja nicht im Sinne der zur Verfügungstellung einer Hypothese »erklären« könne (W. Loch 1985a). Wolfgang Loch holt sich dann eher adjuvant »philosophische« Anleihen bei einem abstrakten Wahrheitsbegriff (W. Loch 1985b). Er kommt später (W. Loch 2001) an den Punkt zurück, von dem Michael Balint schon immer ausgegangen war. W. Loch geht es um die Förderung »der Autonomie« des Patienten, um die Anerkennung seines »Existenz-Sinns«, seines »erotischen Wirklichkeitssinns« und um die Erfahrung des »Gefühl[s]« des »Ich bin da, ohne an eine bestimmte Prädikation gebunden zu sein« (ebd., S. 80f.). Er glaubt schließlich, dass jenseits von Erklärungen »rein ›beschreibende‹ Interventionen, die darüber hinausgehende Hypothesen, z.B. Benennungen von Motiven im Sinne hypothetischer Konstrukte unterlassen, ebenfalls die Autonomie begünstigen.« (ebd., S. 78f.).
[8] Diese für die psychoanalytische Praxis und Behandlungstechnik hoch bedeutsamen Fragen werden vornehmlich von philosophischen Autoren durchdacht, z. B. M. Frank (1983, 1986, 2012) oder J. Rogozinski (1988).

Ich möchte von einer psychoanalytischen Behandlung berichten, der von Anfang an dadurch etwas Neues anhaftete, als der Patient aus unserer damals neugegründeten Klinik für Psychokardiologie[9] in Bad Nauheim kam und massiv unter paroxysmalem Vorhofflimmern litt. Ich wusste zunächst überhaupt nicht, ob diese Problematik mit psychotherapeutischen Mitteln behandelbar ist. Nach kardiologischer Lehrmeinung ist sie das nicht. Insofern handelte es sich um einen typischen »psychokardiologischen« Patienten: von Kardiologen und Psychotherapeuten in ihrem meist traumatischen Elend gleichermaßen abgewiesen. Die einen begrenzen sich auf die somatischen Parameter, die anderen erschrecken vor der lärmenden körperlichen Symptomatik und sind verunsichert, zumal solche Patienten mit ihren körperlichen Komplikationen schon mal »Sand ins Getriebe« einer psychotherapeutischen »Betriebsstätte« streuen. Die Analyse habe ich nach den gesetzlichen Regelungen dreistündig durchgeführt und sie dauerte über fünf Jahre (2006–2010). Zwar ereigneten sich während dieser Behandlung keine spektakulären Purzelbäume, es fanden aber Entwicklungen zu Neuem statt, die ich mir so zu Beginn nicht hatte vorstellen können. Insofern war diese Analyse für mich eine Folge mehrerer Überraschungen. Nach etwa eineinhalb Jahren verschwand das Symptom des Vorhofflimmerns, was sich bis heute durchhält. Zu meiner Überraschung nahm der Patient die unmittelbare Symptomfreiheit nicht zum Anlass, die Behandlung zu beenden, sondern setzte diese weiter fort und nutzte sie, um sein gesamtes Leben, Schritt für Schritt aus dem Nächstliegenden, neu zu reorganisieren, letztlich so, dass er sich in einer »Balance« fühlen konnte.[10]

Nach der Darstellung des Behandlungsverlaufs, den ich mit begleitenden Hinweisen zu relevantem Hintergrundwissen versehen habe, möchte ich in Anknüpfung an die Gedanken und Ideen von Michael Balint zum »Neubeginn« anhand der vorgestellten Psychoanalyse einige weitere grundlagentheoretische Überlegungen zur Entstehung des Neuen anstellen, dabei aber den empirischen Bezug zur vorgestellten Psychoanalyse aufrechterhalten, was möglicherweise den Eindruck von Wiederholungen erwecken kann.

---

[9] Leiter: Prof. Dr. Jochen Jordan.
[10] In einem katamnestischen Gespräch mit Prof. Jochen Jordan formulierte das der Patient so: »Es gibt zwar einige Probleme, so bin ich etwas zu dick, mache zu wenig Sport, habe etwas Probleme mit meiner Potenz, wenn ich mit der Frau zusammen bin; aber der Beruf macht mir großen Spaß, meine Harley macht mir Spaß und ich kann mir jetzt mühelos einen Porsche kaufen, den ich sehr liebe. Insgesamt habe ich doch eine gute, harmonische Balance in meinem Leben gefunden.«

Falldarstellung

Herr Dr. L. ist ein großer stattlicher Mann, Mitte fünfzig, er hat einen klaren, offenen Blick und ist als Arzt in einem großen Pharmakonzern als Projektleiter in der Pharmakovigilanz tätig. Er eröffnet umstandslos das Gespräch mit dem Thema Sein und Nichts, Leben und Tod, mit der Frage nach dem Ganzen und seiner Existenz in der Welt, aus der er regelmäßig herauszufallen droht. Mit dieser einfachen Direktheit berührt er mich tief. Er leidet seit über fünf Jahren an Vorhofflimmern. Die Attacken brechen völlig unverständlich über ihn herein, sind mit intensiver Todesangst verbunden und führen zu vitalen Erschöpfungszuständen. Häufig waren stationäre Notfallaufnahmen mit Rettungswagen nötig. Die Behandlung bei renommierten Kardiologen führte nur zu kurzfristigen Erfolgen und er hätte jetzt unsere »Psychokardiologie«[11] gefunden. Bereits hier war klar, dass ich Dr. L. in Analyse nehmen werde.

Dr. L. berichtet eine *Modellszene*[12] *von hermetischer Gewalt, Unterwerfung und Erniedrigung mit Erlebniszuständen von ohnmächtigem Ausgeliefertsein in einsamer, verzweifelter Isolation.*

Sein Vater, ein überzeugter deutscher Offizier, legte in seiner Erziehung Wert

---

[11] Das Forschungsgebiet der Psychokardiologie ist durch die neun Jahre (1992–2001) dauernde »Statuskonferenz Psychokardiologie« unter der Leitung von Jochen Jordan und mir begründet worden. An ihr nahmen schließlich 43 Experten teil. Das Projekt war getragen durch die Kooperation zwischen der Abteilung für Psychosomatik und Psychotherapie an der Johann Wolfgang Goethe-Universität Frankfurt (Leiter: Prof. G. Overbeck) und dem Sigmund-Freud-Institut in Frankfurt/M. (Leiter: Prof. H.-E. Richter). Die neueren Entwicklungen führten notwendig und zwangsläufig zur Gründung eines abgetrennten eigenen Instituts für Psychokardiologie und zur Gründung einer »Klinik für Psychokardiologie« (Leiter: Prof. J. Jordan) in Bad Nauheim im Oktober 2006, die an die kardiologische Kerckhoff-Klinik angeschlossen ist. Vgl. www.psychokardiologie.info. Dr. L. kam zu mir auf Empfehlung von Prof. J. Jordan. Die Entwicklung der »Psychokardiologie« als eines eigenständigen wissenschaftlichen Forschungsgebietes hatte u.a. einen Ursprung im »Institut für Psychoanalyse« am Fachbereich Psychologie der Johann-Wolfgang-Goethe-Universität, wo ich in den 1980er Jahren unter Leitung von Peter Kutter ein Beratungsprojekt für Herzinfarktpatienten konzipierte, das in der »Klinik für Herz- und Kreislauferkrankungen« in Bad Nauheim durchgeführt wurde.

[12] Ich verwende das Konzept im Sinne von J. Lichtenberg (1989, S. 253ff.; 2000, S. 39ff.; 2007, S. 125ff.) Diese Modellszene korrespondiert mit den Szenen eines »Basiskonflikts«, den Peter Kutter als eine Hypothese für die Entstehung von Psychosomatosen beschreibt (1980, 1981, 1982).

auf militärische Disziplin. Sonntags früh wurde er mit seinem Bruder geweckt, beide mussten im Wohnzimmer strammstehen, während der Vater den Badenweiler-Marsch lautstark aus der eichernen Musiktruhe ertönen ließ. Varianten waren, dass die Mutter körperliche Strafen verhängte, die, wenn sie diese nicht gleich selbst ausführte, der Vater abends mit einer Peitsche mit sieben Lederriemen, genannt siebenschwänzige Katze[13], rituell vollstreckte. Oder der Junge musste so lange vor einem Teller sitzen, bis er aufgegessen hatte, was bis zu sieben Stunden dauern konnte. Es gab auch eine Großmutter, die über einen Teppichklopfer verfügte, und sie scheute sich nicht, diesen regelmäßig bei geringfügigen Anlässen zum Einsatz zu bringen.

Der Vater war Konditormeister, die Mutter Buchhalterin. Nach der Heirat übernahm der Vater auf Drängen der Schwiegermutter den Betrieb einer Tankstelle. Diese wurde später von dem zwei Jahre jüngeren Bruder des Patienten, der das KfZ-Handwerk erlernte, übernommen. Ein älterer Bruder verstarb im ersten Lebensjahr an einer Lungenkrankheit. Der Patient ging wegen Lern- und Leistungsstörungen mit Realschulabschluss vom Gymnasium ab und absolvierte eine Einzelhandelslehre. Nach einer »Berufsaufbauschule« entschied er sich dafür, am Hessen-Kolleg in einer anderen Stadt das Abitur nachzuholen, was ihm niemand zutraute. Mit Unterstützung der Mutter ließ der Vater ihn gewähren. Das freie Leben im Kolleg unter »vernünftigen Leuten ohne Gewalt« sei seine Rettung gewesen. Er studierte Medizin in Berlin und war als Schlagzeuger und Sänger Mitglied in einer Rockband. Während des Studiums lernte er seine erste Ehefrau kennen, die damals im dritten Monat schwanger war. Er adoptierte den Sohn, seine Frau wurde Radiologin. Nachdem er das Medizinstudium mühsam abgeschlossen hatte – er musste das 2. Staatsexamen wiederholen – wollte er Facharzt für Anästhesie werden, habe dazu aber keine Gelegenheit bekommen. Nachdem er sich resignierend eine Weile als »freier Musiker« mit der Rockband durchgeschlagen hatte, war er über zehn Jahre als Pharmavertreter für große Konzerne tätig, was immer »unerträglich quälend« gewesen sei. Über Jahre habe er sich vergeblich bemüht, in den Innendienst versetzt zu werden. In dieser Zeit entwickelte er eine »Porsche-Sucht«, kaufte zwanghaft die neusten Porsche-Modelle und verschuldete sich so massiv, dass er Insolvenz anmelden musste. Seine Frau ließ sich von ihm scheiden. Er wurde depressiv-suizidal und ging zu einem Psychiater, der ihm über die Krise hinweghelfen konnte, gleichwohl er weiter als »Klinkenputzer« arbeiten musste,

---

[13] Die Peitsche heißt eigentlich neunschwänzige Katze und hat neun Lederriemen, der Patient betonte aber mehrfach die Zahl sieben.

um seine Schulden zurückzubezahlen. Die Pistole, mit der er sich damals erschießen wollte, besitzt er noch heute, »für den Fall, dass ich unheilbar krank werde«. 1994 erhielt er eine Stelle im »Innendienst« eines großen Pharmakonzerns in der Pharmakovigilanz und wechselte von Berlin nach Frankfurt. An der Arbeitsstelle lernte er eine Kollegin kennen, die auch Medizinerin war und aus erster Ehe zwei Kinder mitbrachte. Im Alter von 49 Jahren heiratete er sie und lebt nun seit zehn Jahren mit ihr zusammen. Alles sei »in Ordnung« gewesen, bis 2001 das Vorhofflimmern angefangen hätte. Zu diesem Zeitpunkt bekam er eine neue Chefin vorgesetzt, Frau R., die einen neuen, der »Globalisierung« entsprechenden Führungsstil praktizierte. Sie forderte Mehrarbeit, indem sie ihm die Kontrolle von weiteren Präparaten übertrug, und forderte auf die Klagen des Patienten, statt ihn wohlwollend zu entlasten, aggressiv Überstunden ein, wozu er nicht bereit war. Er fühlte sich brutal überwältigt und ungerecht behandelt und hatte in diesem Zusammenhang seine erste Attacke mit Vorhofflimmern. Nachdem er sich eine Woche lang erholt hatte und an seinen Arbeitsplatz zurückgekehrt war, hatte er erneut eine Attacke mit Vorhofflimmern, was sich mehrmals wiederholte.

Anfang 2005 stellte sich Dr. L. in meiner Sprechstunde vor. Er zählte in den zurückliegenden vier Jahren über 24 Attacken von Vorhofflimmern und war bei drei renommierten Kardiologen in Behandlung gewesen, ohne dass er Symptomfreiheit hätte erreichen können. Ich vereinbarte mit Dr. L. eine dreistündige Langzeitanalyse.

Erste Behandlungsphase

In der Eröffnungsphase der Behandlung zeigte sich Dr. L. als ein zerstörtes, geschundenes, vom unberechenbaren Tod ständig bedrohtes Wesen, das keinesfalls liebenswert ist und das mit dem fortschreitenden Älterwerden das »Sein zum Tode als Vorlaufen«[14] prägnant vor Augen hat und täglich diesen Zerfall über zahlreiche Phänomene des körperlichen Zerfalls erlebt. Sein Herz erschien als Darstellungsort einer Bewegung zwischen Leben und Tod. Insofern konstellierte Dr. L. eine *existenziale Situation*, die ich als solche auffasste, anerkannte

---

[14] Der ganze Satz heißt bei Martin Heidegger: »Das Sein zum Tode ist Vorlaufen in ein Seinkönnen *des* Seienden, dessen Seinsart das Vorlaufen selbst ist« (Heidegger 1993, S. 262). »Der Tod ist *eigenste* Möglichkeit des Daseins. Das Sein zu ihr erschließt dem Dasein sein *eigenstes* Seinkönnen, darin es um das Sein des Daseins schlechthin geht« (ebd., S. 263).

und die mich persönlich tief berührte.[15] Er bezeichnete sich als »multimorbid«. Er fühlte sich unansehnlich dick, seine Brüste waren zu weiblich, die Halswirbel beschädigt, die Knie nach einer Operation nicht mehr belastbar, seine Libido und Potenz nahmen ab, seine Konzentrations- und Leistungsfähigkeit wurde immer geringer, sein Blutdruck war zu hoch und vor allem konnte er sich nicht mehr auf sein Herz verlassen. Während der Stunden musste er über lange Zeit schockartig und panisch sein elektronisches Messgerät herausholen, um Pulsfrequenz und Blutdruck zu überprüfen. Mit 54 Jahren würde er sich im »Vor-Ruhestand« am besten aufgehoben fühlen.

Im ersten Behandlungsabschnitt von knapp zwei Jahren ereigneten sich insgesamt sieben Attacken mit Vorhofflimmern, von denen einige kurzfristige Klinik-Einweisungen zwecks elektrischer Kardio-Version erforderlich machten. Diese waren immer mit intensiven Todesängsten verbunden und hatten schwere Erschöpfungszustände zur Folge. In der Regel ereigneten sich die Attacken sechs bis zehn Stunden nach der Teilnahme an einer alltäglichen sozialen Handlungssituation, deren Beziehungsdynamik im Sinne der Modellszene im *Erleben* von Dr. L. in formaler Hinsicht ein gemeinsames Strukturmerkmal aufwies: Er fühlte sich hermetisch isoliert, ohne Ausweichmöglichkeiten eingeschlossen und von anwesenden, »übermächtigen« anderen überwältigt und wie gewaltsam zu etwas gezwungen, was völlig gegen seinen Willen war. *Dass* er sich in einer solchen Situation hilflos ausgeliefert fühlte, versetzte ihn zusätzlich in eine tiefe Verzweiflung und steigerte seinen psycho-physischen Erregungszustand. Die *phänomenologische* Analyse der auslösenden Situationen, die zunächst nur auf die deskriptive Rekonstruktion der *Wahrnehmung*[16] der faktisch gegebenen

---

[15] Beim Abfassen dieser Falldarstellung kam mir auch die Idee, den Prozess über meine eigene persönliche Beteiligung zu rekonstruieren. Dr. L., wie jeder Patient, kam mit einer für ihn *existenzialen* Frage. Ich, als sein Analytiker, kann im Prozessgeschehen des analytischen Diskurses nur so weit kommen, wie ich diese Frage im Rahmen des Fassungsvermögens *meiner Persönlichkeit* und *Erfahrungsgeschichte* für *mich selbst* beantworten kann und konnte. In dieser Perspektive würde ich gleichursprünglich immer *auch* meine eigene »existenziale Frage« dem Patienten stellen, der mir mit seinen Redebeiträgen (»Materialproduktionen«) sozusagen latent rekursiv immer auch deutend antwortet. Auf diese Sichtweise haben sehr originell I. Z. Hoffman, »the patient as interpreter oft the analyst's experience«, (1983, 1992) und J. Natterson (1991) aufmerksam gemacht. Als eindrucksvolles Beispiel für die Anerkennung der Reichweite der Resonanzkapazitäten in der Persönlichkeit des Analytikers kann die Arbeit von Josef Dantlgraber in diesem Band gelten, der das am Beispiel des »musikalischen Zuhörens« aufzeigt.

[16] Für dieses behandlungstechnische Vorgehen war für mich die philosophische Phä-

Situationsbestandteile an der »Peripherie«[17] abzielte, ergab, von außen gesehen, durchweg harmlose, banale Ereignisabfolgen, die mit dem katastrophischen Untergangs- und Todeserleben von Dr. L. überhaupt nicht zusammenpassten.

Episode 1:
Der Patient wird mit seiner Frau von einer Arbeitskollegin, die in der Nähe von Heidelberg wohnt, zum Sonntagskaffee eingeladen. Er nimmt das Angebot eines ebenfalls eingeladenen Arbeitskollegen zu einer Mitfahrgelegenheit an. Der Kollege fährt mit seinem großen Geländewagen vor und erzählt während der Fahrt, die ca. eine Stunde dauert, pausenlos von den Vorzügen der Ausstattungen seines Van, etwa von dem manuellen 5-Gang-Getriebe. Der Patient, der mit seiner Frau, die auch schweigt, auf einer Rückbank sitzt, sieht sich zunehmend gezwungen, seinen Kollegen zu bewundern, was ihn gereizt werden lässt. Der Kollege berichtet ihm dann unermüdlich weiter von seiner neuen Stereoanlage, deren technische Details er entfaltet und diese mit seiner alten, abgestoßenen Anlage vergleicht. Es folgt die ausführliche Beschreibung eines schwenkbaren Flachbildschirm-Fernsehers, den er sich jetzt auch angeschafft hat mit Erläuterung aller Preisvorteile, die er sich ergattert hatte.*
Schon hier fühlte sich Dr. L. seinem Kollegen und der Situation, in die er durch das Mitfahren geraten war und von der er sich völlig überraschend überwältigt fühlte, hilflos ausgeliefert, und in dem Maße, wie er sich ohnmächtig fühlte, steigerte sich seine gereizte Erregtheit.

Bei der Kollegin schließlich angelangt, gibt es Mittagessen und danach wird Kaffee und Kuchen serviert. Der Patient lehnt den Kuchen ab und sagt, er sei satt und »eh schon zu dick«. Damit wird er aber von seiner Gastgeberin nicht ernst genommen, die hartnäckig darauf besteht, er solle doch etwas von ihrem Kuchen probieren, er könne doch nicht einfach nichts essen. Er kommt ihr entgegen, nimmt eine Kuchenprobe, stellt dann aber das Kuchenessen ein, was erneute hartnäckige Aufforderungen der Kollegin, Kuchen zu essen, zur Folge hat.

---

nomenologie Edmund Husserls (1962; 1980) inspirierend. Hilfreich waren auch die Arbeiten von Bernhard Waldenfels (z. B. 2002) und Jean Paul Sartre (1994a, 1994b), aber auch die Überlegungen von Ludwig Wittgenstein über den Zusammenhang von »Sprachspiel und Lebensform« und über »Gewißheit« (1984 a, 1984c), die in der Denktradition der phänomenologischen Philosophie Edmund Husserls stehen.

[17] Der ganze Satz heißt bei S. Freud (1895): »Es bleibt nichts anderes übrig, als sich zunächst an die Peripherie des pathogenen psychischen Gebildes zu halten« (Freud 1895d, S. 296). Und: »Es ist ganz aussichtslos, direkt zum Kerne der pathogenen Organisation vorzudringen« (ebd.).

Auch hier fühlte sich der Dr. L. völlig überwältigt, verzweifelt, ohnmächtig und geriet in einen Zustand gereizter Erregtheit. Er sei »kurz vor dem Platzen« gewesen und ihm sei in seiner Not nichts anderes übrig geblieben, als auf die Toilette zu flüchten und sich dort für längere Zeit einzuschließen, um der Kollegin zu entkommen und sich selbst zu beruhigen.

Als er an die gesellige Tafel zurückkehrt, werden bereits Vorbereitungen für die Rückfahrt getroffen. Dies erleichtert ihn zwar, beschert ihm aber erneut ähnliche Monologe wie auf der Hinfahrt, diesmal zum Thema Motor- und Computertechnik, für was sich Dr. L. überhaupt nicht interessiert. Völlig erschöpft wird er vor seiner Mietwohnung abgesetzt.

Wie er den Abend verbrachte, wusste er nicht mehr. Sechs Stunden nach der Ankunft hatte er eine Attacke mit Vorhofflimmern, die eine Klinikeinweisung erforderlich machte.

Episode 2:
Die Frau des Patienten hat eine Sonntagswanderung mit einem befreundeten Ehepaar organisiert. Mit dem Ausflug ist ein sehr frühes Aufstehen verbunden, was dem Patienten, der gerne lange ausschläft, widerstrebt. Er lenkt in seiner gefügigen Art ein, um eine »harmonische Partnerschaft« zu gewährleisten. Wegen einer Knieoperation erbittet sich Dr. L. gegenüber seiner Ehefrau, die gerne lange Strecken bis zu 30 km wandert, als Gegenleistung eine kürzere Wanderstrecke. Seine Frau erklärt, sie habe eine Strecke von nur 7 km ausgesucht, um das Knie des Patienten zu schonen. Während der Wanderung, die sich immer länger hinzieht, stellt sich heraus, dass seine Ehefrau insgeheim eine längere Wanderstrecke ausgewählt hat. Das Knie schmerzt zunehmend; hinzu kommt, dass der Patient eine schwere Wanderjacke trägt, deren Gewicht zusätzlich zu seinem Übergewicht sein Knie belastet. Er kann die Wanderung nur noch unter Schmerzen fortsetzen. An einer Kreuzung entdeckt er eine Tafel, die auf einen Taxistand verweist, was ihn angesichts seiner Schmerzen überlegen lässt, die Wanderung hier abzubrechen und mit dem Taxi alleine nach Hause zurückzufahren. Das tut er aber nicht, zumal seine Frau und das befreundete Ehepaar entschieden hatten, die Wanderung weit über die ursprünglich vereinbarte Distanz hinaus fortzusetzen. Völlig erschöpft und verzweifelt, in tiefer Reue und auch Ärger darüber, dass er nicht in der Lage war, sich gegen seine Frau zu wehren und es auch nicht geschafft hatte, die Wanderung früher mit einem Taxi abzubrechen, kommt er niedergeschmettert zu Hause an.

Auch hier erlitt er nach 6–7 Stunden, mitten in der Nacht, eine schwere Attacke mit Vorhofflimmern. Andere Episoden, in denen große Spannungen zwischen ihm und seiner Frau[18] entstanden waren, und die ebenfalls 6–7 Stunden nach Abschluss zu heftigen Attacken von Vorhofflimmern führten, waren der Besuch eines Möbelhauses, zusammen mit dem Sohn aus erster Ehe, Auseinandersetzungen mit seiner Frau über den Kauf einer Eigentumswohnung in einer Umlandregion von Frankfurt, die Dr. L. im Gegensatz zu seiner Frau kategorisch ablehnte und Auseinandersetzungen mit seiner Frau während einer Sylvester-Veranstaltung, die ihn wegen seines »schlechten Tanzstils« kritisierte. Sie machte ihm heftige Vorwürfe, dass er »nicht richtig führen« könne, im Gegensatz zu ihrem – ebenfalls anwesenden – Sohn, der ein hervorragender Tänzer sei. Dr. L. verließ verärgert die Veranstaltung und übernachtete auf der Rückbank des gemeinsamen Autos, das hinter dem Hotel geparkt war.

Was an diesen für die kardiologische Symptomatik »kausal« relevanten Handlungsabläufen auffällt, ist, dass sie phänomenologisch mit ihren Gegebenheiten in der *Wahrnehmung*[19] relativ harmlos und alltäglich erscheinen, was sie aber im realen *Erleben* von Dr. L. überhaupt nicht sind: Sie enden für ihn in einem fassungslosen Nullpunkt, einem Nichts von hilflos-ohnmächtiger Objektlosigkeit, wie es aus traumatischen Schock-Zuständen bekannt ist. Dieser Nullpunkt ist gleichbedeutend mit einer Katastrophe, in der vordergründig eine erstarrte Lähmung einhergeht mit einer psychophysischen Hypererregung,[20]

---

[18] G. Titscher und C. Schöppl (2000) haben die Bedeutung der Paarbeziehung für Entstehung und Verlauf von Herzerkrankungen festgestellt. Unsere klinische Erfahrungen mit psychokardiologischen Patienten zeigen, dass eine situativ aktivierte Kollusionsdynamik im Paar »direkt« akute kardiopathogene Effekte erzeugen kann. Das ist in der Regel der bereits herzkranke Partner, und das sind meistens die Männer, seltener Frauen. Eine empirische Untersuchung zu »kardiopathogenen Paarbeziehungen« steht noch aus.

[19] Ich orientiere mich hier an Edmund Husserls »Ideen...« (1980), §§ 128–135.

[20] Sehr hilfreich zum Verstehen dieses kardiopathischen »Nullpunktes« sind Edmund Husserls Überlegungen zur Konstitution des inneren Zeitbewusstseins (2000), dessen Leistungen in diesem Moment außer Kraft gesetzt sind. Die Zeit steht still und verharrt auf einem unendlich-zeitlosen Jetzt-Zeitpunkt der »Urimpression«, ohne die Folgedynamik von Retention und Protention, über dem sich dann die psychophysische Übererregung (Arousal) aufbaut. Mit dieser Zeitstörung korreliert eine Störung des Raumerlebens dahingehend, dass der Raum die Kompression zu einer *Fläche* erfährt, die sich über dem *erstarrten* Jetzt-Zeitpunkt aufbaut. Mit der Auflösung der Formen von Raum und Zeit sind aber, wie Immanuel Kant in seiner transzendentalen Ästhetik lehrt, die Voraussetzungen für Wahrnehmung von Welt nicht mehr gegeben, so dass förmlich ein Weltverlust sich ereignet und ein »Nullpunkt« konstituiert wird. M. Eigen (1985) macht im Anschluss an W. Bion auf die

die mit einer Latenzzeit von mehreren Stunden mit einer massiven kardiologischen Funktionsstörung, dem Vorhofflimmern, verknüpft ist, sozusagen über das Herz abgeleitet und dort erneut in der Region des Selbst katastrophisch erlebt wird.

Die genaue Analyse der *Diskrepanz zwischen Wahrnehmung und Erleben* stand in der Anfangsphase der Behandlung im Vordergrund. Anlass dazu gaben über sechs schwere Attacken von Vorhofflimmern, die Dr. L. in diesem Abschnitt erlebte. Es handelt sich hier »ganz unfehlbar«, wie Freud 1895 sagt, um »Lücken und Schäden« in der »Darstellung«, in der ein »Zusammenhang sichtlich unterbrochen« ist.[21] Behandlungs*praktisch* war es aber vorrangig, angesichts der allgemeinen Erschöpfung, welche die Vorhofflimmer-Attacken in ihm hinterließen, seinen Wunsch nach einem stationären Kuraufenthalt in einer »schönen erholsamen Naturlandschaft« anzuerkennen[22] und ihn, gemeinsam mit seinem

---

Bedeutung des Katastrophischen, der Erscheinung des Todes und der Auflösung der Wahrnehmungen (Aphanisis) aufgrund der Abwesenheit einer formalen Selbstorganisation als Bezugsrahmen für Wahrnehmungen aufmerksam, ohne aber dessen klinisch relevante Phänomenologie zu vertiefen.

[21] Der ganze Satz heißt: »Wenn man aber die Darstellung, die man vom Kranken ohne viel Mühe und Widerstand erhalten hat, mit kritischem Auge mustert, wird man ganz unfehlbar *Lücken* und *Schäden* in ihr entdecken. Hier ist der *Zusammenhang* sichtlich *unterbrochen* und wird vom Kranken durch eine *Redensart*, eine *ungenügende Auskunft* notdürftig ergänzt; dort stößt man auf ein Motiv, das bei einem normalen Menschen als ein *ohnmächtiges* zu bezeichnen wäre. Der Kranke will diese Lücken nicht anerkennen, wenn er auf sie aufmerksam gemacht wird. Der Arzt aber tut recht daran, wenn er hinter diesen schwachen Stellen den Zugang zu dem Material der tieferen Schichten sucht, wenn er gerade hier die Fäden des Zusammenhangs aufzufinden hofft [...]« (Freud 1895, S. 297f., *Hervorhebungen von mir, B. B*). S. Freud hat bis zuletzt, in der Arbeit »Die endliche und die unendliche Analyse« und im »Abriss der Psychoanalyse«, an der Vorstellung der klinischen »Lücke« festgehalten: »Wir machen unsere Beobachtungen [...] gerade mit Hilfe der Lücken im Psychischen, indem wir das Ausgelassene durch nahe liegende Schlussfolgerungen ergänzen und es in bewusstes Material übersetzen« (1938i, S. 81). An anderer Stelle spricht er sogar von einer »Verstümmelung des Textes« und von einer »Textentstellung« (1937f, S. 81f.). Argelander (1982, S. 22), der an den Freud von 1895 anschließt, sieht in der Widerherstellung zerstörter Zusammenhänge durch »Einführung eines neuen Themas aufgrund einer Zusammenhangsbildung zwischen verschiedenen Aussagen, die eine Lücke überbrückt«, die Hauptfunktion der Deutung im analytischen Diskurs. Dabei berücksichtigt er aber noch nicht die universalpragmatische Grundlogik des Diskurses selbst.

[22] Im Kontext habe ich diesen Wunsch *nicht* als »Widerstand« gegen die Analyse auf-

Hausarzt und gegen die Widerstände seiner Ärztekasse, in diesem Wunsch zu unterstützen. Nach seinem Kuraufenthalt wurde klar, dass der Patient so etwas wie ein Präkonzept, ein vorgängiges Schema in die Handlungsepisoden hineinträgt, dass dieses Präkonzept sein Erleben bestimmt, und dieses mit der Situation selbst, wie sie in seiner Wahrnehmung erscheint, sehr wenig zu tun hat.

Das Herausarbeiten dieser *Diskrepanz zwischen phänomenaler Wahrnehmung und präkonzeptuell gesteuertem Erleben* rief in Dr. L. Erinnerungen an seine frühe Entwicklung wach, insbesondere an den schlagenden Vater. Die Annahme, dass sein Erleben durch etwas anderes bestimmt wird als durch die Wahrnehmungen, die durch die Gegebenheiten der Situation abgedeckt sind, führten Dr. L. in tiefes Erstaunen darüber, dass es »wohl Psychisches, ... eine psychische Realität« eigener Art in ihm gibt, die er nicht beherrschen und kontrollieren kann – gleichsam eine erneute Überwältigung, dieses Mal aber aus seinem Inneren.

Die Elemente der immer wiederkehrenden formalen Ablaufstruktur der für ihn symptomatischen Handlungssituationen, die in der Behandlung gemeinsam herausgearbeitet wurden, lassen sich wie folgt beschreiben:

1) Er gerät in eine Situation, in der er sich völlig überraschend hermetisch eingeengt und ausgeliefert fühlt, wenn er eine Differenzerfahrung mit einem Anderen machen muss.
2) Er fühlt sich ohnmächtig ausgeliefert, weil er für sich im Sinne einer »Selbstwirksamkeit« (Bandura 1997) keine Chance sieht, in der Perspektive seiner Selbsterhaltungsinteressen effektiv Einfluss auszuüben.
3) Die signifikanten Anderen erscheinen für ihn aggressiv, dominant, egozentrisch, ihn in seiner Integrität ignorierend, überwältigend oder zerstörerisch.
4) Er gerät in einen Zustand von Gereiztheit und intensiver psychophysischer

---

gefasst. Wie der weitere Behandlungsverlauf zeigt, förderte diese Haltung (Kutter 1988), in der die primäre Anerkennung und die primäre Spontaneität des Patienten performativ gewährleistet wird, eine elementare Atmosphäre »primärer Liebe« (Balint 1969), die für die Entwicklung von Sprache und Sprechen und von Denk- und Erkenntnisprozessen notwendig und förderlich ist. Hielte man sich an das normative Modell der »Übertragungsneurose«, hätte der Wunsch des Patienten nach einer Kur als »Widerstand« *gegen* die Analyse gedeutet werden müssen. Für eine wirkungsvolle Behandlungsführung erscheint mir die Orientierung an dem Konzept der Übertragung als einer »falschen Verknüpfung« (Freud 1895) im Rahmen eines *umfassenderen Diskurses auf der Grundlage der »normalen Sprache«* logisch adäquater und klinisch-praktisch produktiver (B. Bardé, *Existenziale Grammatik. Zur Psychoanalyse der psychoanalytischen Situation*. In Vorbereitung).

Erregung, was mit Erlebniszuständen von katastrophischer Panik und namenloser Angst und Wut (Schachter & Singer 1962)[23] verbunden ist.

5) Er muss alles tun, um diese Erregungen unter Kontrolle zu halten und sie sich nicht anmerken zu lassen. Das führt reaktiv zu einer Tendenz zur Unterwürfigkeit und Gefügigkeit, die ihrerseits Voraussetzung für einen erneuten Durchgang durch die präkonzeptuell gesteuerte Ablaufstruktur ist. Dieser zirkulär-rotierende Prozess erzeugt letztlich die Erlebniszustände des Überwältigtwerdens in hermetischer Isolation.

Die geschilderte Ablaufstruktur ließ die Affinität zur Ablaufstruktur der gewalttätigen Schlageszenen des Vaters, aber auch zu anderen prägenden Gewalt- und Terrorszenen in den früheren Familiensituationen erkennen und legte die Deutung nahe, dass er unbewusst die für ihn offensichtlich traumatischen Gewalt- und Schlageszenen in der Familie zu einem Präkonzept verdichtet und mit aktuellen Situationen »falsch verknüpft«[24].

Diese weit über ein Jahr dauernde Behandlungsphase war getragen einerseits von einem ausgeprägten intellektuellen Interesse der Selbstbeobachtung von Dr. L., gepaart mit seinem Erschrecken vor dem eigenen irrationalen »Innerseelischen«, andererseits aber auch von einer grundlegenden persönlichen Sympathie und vorgängigen, fraglosen Verbundenheit, die emotional-atmosphärisch

---

[23] Die Autoren gelangen zu einer experimentell plausibilisierten Konzeption über die Entstehung einer Emotion: Ein psycho-physischer Erregungszustand (Arousal) wird in Abhängigkeit von einer definierten Gesamt-Situation mit einer Kognition »synthetisiert«, was sekundär erst eine Emotion mit ihrer jeweiligen Qualität entstehen lässt.

[24] S. Freud (1895d, S. 309) spricht von der Übertragung im Sinne einer »falschen Verknüpfung« und bringt diese mit einer unbewussten Denktätigkeit in Verbindung. W. B. Cannon (1975/1915) hat darauf aufmerksam gemacht, dass der Organismus auf Bedrohungen verschiedenster Art über eine Adrenalinausschüttung mit einer Bereitstellung zu *Kampf* oder *Flucht* reagiert. Danach können in der frühen Kindheit erlittene psychische Schäden mit einer im Sinne nachhaltiger Sprach- und Mentalisierungslücken – traumatischen – Qualität zu einer permanenten unbewussten Angstbereitschaft führen. Aufgrund geringfügiger Auslöser-Reize kann dann der Organismus über Jahrzehnte hinweg so reagieren, als sei seine psychische und physische Sicherheit tatsächlich bedroht. Das würde verständlich machen, weshalb relativ geringfügige banale Differenzerfahrungen dann solche gigantische Bedrohungsdimensionen im Erleben bewirken. Neuere Befunde aus der neurophysiologischen Forschung hierzu stellen G. Roth und T. F. Münte (2006) vor. Eindrucksvoll zu Faktoren des Zeiterlebens bei Traumatisierungen, insbesondere die Psychodynamik von »Latenzphänomenen«, sind die Hinweise von G. Flatten (2006, S. 44–46).

die analytische Arbeit ermöglichte. Genau dieses Vertrauen geriet während des Durcharbeitens der Symptomszenen in eine Krise, da *trotz* der Deutung der »falschen Verknüpfung« die Attacken von Vorhofflimmern wiederkehrten. Dr. L. kam längere Zeit nicht zu den Stunden, ohne abzusagen, was ich als quälend erlebte. Er wollte die Behandlung wegen der schweren Erschöpfungszustände abbrechen, die er auf die wiederkehrenden Herzattacken zurückführte. Er müsse jetzt erst einmal wieder in eine »schonende« Erholungskur gehen. Inwieweit der Patient mich und die analytische Situation unbewusst »falsch« mit seinen traumatischen, infantilen Quäl-Arrangements »verknüpfte«, ist mir nie wirklich klar geworden. Ich befürchtete aber, dass Dr. L. die analytische Situation und die analytisch-rekonstruktive Arbeit gemäß seinem Präkonzept als ein gewalttätiges Schlage-Szenario erleben könnte. Aufgrund dieser Befürchtung, dass ich mit einer »strammen« psychoanalytischen Haltung, etwa einer »Widerstandsanalyse lege artis«, eine solche Dynamik als ein Artefakt auslösen könnte, unterstützte ich die komplizierte Einleitung des Kuraufenthaltes – die Kasse lehnte diese Maßnahme zuerst aggressiv ab – voll und ganz. Im Anschluss an diese »Erholungskur«, die schließlich doch genehmigt wurde, ereignete sich nie mehr eine Episode mit Vorhofflimmern.

Zweite Behandlungsphase

Im zweiten Jahr der Behandlung zeigte sich eine stabile Symptomfreiheit dergestalt, dass die Konflikte am Arbeitsplatz mit der als autoritär-dominant, kalt-abweisend und ungerecht empfundenen Chefin – sie deckte z. B. eine ineffizient arbeitende, offensichtlich alkoholabhängige Kollegin, mit der sie privat befreundet war, und versuchte, Dr. L. weiter mit zusätzlicher Arbeit zu überlasten – zwar weiter bestanden, aber nicht mehr zu Vorhofflimmer-Attacken führten. Auch Konflikte mit seiner Ehefrau, etwa frühes Aufstehen zwecks Städtereisen, das dem Patienten als sinnlos erschien (»wenn wir um 6.00 Uhr aufstehen und um 9.30 Uhr in Fulda sind, dann sind doch alle Straßen noch leer!«), oder auch endlos erscheinende Auseinandersetzungen um die Wohnungseinrichtung, um die Positionierung von Möbeln im Flur der Wohnung, Auswahl von Stoffbezügen und Beleuchtungen und Auseinandersetzungen um die Handhabung von zwei kratzenden, nagenden und Haare verlierenden Katzen, die sich Dr. L. von seiner Physiotherapeutin naiv hatte aufschwatzen lassen, lösten keine Herzsymptome mehr aus. Statt die Behandlung beenden zu wollen, eröffnete mir Dr. L. überraschend, dass er an einer »Sexualstörung« leide, die ihm den Verkehr mit seiner Frau als eine Qual erscheinen lasse. Er leide unter einer »erektilen Impotenz, ohne organischen Befund«[25] und wollte deshalb die Analyse fortführen. Dieser Abschnitt dauerte etwa weitere zwei Jahre und endete mit der Trennung und Scheidung von seiner Frau.

Es sei schon so weit, dass seine Frau den Geschlechtsverkehr einfordere (»… jetzt ist es doch mal wieder an der Zeit«), was ihn in Schrecken versetze, Druck verspüren lasse und ihm die Lust am Sex mit ihr vergälle. Es käme abends, wenn es »so weit ist«, zum zärtlichen Kuscheln, was ihm auch Lust bereiten und zu einer Erektion führen würde, es gäbe aber einen Moment, wo es »losgeht« und er seinen Penis in seine Frau einführen und sich bewegen müsse, um *ihre* spezifische sexuelle Lusterwartung zu erfüllen. Ab diesem Moment »rattert es im Kopf« und seine Erektion bricht zusammen, was seine Frau regelmäßig enttäuscht sein ließe, zumal sie gerne »schnellen, kräftigen Sex« hätte, zum Beispiel morgens im Badezimmer im Stehen, was ihm auch einmal gelungen sei. Aber oft klappe es nicht und sie hätten versucht, sich mit Sexspielzeugen, Dildos und Sonstigem zu behelfen, was aber keine Lösung sei, speziell nicht für seine so anspruchsvolle Frau. Den Orgasmus bekomme er dann nur unter Qualen, in dem er sich an den Rücken seiner Frau legt und verkrampft mit großer Anstrengung masturbiert, was dann Nacken- und Rückenschmerzen hinterlasse. So komme es nicht selten vor, dass sie früh ins Bett ginge und ihre »Lieblings-Märchen-CDs« aus ihrer Kindheit hörte, während er sich in sein Arbeitszimmer zurückzöge und sich ins Internet einlogge. Mit Vorliebe schaue er »Lesben-Pornos« von besonderer Qualität an: Es erscheinen mehrere junge Frauen, die alle heiter gestimmt sind, viel miteinander sprechen und lachen, sich dabei ausziehen, am Ende alle nackt sind und sich überall weich küssen, zärtlich streicheln, ruhig massieren und gegenseitig sich in ihren sexuellen Lüsten langsam steigern, bis sie Erfüllung in ihren Höhepunkten finden. Dabei sei er erektil voll potent und masturbiere ausgiebig und lustvoll. Wie ausgeprägt seine sexuelle Appetenz ist, verdeutlicht er mir daran, dass er berichtet, besonders schöne Sequenzen aus den Videos auf sein iPad zu kopieren und sich tagsüber am Arbeitsplatz auf die Toilette zurückzuziehen, um sich dort selbst zu befriedigen. Als eine jüngere Sekretärin eingestellt wurde, entwickelte er, als er sie »von hinten« gehen sah,

---

[25] Das heißt immer auch, mit *der* Frau, mit der ein Mann sexuell intim sein möchte (Masters & Johnson 1973). Ich hatte nach meiner psychoanalytischen Ausbildung an Weiterbildungen in Sexualtherapie am »Marriage & Family Health Center« bei Ruth Morehouse, David Schnarch (1997) und Mitarbeitern mit großem Gewinn teilgenommen und traute mir deshalb zu, den Patienten mit dieser spezifischen Fragestellung weiter zu behandeln. Vergleiche hierzu auch den Beitrag von Horst Kipphan in diesem Band.

erotische Phantasien, sie »ins Archiv« zu verführen, um dort mit ihr Lust zu haben. Jedoch blieb er äußerlich seiner Ehefrau treu und unternahm keinerlei Seitensprünge mit realen Frauen.

Die Einbeziehung seiner Frau in die analytische Behandlung[26] zeigte sofort, wie der Patient durch ihre Präsenz unmittelbar im Sinne einer beschleunigten übergefügigen und devoten Bedienungshaltung sich förmlich wesensverändert verhielt. Der Patient versuchte im Sinne »fremd-bestätigter Intimität«[27] alles zu tun, um es seiner Frau »recht zu machen« und jede Differenz, geschweige denn Konflikte mit ihr, zu vermeiden. Er geriet so in die Beziehungs-*Paradoxie*, alles für seine Frau zu tun, um sie nicht zu verlieren. Freilich geschah das um den Preis des Selbstverlustes: dass er über nichts »Eigenes«, kein Begehren mehr verfügte, mit dem er sich auf sie hätte beziehen können. Indem dieser Vorgang der Selbstkastration des Patienten von seiner Frau weder bemerkt noch unterbrochen wurde, etwa dadurch, dass sie im Sinne des Begehrens des Begehrens des Andern auf ihr Begehren an seinem Begehren als etwas »Eigenes« bestanden hätte, hatte sie unbewusst seine Selbstkastration bestätigt, wohl auch in dem Sicherheits- und Komfort-Bedürfnis, keine Differenz aufkommen zu lassen. Das war die grundlegende Psychodynamik der Sexualstörung des Patienten in der Beziehung zu seiner Frau.

Die Arbeit an der »Differenz« in der Paarbeziehung zeigte, anlässlich einer mehrtägigen Reise auf einem Luxusschiff durch das Mittelmeer, dass Dr. L. und seine Frau von ganz unterschiedlichen tragenden Erregungsphantasien in ihrem

---

[26] Dieser Setting-Wechsel ist »lege artis« unüblich, eigentlich »verboten« und wird gängigerweise als ein »Agieren« aufgefasst, tendenziell mit perverser Qualität, welches die Analyse der »Übertragungsneurose« stört. Die wöchentliche Frequenz war drei Stunden. In dem Intervall, in dem seine Frau in die Analyse mit einbezogen wurde, kam der Patient zwei Stunden einzeln und die dritte Stunde wurde für ein Paargespräch mit seiner Frau verwendet. Insgesamt fanden fünf Paargespräche statt. Es ist im Sinne der bestehenden Leitlinien professioneller Standard, bei »Sexualstörungen« die Partnerin mit einzubeziehen.

[27] D. Schnarch (1997, S. 126ff.) zeigt, wie eine Vorherrschaft von »fremdbestätigter Intimität« in einer sexuellen Paarbeziehung, die als bedingungsloses Ziel die Aufrechterhaltung von Komfort, Sicherheit und konfliktfreier Harmonie hat, letztlich zu einer zentripedalen Implosion, zu einem Ende der Vitalitätsdynamik in dieser Paarbeziehung führt (vgl. S. 416). Die einzige Möglichkeit der Sicherstellung von Vitalität und Wachstum in einer Paarbeziehung ist ihm zufolge die Entwicklung der Fähigkeiten zu einer gegenseitigen »selbst-bestätigten Intimität«. Diese war in der Beziehung des Patienten zu seiner Frau nicht zu erkennen, was seine Sexualstörung in seiner Beziehung mit ihr erklärte.

sexuellen Erleben bestimmt wurden. Für ihn erschien es lustvoll, abends auf dem Deck im Liegestuhl entspannt mit ihr dazuliegen – das Meer ist ruhig, der Vollmond spiegelt sich über der endlos weiten Wasserfläche –, sich gegenseitig zärtlich zu streicheln und sich lustvoll mit inniger Freude in die glänzenden Augen zu schauen. Sie hingegen hatte die Phantasie eines opulenten mehrgängigen Menüs im 1.-Klasse-Restaurant mit einem anschließenden Gang in die Kabine, in der er hoch erregt sie erobernd überwältige, schnell und kraftvoll in sie eindringe und dann komme. Er fand ihre Vorstellung roh, grob und brutal, er sei doch »kein Bauarbeiter«; sie fand seine Vorstellung kitschig, schmalzig und lahm, das würde sie »nicht vom Hocker reißen«. Zwar versuchte er weiter, sich ihr gefügig zu unterwerfen, dies erschien aber zunehmend aussichtslos, da die Differenzen im sexuell-sensuellen Phantasieerleben sehr groß waren und vor allem die Frau sich weigerte, sich weiter mit der Kultivierung des Sexuellen und Erotisch-Sensuellen in ihrer Ehe zu beschäftigen und dies zu einem gemeinsamen, vitalen Entwicklungsthema zu machen.

Stattdessen gab es zwanghafte Prozesse der Affektisolation und der Verschiebung aufs Kleinste, was in zahllosen Reibereien und Spannungen in Alltäglichkeiten zum Ausdruck kam, zu denen ein Umzug in eine neue Wohnung reichlich Gelegenheit gab. Welche explosiven, aggressiven Spannungen in Dr. L. sich hinter seiner devoten Gefügigkeit über längere Zeit aufgebaut hatten, wurde an einer Episode in der alten Wohnung deutlich: Bei der Renovierung war er nicht bereit, eine Tür zum Bad noch einmal streichen zu lassen, und traf eine gemeinsame Vereinbarung mit seiner Frau, Widerstand gegen die Hausverwaltung zu leisten. Als zwei Frauen von der Verwaltung vorstellig wurden und die betreffende Tür monierten, willigte die Frau in seiner Anwesenheit völlig überraschend bestätigend ein. Sofort brach er die Beziehung zu seiner Frau ab. Voller Energie, hoch erregt kam er in die Stunde, teilte mir die Situation mit und sagte die nächsten Stunden ab, weil er Abstand für die Trennung bräuchte und deshalb einige Tage nach Berlin fahren müsse, um Freunde zu besuchen. Zwar kam er mit seiner Frau wieder zusammen – ausschlaggebend war ein psychischer Zusammenbruch seiner Frau mit tagelangen Heulkrämpfen –, die aggressiven Spannungen, ausgelöst durch zu teure Steckdosen, unnötige Blumenregale und schließlich durch die Kritik seiner Frau an der für ihn wichtigen Sonderausstattung des neuen Audi und ihre massive Kritik an der Anschaffung einer Harley-Davidson (».. jetzt bist du endgültig verrückt geworden!«), während er eigens einen Zweisitzer als seltene Sonderausstattung bestellt hatte, damit seine Frau mitfahren kann, markierten jedoch das beginnende Ende der Ehe. Die zunehmende Vitalisierung, Spontaneität und Erweiterung seiner Interessenhorizonte konnte bei seiner Frau keine freudige Anerkennung finden und löste in ihr Ängste aus, dass die Sicherheiten in einem selbstkastrativen Scheinkonsens verloren gehen werden.

Im 3.–4. Jahr der Analyse überraschte der Patient mit neuen Entwicklungen, die zuvor gar nicht vorstellbar waren, durch keine speziellen Ursachen erklärbar erschienen und die mit einer generellen Atmosphäre von freudiger Heiterkeit verbunden waren. Das wurde schon bei den Begrüßungen spürbar, zum Beispiel an der schwer benennbaren »elliptischen« Art und Weise, wie wir uns gegenseitig mit unseren *Namen* begrüßten.

So begann er plötzlich wieder – gegen die Bedenken seiner Frau –, Schlagzeug zu spielen, was er als 15-jähriger Schüler begonnen und bis zum Ende seiner Tätigkeit als Pharmavertreter vor 25 Jahren in diversen Bands fortgeführt hatte. Er wurde wieder Mitglied einer Band, die sich regelmäßig in einem Proberaum zum Üben traf und die er über eine Annonce fand. Ein wichtiges Thema bestand für ihn darin, nach langen Überlegungen diese Band wieder zu verlassen, da er sich nicht wirklich anerkannt fühlte, gleichwohl ihn alle lobten und seinen Weggang bedauerten.

Darauf folgte die Mitgliedschaft in einem Karate-Club, zu dem er Zugang über einen befreundeten Logistik-Professor erhielt. Im zwanzigsten Lebensjahr hatte Dr. L. angefangen Karate zu trainieren und neun Jahre später seinen 2. Dan (2. Meister-Grad; schwarzer Gürtel) erreicht. Er hielt sich lange Zeit für einen alternden Mann mit »Multimorbidität«, der – im generellen Abbau begriffen – zunehmend verfettet und mit zu dicken Brüsten, beschädigten Halswirbeln und schmerzenden, operierten Kniegelenken, kraftlos und sexuell impotent vor sich hinvegetiert. Große Bedenken hatte er wegen seiner schlechten körperlichen Verfassung und seinem hohen Alter (57) und war bei seinem ersten Besuch des Karate-Trainings völlig überrascht von der wohlwollenden Aufnahme sowohl durch den Trainer als auch durch die jüngeren Frauen in der Gruppe, die ihn »ziemlich sympathisch« fanden. Stolz brachte er mir ein Gruppenfoto vom Training mit, das ich in die Hand nahm und anschaute und auf dem er kaum wiederzuerkennen war und eigentlich »wie neu« aussah.

Eine Rolle bei dieser Entwicklung spielte anlässlich einer Fusion in dem Konzern, in dem er angestellt war, die Tatsache, dass er einen Auflösungsvertrag in Kombination mit einer für ihn akzeptablen Abfindung erhielt, die er bis zum Beginn seiner Rente ausbezahlt bekam, freigestellt wurde und sich nicht mehr mit der für ihn unerträglichen Chefin konfrontieren musste. Seine Frau, die beim selben Konzern tätig war, erhielt etwas später ebenfalls einen Auflösungsvertrag, weshalb beide viel freie Zeit hatten und sehr viel intensiver in

Alltäglichkeiten miteinander so konfrontiert waren, dass für den Patienten der Bann der Verdinglichung und die Unmöglichkeit von Spontaneität und Anerkennung im Umgang miteinander offensichtlich wurden. Ultimativer Auslöser für diese Wahrnehmung war die Reaktion seiner Frau auf seine berufliche Weiterentwicklung. Während sie als Aspirantin für die Leitungsstelle in einem Hospiz scheiterte und abgelehnt wurde, freute sich Dr. L., der sich mit 58 Jahren auf eine neue Stelle erfolgreich beworben hatte, über seine neue Einstellung und die dabei erfahrene spontane Anerkennung. Seine Frau konnte diese Freude keineswegs mit ihm teilen, vielmehr reagierte sie mit Gesten, die eher Neid und Missgunst zum Ausdruck brachten.

In der Beziehung zu seiner Ehefrau hatte Dr. L. wesentliche Bestandteile der ursprünglichen infantilen Modellszene in wesentlichen Konstituenzien als »Neuauflage« reproduziert: die Verweigerung von Anerkennung und Spontaneität,[28] damit die Verweigerung oder sogar die Unmöglichkeit von Sprache und Sprechen und damit die Unmöglichkeit einer Ästhetik des Performativen. Das hätte bedeutet, als Paar lebendig in der Zeit zu sein, in der sich Ereignisse ereignen können, die über Responsivität gegenseitig in ihrer Bedeutung zu einer gemeinsamen tragenden Erfahrung erfüllt werden können. Dies ist als eine wesentliche Voraussetzung nicht nur für ein kreatives Liebes-Paar, sondern von lebendiger Entwicklung und Erfahrung überhaupt aufzufassen.[29]

Dritte Behandlungsphase

Dr. L. bewarb sich in heiterer Stimmung bei einem Pharma-Konzern in einer nahegelegenen Stadt. Er hatte nichts zu verlieren. Er galt als ein erfahrener und langjährig bewährter Mediziner mit ausgezeichneten Kenntnissen in seinem Fachgebiet. Ferner hatte er sich entschieden, nach Vorüberlegungen und gescheiterten Wiedergutmachungsversuchen sich von seiner Frau zu trennen. Er konnte sich vital und gelöst fühlen. In seinem spontanen Handeln machte er die Erfahrung, eigenständig unter eigenen Leitideen und Geltungsansprüchen in Beziehungen mit anderen Menschen etwas bewirken zu können (»Selbstwirksamkeit«).

---

[28] Von großer Bedeutung für die klinisch-praktische Psychoanalyse sind hier u.v.a. die philosophischen Beiträge von Axel Honneth (z. B. 2005) und Jessica Benjamin (z. B. 1993), die sich auf die Dimensionen von »Anerkennung« und »Verdinglichung« bzw. »Destruktion« konzentrieren.

[29] Vgl. zu dieser Logik einer »Ästhetik des Performativen« die Überlegungen von Dieter Mersch über das Verhältnis von »Ereignis und Aura« (2002a).

Im Bewerbungsgespräch antwortete er auf die Frage der Leiterin des Personalvorstandes, ob er denn nicht zu alt wäre für die Stelle, auf die er sich beworben habe, und warum er überhaupt noch arbeiten und nicht viel lieber in Rente gehen wolle, indem er aus seinem Aktenkoffer das Gruppenfoto aus dem Karate-Klub hervorholte, ihr vorlegte und bemerkte, er sei sehr sportlich und würde »Herausforderungen« lieben. Im restlichen Gesprächsverlauf unterhielten sie sich über Freizeitaktivitäten, den Sinn des Lebens, die Philosophien der »Lebenskunst«, und er war eingestellt. Diese, man könnte sagen, zu seiner traumatischen Ursprungsszene kontrastive Modellszene des Neuen löste in der Stunde Heiterkeit aus und war tatsächlich so etwas wie ein lustvoller »Purzelbaum«.

Der letzte Abschnitt im vierten Jahr der Behandlung begann mit der *Zäsur* der Trennung von seiner Ehefrau mit den anschließenden Auseinandersetzungen um den Versorgungsausgleich für die Scheidung und mit dem Umzug in ein kleines Appartement, das in der Nähe der neuen Arbeitsstelle lag. In den letzten 1–2 Jahren der Analyse waren Mikroszenen aus dem Alltag am neuen Arbeitsplatz, der durch Veränderungen in Fusionsbewegungen des Konzerns charakterisiert war, und aus dem Alltag der Partnerschaftssuche via Internet Gegenstand des analytischen Diskurses.

Am Arbeitsplatz hat er eine »große Chefin«, die voll auf seiner Seite stand, und einen »kleinen« Chef, den er nicht wirklich achten konnte, weil er nach Meinung des Patienten über zu wenig fachliche Kompetenz verfügte, was er ihn auch spüren ließ. Dieser Chef wurde reaktant und inszenierte zensierende »Abmahnungsgespräche«, die der Patient heimlich mit einem digitalen Diktiergerät mitschnitt und mir vorlegte mit dem Wunsch, diese Gespräche gemeinsam mit mir zu analysieren. Ich war überrascht über die Mitschnitte, weil mir das noch nie in einer Behandlung passiert war, entschied mich aber angesichts der *Gesamtsituation,* die sich über Jahre zwischen uns entwickelt hatte, seiner Bitte zu entsprechen.[30] Ähnliches wiederholte sich, als dieser Chef aus gesundheitlichen

---

[30] Als einem informierten Mann dürften Dr. L. meine Publikationen, etwa diejenige über *Therapeutische Teams* (1993), nicht entgangen sein; in *Therapeutische Teams* stellen objektiv hermeneutische Sequenzanalysen zu transkribierten Gesprächsprotokollen, die von Ulrich Oevermann durchgeführt worden waren, ein Hauptstück dar. Ferner dürfte für ihn meine etwas forcierte phänomenologisch-konversationsanalytische Gesprächsführung im ersten Behandlungsabschnitt richtungsweisend gewesen sein. Dabei legte ich großen Wert auf das Erkennen und Handhaben von Kommunikationspathologien in Alltagsgesprächen, z. B. »tangential responses«, Nicht-Antworten, ersatzweise Antworten, plötzlicher Themenwechsel etc. Vgl. exemplarisch S. Günther und J. Bücker (2009); allgemein J. Meibauer (2008).

Gründen abgesetzt wurde und er eine neue »kleine« Chefin bekam, mit der es ähnliche Probleme gab, weil sie der Meinung war, er würde viel zu »oberflächlich, unvollständig und unzuverlässig« arbeiten. Auch diese Chefin wurde später ihres Postens enthoben. Sie litt plötzlich an Schwindelanfällen und konnte sich am Arbeitsplatz nur noch an den Wänden entlang tasten. Dr. L. wusste nach der jahrelangen gemeinsamen analytischen Arbeit sofort, dass er hier einer autoritären »Degradierungszeremonie« (Garfinkel 1967) mit Anerkennungsentzug unterzogen werden sollte, mit dem Ziel, Gehorsam und Gefügigkeit eines entwerteten ohnmächtigen Untergebenen gegenüber der machthabenden Autorität ohne gültige Begründung zu erzeugen und sicherzustellen. Diese Struktur war unschwer sofort aus den ersten Sequenzen des aufgezeichneten Gesprächsverlaufs zu erkennen. In der Stunde ging es um die Ausarbeitung von fein ziselierten sinnvollen Beziehungsstrategien, jenseits der Gefahren von psycho-physischer Erregtheit und Rechtfertigungsversuchen aus einer voreiligen Schuld-Identifikation. Dabei konnte das in der zurückliegenden Vergangenheit erarbeitete Wissen um seine infantile Modellszene und die mit ihr verknüpfte Gefahr der Aktivierung der präkonzeptuell gesteuerten Ablaufstruktur in dieser Situation als implizites Wissen vorausgesetzt werden. Aufgrund dieser Entlastung war es möglich, mikroskopisch konversationsanalytische Feinarbeit zu leisten. In den Konfliktgesprächen, die dann zusammen mit der »kleinen« und »großen« Chefin stattfanden, hatte sich Dr. L., wie die Bandaufnahmen eindrucksvoll belegen, souverän bewährt und fand die ihm offensichtlich gebührende Anerkennung. In der Folge erhielt er vom Vorstand des Konzerns das Angebot, einen Posten im Europa-Management zu übernehmen, was er aber wegen dem »Reise- und Hotelstress« und wegen seiner Unlust, mit dem Flugzeug zu fliegen, ablehnte. Die Arbeit machte ihm Freude und er hatte vor, so lange es geht, dort zu arbeiten.

In einer darauf folgenden Stunde überraschte mich Dr. L. ein weiteres Mal. Mit Helm, Lederjacke, Lederhose und Stiefeln ausgerüstet, kam er freudestrahlend mit der Botschaft, dass er sich eine neue Harley-Davidson gekauft habe, und lud mich ein, seine neue Errungenschaft, die direkt vor meiner Tür stand, in Augenschein zu nehmen, was ich spontan auch tat.[31] Ausführlich erläuterte er

---

Sehr eindrucksvoll ist die von der DFG geförderte Online-Zeitschrift *gespraechsforschung-ozs.de/index.htm*. Hg. v. A. Deppermann und M. Hartung. Wichtige Anregungen erhielt ich von den Fragestellungen und Ergebnissen der Bielefelder Forschungsprojekte zu Texttheorie, Specktakttheorie und Konversationsanalyse im Fachbereich Linguistik und Literaturwissenschaft.

[31] Auch das ist mit einer »Lege-artis«-Konzeption von Psychoanalyse nicht vereinbar. Es gibt Kollegen, die aus solchen Gründen der Responsivität, die sie in der *offizi-*

mir seine »neue Maschine« und schwärmte von der Freundlichkeit und europaweiten Solidarität der Harley-Gemeinschaft, die von einem Nachbarn, auch ein Harley-Motorradfahrer, der spontan zur Demonstrationsszene hinzukam, unmittelbar bestätigt wurde.

Die Motorrad-Szene war zu verstehen als der Beginn der Wiederbelebung eines vitalen, »heißen« adoleszenten Erlebens, das sich auch in den zahlreichen Bemühungen von Dr. L., Frauen kennenzulernen, zur Darstellung brachte.

Gegenstand der analytischen Arbeit in diesem Feld war die Bearbeitung von Mikroszenen, in denen die Handhabung des adoleszenten Grundkonfliktes zwischen den unabhängig voneinander wirkenden Dimensionen von Geschlecht und Charakter zentral war: das Begehren der Geschlechtlichkeit des Anderen und die dadurch ausgelösten Wesensveränderungen, die mit dem Erkennen der Besonderheiten der individuellen Charakterbildungen des Anderen kollidieren und so das tragische Erleben des Sich-Verfehlens in der Differenz eröffnen. Die Differenz der Geschlechter ist neben dem Tod und der Unkontrollierbarkeit der Natur ein grundsätzlich unlösbares Problem.

Er ging in ein Internetportal, erstellte ein Profil und war begeistert über die vielen Zuschriften von Frauen, die er erhielt. Sofort lernte er eine 20 Jahre jüngere Frau »mit großen Brüsten« kennen, mit der er sofort »intensiven Sex« hatte – so intensiv, wie er es zuvor noch nie erlebt hatte. Genauso schnell aber besann sich diese »leidenschaftliche Frau« eines anderen, da sie sich von ihrem Freund, den sie kurz zuvor verlassen hatte, doch nicht trennen könne, und verabschiedete sich von ihm.

Die nächste Frau wohnte über eine Stunde entfernt in einer »Villa am Rhein«, und auch von ihr war er anfänglich begeistert. Er lud sie zum Menu-Essen in einem exquisiten Restaurant ein und bekam einen »Schwindelfall« angesichts ihrer Schönheit, als er sie auf dem Parkplatz von Weitem sah. Er war fassungslos darüber, dass eine so attraktive Frau mit ihm den ganzen Abend verbringt. Es war für ihn völlig neu, er habe es noch nie erlebt, sich mit einer solchen Frau über vier Stunden »fließend« unterhalten zu können, und »eine solche« Frau ihm sogar Sympathien entgegengebracht hätte. Er machte sich schnell große Hoffnungen, sie sei Oberärztin in der psychiatrischen Abteilung einer Klinik, mit eigenen Be-

---

ellen Präsentation nicht taktisch verschwiegen haben, in ihrer Ausbildung abgewiesen wurden mit der Begründung, sie sollten noch »Psychoanalyse lernen und nachholen«. Hier Abstinenz zu üben und die ästhetische Validierung des Ereignisses, das sich spontan ereignet, zu verweigern, halte ich, wie ich später begründen werde, für einen schweren Behandlungsfehler. Vgl. auch die originelle und sehr eindrucksvolle Falldarstellung von Friedrich Markert in diesem Band.

legbetten, und darüber hinaus auch noch in einer Unternehmensberatung tätig, bewege sich also in »soliden Verhältnissen«. Nach einigen aufwändigen Besuchen stellte sich allerdings heraus, dass diese Frau ihn kühl auf Distanz hielt, er immer im Hotel übernachten musste, seine Einladungen von ihr nicht beantwortet wurden und sie kein Interesse zeigte, ihn in seiner neuen Wohnung zu besuchen. Ihr tragendes Partnerschaftsmotiv enthüllte sich dahingehend, dass sie in Geldschwierigkeiten war, ihr Haus nach ihrer Scheidung nicht mehr instand halten konnte und der Swimming Pool trocken bleiben musste, weil sie das Wasser dafür nicht mehr bezahlen konnte. Die Oberarztstelle war ein Fake.

Dann lernte er eine Agrarwissenschaftlerin kennen, die in staatlichen Entwicklungsprojekten beschäftigt war. Mit ihr unternahm er Kurzurlaube und hatte gesellige Anschlüsse. Die Besonderheit dieser Frau bestand für ihn darin, dass sie körperlich nur einen Zugang zu ihren Brüsten erlaubte und ihm weitergehende sexuelle Aktivitäten versagte, was ihn angesichts entstandener Intimitäten in Hotels oder bei ihr zu Hause, auf einer Eckbank in der Küche, in unangenehme Spannungszustände brachte. Sie hätte »Verletzungsängste« angesichts ihrer Erfahrungen mit Männern, von denen sie in der Vergangenheit immer verlassen worden sei, und müsse erst Vertrauen fassen, bis sie dann ohne Angst mit ihm sexuell werden könne. Hier konstellierte sich ein ganz ähnliches Paradox, wie wir es in den sexualtherapeutischen Intervallsitzungen mit seiner Ehefrau in Bezug auf die »fremd-bestätigte Intimität« herausgearbeitet hatten: Er muss seine eigenen Interessen und Vitalansprüche selbstkastrativ opfern, als Bedingung dafür, dass er sich mit der Frau verbinden und als Paar vereinigen kann. Freilich verfügt er dann über nichts mehr, mit dem er sich mit ihr vereinigen könnte. Die neue Partnerin behauptete, im Sinne einer systematisch verzerrten Kommunikation, uneingeschränkt und völlig unabhängig von ihm die Macht darüber, die Kriterien zu definieren, ob, wann und wie lange sie »Verletzungsängste« hat. Dadurch entzog sie sich in der beginnenden Beziehung zu Dr. L. den Leistungen eines fraglosen Vertrauensvorschusses, kontrollierte durch ihren systematischen Vorbehalt zugleich destruktiv sein Begehren und verhinderte vorab dessen wechselseitige Erfüllung in Liebe. Die tiefere Verbindung zu seiner eigenen infantilen (präkonzeptuellen) Modellszene war ihm inzwischen mühelos zugänglich.

Dr. L. war nach den sehr strapazierenden Erfahrungen mit seinen Projekten der Partnersuche resigniert und erschöpft und empfand es als nicht lohnend, sich mit eher untoten oder lebensunfähigen, gescheiterten und unselbstständigen Frauen weiter zu belasten; das habe er schon jahrelang in seiner Ehe mitgemacht. Er zog Zwischenbilanz mit der Frage, *wozu* er eigentlich eine Frau brauche und ob er überhaupt eine Frau brauche; er könne ja auch alleine bleiben und sich mit dem Internet arrangieren. Ansonsten sei er glücklich in seinem Beruf, habe viel Freude mit seiner Harley, auch Anschluss in der Harley-Gemeinschaft, und alleine in seinem Appartement fühle er sich wohl und genieße die Ruhe.

Wieder einmal kam Dr. L. lebhaft und freudig zu einer Stunde und berichtete strahlend, dass er während einer Line-Dance-Tanzveranstaltung (ein Formationstanz aus den USA), die er zufällig besucht habe, völlig unerwartet eine »ganz vitale« Frau getroffen habe und es habe sofort gefunkt. Sie sei Mitglied in dem Tanzverein und habe auf der Bühne sehr eindrucksvoll und ausgelassen getanzt. Sie sei seit Jahren bei einer Bank Teamleiterin im Investment-Geschäft und habe hohe soziale Kompetenzen, was sich auch im intimeren Umgang mit ihr zeige. Sie sei äußerst einfühlsam und liebevoll und würde ihm seine »sexuellen Anlaufschwierigkeiten« überhaupt nicht übel nehmen, was ihn entlaste. Ihr Mann sei vor einiger Zeit gestorben und sie wäre wohl sehr dankbar, dass sie ihn kennenlernen konnte. Überhaupt sei sie sehr liebevoll, rücksichtsvoll und er würde deutlich spüren, dass sie von dem Wunsch erfüllt sei, dass es ihm gut gehen möge, ein Gefühl, das er während seiner ganzen Ehe nicht empfinden konnte. Er habe volles Vertrauen in sie und entschloss sich – nach relativ kurzer Zeit – mit ihr zusammenzuziehen. Mir erschien diese Paarbildung zwar etwas zu forciert und ich empfand Skepsis, gab ihm aber eine Art idealisierenden Vertrauensvorschuss, dass er seine Sprache sprechen können wird. Dr. L. jedoch sah in diesem Ereignis einen Grund festzustellen, dass sich die fast sechsjährige Analyse nun voll und ganz erfüllt habe und er zu sich selbst gekommen sei. So ging er zuversichtlich von dannen.[32]

---

[32] In einem katamnestischen Gespräch, das Prof. Dr. J. Jordan mit Dr. L. eineinhalb Jahre (9/2011) später zu heuristischen Zwecken führte, stellte sich heraus, dass der Patient unter der weiteren Anwendung von Medikamenten symptomfrei geblieben ist. Zu Anfang der Analyse nahm er wegen arterieller Hypertonie Beloc-Zok (Metoprololsuccinat), 95 mg täglich. Bei Auftreten von Vorhofflimmern nahm er zusätzlich Rytmonorm (Propafenon), 150 mg täglich, was aber keine Wirkung zeigte. Die Verhinderung von Symptomrezidiven mag durch Fecainidacetat, 100 mg täglich, unterstützt worden sein. Dieses nimmt er weiter mit dem Betablocker Beloc-Zok. Er arbeitet weiter in demselben Pharmakonzern und ist weiter begeisterter Harley-Fahrer . Die Beziehung zu seiner letzten Freundin, die er zum Ende der Analyse kennenlernte, hat er beendet und ist wieder ausgezogen. Grund der Trennung sei gewesen, dass sie, genauso wie zuvor seine Ehefrau, begonnen hätte, ihn zu bevormunden, was er sich nicht mehr gefallen lasse. Er hat eine Freundin, lebt aber alleine in seinem Appartement. Alles sei in »Balance«, wenn er sich auch eine etwas stärkere Libido wünsche.

Transzendentalpragmatische Übertragungsliebe, das Symptom des Todes und das Neue in Sprache und Sprechen – einige sprachphilosophische Überlegungen

Wenn Menschen in der Sprache miteinander sprechen, um über Verständigung Grundlagen für Formen ihres Handelns zu schaffen, geben sie sich gegenseitig schon immer, indem sie zu einem Anderen sprechen, diesem einen »utopischen Vertrauensvorschuss«[33] in Gestalt idealisierender Vorannahmen, die faktisch, durch den tatsächlichen, empirischen Verlauf des Gesprächs, noch gar nicht bewiesen worden sind, ohne die aber Sprechen und Handeln erst gar nicht möglich wäre. Sie können sich, wenn überhaupt, erst nachträglich bewähren. Diese diskursethischen,[34] transzendentalen Voraussetzungen des Sprechens durch eine gemeinsam geteilte Sprache gelten sprachpragmatisch universal und gelten deshalb grundlegend auch für das Sprechen in der psychoanalytischen Situation. Sprechen besteht aus Sprechakten, Sprechhandlungen, insofern ist Sprechen immer auch Handeln (Austin 1972, Searle 1982, 1983, 1984, allgemein auch von Savigny 1969j).

Die idealisierenden Voraussetzungen, die in der universalen Sprachpragmatik des kommunikativen Handelns enthalten sind, lassen sich zusammenfassen in vier Dimensionen:

1) Es muss gemeinsam eine Welt unabhängig existierender Gegenstände unterstellt werden, in der sich beide Sprecher als einer gemeinsam geteilten Lebenswelt bewegen.
2) Die Sprecher müssen sich gegenseitig Rationalität unterstellen in dem Sinne, dass der Andere zurechnungsfähig ist.
3) Beide müssen für ihre sprachliche Kommunikation die Unbedingtheit allgemeiner Geltungsansprüche, die auf Wahrheit und moralische Richtigkeit bezogen sind, unterstellen.
4) Beide müssen, wenn sie miteinander sprechen, sehr voraussetzungsvoll unterstellen, dass sie in der Lage sind, im Dissensfall ihre Überzeugungen und persönlichen Deutungsperspektiven nicht egozentrisch-monologisch aufrechtzuerhalten und strategisch-taktisch durchzusetzen, sondern diese über den Vorgang der Dezentrierung nach der Logik der Plausibilität, Evidenz und des besseren Argumentes einer Geltungsbegründung auszusetzen und gege-

---

[33] Sehr instruktiv zur »Praxis des Vertrauens« als Basis von Sozialität durch Sprache und Sprechen ist Hartmann (2011).
[34] Zur Diskursethik vgl. Jürgen Habermas (1991) und Karl-Otto Apel (1976).

benenfalls über Veränderungen anzupassen (vgl. Habermas 2001, S. 12f., und 1984a, S. 232ff.).[35]

Diese idealisierenden Vorleistungen, die performativ erbracht werden müssen – und nur performativ erbracht werden können –, haben transzendentalen Status für Sprache und Sprechen; was empirisch und nachträglich zu den idealisierenden Vorunterstellungen sich tatsächlich ereignet, steht auf einem anderen Blatt.[36] Das hat Konsequenzen für den Begriff der in der psychoanalytischen Situation enthaltenen Übertragung. Gleichermaßen gelten diese in der Sprache und der Sprechsituation enthaltenen transzendentalen Idealisierungen auch für das Sprechen zwischen dem Analytiker und seinem Analysanden. Sie indizieren eine Region der für *beide* Sprecher tragenden universalen Sprachpragmatik und Performanz, die als eine Struktur nicht mit der konventionellen »psychoanalytischen Übertragung« gleichgesetzt werden kann, weil jene diese bei Weitem überschreitet. Die These ist, dass für die psychoanalytische Haltung und Methodik ethisch die transzendentalpragmatischen Universalien von Sprache und Sprechen von vornehrein für die Beziehung zwischen Analytiker und Patient grundlegend und für den psychoanalytischen Prozess bestimmend sind. Diese sind in Struktur und Prozess das, was traditionell etwas diffus als die »unanstö-

---

[35] »Akte der Bezugnahme können ohne Referenzsystem weder gelingen noch fehlschlagen; ohne Rationalitätsunterstellung können Kommunikationsteilnehmer einander weder verstehen noch missverstehen; wenn Aussagen die Eigenschaft ›wahr‹, die sie in einem Kontext besitzen, in einem anderen verlieren könnten, dürfte der entsprechende Wahrheitsanspruch nicht in jedem Kontext in Frage gestellt werden; und ohne eine Kommunikationssituation, die verspricht, den zwanglosen Zwang des besseren Arguments zum Zuge zu bringen, können Argumente weder pro noch con zählen« (Habermas 2001, S. 13).
Habermas entfaltet diese These einer transzendentalen kommunikativen Vernunft, die über die Sprachpragmatik das Erbe der kantischen Ideen übernimmt, ausführlich über sprachphilosophische Beiträge, wie sie von R. B. Brandom (1994), D. Davidson (1985; 1986), M. Dummett (1993), R. Rorty 1967; 1989), H. Putnam (1975; 1991) und W. V. O. Quine (1981) vorgelegt worden sind (vgl. Habermas 1991, 2004).

[36] Auf diese transzendentalen Vorleistungen hat implizit bereits Wittgenstein (1984) in seinen Überlegungen zu Sprachspiel und Lebensform aufmerksam gemacht. In seinen *Philosophischen Untersuchungen* spricht er von einem »Urphänomen« (vgl. §§ 654f., 217. »›Ich glaube, dass er kein Automat ist‹ hat, so ohne weiteres, noch gar keinen Sinn. Meine Einstellung zu ihm ist eine Einstellung zur Seele. Ich habe nicht die *Meinung*, dass er eine Seele hat.« (Philosophische Untersuchungen II, iv, S. 495, *Unterstreichung von mir, B. B.*).

ßige positive Übertragung« bezeichnet wird, »auf die wir während des gesamten psychoanalytischen Prozesses angewiesen sind« (Gill 1998, S. 201). Diese transzendentalpragmatischen Voraussetzungen von Sprache und Sprechen nicht anzuerkennen und sich diesen unter dem Scheinargument von epistemischer Objektivität und Neutralität durch die »Zurücknahme der Responsivität« und durch die »Stilisierung des Schweigens« (ebd., S. 169ff.) zu entziehen, impliziert die Inszenierung einer Region systematisch verzerrter Kommunikation, mit der zugleich die Grenzen des psychoanalytischen Prozesses festgelegt wären. Das, was gängig mit »Übertragungsanalyse« gemeint ist, kann erst in einem »Jenseits« der performativ gesicherten transzendental-pragmatischen Universalien, die »normaler« Sprache und »normalem« Sprechen zugrunde liegen, realisiert werden, nämlich als empirisch objektivierbare Störungen von Sprache und Sprechen durch »falsche Verknüpfungen«, »Lücken in der Darstellung« und »Textverstümmelungen«, die sich als Pathologien der Kommunikation zeigen. Diskursanalytisch lässt sich demnach eine *transzendentalpragmatische Übertragungsebene*, in der die vier genannten Grundidealisierungen von Sprache und Sprechen konstitutiv thematisch sind, von einer nachgeordneten *empirisch (biografisch)-imaginären Übertragungsdimension* im engeren Sinne einer »falschen Verknüpfung« unterscheiden.[37] S. Freud muss in »Die endliche und unendliche Analyse« (1937f.), was die Aufhebung der Verdrängung von Triebkonflikten als Ziel- und Effizienzkriterium des analytischen Behandlungsverfahrens anbetrifft, zu einem eher skeptischen Befund kommen. »Der Analysierte selbst kann nicht alle seine Konflikte in der Übertragung unterbringen; ebensowenig kann der Analytiker aus der Übertragungssituation alle möglichen Triebkonflikte

---

[37] Loch (2001, S. 52ff.) hat auf dieses Problem des »Weltvorverständnisses«, der »Minimalbedingungen der Rationalität« und des Geltungsanspruchs von »Wahrheit« hingewiesen, ohne aber weitere Überlegungen darüber anzustellen, welche Konsequenzen daraus für die psychoanalytische Haltung, den tradierten Begriff der Übertragung und den Deutungsprozess folgen. Auch in der Lacan'schen strukturalen Psychoanalyse haben erstaunlicherweise solche Ergebnisse der analytischen Sprachphilosophie in der Tradition Ludwig Wittgensteins keinen Eingang gefunden. Bemerkenswert ist die Arbeit von Heinz Müller-Pozzi (2010), der Diskursanalyse auf die durch Sprache und Sprechen vermittelte Ausdrucksgestaltungen einer unbewussten Subjekt-Position bezieht und diese, ähnlich wie Fink (2006), von ichpsychologischen Deutungsstrategien abgrenzt. Er klärt aber nicht die Frage, wie die Vermittlung von Subjekt-Position und Sprachpragmatik zu denken sei. Diese ist für die Begründung der analytischen Behandlungsmethodik meines Erachtens von zentraler Wichtigkeit, wenn man sich nicht in die Aporien einer Metaphysik von Subjektivität (vgl. Frank 1986, 2012) verstricken will.

des Patienten wachrufen« (1937f, S. 77f.). Dies veranlasst ihn zu erheblicher Resignation: »Es hat doch beinahe den Anschein, als wäre das Analysieren der dritte jener ›unmöglichen‹ Berufe, in denen man des ungenügenden Erfolgs von vorneherein sicher sein kann.« (1937f, S. 94). Das aber nicht ganz, sondern nur »beinahe«, und zwar dem »Anschein« nach. Berücksichtigt man die Dimensionen der transzendentalpragmatischen Übertragung, die S. Freud zwar als »zärtliche Einstellung zum Analytiker« und als »positive Übertragung«, ähnlich wie M. Balint als »primäre Liebe«, artikuliert, aber aufgrund der erst in den Anfängen stehenden Sprachwissenschaften nicht sprach- und diskursanalytisch von der empirisch (biografisch)-imaginären Übertragung unterscheiden kann, dürfte das ganze Bild der Psychoanalyse etwas heller und optimistischer in Erscheinung treten.[38] Die Totalität der psychoanalytischen Situation ist nicht dadurch

---

[38] Differenziert man logisch nicht die Dimension der transzendentalpragmatischen Übertragung in Sprache und Sprechen von einer nachgeordneten empirisch-imaginären Übertragung, gerät man in erhebliche Schwierigkeiten in Bezug auf die Geltungsbegründung und die Gegenstandskonstitution der Psychoanalyse, die exemplarisch von R. Zwiebel (2007) und G. Schneider (2006, 2007) dargestellt werden. Indem Zwiebel die »realtypische« Praxis einer »idealtypischen«, in welcher der »Kern der analytischen Position« (2007, S.47) enthalten sein soll, *gegenüberstellt*, kann er notwendig nur feststellen, dass letztere mit der ersteren in der Regel *nicht* übereinstimmt. Das verursacht dann im Analytiker die »Angst, Psychoanalytiker zu sein«, was sich zu einer »phobischen Position« chronifizieren kann, in der er in sich selbst einer selbstdestruktiven Dynamik zum Opfer fällt, aufgrund der er seine Patienten nicht mehr erreichen kann und arbeitsunfähig wird. G. Schneider radikalisiert in seinen Überblicksarbeiten, in der nur international renommierte Analytiker zu Worte kommen, diese Denkfigur sogar zu einem »aporetischen Prinzip«, das im Sinne einer Geltungsbegründung, für die »klassische Technik« (2006, S.200) konstitutiv sei. »Klassische« Psychoanalyse produziere in ihrem Prozessieren notwendig im Patienten Widerstände, welche das Analysieren »unmöglich« machen: »Das Analysieren gerät also seiner eigenen Logik gemäß (…) in eine nicht methodisch auflösbare Situation« (2006, S. 900f.). Um aus diesem »aporetischen Graben« (2007, S. 902) herauszukommen, sucht er resigniert Zuflucht bei einer kontingent-dezisionistisch, irrational anmutenden »postklassischen Technik«, die sich konventionell in einem »analytischen Normalbereich« bewegt, in dem man »nach einer begrenzten Zeit zu einem lebenspraktischen Ende kommen kann« (2006, S.903). Zentral wird dann ein »kreativer Akt«, dessen »Gelingen nicht selbstverständlich ist« (ebd., S. 202) für ihn – und die Geltungsbegründung der Psychoanalyse – grundlegend. Kontrastiv zur Insolvenzerklärung der Psychoanalyse als Wissenschaft durch G. Schneider stehen die empirischen Forschungsbefunde von Shelder (2011) zu »psychodynamischen Psychotherapien« und ihrer hohen Effektivität. In acht Me-

charakterisierbar, dass in einer kausal-linearen, vertikalen Tiefeneinstellung der Analysierte verdrängte Triebkonflikte »in der Übertragung unterbring[t]«, damit diese dort »erledig[t]« werden können, wobei dieser Vorgang eher nebenbei mit einer »zärtlichen Einstellung zum Analytiker stattfindet, sondern dadurch, dass der Analysierte mit seinem Analytiker in seiner Sprache *spricht* und ihm einen, wenn man so will, »zärtlichen«, Vertrauensvorschuss leistet, der, wenn dessen Geltung begründet ist, zu einem analytischen Diskurs führt, in dem das, was als (empirische) Übertragung im engeren Sinne durch Störungen des Diskurses konstituiert wird. Insofern ist das Verhältnis zwischen transzendentalpragmatischer und empirisch-imaginärer Übertragung zirkulär, rekursiv und horizontal.

Was Dr. L. anbetrifft, gilt, dass ihm in seinen prägenden Entwicklungsschritten im Rahmen seiner Familie diese transzendentalen Geltungsansprüche, die mit Sprache und Sprechen verbunden sind, durch systematische egozentrische Gewaltpraktiken und Abrichtungszeremonien auf dem Hintergrund eines massiven Machtmissbrauchs entzogen worden sind. Klinisch-diagnostisch ist das strukturelle Gewalttrauma zentral für seine Persönlichkeitsstörung zum Zeitpunkt des Behandlungsbeginns. Sprachanalytisch war von der Struktur einer auf systematische Weise extrem verzerrten Kommunikation auszugehen, in der in komprimierter Form eine Paradoxie enthalten ist. Diese Paradoxie bestand darin, dass die universalen, vorgängigen, idealisierten Geltungsansprüche und die darin enthaltene gegenseitige performative Anerkennung in Sprache und Sprechen einerseits durch gewaltsame Machtdominanz destruktiv entzogen worden waren, andererseits aber scheinhaft in der gewalttätigen Familie ein Pseudokonsens aufrechterhalten wurde, indem so getan wurde, als ob die universalen Geltungsansprüche von Rationalität, Zurechnungsfähigkeit, Wahrhaftigkeit und Richtigkeit praktisch eingelöst werden würden, was aber tatsächlich nicht der Fall war.[39] Es gab zwar Sprache und es wurde informativ-propositional gesprochen. Was aber die existenziale Anerkennung von Expressionsgestalten angeht, die auf einer vorgängigen Subjektposition in Spontaneität gründet, was eine Entwicklungsvoraussetzung von Identitätsformationen ist, war dieses Sprechen von

---

tanalysen waren diese anderen Therapiemethoden mit Effektgrößen zwischen 0.91 – 1.46 deutlich überlegen. Ob diese alleine auf unbestimmte »kreative Akte«, jenseits von Sprache und Sprechen zurückgehen, ist zu bezweifeln.

[39] Vorbildlich in diesem sprachanalytischen Zusammenhang ist die Darstellung der »Familie Peters« unter Gesichtspunkten einer *emotionalen* Grammatik bei Rudi Fischer (1991, S. 247ff.), mit der er in Variation von Kontexten die Pathologien der Kommunikation, von Sprache und Sprechen, analysiert.

Sprache falsch und leer,[40] insgesamt durchweg verzerrt (vgl. Habermas 1995, S. 264ff.).[41]

Am deutlichsten wurde im Verlauf der analytischen Behandlung diese paradoxale Struktur in den typischen Episoden, denen die kardialen Symptome des Vorhofflimmerns folgten. In diesen erlebte Dr. L. in einer durch Prägung (vgl. Hess 1975) gebahnten Analogie oder, wenn man so will, durch eine »falsche Verknüpfung« (vgl. Freud 1895d), die infantilen Vernichtungsszenen der Sprach- und Sprechzerstörung[42] wieder, deren Kampf-Flucht-Reflexe in der Hermetik einer als ausweglos empfundenen Lage erstickt wurden und in der Endstrecke als namenlose Erregung (Arousal) nur noch über das Herz abgeführt werden konnten.[43] Dabei komplettierte die Herzsymptomatik nachträglich

---

[40] »Leer« bezieht sich auf Edmund Husserls V. Logische Untersuchung, in der er von »Leerintentionen« (Husserl 2009, S. 566f.) spricht. Das sind solche Intentionalitäten, die in der Wahrnehmung nicht in ihrer Bedeutung »erfüllt« werden, eben »leer« bleiben. Dieses logische Problem der »Bedeutungserfüllung« wird wichtig, wenn es jenseits von Erkenntnisproduktion durch Deutungsarbeit um die *Erfahrungen* in der psychoanalytischen Situation geht, die ohne die *persönliche* X–X-Kommunikation zwischen Analytiker und Patient nicht zu haben sind (vgl. Stern et al. 2002).

[41] Peter Kutters Formationen eines »Basiskonflikts«, der allgemein Grundlage für psychosomatische Störungen sein soll, lassen sich in einer diskursanalytischen Perspektive klinisch-praktisch als Paradoxien auf dem Hintergrund eines Scheinkonsenses verstehen, der auf einer Basisstruktur systematisch verzerrter Kommunikation aufsitzt, mit Kovariation eines somatischen Symptoms, wie auch in dem hier dargestellten Fall von Dr. L.

[42] Ich spiele hier auf Alfred Lorenzer an, der optimistisch in seinen Fällen noch davon ausging, dass es in der Psychoanalyse alleine etwas zu »*re*-konstruieren« gäbe, was im Sinne eines archäologischen Modells an irgendeinem »Ort«, wenn auch zerstört, noch vorhanden sei und entdeckt werden könne. Im transzendentalpragmatischen Sinne geht es aber, vermittelt um die Dimension der »normalen Rede«, darüber hinausgehend um die Frage der Entstehung des *genuin* Neuen, was über eine bloße Arbeit an der Rekonstruktion hinausführt.

[43] Bernd Nissen (2010) würde hier dann eine »Urphantasie« vermissen, über welche das Arousal transformiert werden kann. Bemerkenswert ist, dass er die Herausbildung einer solchen »Urphantasie« als ein zentrales Kriterium für die Entstehung des Neuen im psychoanalytischen Prozess auffasst. Sprache und Sprechen *ist*, wenn man diese Phänomene ernst nimmt, eine »Urphantasie«, eine rätselhafte, worauf Ludwig Wittgenstein aufmerksam machte. Ihm zufolge sind Sprache und Sprechen, die letztlich nicht kausal auf einen fest identifizierbaren Ursprung in einem Subjekt zurückführbar sind, ein Mysterium, über das man selbst nicht wirklich sprechen kann, gleichwohl wir glauben und hoffen *müssen*, dass wir uns darüber wirklich verständigen können. »Ist nicht am Ende das vorstellende Subjekt bloßer Aberglaube.

verdoppelt die (infantile) Vernichtungsszenerie in dem Fluchtpunkt der intensiven Angst vor dem kurz bevorstehenden (Herz-)Tod. Von diesen Toden war Dr. L. seit den frühen Schlageszenen bereits zahlreiche gestorben. Diese Episoden waren dadurch charakterisiert, dass nach anfänglicher Unbekümmertheit, es handelte sich von außen gesehen immer um banale alltägliche Situationen, Dr. L. die Paradoxie des Scheinkonsenses in überraschender Plötzlichkeit als einen schweren unlösbaren existenzialen Konflikt von Sein oder Nicht-Sein erlebte. Die einzige Möglichkeit, aus dieser Paradoxie herauszukommen, bestand darin, in einem »Jenseits« von infantilen Präkonzepten, in denen sich die Prägungen durch destruktive Gewalterfahrungen niedergeschlagen haben, Sprache und Sprechen in einer Psychoanalyse zu lernen, um effizient und kompetent (vgl. Habermas (1984b) kommunikativ handeln zu können. Die Psychoanalyse ist unter den zahlreichen Psychotherapieverfahren mit ihrer Methode für den Erwerb der Sprache und ihrer Pragmatik auf singuläre Weise adäquat.

In der Analyse von Dr. L. spielte das, was ich eine *transzendentalpragmatische Übertragung*[44] nennen möchte, von Anfang an eine wesentliche Rolle.

( ) Du sagst, es verhält sich hier ganz genau wie beim Auge und das Gesichtsfeld. Aber das Auge siehst du wirklich nicht. (...) Und ich glaube, dass nichts am Gesichtsfeld darauf schließen lässt, dass es von einem Auge gesehen wird. Das vorstellende Subjekt ist wohl leerer Wahn. (...) Das Ich, das Ich ist das tief Geheimnisvolle! Das Ich ist kein Gegenstand.« (1984d, Tagebücher, 4. -7. 8. 1916, S. 174f.)

[44] Die Bezeichnung einer solchen Übertragung erfolgt im Anschluss an die Überlegungen Karl-Otto Apels zu einer universalen Transzendentalpragmatik (1976). Die Annahme, zumindest die Ahnung, dass der inhaltlichen Übertragung von präzisierbaren Imagines, die im Sinne des Menninger-Dreiecks (Menninger 1958, S. 141ff.) rekonstruierbar sind, eine »noch tiefere« – oder umfassendere und wie ich an dem vorliegenden Fall zeigen möchte: universalpragmatisch strukturierte – Übertragung zugrunde liegt, ist nicht neu. J. Bleger (1966) spricht davon, dass der Rahmen der psychoanalytischen Situation »stumm« sei und auf diese Weise im Sinne einer Performation wirke. R. Spitz (1956) spricht von einer anaklitisch-diatrophischen Gleichung, die sozusagen in einem transzendentalen Sinne Bedingung der Möglichkeit einer *empirischen* Übertragungsanalyse sei, die sich dann kontingenten, biographischen, zeitlichen Details widmet. L. Stone (1973) macht auf eine »Urübertragung« (S. 84ff.) aufmerksam, der ein »Urobjekt« (S. 91) entspricht, und setzt diese logisch in einem transzendentalen Sinne von der empirisch sich dann kontingent entfaltenden »Übertragungsneurose« im engeren Sinne, die es zu bearbeiten gilt, ab. Diese »noch tiefere« Ebene kann meiner Auffassung zufolge sprachanalytisch bestimmt und insbesondere durch die Logik des »Spracherwerbs« präzisiert werden. Einen Versuch, die Bestimmungen der psychoanalytischen Situation logisch-systematisch zu klären, unternehme ich in *Existenziale Grammatik* (2011, in Vorbereitung).

Diese hatte die idealisierenden, universalpragmatischen Geltungsansprüche von Sprache und Sprechen zum Inhalt, mit denen bei Dr. L. die Fragen von Sein und Nicht-Sein oder auch von Liebe und Tod verknüpft waren. Die Frage nach der Liebe und dem Tod war untergründig für die gesamte Analyse tragend und beherrschend. In der auf mikroskopische Weise durchgeführten phänomenologischen Analyse der kardiopathischen Episoden ging es Sprechakt für Sprechakt um den Aufbau der Doppelstruktur der Rede in ihren illokutiven und propositionalen Bestandteilen, um die Herstellung von Intersubjektivität vermittelt über praktische Sachverhalte in definierten Alltagssituationen in der sozialen Welt.[45] Dies war Voraussetzung dafür, dass überhaupt erst ein Präkonzept herausgearbeitet werden konnte – die infantile Gewalt- und Vernichtungsszene –, das der Patient auf die jeweilige Episode überträgt. Die Existenz eines unbewussten Präkonzepts, S. Freuds »pathogene Organisation« (1895d, S. 296), konnte erst über das, was der Patient alles *nicht* wahrnimmt, in der äußeren sozialen Situation aber an Sachverhalten enthalten ist, über die vollständige Rede in präzisen Sprechakten[46] re-konstruiert werden. *Bevor die konventionelle (empirische) Übertragung nachträglich verstanden und bearbeitet werden konnte, musste diese erst durch eine vorgängige transzendentalpragmatische Übertragung konstituiert werden.*[47]

---

[45] Von großer Bedeutung sind die Forschungen der Boston Change Process Study Group, wie sie von Stern et al. (2002; vgl. 2007, 2011, 2012) und Bruschweiler-Stern (2004) dargestellt wurden. Sie heben die Wichtigkeit von »Now Moments« hervor, aus denen intersubjektiv signifikante »Moments of Meeting« entstehen können, die über ein »Ongoing« zu neu erzeugten Beständen von »implizitem Beziehungswissen« führen. Diese ermöglichen nicht nur die Entwicklung weiterer neuer Handlungskompetenzen auf der »lokalen Ebene« der analytischen Situation im Behandlungsprozess, sondern auch im praktischen sozialen Weltverhältnis – und umgekehrt! Die Momente der Begegnung können aber nie, wie Stern et al. den Eindruck erwecken, *reine* (illokutionäre) Beziehungsakte *an sich* sein. Sie müssen sich immer auch auf (propositionale) Sachverhalte beziehen. Diese Doppelstruktur ist für die Rede konstitutiv.

[46] Zu der behandlungstechnischen Frage des Verhältnisses von Präkonzept und (sprach-)phänomenologischer Methode vgl. auch Jordan und Bardé (2007).

[47] Es spricht vieles dafür, dass das, was empirisch als »Übertragung« im psychoanalytischen Behandlungsprozess »analysiert« wird, immer schon *bereits etwas vorgängig* durch eine transzendentalpragmatische Übertragungsdynamik ganz anderer Art *Konstituiertes* ist. Diese Überlegungen stehen in einer überraschenden Nähe zum kantischen Erfahrungsbegriff, der an einem (viel geschmähten) Transzendentalsubjekt festgemacht ist. Das ist die Brisanz der Stern'schen »Now Moments«, der

Dass der Charakter und die Persönlichkeit des Analytikers in allen ihren feinen, differenzierten Ausgestaltungen auf die Konstitution dessen, was man als Übertragung zu analysieren beabsichtigt und in präsentativer Symbolik dann nachträglich »nach außen« darstellt, eine viel größere Rolle spielt, als es die gängige Vorstellung von »Abstinenz« vorsieht, ist schon seit den empirischen Untersuchungen von Dieter Beckmann bekannt[48] und wurde in der folgenden Psychotherapieforschung unter einem allgemeinen »unspezifischen Wirkfaktor« X verbucht (vgl. Tschuschke & Czogalik 1990). Die Situation kompliziert sich, wenn man den Einfluss der Person des Patienten auf die Person des Analytikers ins Auge fasst (Hoffman 1983, 1992; Natterson 1991). Berücksichtigt man die Ergebnisse experimenteller Forschung zum Vorbewussten,[49] kann davon ausge-

»Moments of Meeting«, aber auch der »Vitalitätsformen«. In ihrer eindrucksvollen Falldarstellung einer zehnjährigen Psychoanalyse kommt Mechthild Zeul (2004) behandlungspraktisch genau an diese konstitutionslogische Schnittstelle, in der empirische Übertragungsphänomene bereits transzendental-pragmatisch konstituiert sind: »Ich verstand meine Reaktion nicht als eine Gegenübertragungsantwort auf Gefühle des Patienten [...] Es handelte sich vielmehr um eine unmittelbare emotionale Antwort innerhalb einer ›gemeinsamen impliziten Beziehung‹, die vom Beginn der Behandlung an bestanden und sich über die Herstellung von vielen ›Momenten der Begegnung‹ ständig verändert hatte« (Zeul 2004, S. 604, *Unterstreichung von mir; B. B.*). Die implizite Beziehung war immer schon da, und hat insofern transzendentalen Charakter; empirisch erscheint diese vorgängige, konstitutive implizite Beziehung dann erst nachträglich in der Zeit in zahlreichen permutierenden empirischen Mannigfaltigkeiten, die dann der weiteren Analyse zugeführt werden können. *Ohne* die wechselseitige transzendentalpragmatische Übertragungsdynamik droht die empirische Übertragungsanalyse jenseits von Erfahrungsbildungen *leer* zu bleiben. Vermutlich meint das Wilfried Bion mit dem Erscheinen von »O« in der Konstitution von Erfahrung in der analytischen Situation (2009).

[48] Beckmann (1974), Beckmann & Richter (1968), Heising & Beckmann (1971), Heising (1971), zuletzt die taxonomische Untersuchung von König (2010).

[49] Sehr eindrucksvoll ist die Studie von Wolfgang Leuschner (2000), vgl. Leuschner et al. (2000). Nach diesen Befunden gibt es empirisch-experimentelle Evidenz dafür systematisch anzunehmen, dass es eine X–X-Kommunikation, »konkordantes Denken« (Leuschner 2004, S. 95) zwischen Personen gibt, das dem Bewusstsein vorgelagert ist, in Mikrointervallen prozessiert und die klinisch in der analytischen Situation im Sinne eines »impliziten Beziehungswissens« (Stern et al.) hochbedeutsam schon deshalb ist, weil sie die Forderung nach »Abstinenz« (Freud 1917, S. 187) systematisch konterkariert. Dadurch wird Freuds Diktum, »dass jeder Psychoanalytiker nur so weit kommt, als seine eigenen Komplexe und inneren Widerstände es gestatten« (Freud 1911, S. 108) und die damit verknüpfte Notwendigkeit, dass der praktizierende Psychoanalytiker seine »Selbstanalyse [...] fortlaufend vertiefe«

Liebe und die Entstehung des Neuen

gangen werden, dass in einer transzendentalen X–X-Kommunikation über das Arbeitsbündnis[50] zwischen den Beteiligten entschieden wird. Zwischen Dr. L. und mir war, nachträglich gesehen, das Thema von Sein und Nichtsein, von Tod und Leben/Liebe vom ersten Moment an »geisterdialogisch« (Argelander, pers. Mitteilung, ca.1981) präsent und tragend. Die Erfahrung der Todesnähe, die sich für Dr. L. phänomenal im Sinne einer Aphanisis dadurch in Erscheinung brachte, dass er über seine Symptomatik aus der Zeit herausfiel, der Raum sich auflöste, das Vertrauen in den eigenen Körper verschwand und der Halt und die Anerkennung in sozialen Rollen plötzlich nicht mehr verfügbar und nur noch der Halt in einer Klinik als Notfallpatient möglich war, war mir persönlich zutiefst vertraut und konnte ich, um in dem Telefonbild zu bleiben, Dr. L. unmittelbar abnehmen.[51] Dies geschah gleichursprünglich in der Präsenz, als ein (Über-)Lebender jenseits der Todesdrohung, der sich *zeigt*, in einem spontanen

---

(ebd., S. 108), brisanter denn je. Man könnte auch in Umkehrung formulieren: Der Patient kommt nur soweit, wie *seine Potentiale, Ressourcen und Begabungen* durch die persönlichen Bildungs-, Interessens- und Resonanzräume des Analytikers erkannt, an-erkannt und gefördert werden können. Mit Racker (1988) ausgedrückt, müsste der Analytiker eine Persönlichkeit haben, deren Weiträumigkeit es ermöglicht, sich vom Patienten als das »erschaffen« (Racker 1988, S. 35) zu lassen, als was ihn der Patient »braucht«. Freud (1922), auch Helene Deutsch, verwenden das Bild eines Telefons, über welches das Unbewusste der beiden Personen »direkt« kommunizieren kann. Dadurch verlangen die persönlichen Bildungsprozesse des Analytikers, insbesondere seine »Selbstanalyse«, notwendig eine viel größere Reichweite, als sie durch die institutionalisierte »Lehranalyse« abgedeckt werden kann. Vgl. hierzu den Beitrag von Thomä in diesem Band, auch Rothmann (2010).

[50] In dieser latenten X–X-Kommunikation findet auch die Entscheidung des Analytikers »mit sich selbst« (Deserno 1994) darüber statt, ob er mit dem Patienten zusammenarbeiten möchte oder nicht. Die Befunde von Luborsky und Singer (1975), dass Patienten, die in der ersten Sitzung ihren Therapeuten »nicht sympathisch« fanden, spätestens nach der siebten Sitzung abgebrochen hatten, gehören vermutlich in diesen Zusammenhang. Hermann Argelander waren diese Phänomene wohl bekannt; er sprach im Zusammenhang mit Behandlungen begleitenden Supervisionen von der wirksamen Existenz eines »Geisterdialogs«. Auf diese Gegebenheiten spielt wohl auch Yalom (2002, S. 47) an, wenn er meint, dass man für jeden Patienten eine »neue Therapie« erfinden müsse und Standardisierungen oder Manualisierungen völlig aussichtslos seien.

[51] Mit Racker (1988, S. 72ff.) könnte man von einer »konkordanten Gegenübertragung« oder auch von einer »konkordanten Identifizierung« sprechen, die sich die ganze Behandlung als eine »gemeinsam geteilte Erfahrung«, als eine »tragende Phantasie« durchhält.

Kontakt vor allem authentisch-responsiv persönlich »Etwas-mehr« (Stern et al. 2002) *spricht* und über genaues Sprechen und Hören die Grundbedingungen des Liebens und des sich Anerkennens schafft. Gemeint ist ein Sprechen nach den Kriterien der Universalpragmatik von Sprache und Sprechen und nicht ein Sprechen nach psychologischen oder therapeutischen Kriterien gängiger professioneller Klischees und Konzepte.

Es folgte als weiteres thematisches Feld, in dem sich die Paradoxie des Scheinkonsens und der mit ihm verknüpfte *Basiskonflikt* der gewalttraumatischen Modellszene in einer weiteren Variante darstellte, die Beziehung zu seiner Ehefrau, mit der er »erektil impotent« war. Seine Ehefrau beschrieb er als anhänglich, dominant, fordernd und starr. Dieser Frau wollte er, häufig reflexhaft devot, in einer Bedienungshaltung alles recht machen, aus der Angst heraus, mit ihr in eine offen aggressive Auseinandersetzung zu geraten, was mit »Verlust« gleichbedeutend war. Sie war seine imaginäre Andere, durch die er alleine, entfremdet, zu existieren schien, freilich um den Preis der Selbst-Kastration, die dadurch zur Darstellung kam, dass er sich ihr gegenüber nicht in seiner eigenen »vollen Rede« sprachlich »enthüllen« konnte.[52] Auch hier entschied ich mich, dem Wunsch von Dr. L. zu folgen, seine Frau für ein bestimmtes Zeitintervall in die psychoanalytische Behandlung mit einzubeziehen,[53] was sich

---

[52] ür Lacan (1978) ist, wohl in Anlehnung an Heideggers Sprache, die jenseits des »Geredes« in der »Verfallenheit« spricht, die Selbstenthüllung in der »vollen Sprache« das Ziel der psychoanalytischen Behandlung schlechthin (S. 65f., 70). Diese setzt »Separation« voraus und die Aufhebung der »Alienation« (Sujet barré) in der vollen Bewegung der Artikulation des Sprechens aus einer Position des Subjekts (nicht des Ich) im Medium der »symbolischen Ordnung«, eben ganz einfach: *kommunikatives Handeln* im Rahmen konkreter universalpragmatischer Bestimmungen (vgl. Habermas. 1995, 2 Bände).

[53] Ein solcher Schritt gilt konventionellerweise als »nicht analytisch« oder als mit der »analytischen Methode nicht vereinbar«, zumindest ist er kontrovers (vgl. Thomä & Kächele 1988, auch König 2010, S. 204 ff.). Meine Entscheidung war *diskursanalytisch* durch mein Interesse an der Analyse der *transzendentalpragmatischen Übertragung* begründet, nämlich *normale* Sprache und Sprechen über die Analyse von Kommunikationspathologien einzuführen. Diese zeigen sich in Formen systematisch verzerrter Kommunikation, deren Funktion es ist, die Zerstörungen in den vier Geltungsansprüchen von Sprache und Sprechen durch *Als-ob*-Taktiken des Scheinkonsens zu überdecken. Es war bereits zu Beginn der Behandlung deutlich, dass sich Dr. L. in einer kardiopathogenen Paarbeziehung befindet. Darüber hinaus ist es bei der Behandlung von Sexualstörungen professioneller Standard, den Geschlechtspartner, mit dem die Störung besteht, mit einzubeziehen (vgl. Hauch 2006,

dadurch als richtig erwies, dass Dr. L. lernen konnte, in Sprache mit seiner Frau nicht nur über seine intimen Erlebnis- und Wahrnehmungshorizonte authentisch zu *sprechen,* sondern auch direkt den Konflikt, den er im sexuellen Begehren mit ihr hatte, zu benennen und in Sprache auszusprechen. Schnell wurde Dr. L.s »Impotenz« als Ausdruck eines konventionellen *Scheinkonsens* des Paares deutlich, der einen tiefen *Konflikt* in diametral entgegengesetzten Erregungsphantasmen verdecken sollte. Die starre Dominanz und interesselose Frigidität der Frau in Verbindung mit der unterwürfigen Bedienungshaltung von Dr. L. bedingten die Formen einer *systematisch verzerrten Kommunikation,* deren Ausdruck das Symptom der sexuellen Impotenz *mit ihr* war.[54] Entscheidend war die Erkenntnis, dass seine Frau, in vielen lebenspraktischen Hinsichten, sein intimes Erleben nicht mit Anerkennung aufnimmt, sondern durch Taktiken des *Nichtbeachtens,* der *Beschlagnahme* und der *Verweigerung*[55] verwirft. Sein (infantiles) Präkonzept der Aphanisis in gewaltsamer Überwältigung war dergestalt wirksam, dass er sein Begehren scheinkonsensuell nur in elektronischen Parallelwelten von zärtlich-heiteren Lesbenpornos an exilierten Orten von Toilette oder nächtlichem Arbeitstisch imaginär zu realisieren sich gestattete. So

Masters & Johnson 1970, Schnarch 1997, Sigusch 2007). Dabei ist es erforderlich, über sexuelle, körperliche Gegebenheiten und Erlebnisweisen authentisch, jenseits von Pathologisierung (»Sexualisierung«) sprechen zu können (vgl. dazu Kutter 2001 und auch den Beitrag von Horst Kipphan in diesem Band).

[54] Dazu gehören Strategien des Sprechens, die einen ständig gefährdeten oder gar nicht vorhandenen Konsens zum Schein sicherstellen sollen und die zugleich verhindern, dass die Geltungsbasis des Gesprochenen, die sich bei einer genauen Wahrnehmung als nicht konsensfähig herausstellen würde, erst gar nicht hinreichend identifiziert werden kann. Hierzu gehören typischerweise: nicht antworten, nur auf das antworten, was im eigenen Interesse ist, die begonnene Rede abbrechen, zum Schein antworten (tangential response), indem man auf einen randständigen Punkt antwortet, dabei aber einen oder mehrere wichtige Punkte unberührt lässt und nicht beantwortet, dabei aber so tut, als hätte man auf alles geantwortet, anderen ins Wort fallen, plötzlicher Themenwechsel, weiter ernsthaft fortfahren und so tun, als wäre alles »normal« etc. In dem Maße, wie man in der Deutungsarbeit die universalpragmatischen Geltungsansprüche von Sprache und Sprechen mikroskopisch am Nächstliegenden durchsetzt und die grammatische Fundamentallogik des *Satzes* ernst nimmt, ist man sehr schnell jenseits der scheinkonsensuellen, verzerrten Kommunikation im Hier-und-Jetzt am Konfliktpunkt, der mit der Artikulation aus einer authentisch-spontanen Subjektposition verknüpft ist (vgl. auch Schulz von Thun et al. 2000; Günther & Bücker 2009).

[55] Hier bestehen Ähnlichkeiten zu den Interaktionsmodi, mit denen Peter Kutter einen »psychosomatischen Basiskonflikt« beschrieben hat (z. B. 1981).

kam es angesichts der Szene mit der »Badtüre« konsequent zum aggressiven »Durchbruch«. Nicht zuletzt durch sein erfolgreiches Karatetraining dürfte eine expressive Bahnung seiner aggressiven Erregung nach außen, in einem »Jenseits« des ursprünglich kompressiven »Nullpunktes«, in neu sich eröffnenden Räumen begünstigt worden sein. Seine probatorische Trennung begünstigte kein kommunikatives oder reflexives Handeln in der Ehe. Zahlreiche andere Objekte seines Begehrens, wie ein Audi, eine Harley-Davidson (mit Doppelsitz!), die Ausstattung der neuen Wohnung oder Freizeitaktivitäten fielen der psychischen Verwerfung seiner Frau zum Opfer, was nun aber aufgrund des analytischen Diskurses prägnanter denn je phänomenal in der Wahrnehmung sich abhob.[56] Der Durchbruch wurde von ihm mit dem Scheidungsentschluss komplettiert, als ihm seine Frau die erfolgreiche und – was die spontane Natürlichkeit seines Auftritts anbetrifft – überraschend souveräne – Bewerbung bei einer neuen Pharmafirma, auf dem Hintergrund eigenen Misserfolgs, neidisch missgönnte. Die Begründung seines Entschlusses, die Ehe zu beenden, konnte er klar und deutlich seiner Frau gegenüber formulieren, die dies zunächst aber gar nicht ernstnahm. In dem stattfindenden Scheidungsprozess trat die destruktiv-narzisstische Dominanz seiner früheren Frau, der er sich so total unterworfen hatte und ohne die er meinte, nicht existieren zu können, klar erkennbar in Erscheinung.

Das Durcharbeiten der *transzendentalpragmatischen Übertragung der traumatischen Basiskonfliktsituation* geschah ohne weitere Symptomrezidive konsequent, teilweise auch witzig und humorvoll,[57] in dem Feld der Beziehungen zu »neuen« Frauen und in den Beziehungen zu seinen »neuen« Chefs, einer Frau und einem Mann.

Eine brisante Situation, in der ich mich zuerst wie ein Komplize von Dr. L.

---

[56] Das diffuse Präkonzept der gewalttätigen Unterwerfung erschien in der Wahrnehmung von Dr. L. so, »als ob« seine Frau ihn schon immer mit dem Teppichklopfer oder mit der Reitpeitsche (wie früher Großmutter und Mutter) gezüchtigt und er sich in seiner Ehe schon immer auf normal-»vertraute« Weise einer Dressur unterworfen hätte.

[57] In den episodischen Sequenzanalysen der Interaktionsverläufe (»Objektbeziehungen«), vor allem wenn diese sich als evident und in ihrer Plausibilität handlungspraktisch für Dr. L als tragfähig über größere Zeiträume erwiesen hatten, kam ich mir vor, als würde ich mit ihm die Positionen von Mr. Statler und Mr. Waldorf einnehmen, die am Ende der Muppett-Show aus ihrer privilegierten Loge immer eine Unvollkommenheit feststellen. Dies bezieht sich auf den Moderator-Frosch, der hektisch vom Publikum immer Applaus einfordert, um die Show dem Erfolg zuzuführen, und der nichts mehr fürchtet als irgendeinen Misserfolg. Hierzu sehr eindrucksvoll und grundlegend Rorty (1989).

fühlte, in der ich mich im Interesse des »Spracherwerbs«, des Aufbaus von Sprache und Sprechen und der Entwicklung von Beziehungswissen aber zur Kooperation[58] entschieden hatte, waren die Analysen der heimlich mitgeschnittenen Gespräche mit seinen Chefs. Diese Situationen waren von ihrer Anlage her bestens dazu geeignet, im Sinne seines bekannten Präkonzepts als Szenen der gewaltsamen Vernichtung und hermetischen Aphanisis, der Darstellung des »Nullpunktes«, der ja immer auch einen Tod bedeutet, ausgestaltet zu werden. Beim gemeinsamen Anhören der Audiodateien war ich völlig überrascht und sehr beeindruckt, mit welcher wachen Intelligenz, Prägnanz und konsistenten Unerschütterlichkeit Dr. L. sich sprachlich im »Mitarbeitergespräch« positionieren und behaupten konnte. Er war weit davon entfernt, wie früher, in existenzieller Ohnmacht und übererregter Verzweiflung von Attacken mit Vorhofflimmern überwältigt zu werden. Vielmehr ging es um konversationsanalytische semantische Feinarbeit bezüglich der Rekonstruktion der Motivationslage etwa des Chefs: Ihm war Dr. L. aufgrund seiner hohen fachlichen Kompetenzen, die wahrscheinlich die seinigen überstiegen, zu eigenständig und er fühlte sich von ihm in seiner formalen Autorität infrage gestellt und so bedroht, dass er eigentlich nur paradox mehr Beachtung seiner formalen Autorität von Dr. L. erbeten wollte. Die Gesprächsanalysen bestätigten sich dergestalt, dass der Chef-Chef seine Fähigkeiten erkannte und ihm eine Direktorenstelle anbot. Der eine Chef wurde in den Ruhestand versetzt, der andere kündigte. Dr. L. lehnte die Beförderung ab und wandte sich stattdessen der Frauensuche zu, wo es, ähnlich wie in der Auseinandersetzung mit seinen Chefs, um das Verstehen der Persönlichkeit des Anderen, seiner Motivlage für eine Partnerschaft und um die Kompatibilität mit den eigenen Wünschen, aber eben auch um Dr. L.s paradoxe Neigung ging,

---

[58] Besonders im Umkreis Jaques Lacans wird scharf auf die »Falle« (z. B. Fink 2006, S. 118f.) aufmerksam gemacht, in welche der Analytiker hineintappt, wenn er durch die Anwendung seines Wissens die Grundübertragung des »supposer savoir« des Patienten in der Position des »Herrensignifikanten« bestätigt, aus der ja die Analyse gerade herausführen soll. Nicht selten wird die Auffassung vertreten, dass es »analytisch« sei, *nichts* zu sagen, weil der Patient *selber* drauf kommen soll. Demgegenüber war ich in transzendentalpragmatischer Perspektive an einer Haltung der primären Empathie und Anerkennung orientiert, auf deren Grundlage der Erwerb von Sprache und Sprechen nur stattfinden kann, vergleichbar einer Mutter, die mit ihrem Kind, das noch nicht sprechen kann, voll spricht, in der Unterstellung, dass es irgendwann schließlich sprechen können wird. Ohne diese *paradoxe, idealisierende Vorleistung* der Mutter ihrem Kind gegenüber, das sich noch in präverbalem Ausdrucksverhalten bewegt, wäre wohl Spracherwerb überhaupt nicht möglich. In *logischer* Hinsicht spielte sich Ähnliches in der Analyse von Dr. L. ab.

sich bis zur Selbstaufgabe dem anderen zu unterwerfen, um sich seiner »Zuneigung« sicher zu sein. Aufgrund des in der Analyse erarbeiteten Beziehungs- und Erfahrungswissens kam er viel schneller zur Erkenntnis des Punktes, ab dem er sich mit einer Frau nur ein weiteres Problem auflädt, statt seinen eigenen Beziehungs- und Liebeswunsch zur Erfüllung bringen zu können (frei nach Woody Allan). In dieser Endphase der Analyse entwickelte sich mit Dr. L. ein Voranschreiten in vielen kleinen Momenten der Begegnung (Stern 2002), eine wohlwollende und fürsorgliche Art von freundschaftlicher »Vater-Sohn«- oder auch »Mann-zu-Mann«-Konstellation, die real völlig neu für ihn war. Mit einem gesteigerten Kohärenzgefühl (vgl. Antonovsky 1997, Wydler et al. 2010)[59] verknüpfte sich eine vitale Spontaneität, die ihm auch das Gefühl einer stärkeren Selbstwirksamkeit nicht nur auf der lokalen Ebene der Behandlungssituation, sondern auch in äußeren Situationen sozialer Praxis vermittelte. Das war auf eigentümliche Weise mit einer Belebung adoleszenter Strukturen[60] verknüpft, was er in einer für mich rührenden Weise dadurch zur Darstellung brachte, dass er völlig überraschend in Rockermanier auf seiner neuen Harley-Davidson zur Stunde kam; ebenso spontan war ich auf seine Einladung hin bereit, die Maschine in Augenschein zu nehmen.[61] Das gesteigerte Kohärenzgefühl erscheint

---

[59] Vgl. auch die Konzeptionen der Selbstwirksamkeit von Rotter (1966, 1975). Diese akademischen, psychologisch-deskriptiven Konzepte sind hilfreich zur Orientierung. Ihre Grenze scheint in der klinisch-praktischen Arbeit aber darin zu bestehen, dass sie die Voraussetzungen von Sprache und Sprechen unberücksichtigt lassen, über die nachträglich, zeitlich rückbezüglich erst so etwas wie ein Ich, ein Kohärenzgefühl oder ein Vertrauen in die eigene Selbstwirksamkeit hergestellt werden kann. Auf dieses Problem der Selbstkonstitution macht Ten Hagen (2007, bes. S. 71f.) aufmerksam; vgl. auch Niedecken (2002).

[60] Es ist häufig zu beobachten, dass Männer nach der Überwindung einer neurotischen Partnerwahl »adoleszent« werden, falls sie nicht eine depressive Abwehrvariante gegen die eigenen adoleszenten Ressourcen und Optionen, die sie in sich tragen, wählen, worauf D. J. Levinson (1978) im Anschluss an E. Erikson hinweist. Mario Erdheim (1993) hat auf die große Bedeutung der Adoleszenz für die Entstehung des Neuen hingewiesen, was für mich in dieser Behandlung hilfreich und handlungsleitend war. Mit der Zweiphasigkeit der sexuellen Entwicklung ist auch von einer Zweiphasigkeit der Entstehung von Bedeutungen auszugehen. Im Medium der Zeit kommt es zu intensiven Umschriftungen der Vergangenheit aus der adoleszent vitalisierten Gegenwart heraus, die in »*Unvorhersehbarkeit*« (Erdheim 1993, S. 941) nachträglich biographisch völlig neue Konstellationen von Sinn und Bedeutung generieren können. Der Auftritt von Dr. L. in »Rockermontur« mit seiner Harley vor der Tür ist dafür ein schönes Beispiel.

[61] Ich hätte es unter Gesichtspunkten der Anerkennung nicht nur seiner erreichten

mir dabei als das Ergebnis des jahrelangen Durcharbeitens der transzendentalpragmatischen Übertragung und der damit verknüpften konsequenten Einführung von Sprache, Sprechen und Prädikation auf der Grundlage primärer Empathie. Über Sprache und Sprechen konnte Dr. L. *nachträglich* in Beziehungen zu Erlebnissen erst Gefühlszustände kognitiv erzeugen und auf einen fraglos gewissen und vertrauten Bezugsrahmen des Selbst gleichursprünglich (rück)*beziehen*. Jenseits der kardialen Vernichtungskrisen, die mit Erlebniszuständen des absoluten Nicht-Seins verbunden waren, die sich über Jahre nicht mehr ereignet hatten, konnte er so in den Strukturen von Zeit und Raum, der Sprache und Lebensformen, der Anerkennung und der Spontaneität sich als grundloser Grund in fragloser Gewissheit und Vertrautheit mit sich selbst offensichtlich Präsenz im Sein gewinnen.

Noch einmal Michael Balint: Urformen der primären Liebe,
die Grundstörung und die Behandlungstechnik

Kehren wir nach diesem weit ausholenden Parcours zurück zu Balints Purzelbaum und zu seiner Konzeption der Entstehung des Neuen. Balint hatte eine kausal-lineare Vorstellung der Entstehung des Neuen. Er war überzeugt, dass in dem Maße, wie dem Patienten eine Regression auf die Ebene der Grundstörung – oder besser: der grundgestörten primären Liebe – behandlungstechnisch durch einen performativ-ästhetisch[62] eingestellten Analytiker ermöglicht wird, der Pa-

---

fortgeschrittenen Selbst-Kohärenz, sondern auch aufgrund der in ihr enthaltenen sprachlich-gestischen Ausdrucksgestalt von Vitalität und Spontaneität für einen Behandlungsfehler oder zumindest als eine »unfreundliche Handlung« empfunden, das nicht zu tun. Diese Szene als ein bloßes Agieren aufzufassen, dem durch konventionelle »analytische« Deutekliches, die auf den phallischen Narzissmus, die Impotenz, die Inszenierung eines »Größenselbst«, auf eine Selbst-Objekt-Übertragung oder auf eine manipulative Objektbeziehungsmodalität abgezielt hätten, Einhalt zu gebieten sei, hätte m. E. *destruktive* Auswirkungen gehabt. Es wäre eine »unfreundliche Handlung gegen den Analysierten« gewesen, »und durch diese schädigt man die zärtliche Einstellung des Analysierten zum Analytiker, die positive Übertragung, die das stärkste Motiv für die Beteiligung des Analysierten an der gemeinsamen analytischen Arbeit ist.« (Freud 1937f, S.78). Gewiss wurden alle diese Aspekte agiert, im Rahmen der Gesamtsituation und des gesamten psychoanalytischen Prozesses hatten diese aber eine *progressive* Entwicklungsfunktion, die es zu fördern und zu tragen (»Holding«) galt.

62 »Natürlich bedeutet diese ›Gleichstimmung‹ nicht notwendigerweise, dass der Analytiker alle Wünsche, Sehnsüchte und Bedürfnisse des Patienten befriedigt, aber es bedeutet allerdings, dass er sich ehrlich bemühen muss, die Beziehung zu sei-

tient über eine korrigierende emotionale Erfahrung[63] in einer »arglosen Atmosphäre« prinzipieller Anerkennung zu einer Selbstintegration kommen kann, die ihm spontane und authentische Selbst-Aktualisierung ermöglicht. Balint stellte sich das als ein punktuelles Ereignis vor. Dafür steht sein Fallbeispiel mit der Patientin, die in der Stunde plötzlich von der Couch aufsteht und einen Purzelbaum schlägt und dadurch, wie in vielen ihrer Lebensbereiche, einen spontanen Akt nicht mehr unnötig hemmt, sondern in seiner Ursprungsbedeutung erfüllt, nämlich jenseits von gehemmtem Nicht-Sein in vollem Sein zu sein. Nach der Darstellung Balints (1979, S. 157) dauerte es fast zwei Jahre, bis sich der Purzelbaum ereignete. In dieser Zeit hat er *mit* der Patientin aber *gesprochen* – ein Umstand, dem nicht nur er in den damaligen Zeiten wenig oder keine Beachtung schenkte und der wie selbstverständlich schon immer vorausgesetzt wurde. Man kann annehmen, dass Balint auf dem Hintergrund seines Denkens einer primären Liebe, das durch die empirische Säuglingsforschung inzwischen einige Evidenzen gefunden hat,[64] persönlich eine weiträumige existenziale Haltung der Anerkennung und Spontaneität im Sinne einer primären, vorsprachlichen Empathie authentisch realisiert hat. In dieser »Atmosphäre«, wie er es nennt, hat er aber gleichursprünglich[65] konsequent über Deutungsarbeit auch *Sachverhalte*

---

nem Patienten so eng wie möglich der ›harmonischen Verschränkung‹ anzunähern, wie ich diese Beziehung nenne« (Balint 1979, S. 70). Er spricht verschiedentlich auch von einer »sich entwickelnden ›Atmosphäre‹ der Behandlung« (ebd., S. 103, 117, 139). Die Bezeichnung der »Ästhetik des Performativen« habe ich von Dieter Mersch (2002a) übernommen.

[63] Das ist die große Bedeutung des Konzepts der emotional korrigierenden Erfahrung von Franz Alexander (1956), die lange Zeit als »nicht-analytisch« galt. Den Aspekt der Erfahrung betonte in der Vergangenheit immer wieder auch Loewald (1960, 1988).

[64] Wichtig in diesem Zusammenhang erscheint mir G. Gergelys Beschreibung des sozialen Biofeedback-Mechanismus der elterlichen Affekt-Rückspiegelung (z. B. Gergely 1998, S. 100), gleichwohl die Analogie zur Analytiker-Patient-Beziehung wohl überlegt sein muss, da es sich hier nicht wirklich um eine Eltern-Kind-Beziehung handelt.

[65] Wichtig sind hier auch die Überlegungen von Niedecken (2002), die im Anschluss an A. Lorenzer die Konstitution von Selbstbewusstsein auf *praktischen Interaktionsformen* – Wittgenstein (1984b, § 916) würde sagen: »*primitiven Sprachspielen*«, etwa der Anerkennung und Spontaneität – begründet; das Selbstbewusstsein kann dann durch den Spracherwerb erst nachträglich über Sprache und die Grammatik des Satzes (»Ich ...«) als Einheit konfiguriert werden. »§ 916: Was aber will das Wort ›primitiv‹ sagen? Doch wohl, dass die Verhaltensweise *vorsprachlich* ist: dass ein Sprachspiel *auf ihr* beruht, dass sie das Prototyp einer Denkweise ist und nicht das

sprachlich aufgeklärt. Im Sinne Daniel Sterns et al. (2002) spricht vieles dafür, dass er, ohne dass er das als solches explizieren konnte, in seiner Behandlung systematisch mit »Etwas-mehr« Deutungen gearbeitet hat, in denen er der Doppelstruktur der Rede – nämlich immer zugleich einen illokutiven als auch einen propositionalen Gehalt zu realisieren – entsprach. Er muss in seiner Behandlung, aufgrund seiner Haltung und behandlungstechnischen Einstellung, *mit* der Patientin einen responsiven Sensibilitätsraum für zahlreiche »Now Moments« *erschaffen* haben, die er mit seiner Patientin in »Moments of Meeting« so transformieren konnte, dass in den zwei Jahren *beide* im Sinne des »Ongoing« so weit vorankommen konnten, dass dem, was er »Neubeginn« oder »Durchbruch« nennt, schon ein reichhaltiger Fundus von implizitem Beziehungs- und Erfahrungswissen zugrunde lag, auf den sie als analytisches Paar unvermittelt zurückgreifen konnten. Als Balint die Deutung gab, es sei für die Patientin »sehr wichtig, immer den Kopf oben und die Füße fest auf dem Erdboden zu behalten« (Balint 1979, S. 157), und ihr darauf *sofort* einfiel, sie habe seit frühester Kindheit keinen Purzelbaum zustande gebracht und sie, nachdem Balint »Na, und jetzt?« sagte, tatsächlich *unmittelbar* erfolgreich einen Purzelbaum schlug, war dies ein überraschender, gelungener und, wenn man so will, ein spektakuläres »Moment of Meeting«. Er ereignete sich aber nicht, wie es Balints Darstellung nahelegt, punktuell linear plötzlich, sondern war selbst ein bloßes Moment in einem *Prozesskontinuum* von »Purzelbäumen« , eine dynamische Ereigniskomponente innerhalb eines bereits vorhandenen, implizit verfügbaren Reservoirs (»Container«) von komplexem Beziehungswissen, das sich über jahrelange Erfahrungen von gelungenen »Moments of Meeting« gebildet hatte.

Das Durcharbeiten der transzendentalpragmatischen Übertragung im Hinblick auf die vier grundlegenden Geltungsansprüche von Sprache und Sprechen impliziert in dem hier berichteten und dargestellten Fall die *Entfaltung einer basalen Übertragungsliebe, die tragend war für den gesamten analytischen Prozess.* Fasst man das in Verständigung gelungene Sprechen als eine Handlung auf, durch den der Liebes- und Vertrauensvorschuss, den die vier idealisierenden, universalpragmatischen Vorleistungen des Diskurses verlangen und der sich – nach einer fundamentalen Krise, in welcher der Abbruch der Analyse drohte – immer wieder praktisch erfüllt hatte, kann man sagen, *dass diese basale Übertragungsliebe kontinuierlich »agiert« wurde und die Kräfte*

Ergebnis des Denkens.« Ten Hagen (2007) unterscheidet z. B. eine »primäre«, nicht epistemische Empathie von einer sekundären Empathie, die sich über propositionale Sprechakte an objektivierbaren Kriterien orientiert.

freisetzte, die für die Entstehung des Neuen in den Dimensionen von Spontaneität, Wahrnehmung, Fühlen, Denken und Handeln notwendig waren. Es liegt nahe zu vermuten, dass Michael Balint in der Darstellung seines Falles diese Realitäten meinte, als er von einer primären Liebe oder sogar von Urformen der Liebe sprach und diese Formen direkt mit der Behandlungstechnik in Verbindung brachte. Im analytischen Diskurs werden im analytischen Paar grundlegende *Liebesbedingungen* geschaffen, wie sie zwischen Mutter und Kind in Episoden des Spracherwerbs bereits vorgebahnt wurden. In der analytischen Situation wird psychische Intimität durch intersubjektive, empathische Anteilnahme im Aushandeln von Bedeutungen durch das Spiel des freien Sprechens im analytischen Diskurs hergestellt, indem Worte in Sprache, die schon immer objektiv kulturell als eine tradierte symbolische Ordnung gegeben ist, spezifisch gefunden[66] und bei gelungener Verständigung über Sachverhalte geteilt werden. Derart wird die Erschaffung von Welt und einer Existenz intimer Identität mit dem Selbst und den Anderen in dieser Welt ermöglicht. Zuvor namenlose, unbekannte, verworfene oder verdrängte Eindrücke, Sensationen, Stimmungen und Erlebnisse werden im analytischen Diskurs nachträglich über die Sprache und das Sprechen, welche Verständigung und Erfahrungen des Verständigt-Seins ermöglicht, durch Worte und Sätze mit Bedeutungen, Referenzen und Erfüllungsbedingungen neu formuliert und durch eine neu gefundene Sprache *ersetzt* und können dadurch im Medium der Kommunikation zu *Erfahrungen* transformiert werden. Dies geschieht im analytischen Paar

---

[66] Auf die subjektkonstitutive Rolle des Spiels und des Spielens hat Donald W. Winnicott in seinem gesamten Werk immer wieder hingewiesen. Eindrucksvoll ist seine Erfindung des »Squiggle-Game«, das er in seinen Kinderanalysen verwendete. »Der wesentliche Aspekt des Spielens liegt darin, dass es stets mit einem gewissen Wagnis verbunden ist, das sich aus dem Zusammenwirken von innerer Realität und dem Erlebnis der Kontrolle über reale Objekte ergibt« (Winnicott 1985, S. 59). »*Dieses Spielen muß spontan sein, nicht angepaßt oder gefügig,* wenn die Psychotherapie gelingen soll« (ebd., S. 63). »Ich bin der Meinung, [...] dass Spielen in der Analyse von Erwachsenen genauso Aussage ist wie in unserer Arbeit mit Kindern. Es manifestiert sich [...] in der Wortwahl, in der Stimmführung und ganz sicher in der Stimmung« (ebd., S. 51). Instruktiv hierzu auch Caroline Neubaur (1987, 7. Kap.: Spielen, S. 94–114). Er steht damit in der Denktradition, die von Friedrich Schiller in seinen Briefen *Über die ästhetische Erziehung des Menschen* (1991) eröffnet wurde. »Denn [...] der Mensch spielt nur, wo er [...] Mensch ist, und *er ist nur da ganz Mensch, wo er spielt.* Dieser Satz [...] wird [...] das ganze Gebäude der ästhetischen Kunst und der noch schwierigeren Lebenskunst tragen« (Schiller 1991 [1795], 15. Brief, S. 63).

in exklusiver Weise kontinuierlich unter einzigartigen, nicht auswechselbaren leibhaftigen Personen, eben im Sinne urförmlicher primärer Liebe, wie sie Balint konzipiert hatte, allein durch *Sprache und Sprechen, in Präsenz.*[67] Sprache und Sprechen in Präsenz sind offensichtlich Struktur- und Prozessdimensionen primären Liebens. In ihnen artikuliert sich über die Doppelstruktur der Rede, neben der analytischen Erfassung und Auffächerung von Weltbezügen über propositionale Gehalte, gleichursprünglich auch die sinnliche Materialität von »Vitalitätsformen«.[68] *Diese Gestalt*[69] *der Übertragungsliebe selbst ist nicht analysierbar und hat in ihrer Pragmatik transzendentalen Status. Sie kann nur in einer Haltung performativ zum Ausdruck gebracht werden (Kutter et al. 1988). Erst durch die Substanz der Urformen des primären Liebens vermittelt kann die Empirie des psychoanalytischen Prozesses konstituiert und realisiert werden.* Sie ist »unvermeidlich« (Freud 1915a, S. 306) und zugleich konstitutiv. Sie ist die Grundlage der »zärtlichen Einstellung zum Analytiker« (Freud 1937f, S.78), aber auch umgekehrt, der »zärtlichen Einstellung« des Analytikers zu seinem Patienten. Sie »(ist) das stärkste Motiv für die Beteiligung des Analysierten an der gemeinsamen analytischen Arbeit« (ebd., S.78).

---

[67] Vgl. Stern (2001, S. 221–223). Es »kann der Wunsch eines Patienten und sein Streben nach intersubjektivem Teilen mit dem Analytiker – das natürlich die analytische Arbeit und das Arbeitsbündnis fördert – in erster Linie im Dienste eines (erneuten) Schaffens von ›Liebesbedingungen‹ stehen. Denn dieses (erneute) Schaffen geschieht in Form von *Sprechakten mit paralinguistischem Kontext,* was bedeutet, dass der Inhalt (Gedanken, Erinnerungen usw.) zurücktritt gegenüber der pragmatischen Funktion, im Einklang mit dem Analytiker zu handeln und ein gewisses Maß an psychischer Intimität mit ihm anzustreben und aufrechtzuerhalten. *Das Gleiche* lässt sich über das *Aushandeln von Bedeutungen sagen, beinahe aller Bedeutungen.* Hier stellt sich Handeln als ›psychisches‹ Material zur Schau, und soweit ein Sprechakt eine Handlung sein kann – was sehr weitgehen kann – handelt es sich um Agieren« (Stern 2001, S. 224, *Hervorhebungen von mir, B. B.).* Stern bezieht sich hier ausdrücklich auf Searle (1982, 1983).

[68] Siehe Stern (2011, in Bezug auf die analytische Situation S. 163, 177–179 und passim). Auch Lacan (1973): »Das Sprechen ist in der Tat eine Gabe aus Sprache, und die Sprache ist nichts Immaterielles. Sie ist ein subtiler Körper, aber ein Körper ist sie« (S. 144). Brillant ist die Analyse von *Präsenz und Ethik der Stimme* von Dieter Mersch (2010, S. 270–286). Vgl. auch Dolar (2009).

[69] Die »Übertragungsliebe« wird gewöhnlich mit spektakulären und »brisanten« (Krutzenbichler & Esser 2010) Szenarien des kruden sexuellen Missbrauchs in Verbindung gebracht. Einen ersten Versuch, dieses Phänomen feiner und schärfer zu differenzieren, unternahmen Person, Hagelin und Fonagy (2001).

»Wenn jemand spricht, wird es hell« (Freud 1905c, S. 126).[70] Wollte man diese für den analytischen Prozess transzendental-konstitutive Übertragungsliebe analysieren, wäre das so ähnlich, wie wenn man mit einem Witz zugleich die Erklärung mitliefern würde: Sie und er blieben wirkungslos. Es entstünde nichts Neues und das Lachen bliebe aus.

Insofern könnte man sagen, dass die Analyse von Dr. L. sich mit Tod und Zerfall eröffnete und über die transzendentale Pragmatik des Liebens über Sprache und Sprechen in Präsenz der psychoanalytischen Situation über die Mühen der jeweils episodisch-spezifischen Ausgestaltungen des analytischen Diskurses die Entstehung des Neuen in einer in Gang gesetzten Bewegung des Lebens und Liebens, immer unter der Voraussetzung des allgegenwärtigen Todes, ermöglichte.[71]

»Die Funktion der Sprache besteht [...] nicht darin, zu informieren, sondern zu evozieren. Was ich im Sprechen suche, ist die Antwort des Anderen. Was mich als Subjekt konstituiert, ist meine Frage. Um vom anderen erkannt zu werden, spreche ich das, was war, nur aus im Blick auf das, was sein wird. [...] Was sich in meiner Geschichte verwirklicht, ist nicht die abgeschlossene Vergangenheit [...] dessen, was war, weil es nicht mehr ist, auch nicht das Perfekt dessen, der in dem gewesen ist, was ich bin, sondern das zweite Futur [...] dessen, was ich für das werde gewesen sein, was zu werden ich im Begriff stehe« (Lacan 1973, S. 143).

---

[70] Das volle Zitat lautet: »Die Herkunft über die kindliche Angst verdanke ich einem dreijährigen Knaben, den ich einmal aus einem dunklen Zimmer bitten hörte: ›Tante, sprich mit mir; ich fürchte mich, weil es so dunkel ist.‹ Die Tante rief ihn an: ›Was hast du denn davon? Du siehst mich ja nicht.‹ ›Das macht nichts‹, antwortete das Kind, ›wenn jemand spricht, wird es hell.‹« Er fürchtete sich also nicht vor der Dunkelheit, sondern weil er eine *geliebte Person* vermisste ...« (Freud 1905, S. 126, *Hervorhebung von mir, B. B.*).

[71] Auf diese Weise kommt man zu einer ganz anderen Bestimmung des psychoanalytischen Prozesses, als sie z. B. von Meltzer (1995) vorgelegt wurde.

Literatur

Alexander, F. (1956): Psychoanalysis and psychotherapy. Developments in theory, technique and training. New York (Norton).

Alvarez, A. (2006): Die Wellenlänge finden: Werkzeuge zur Kommunikation mit autistischen Kindern. In: B. Nissen (Hg.): Autistische Phänomene in psychoanalytischen Behandlungen. Gießen (Psychosozial-Verlag).

Antonovsky, A. (1997): Salutogenese: Zur Entmystifizierung der Gesundheit. Tübingen (DGVT-Verlag).

Apel, K. O. (1976): Transformation der Philosophie. Bd. 1, Sprachanalytik, Semiotik, Hermeneutik. Frankfurt/M. (Suhrkamp).

Argelander, H. (1982): Der psychoanalytische Beratungsdialog. Studien zur Textstruktur und Deutung an formalisierten Texten. Göttingen (Vandenhoeck & Ruprecht).

Austin, J. L. (1972): Theorie der Sprechakte (How to do things with Words). Stuttgart (Reclam).

Balint, M. (1969): Die Urformen der Liebe und die Technik der Psychoanalyse. Frankfurt/M. (Fischer).

Balint, M. (1979): Therapeutische Aspekte der Regression. Die Theorie der Grundstörung. Reinbek (Rowohlt). Englische Ausgabe (1968): The Basic Fault. Therapeutic Aspects of Regression. Tavistock Publications (London).

Bandura, A. (1997): Self-efficacy: The Exercise of Control. New York (Freeman).

Bardé, B. & Mattke, D. (1993) (Hg.): Therapeutische Teams. Theorie, Empirie, Klinik. Mit Beiträgen von D. Mattke, B. Bardé, U. Oevermann und P. Kutter. Göttingen (Vandenhoeck & Ruprecht).

Bardé, B. (2002): Traumatischer Prozess, unbewusste Phantasie und Traumarbeit. In: Hau, S., Leuschner, W. & Deserno, H. (Hg.): Traum-Expeditionen. Tübingen (diskord), 115–133.

Bardé, B. & Jordan J. (2003): Psychodynamische Beiträge zu Ätiologie, Verlauf und Psychotherapie der koronaren Herzkrankheit. In: Jordan, J., Bardé, B. & Zeiher, A. M. (Hg.): Statuskonfenferenz Psychokardiologie, Bd. 9. Frankfurt (VAS).

Bardé, B. (2011): Existenziale Grammatik. Frankfurt/M. (unveröffentlichtes Manuskript).

Becker-Schmidt, R. (1994): Diskontinuität und Nachträglichkeit. In: Diezinger, A., H. Kitzer & Anker, I. (Hg.): Erfahrung mit Methode. Freiburg (Kore), 155–182.

Beckmann, D. (1974): Der Analytiker und sein Patient. Untersuchungen zu Übertragung und Gegenübertragung. Bern (Huber).

Beckmann, D. & Richter, H. E. (1968): Selbstkontrolle einer klinischen Psychoanalytiker-Gruppe durch ein Forschungsprogramm. Z Psychother med Psy 6, 201–217.

Benjamin, J. (1993): Ein Entwurf zur Intersubjektivität: Anerkennung und Zerstörung.

In: dies., Phantasie und Geschlecht. Psychoanalytische Studien über Idealisierung, Anerkennung und Differenz. Frankfurt/M. (Fischer), 39–58.

Benjamin, J. (2002): Der Schatten des Anderen. Intersubjektivität, Gender, Psychoanalyse. Frankfurt/M. (Stroemfeld).

Bion, W. (1992): Lernen durch Erfahrung. Frankfurt/M. (Suhrkamp).

Bion, W. (2009): Aufmerksamkeit und Deutung. Frankfurt (Brandes & Apsel).

Bleger, J. (1966): Psychoanalysis of the psychoanalytic frame. Int J Psychoanal 48, 511–519.

Bohrer, K. H. (1981): Plötzlichkeit. Frankfurt/M. (Suhrkamp).

Bohrer, K. H. (1994): Das absolute Präsenz. Die Semantik der ästhetischen Zeit. Frankfurt/M. (Suhrkamp).

Brandom, R. B. (1994): Making it Explicit. Cambridge, Mass. (Univ. Press).

Brunkhorst, H., R. Kreide & Lafont, C. (2009) (Hg.): Habermas-Handbuch. Leben, Werk, Wirkung. Darmstadt (Wissenschaftliche Buchgesellschaft).

Bruschweiler-Stern, N., Harrison, A. M., Lyons-Ruth, K., Morgan. A. C., Nahum, J. P., Sander, L. W., Stern, D. N. & Tronick, E. Z., (The Boston Change Process Study Group) (2004): Das Implizite erklären. Die lokale Ebene und der Mikroprozess der Veränderung in der analytischen Situation. Psyche – Z Psychoanal 58, 935–952.

Cannon, W. B. (1975 [1915]): Wut, Hunger, Angst und Schmerz: Eine Physiologie der Emotionen (Original: Bodily Changes in Pain, Hunger, Fear and Rage: An Account of Recent Researches into the Function of Emotional Excitement). München/Berlin/Wien (Urban & Schwarzenberg).

Cavell, M. (1997): Freud und die analytische Philosophie des Geistes. Stuttgart (Klett-Cotta).

Davidson, D. (1985): Handlung und Ereignis. Frankfurt (Suhrkamp).

Davidson, D. (1986): Wahrheit und Interpretation. Frankfurt (Suhrkamp).

Davidson, D. (1993): Der Mythos des Subjektiven. Frankfurt/M. (Suhrkamp).

Deserno, H. (1994): Das Arbeitsbündnis. Kritik eines Konzepts. Frankfurt/M. (Fischer).

Dolar, M. (2009): Sinn oder Präsenz? Zeitschrift für Kulturphilosophie 1, 17–34.

Dreitzel, H. P. (1968): Anomie und Entfremdung – Zur Rollenanalyse der Verhaltensstörungen. In: ders., Die gesellschaftlichen Leiden und das Leiden an der Gesellschaft. Stuttgart (Enke), 305–380.

Dummett, M. (1993): The seas of language. Oxford (Univ. Press).

Eigen, M. (1985): Towards Bion's starting point: between catastrophe and death. Int J Psychoanal 66, 321–330.

Erdheim, M. (1993): Psychoanalyse, Adoleszenz und Nachträglichkeit. Psyche – Z Psychoanal 49, 935–950.

Feldman, M. (1997): Projektive Identifizierung: Die Einbeziehung des Analytikers. Psyche – Z Psychoanal 53, 991–1014.

Ferenczi, S. (1988): Ohne Sympathie keine Heilung. Das klinische Tagebuch von 1932. Frankfurt (Fischer).

Fink, B. (2006): Das Lacansche Subjekt. Zwischen Sprache und Jouissance. Wien (Turia + Kant).

Fischer, H. R. (1991): Sprache und Lebensform. Wittgenstein über Freud und die Geisteskrankheit. Heidelberg (Auer).

Flatten, G. (2006): Abriss über den aktuellen Stand bei den Traumafolgestörungen ASD und PTSD. In: Seidler, G. H., Laszig, P., Micka, R. & Nolting, B. V. (Hg.): Aktuelle Entwicklungen in der Psychotraumatologie. Gießen (Psychosozial-Verlag), 35–54.

Frank, C. (1988) (Hg.): Stillstand, Veränderung und die Angst vor einer Katastrophe. Klinische Beiträge. Tübingen (diskord).

Frank, M. (1983): Was ist Neostrukturalismus? Frankfurt/M. (Suhrkamp).

Frank, M. (1986): Die Unhintergehbarkeit von Individualität. Frankfurt/M. (Suhrkamp).

Frank, M. (2012): Ansichten der Subjektivität. Frankfurt/M. (Suhrkamp).

Freud, S. (1895d): Studien über Hysterie. Darin: Zur Psychotherapie der Hysterie. GW 1, 252–312.

Freud, S. (1905c): Drei Abhandlungen zur Sexualtheorie. GW 5, 29–145.

Freud, S. (1910c): Die zukünftigen Chancen der psychoanalytischen Therapie. GW 8, 104–115.

Freud, S. (1912g): Einige Bemerkungen über den Begriff des Unbewußten in der Psychoanalyse. GW 8, 430–439.

Freud, S. (1914g): Erinnern, Wiederholen und Durcharbeiten. GW 10, 126–136.

Freud, S. (1915a): Bemerkungen über die Übertragungsliebe. GW 10, 306–321.

Freud, S. (1919a) Wege der psychoanalytischen Therapie. GW 12, 183–194.

Freud, S (1918b): Aus der Geschichte einer infantilen Neurose. GW 12, 29–157.

Freud, S. (1922a): Traum und Telepathie. GW 13, 165–191.

Freud, S. (1937f): Die endliche und die unendliche Analyse. GW 16, 59–99.

Freud, S. (1938i): Abriss der Psychoanalyse, GW 17, 65–138.

Garfinkel, H. (1967): Studies in Ethnomethodology. Englewood Cliffs (Prentice Hall).

Gergely, G. (1998): Margret Mahlers Entwicklungstheorie im Licht der jüngsten empirischen Erforschung der kindlichen Entwicklung. In: Burian, W. (Hg.): Der beobachtete und der rekonstruierte Säugling. Göttingen (Vandenhoeck & Ruprecht), 91–118.

Gill, M. (1998): Die Übertragungsanalyse. Theorie und Technik. Frankfurt/M. (Fischer).

Grotstein, J. S. (2006): »Projektive Transidentifizierung«. Eine Erweiterung des Konzepts der projektiven Identifizierung. In: Junkers, G. (Hg.): Verkehrte Liebe. Ausgewählte Beiträge aus dem International Journal of Psychoanalysis Bd. 1. Tübingen (diskord), 159–186.

Günther, S. & Bücker, J. (2009) (Hg.): Grammatik im Gespräch. Konstruktionen der Selbst- und Fremdpositionierung. Berlin/New York (de Gruyter).

Habermas, J. (1971): Vorbereitende Bemerkungen zu einer Theorie der kommunikativen Kompetenz (Vorlage für Zwecke einer Seminardiskussion). In: Habermas, J. & Luhmann, N.: Theorie der Gesellschaft oder Sozialtechnologie – Was leistet die Systemforschung?. Frankfurt/M. (Suhrkamp), 101–141.

Habermas, J. (1984a): Überlegungen zur Kommunikationspathologie. In: ders., Vorstudien und Ergänzungen zur Theorie des kommunikativen Handelns. Frankfurt/M. (Suhrkamp), 226–271.

Habermas, J. (1984b): Notizen zur Entwicklung der Interaktionskompetenz (1974), In: ders., Vorstudien und Ergänzungen zur Theorie des kommunikativen Handelns. Frankfurt/M. (Suhrkamp), 187–225.

Habermas, J. (1991): Erläuterungen zur Diskursethik. In: ders., Erläuterungen zur Diskursethik, Frankfurt/M. (Suhrkamp), 119–226.

Habermas, J. (1995): Theorie des kommunikativen Handelns. Bd. 1: Handlungsrationalität und gesellschaftliche Rationalisierung. Bd. 2: Zur Kritik der funktionalistischen Vernunft. Frankfurt/M. (Suhrkamp).

Habermas, J. (2003): Kommunikatives Handeln und detranszendentalisierte Vernunft. Stuttgart (Reclam).

Habermas, J. (2004): Wahrheit und Rechtfertigung. Frankfurt/M. (Suhrkamp).

Hartmann, M. (2011): Praxis des Vertrauens. Frankfurt/M. (Suhrkamp).

Hauch, M. (2006) (Hg.): Paartherapie bei sexuellen Störungen. Das Hamburger Modell: Konzept und Technik. Stuttgart (Thieme).

Heidegger, M. (1993): Sein und Zeit. Tübingen (Niemeyer).

Heising, G. (1971): Bemerkungen zum Gegenübertragungsproblem des Gruppentherapeuten. Gruppenpsychother Gruppendyn 5, 172–185.

Heising, G. & Beckmann, D. (1971): Die Gegenübertragungsreaktion bei Diagnose und Indikationsstellung. Zeitschrift für Psychotherapie und medizinische Psychologie 21, 2–8.

Herman, J. L. (1993): Die Narben der Gewalt. München (Kindler).

Hess, E. H. (1975): Prägung. Die frühkindliche Entwicklung von Verhaltensmustern bei Tier und Mensch. München (Kindler).

Hindelang, G. (2010): Einführung in die Sprechakttheorie. Sprechakte, Äußerungsformen, Sprechaktsequenzen. Berlin/New York (de Gruyter).

Hinz, H. (2004): Neubeginn, schrittweise, diskontinuierlich. Theoretische Umwanderung des Wunders seelischer Veränderung. Psyche – Z Psychoanal 58, 869–897.

Hoffman, I. Z. (1983): The patient as interpreter oft the analyst's experience. Contemporary Psychoanalysis 19, 389–422.

Hoffman, I. Z. (1992): Expressive participation and psychoanalytic discipline. Contemporary Psychoanalysis 28, 1–15.

Honneth, A. (2005): Verdinglichung. Eine anerkennungstheoretische Studie. Frankfurt/M. (Suhrkamp).

Husserl, E. (1962): Phänomenologische Psychologie. Vorlesungen Sommersemester 1925, Hgg. v. W. Biemel. Husserliana Bd. IX. Den Haag (Nijhoff).

Husserl, E. (1980): Ideen zu einer reinen Phänomenologie und phänomenologischen Philosophie. Tübingen (Niemeyer).

Husserl, E. (1985): Texte zur Phänomenologie des inneren Zeitbewusstseins (1893–1917). Hamburg (Meiner).

Husserl, E. (2000): Vorlesungen zur Phänomenologie des inneren Zeitbewußtseins. Tübingen (Niemeyer).

Husserl, E. (2009): Logische Untersuchungen. Hamburg (Meiner).

Jordan, J. & Bardé, B. (2007): Psychodynamic hypotheses on the etiology, course, and psychotherapy of coronary heart disease: 100 Years of psychoanalytic research. In: Jordan, J., Bardé, B. & Zeiher, A. M. (Hg.): Contributions Toward Evidence-Based Psychocardiology. A systematic review of the literature. Washington (American Psychological Association).

Jordan, J. & Bardé, B. (2007): Psychodynamische Therapie bei Patientinnen und Patienten mit koronarer Herzerkrankung. Psychotherapie im Dialog 12, 1, 19–22.

Joseph, B. (1989): Psychische Veränderung und psychoanalytischer Prozess. In: Bott-Spillius, E. & Feldman, M. (Hg.): Psychisches Gleichgewicht und psychische Veränderung. Stuttgart (Klett-Cotta), 285–300.

Kamlah, W., Lorenzen, P. (1967): Logische Propädeutik. Vorschule des vernünftigen Redens. Mannheim (Hochschultaschenbücher-Verlag).

Kant, I. (1998 [1781]): Kritik der reinen Vernunft. Hamburg (Meiner).

Kaplan, H. S. (1981): Hemmungen der Lust. Neue Konzepte der Psychosexualtherapie. Stuttgart (Enke).

Kirchhoff, C. (2009): Das psychoanalytische Konzept der »Nachträglichkeit«. Zeit, Bedeutung und die Anfänge des Psychischen. Gießen (Psychosozial-Verlag).

Kockott, G. & Fahrner, E. M. (2000): Sexualstörungen des Mannes. Göttingen (Hogrefe).

König, K. (2010): Gegenübertragung und die Persönlichkeit des Psychotherapeuten. Frankfurt (Brandes & Apsel).

Krutzenbichler, H. S., Esser, H. (2010): Übertragungsliebe. Psychoanalytische Erkundungen zu einem brisanten Phänomen. Gießen (Psychosozial-Verlag).

Kutter, P. (1980): Emotionalität und Körperlichkeit. Prax Psychother Psychosom 25, 131–141.

Kutter, P. (1981): Sein oder Nicht-Sein. Die Basisstörung der Psychosomatose. Prax Psychother Psychosom 26, 47–60.

Kutter, P. (1982): Der Basiskonflikt der Psychosomatose und seine therapeutischen Implikationen. Jb Psychoanal 13, 93–101.

Kutter, P. (2001): Affekt und Körper. Neue Akzente der Psychoanalyse. Göttingen (Vandenhoeck & Ruprecht).

Kutter, P. (2010): Aus der Enge in die Weite. In: Hermanns, L. M. (Hg.): Psychoanalyse in Selbstdarstellungen. Bd. VIII. Frankfurt/M. (Brandes & Apsel), 117–185.

Kutter, P., Páramo-Ortega, R. & Zagermann, P. (1988) (Hg.): Die psychoanalytische Haltung. Auf der Suche nach dem Selbstbild der Psychoanalyse. München/Wien (Verlag Internationale Psychoanalyse).

Kutter, P. (1997) (Hg.): Psychoanalyse interdisziplinär. Frankfurt/M. (Suhrkamp).

Kutter, P., Paál, J., Schöttler, C., Hartmann, H. P. & Milch, E. (2006) (Hg.): Der therapeutische Prozess. Psychoanalytische Theorie und Methode in der Sicht der Selbstpsychologie. Gießen (Psychosozial-Verlag).

Lacan, J. (1973): Funktion und Feld des Sprechens und der Sprache in der Psychoanalyse. In: ders., Schriften I. Olten (Freiburg), 73–169.

Lacan, J. (1978): Freuds technische Schriften. Olten (Walter).

Lacan, J. (1980): Die vier Grundbegriffe der Psychoanalyse. Buch XI (1964). Olten (Freiburg).

Lacan, J. (2008): Die Übertragung. Das Seminar, Buch VIII, 1960–1961. Wien (Passagen).

Leuschner, W., Hau, S. & Fischmann, T. (2000): Die akustische Beeinflussbarkeit von Träumen. Tübingen (diskord).

Leuschner, W. (2004): Telepathie und das Vorbewusste. Experimentelle Untersuchungen zum »siebten Sinn«. Tübingen (diskord).

Leuschner, W. (2011): Einschlafen und Traumbildung. Psychoanalytische Studie zur Struktur und Funktion des Ichs und des Körperbildes im Schlaf. Frankfurt (Brandes & Apsel).

Levinson D. J. (1978): Das Leben des Mannes. Werdenskrisen, Wendepunkte, Entwicklungschancen. Köln (Kiepenheuer & Witsch).

Lichtenberg, J. D. (2000): Das Selbst und die motivationalen Systeme. Zu einer Theorie psychoanalytischer Technik. Frankfurt/M. (Brandes & Apsel).

Lichtenberg, J. D. (2007): Kunst und Technik psychoanalytischer Therapien. Frankfurt/M. (Brandes & Apsel).

Loch, W. (1965): Voraussetzungen, Mechanismen und Grenzen des psychoanalytischen Prozesses. Bern (Huber).

Loch, W. (1985a): Anmerkungen zu wissenschaftstheoretischen Problemen der psychoanalytischen Praxis. In: ders., Perspektiven der Psychoanalyse. Hirzel (Stuttgart), 131–150.

Loch, W. (1985b): Psychoanalyse und Wahrheit. In: ders., Perspektiven der Psychoanalyse. Hirzel (Stuttgart), 181–211.

Loch, W. (2001): Deutungs-Kunst. Dekonstruktion und Neuanfang im psychoanalytischen Prozess. Tübingen (diskord).

Loewald, H. W. (1960): On the therapeutic action of psychoanalysis. Int J Psychoanal 41, 16–33.

Loewald, H. W. (1988): On the mode of therapeutic action of psychoanalytic psychotherapy. In: Rothstein, A. (Hg.): How Does Treatment Help? On the Modes of Therapeutic Action of Psychoanalytic Psychotherapy. Madison/Conn. (International Universities Press), 16–33.

Lorenzer, A. (1970): Sprachzerstörung und Rekonstruktion. Frankfurt/M. (Suhrkamp).

Luborsky, L. & Singer, B. (1975): Comparative studies of psychotherapies. Archiv of General Psychiatry 32, 995–1008.

Masters, W. H. & Johnson, V. E. (1970): Die sexuelle Reaktion. Reinbek (Rowohlt).

Masters, W. H. & Johnson, V. E. (1973): Impotenz und Anorgasmie. Zur Therapie funktioneller Sexualstörungen. Frankfurt/M. (Goverts Krüger Stahlberg).

Meibauer, J. (2001): Pragmatik. Eine Einführung. Tübingen (Stauffenberg).

Meltzer, D. (1995): Der psychoanalytische Prozess. Mit einem Nachwort zu den Weiterentwicklungen bis heute. Stuttgart (Verlag Internationale Psychoanalyse).

Menninger, K. (1958): Theory of Psychoanalytic Technique. New York (Basic Books).

Mersch, D. (2002a): Ereignis und Aura. Untersuchungen zu einer Ästhetik des Performativen. Frankfurt/M. (Suhrkamp).

Mersch, D. (2002b): Was sich zeigt. Materialität, Präsenz, Ereignis. München (Fink).

Mersch, D. (2010): Posthermeneutik. Deutsche Zeitschrift für Philosophie. Sonderband 26. Berlin (Akademie Verlag).

Müller-Pozzi, H. (2010): »Wenn jemand spricht, wird es hell«. Strukturale Psychoanalyse und Theorie der psychoanalytischen Technik. Zeitschrift für psychoanalytische Theorie und Praxis 1 und 2, 55–71.

Natterson, J. (1991): Beyond Countertransference: The Therapist´s Subjectivity in the Therapeutic Process. Northvale, N. Y. (Aronson).

Neubaur, C. (1987): Übergänge. Spiel und Realität in der Psychoanalyse Donald W. Winnicotts. Frankfurt/M. (Athenäum).

Niedecken, D. (2002): Zur Selbstreferenz des Bewußtseins. Oder: Wie konstituiert sich das Subjekt einer Szene? Psyche – Z Psychoanal 56, 922–945.

Nissen, B. (2010): Zur Entstehung des Neuen im psychoanalytischen Prozess am Beispiel einer Perversion. Psyche – Z Psychoanal 64, 1054–1077.

Person, E.S., Hagelin, A., Fonagy, P. (2001) (Hg.): Über Freuds »Bemerkungen über die Übertragungsliebe«. Stuttgart Bad-Cannstatt (frommann-holzboog).

Putnam, H. (1975): Mind, Language and Reality. Cambridge (Univ. Press).

Putnam, H. (1991): Repräsentation und Realität. Frankfurt/M. (Suhrkamp).

Quine, W. V. O. (1981): Theorien und Dinge. Frankfurt /M. (Suhrkamp).

Racker, H. (1988): Übertragung und Gegenübertragung. Studien zur psychoanalytischen Technik. München/Basel (Reinhardt)

Reik, T. (1935): Der überraschte Psychologe. Leiden (Sijthoff).
Ricœur, P. (2007): Zeit und Erzählung. Bd. III Die erzählte Zeit. München (Fink).
Rogozinski, J. (1988): Der Aufruf des Fremden. Kant und die Frage nach dem Subjekt. In: Frank, M., Raulet, M. G. & van Reijen, W. (Hg.): Die Frage nach dem Subjekt. Frankfurt/M. (Suhrkamp), 192–229.
Rorty, R. (Hg.) (1967): The Linguistic Turn. Recent Essays in Philosophical Method. Chicago, London (Chicago Univ. Press).
Rorty, R. (1989): Contingency, Irony and Solidarity. Cambridge (Univ. Press).
Roth, G., Münte, T. F. (2006): Neurobiologische Grundlagen psychischer Traumatisierung. In: Seidler, G. H., Laszig, P., Micka, R. & Nolting, B. (Hg.): Aktuelle Entwicklungen in der Psychotraumatologie. Gießen (Psychosozial-Verlag), 9–34.
Rothmann, J. M. (2010): Wie bleibt ein psychoanalytisches Institut gesund? Eine Utopie. Texte – Psychoanalyse, Ästhetik, Kulturkritik 3, 66–82.
Rotter, J. B. (1966): Generalized expectancies of internal versus external control of reinforcement. Psychological Monographs 33, 300–303.
Rotter, J. B. (1975): Some problems and misconceptions related to the construct of internal versus external control of reinforcement. J Consult Clin Psych 43, 56–67.
Sartre, J. P. (1994a): Die Transzendenz des Ego. Philosophische Schriften I. Reinbek (Rowohlt).
Sartre, J. P. (1994b): Das Imaginäre. Phänomenologische Psychologie der Einbildungskraft. Philosophische Schriften I. Reinbek (Rowohlt).
Savigny, E. v. (1969): Die Philosophie der normalen Sprache. Frankfurt/M. (Suhrkamp).
Schachter, S. & Singer, J. E. (1962): Cognitive, social, and physiological determinants of emotional states. Psychological Review 69, 379–399.
Schapp, W. (2004): In Geschichten verstrickt. Zum Sein von Mensch und Ding. Frankfurt/M. (Klostermann).
Schiller, F. (1991 [1795]): Über die ästhetische Erziehung des Menschen. Stuttgart (Reclam).
Schnarch. D. (1997): Passionate Marriage. Love, Sex, and Intimacy in Emotionally Committed Relationships. New York (Holt). Deutsch (2006): Die Psychologie sexueller Leidenschaft. Stuttgart (Klett Cotta).
Schneider, G. (2006): Ein 'unmöglicher Beruf' (Freud) – zur aporetischen Grundlegung der psychoanalytischen Behandlungstechnik. Psyche – Z Psychoanal 16, 900–931.
Schneider, G. (2007): Ein »unmöglicher Beruf« (Freud) – das aporetische Prinrinzip in der Reflexion der psychoanalytischen Behandlungstechnik. Psyche – Z Psychoanal 61, 657–685.
Schulz von Thun, Ruppel, J. & Stratmann, R. (2003): Miteinander reden. Kommunikationspsychologie für Führungskräfte. Reinbek (Rowohlt).

Searle, J. R. (1982): Ausdruck und Bedeutung. Untersuchungen zur Sprechakttheorie. Frankfurt/M. (Suhrkamp).

Searle, J. R. (1983): Sprechakte. Ein sprachphilosophischer Essay. Frankfurt/M. (Suhrkamp).

Searle, J. R. (2004): Geist, Sprache und Gesellschaft. Philosophie in der wirklichen Welt. Frankfurt/M. (Suhrkamp).

Shelder, J. (2011): Die Wirksamkeit psychodynamischer Psychotherapie. Psychotherapeut 56, 265–277.

Sigusch, V. (2007) (Hg.): Sexuelle Störungen und ihre Behandlung. Stuttgart (Thieme).

Spitz, R. (1956): Transference. The analytical setting and its prototype. Int J Psychoanal 37, 380–385.

Stern, D. N. (1992): Die Lebenserfahrung des Säuglings. Stuttgart (Klett-Cotta).

Stern, D. N. (2001): Handeln und Erinnern in der Übertragungsliebe und der Liebe des kleinen Kindes. In: Person, E. S., Hagelin, A. & Fonagy, P. (Hg.): Über Freuds »Bemerkungen über die Übertragungsliebe«. Stuttgart Bad-Cannstatt (frommann-holzboog), 213–230.

Stern, D., Sander, L., Nahum, J., Harrison, A., Lyons-Ruth, K., Morgan, A., Bruschweiler-Stern, N. & Tronick, E. (The Process of Change Study Group, Boston) (2002): Nicht-deutende Mechanismen in der psychoanalytischen Therapie. Das »Etwas-Mehr« als Deutung. Psyche – Z Psychoanal 56, 974–1006.

Stern, D. (2007): Der Gegenwartsmoment. Veränderungsprozesse in Psychoanalyse, Psychotherapie und Alltag. Frankfurt/M. (Brandes & Apsel).

Stern, D. (2011): Ausdrucksformen der Vitalität. Die Erforschung dynamischen Erlebens in Psychotherapie, Entwicklungspsychologie und den Künsten. Frankfurt (Brandes & Apsel).

Stern, D. et al. (The Boston Process of Change Study Group) (2012): Veränderungsprozesse in psychoanalytischen Therapien. Frankfurt (Brandes & Apsel).

Stone, L. (1973) Die psychoanalytische Situation. Die Sigmund Freud Vorlesungen. Frankfurt/M. (Fischer).

Ten Hagen, A. (2007): Empathie. Eine Orientierung an Wittgensteins Versuch über die Seele. Riss 66, 57–78.

Thomä, H. & Kächele, H. (1988): Lehrbuch der psychoanalytischen Therapie. Bd. 2, Praxis. Berlin/Heidelberg (Springer).

Thomas, J. (1995): Meaning in interaction. An introduction to pragmatics. London/New York (Longman).

Titscher, G., Schöppl, C. (2000): Die Bedeutung der Paarbeziehung für Genese und Verlauf der koronaren Herzkrankheit. In: Jordan, J. & Bardé, B. (Hg.): Statuskonferenz Psychokardiologie, Bd. 1. Frankfurt (Verlag Akademische Schriften, VAS).

Tschuschke, V. & Czogalik, D. (1990): »Psychotherapie – Wo sind wir jetzt und wohin müssen wir kommen?« Versuch einer Integration. In: Tschuschke, V. & Czogalik, D. (Hg.): Psychotherapie – welche Effekte verändern? Zur Frage der Wirkmechanismen therapeutischer Prozesse. Berlin/Heidelberg/New York (Springer), 407–412.

Uexküll, T. v.(1998): Psychosomatische Medizin. München/Wien/Baltimore (Urban & Schwarzenberg).

Vetter, B. (2007): Sexualität: Störungen, Abweichungen, Transsexualität. Stuttgart (Schattauer).

Waldenfels, B. (2002): Bruchlinien der Erfahrung. Phänomenologie, Psychoanalyse, Phänomentechnik. Frankfurt/M. (Suhrkamp).

Winnicott, D. W. (1985): Vom Spiel zur Kreativität. Stuttgart (Klett-Cotta).

Wittgenstein, L. (1984a): Philosophische Untersuchungen. Werkausgabe Bd. 1. Frankfurt/M. (Suhrkamp).

Wittgenstein, L. (1984b): Bemerkungen über die Philosophie der Psychologie. Werkausgabe Bd. 7. Frankfurt/M. (Suhrkamp).

Wittgenstein, L. (1984c): Über Gewißheit. Werkausgabe Bd. 8, Frankfurt/M. (Suhrkamp), S. 113–257.

Wittgenstein, L. (1984d): Tagebücher 1914–1916. Frankfurt/M. (Suhrkamp).

Wydler, H., Kolip, P. & Abel, T. (2010): Salutogenese und Kohärenzgefühl. Grundlagen, Empirie und Praxis eines gesundheitswissenschaftlichen Konzepts. Weinheim/München (Juventa).

Yalom, I. D. (2002): Der Panama-Hut oder: Was einen guten Therapeuten ausmacht. München (Goldmann/Random House).

Zeul, M. (2003): Weibliche Gegenübertragung in der Behandlung einer schwer traumatisierten Patientin. Psyche – Z Psychoanal 57, 426–443.

Zwiebel, R. (2007): Von der Angst, Psychoanalytiker zu sein. Das Durcharbeiten der phobischen Position. Stuttgart (Klett-Cotta).

Zeul, M. (2004): »Momente der Begegnung« in einer Traumabehandlung. Psyche – Z Psychoanal 58, 583–607.

Thomas Müller

Enactment in der Psychosentherapie

Einleitung

Untersucht wird im Folgenden eine spezifische Wirkung der psychotischen Übertragung auf die Gegenübertragung des Analytikers und den therapeutischen Prozess. Dieser Einfluss, so die Hypothese, äußert sich dadurch, dass die durch die psychotische Übertragung aktivierten und projizierten Inhalte, gleich ob in ihrer klinisch stummen oder lärmenden Variante, zu einem Enactment der Gegenübertragung führen können. Ich versuche zu zeigen, dass in diesem Fall die Möglichkeit des Analytikers, das Material des Patienten angemessen zu verstehen und dieses Verständnis in Form einer Interpretation zu vermitteln, mehr oder weniger stark zum Erliegen kommen mag. Der Analytiker ist dann zumindest transitorisch in einer psychotischen Gegenübertragung gefangen, die analytischen emotionalen und kognitiven Funktionen versagen: eine Widerspiegelung des Zusammenbruchs der seelischen Funktionen des Patienten. Der Therapeut hat dann kaum die Möglichkeit zu erkennen, was in der analytischen Situation geschieht, vielmehr agiert er die übertragenen und projizierten Inhalte. Aus der hier vorgeschlagenen Perspektive kann das Enactment als eine unbewusste Kollusion von psychotischer Übertragung und Gegenübertragung, die in der analytischen Situation szenische Gestalt annimmt, verstanden werden, wodurch die therapeutische Asymmetrie verlorengeht. Sie kann von vorübergehender Dauer sein, zuweilen aber auch im Falle von Sackgassen chronische Qualität erlangen und etwa als Handlung oder als interpretatives Enactment zum Ausdruck kommen (Steiner 1997, 2011, Müller 1999, Feuerhake & Lebrero 2010).

Bevor ich Kollusionen in der Psychosentherapie anhand von klinischem Material diskutiere, definiere ich zunächst einige Begriffe, wie ich sie hier verwende. Unter Gegenübertragung im engeren, von Freud (1910c) hauptsächlich verwendeten Sinne verstehe ich die »persönliche Gleichung« des Analytikers (Gabbard 1999, S. 982). Im erweiterten Sinne umfasst sie alle bewussten und unbewussten emotionalen und kognitiven Reaktionen des Analytikers auf die Übertragungen des Patienten. Die »dritte« Position des Analytikers, sein beobachtender, einfühlender und introspektiver, professioneller Selbst-Anteil (von der Gegenübertragung im engeren Sinne zu unterscheiden), vermag mittels komplementärer und konkordanter Identifizierung (Racker 2002) auf kognitive und emotionale, bewusste und unbewusste Weise das innere Erleben des Patienten zu begreifen. Als eine Art Orientierungshilfe (Segal 1992) kann sie ein Fenster öffnen, das Einblicke in das Innere des Patienten erlaubt. Dagegen ist die Ausweitung des Übertragungskonzeptes, demzufolge unterschiedslos sämtliche Reaktionen des Patienten auf den Analytiker Übertragungen darstellen, nach meiner Auffassung nicht hilfreich, weil damit genau das »verwischt und verwässert [wird] [...], was hervorzuheben und zu klären ist« (Kernberg 1999, S. 879). Ebenso wenig plausibel ist es, sämtliche Reaktionsmuster des Analytikers als Gegenübertragung zu fassen. Gegenübertragung ist vielmehr »eine Kompromissbildung, die sich aus dem Einfluss des Patienten und seiner Übertragung auf den Analytiker herleitet sowie aus den Übertragungsdispositionen des Analytikers, die auf dessen unbewussten Konflikten und ihrer potenziellen Resonanz auf die Übertragung des Patienten beruhen« (ebd., S. 880). Dieses Konzept von Übertragung und Gegenübertragung erfordert mithin, alle Reaktionen des Patienten innerhalb wie außerhalb der therapeutischen Beziehung auf mögliche Übertragungskomponenten hin zu untersuchen; analog sollten sämtliche Gegenübertragungsreaktionen des Analytikers nach ihren jeweiligen Quellen differenziert werden (Lagache 1964).

In der klinischen Praxis der Psychosentherapie kann dies mit einigen Schwierigkeiten verbunden sein. So hat Sandler (1976) für die Gegenübertragung in der Neurosentherapie gezeigt, dass die Differenzierung von dynamischen Faktoren, die in der Persönlichkeitsstruktur des Analytikers liegen, und solchen, die in der therapeutischen Situation sowie dem Rahmen verankert sind, und wiederum solchen, die im Patienten ihren Ursprung haben, theoretisch zwar bedeutsam, in der jeweiligen klinischen Situation aber mitunter deshalb so schwierig zu treffen ist, weil die Gegenübertragung als Kompromissbildung immer auch mit Abwehr- und Triebbedürfnissen des Analytikers zusammenhängt. Brenman-Pick (1988) konnte zudem nachweisen, dass der Patient unbewusst bestrebt sein kann, die in der Übertragung aktivierten Projektionen in bestimmte, gleichsam passende Persönlichkeitsaspekte oder Reaktionsweisen des Analytikers unterzubringen und der Analytiker dann auf die Übertragung mit intensiven Affekten reagiert, bevor es ihm möglich ist, seine emotionale Reaktion zunächst für sich zu analysieren. Deshalb glauben einige Autoren, dass ein grundlegendes Merkmal eines jeden therapeutischen Prozesses in einer Abfolge von Enactments besteht und dass daher die szenische Gestaltung der psychotischen Übertragung und Gegenübertragung in Gestalt eines Enactments die für die Psychosenbehandlung charakteristische Art und Weise ist, wie sich psychotische Phänomene Ausdruck verschaffen. Sie halten dies für therapeutisch nützlich und notwendig. Andere Autoren meinen dagegen, dass ein Enactment im allgemeinen wie auch im besonderen Fall der Psychosentherapie auf eine Überlastung der »containing function« des Analytikers zurückzuführen ist, weil der emotionale Druck, der auf den Analytiker einwirkt, so intensiv ist, dass seine Fähigkeit zur Symbolisierung verlorengeht, wenngleich sie anerkennen, dass vermutlich auch in der Psychosenbehandlung die Gegenübertragung zuweilen erst nach ihrer Inszenierung verstehbar und analysierbar sein kann (Überblick bei Müller & Lempa 1998, Thorwart 2010, Hinz 2011).

Wenngleich somit eine gewisse Annäherung im Hinblick auf die Frage nach der (Un-)Vermeidbarkeit der Gegenübertragungsinszenierung sich anzudeuten scheint, Verwicklungen und Kollusionen womöglich in der Tat nur schwer oder selten zu vermeiden sind, ist nach meiner Auffassung das Enactment dennoch nicht Bestandteil der Methodik der therapeutischen Behandlung(-stechnik). Aus klinischen und methodischen Gründen halte ich es für notwendig, die mögliche Beteiligung beider Beiträger am Zustandekommen eines Enactments im Detail zu verstehen und zu untersuchen, das heißt, die Aufgabe des Analytikers besteht darin, seine unterschiedlichen Reaktionen nach ihrem Ursprung und ihrer Bedeutung zu analysieren – mit anderen Worten: zu differenzieren, welche seiner Reaktionen im und vom Patienten und welche anderswo ihren Ursprung haben. Für die Psychosentherapie ergibt sich die Notwendigkeit dieser Differenzierung aus mehreren Gründen, in erster Linie um das nicht-psychotische Selbst bei der Entwicklung der Realitätsprüfung, der synthetisierenden und emotional unbewussten Funktionen (De Masi 2009) zu unterstützen. Denn ein Enactment, besonders falls es nicht analysiert wird, verwischt die Grenzen zwischen Selbst und Objekt, von innerer und äußerer Realität, verunmöglicht die Entwicklung der dritten Position, weil unklar bleibt, ja (so eine unbewusste Motivation des Enactments in der Psychosentherapie) unbestimmt bleiben soll, wer wofür verantwortlich und zuständig ist, was worin seinen Ursprung hat. Insofern trägt das Enactment bei zur Verwerfung des Erkennens und Differenzierens von Bedeutungen und damit zur Verquickung von innerer und äußerer Realität, Selbst und Objekt.

Es gibt allerdings gewichtige Beweggründe, die den psychotischen Patienten dazu veranlassen können, sowohl den Analytiker zum Enactment der Gegenübertragung zu verführen – verstanden als agierende Inszenierung der ihm zugeschriebenen Rolle, wodurch das Übertragungsobjekt mit dem Primärobjekt gleichgesetzt wird – als auch ein Enactment zu veranlassen, dessen Inszenierung zuvor ganz überwiegend auf Motive des Analytikers zurückzuführen ist, das aber sekundär für je spezifische, im Patienten verankerte Motive benutzt wird. Denn durch die Wahrnehmung der Getrenntheit von Selbst und Objekt, durch Bedeutungsvielfalt schlechthin, wird nicht nur die labile, vulnerable Identität, sondern auch die vermittels der psychotischen Struktur erlangte Pseudo-Identität gefährdet: der psychotische Anteil, weil durch die Anerkennung von Realität, etwa in Gestalt der Abhängigkeit von einem »containing object«, Funktion und Notwendigkeit der Psychose infrage gestellt werden. Das nicht-psychotische Selbst, der narzisstisch vulnerable Anteil, fühlt sich durch die Wahrnehmung und Anerkennung der Getrenntheit vom Objekt von Fragmentierung bedroht, weil die Getrenntheit vom Objekt mit der existenziellen Gefahr verbunden ist, vom Objekt – dessen Gedanken, Wünschen, Äußerungen, Worten – psychisch überwältigt und ausgelöscht, der eigenen Identität entfremdet zu werden. Viele Autoren (Überblick in Kutter & Müller 2008) haben gezeigt, dass psychotische Patienten in den primären Objektbeziehungen die Erfahrung gemacht haben, von den Primärobjekten fremddefiniert, missverstanden, nicht wahrgenommen zu werden oder als Container für die nicht symbolisierten seelischen Inhalte der Primärobjekte zur Verfügung stehen zu müssen. Insofern waren sie gezwungen, das Dilemma zu internalisieren, einerseits auf die Identifizierung mit den Primärobjekten existenziell angewiesen zu sein, andererseits durch die seelisch gewalttätigen Übergriffe keine eigene, sondern die fremde Identität annehmen zu müssen. Viele psychotische Patienten erleben Objektbeziehung daher so, dass sie nur eine Existenzberechtigung haben, wenn sie als Container für die unverdauten mentalen Inhalte oder auch psychopathologischen Phänomenen der Objekte zu Verfügung stehen (Racamier 1981). Daher kann das Enactment von der psychotischen Persönlichkeitsorganisation benutzt werden, um die psychotische Struktur zu verfestigen. Das narzisstisch labile Selbst kann sich versucht fühlen, das Enactment unbewusst anzustreben und in eine zunächst innere, dann unter Beteilung des Analytikers externalisierte Kollusion mit der psychotischen Organisation zu geraten und die Getrenntheit von Selbst und Objekt zu verwerfen, um der »psychischen Arbeit« (Freud 1910c) der Entwicklung, verbunden mit existenziellen Ängsten und seelischen Schmerzen, auszuweichen. Die Beteiligung des Analytikers an der Kollusion wird dann möglicherweise vom nicht-psychotischen Selbst als Bestätigung seiner ursprünglichen Angst erlebt, dass Beziehungen zu Objekten immer zu einer Katastrophe, einer Überwältigung im oben genannten Sinne führen müssen, was die Neigung zur Kollusion mit der psychotischen Organisation noch verstärkt. Ein weiterer Grund für die notwendige Untersuchung der Beiträge beider Beteiligter liegt darin, dass die psychotische Übertragung keine Eins-zu-Eins-Wiederholung realer früher Erfahrungen des Patienten darstellt, sondern als eine psychopathologische, omnipotente Konstruktion (De Masi 2009) aus einer Mischung von realen und fantasierten Erlebnissen der Vergangenheit und einer Abwehr gegen beides herrührt.

In der Psychosentherapie ist die Untersuchung der Gegenübertragung mit spezifischen Herausforderungen konfrontiert. Zum Beispiel können im Analytiker durch einen kalt- herablassend oder überheblich wirkenden und zugleich Anklammerung und persönlichen Kontakt suchenden Patienten oder durch den in einem Moment feindselig-paranoid und im nächsten Augenblick hebephren wirkenden Patienten nicht nur heftige, sondern gleichsam sich kategorisch ausschließende emotionale und kognitive Reaktionen ausgelöst werden. Weitere typische, klinische Beispiele sind etwa der innerhalb der Sitzungen nach Verschmelzung suchende, in einer symbiotischen Haltung verharrende Patient, der zugleich über paranoid gefärbte, querulatorische Auseinandersetzungen mit Institutionen (Behörden, Klinik, Angehörige) berichtet oder der in den Stunden reflektiert wirkende, scheinbar auf neurotischem Niveau operierende Patient, der zugleich den Eindruck vermittelt, aufgrund seiner kognitiven Defizite ohne die Hilfe von Komplementäreinrichtungen sozial nicht überleben zu können. In der Gegenübertragung können dann, oft unerkannt wegen des desymbolisierten, konkreten Modus der psychotischen Übertragung, abgespalten voneinander sich ausschließende Gedanken, Einstellungen, Gefühle oder unmöglich einzunehmende Haltungen entstehen, die sich möglicherweise in nicht zu vereinbarenden Deutungsstrategien niederschlagen. Typische Beispiele für interpretative Enactments in der Psychosentherapie liegen entweder im weitgehenden Verzicht auf Deutungen, um der Gefahr der Wahrnehmung der Selbst-Objekt-Trennung auszuweichen, oder genau im Gegenteil darin, Deutungen und damit die Differenzierung zu forcieren. Dazu kann in einer solchen Situation ein intensiver affektiver Druck entstehen, das augenblickliche Geschehen nicht zu reflektieren, sondern unmittelbar und auf konkrete Weise eine Seite der Paradoxie auszuleben. Diese Zwickmühlen, die die Gegenübertragung des Analytikers prägen, hängen unter anderem mit den in der psychotischen Übertragung projizierten Symbolisierungsstörungen und Paradoxien zusammen. Unabhängig vom klinischen Inhalt der Übertragungen und Projektionen können solche Zwickmühlen unter allgemeinen Gesichtspunkten betrachtet aus folgenden Gründen entstehen: Falls der Analytiker etwa das paranoide Verhalten eines Patienten oder die Verschmelzungswünsche eines anderen Patienten nicht annimmt, sondern aus defensiven Gründen sich zurückzieht und sich nicht davon berühren lässt – sei es aufgrund seiner komplementären Identifizierung mit der Abwehr und den inneren Objekten des Patienten oder weil seine eigenen unbewussten infantilen

Konflikte aktiviert wurden –, kann er sie nicht verstehen. Der psychotische Patient mag daraufhin die Haltung des Analytikers als eine Wiederholung der Erfahrungen mit seinen Primärobjekten erleben, kein ausreichendes Holding und Containing erfahren und dem Risiko ausweichen, sich aus seiner Wahnwelt zu lösen. Wenn dagegen der Analytiker sich den in der Übertragung projizierten psychotischen Inhalten nicht verschließt, kann er in konkordanter Identifizierung mit dem unbewussten Selbsterleben des Patienten unter den Einfluss der psychotischen Organisation geraten und seine analytischen Funktionen können versagen. Insofern ist er mit der Paradoxie konfrontiert, dass er einerseits die psychotischen Projektionen aufnehmen muss, weil er sie sonst nicht analysieren kann; andererseits, wenn er sie annimmt und sich davon berühren lässt, kann seine Fähigkeit zu analysieren zumindest vorübergehend gravierend beeinträchtigt werden. Ein weiteres grundsätzliches Dilemma für das Durcharbeiten der Gegenübertragung stellt die reversible Perspektive dar – der psychotische Patient verzerrt Deutungen zu Tatsachenaussagen, damit sie in sein Wahnsystem passen, welches durch die Deutung somit nicht analysiert, sondern bekräftigt wird – sowie der Umstand, dass der psychotische Patient Verstanden-Werden mit Fusion gleichsetzt und Verstehen-aus-einer-anderen-Perspektive, was multiple Bedeutungen generiert, mit einem zerstörerischen Angriff identifiziert.

Das Enactment kann aber in der Psychosentherapie nicht ohne Weiteres durch Deutungen aufgelöst werden und es ereignen sich erfahrungsgemäß bei diesen Versuchen oft weitere, nun interpretative Enactments (Steiner 2011). Deutungen sind für psychotische Patienten aus prinzipiellen Gründen nur schwer anzunehmen. Sie haben eine metaphorische Struktur, führen Bedeutungsvielfalt ein und beruhen auf der Anerkennung der Getrenntheit von Selbst und Objekt. Diese formalen Eigenschaften bedrohen unabhängig vom jeweiligen Inhalt die psychotische Abwehr. Daher reagieren Patienten nicht selten mit einer Verstärkung der psychotischen Symptomatik auf Deutungen, wie potenziell auch auf andere Formen der zwischenmenschlichen Verständigung, da Dekompensationen erfahrungsgemäß nicht auf psychotherapeutische Settings begrenzt sind. Konkretistisches Denken, die Verquickung von Polyperspektivität und Doublebind-Erfahrungen sowie das in der Lebensgeschichte häufig anzutreffende Verbot der Mehrdeutigkeit (Benedetti 1984, Kafka 1991) können weitere Gründe für diese Reaktion sein.

Aus den genannten Gründen ist der psychotische Patient dringend darauf angewiesen, ein Objekt zu finden, das versteht und analysiert und nicht die Gegenübertragung inszeniert. Da die Wirkung von Psychotherapie unter anderem auf der Identifizierung des Patienten mit dem Analytiker und dessen Handhabung der psychotischen Organisation beruht (Rosenfeld 2001), braucht der Patient, um die Entstehungsursachen und die Funktionsweise seines psychotischen Erlebens emotional verstehen, reflektieren und sich ein Stück weit davon trennen zu können, ein Objekt, das die psychotischen Beziehungen nicht (mit)agiert, sondern zumindest in einem gewissen Umfang verarbeiten kann. Die Internalisierung dieser Fähigkeit einschließlich ihrer Begrenzungen kann dann zuweilen dazu beitragen, die sistierte Entwicklung der Symbolisierung hin zu triangulären Strukturen in Gang zu setzten. Das narzisstisch vulnerable Selbst, aus Angst vor erneuter Fragmentierung immer in Gefahr, sich ganz auf die psychotische Organisation zu verlassen, weil diese eine scheinbar sichere, in Wirklichkeit aber Pseudo-Identität verleiht, die voller Dilemmata und Paradoxien steckt, benötigt ein Objekt, das die narzisstische Vulnerabilität ebenso versteht wie die Notwendigkeit der Entwicklung einer psychotischen Organisation samt ihren Paradoxien. Ein Enactment beinhaltet immer die Gefahr, Rollen und Realitäten, Selbst und Objekte zu vermischen, und der Zusammenbruch des analytischen Verstehens kann für den psychotischen Patienten gravierende Folgen haben. Gleichzeitig gilt, dass diese Haltung oft nur eingeschränkt zu erlangen ist, eine jener a priori nicht zu lösenden Paradoxien in der Psychosenbehandlung.

Klinisches Material[1]

Herr S. leidet an einer leichteren Form von schizophrener Psychose – die Differenzialdiagnose schizo-affektive Psychose war zu Beginn der Erkrankung diskutiert, im Längsschnitt aber aufgegeben worden. Er erlebte die Mutter als kalt und feindselig, den Vater von Impulsdurchbrüchen beherrscht: »Mein Vater war Alkoholiker und meine Mutter hatte einen Putz- und Kontrollwahn«, so Herr S. Die Eltern seien gegeneinander wie zu ihm voller Missbilligung gewesen. Er versuchte frühzeitig, sich gegen diese existenziell bedrohende Verachtung und seine Identität auslöschende Bloßstellung durch Rückzug in psychotische Wahnwelten zu schützen, und wirkte dabei nach außen über Jahre hinweg völlig angepasst. Seine schizophrene Psychose brach erstmals Anfang 20 aus, als er von seiner Freundin, die ihm bei der graduellen Loslösung von den Eltern geholfen hatte, verlassen wurde. Eine zweite Dekompensation erlitt er, nachdem

---

[1] Ich werde auf Biographie und Anamnese nur insoweit eingehen, als für die klinische Illustration des diskutierten Themas notwendig; für Details des Behandlungsverlaufs vgl. Müller (2009).

infolge eines Zufallsbefundes eine vital gefährdende Erkrankung diagnostiziert und chirurgisch erfolgreich behandelt worden war. Er benötigte jeweils lange Zeit, um sich von den Krisen zu erholen, lebte über Jahre im finanziellen und sozialen Abseits.

Er schien die stationären, teilweise auch zwangsweise durchgeführten Behandlungen mehr zur – recht störanfälligen – Einkapselung, denn zum Durcharbeiten der Psychose genutzt zu haben. Das Vorfeld der im Folgenden dargestellten klinischen Sequenzen war, nach etwa drei Jahren der Behandlung, zweistündig im Sitzen, von der Thematisierung und dem Gewahrwerden wichtiger Ereignisse geprägt: Nachdem er sich im Verlauf der bisherigen Behandlung zögernd aus seinem Rückzug zu lösen begonnen hatte und etwas lebendiger wirkte, war es ihm zum einem erstmals möglich gewesen, sich seinen Erfahrungen unmittelbar vor seinem Zusammenbruch und während der verschiedenen stationären Aufenthalte zu nähern, und er konnte erkennen, auf welche Weise er seine sekundären Objekte in sein Wahnsystem eingebunden hatte. Er hatte sowohl einen damaligen Arbeitskollegen wie auch seine Stationsärztin einerseits als Halt gewährende Autoritätspersonen erlebt, die er libidinös besetzt hatte, vor denen er andererseits aber auch existenzielle Angst empfand, wegen Fehlern zur Rechenschaft gezogen zu werden. Es war für ihn eine Katastrophe, dass dann tatsächlich eintrat, was er so befürchtet hatte. Beide Personen wandten sich voller »Verachtung« und Kritik von ihm ab, »ließen mich fallen«, nachdem sie ihn zuvor vor anderen Kollegen bzw. Mitpatienten bloßgestellt hatten. Zum anderen war es ihm gelungen, sich in den Sitzungen gemeinsam mit mir seinen wahnhaften Überzeugungen zu stellen, die er lange vor mir verheimlicht hatte: augenscheinlich sehr aktive und attraktive, nicht aufgelöste Größenüberzeugungen, in denen er in wechselnden Retterrollen auftrat, zum Beispiel als Christus, der die Welt vom Bösen befreit, oder als Erfinder, der mithilfe von Maschinen das Böse in den Menschen entdeckt und extrahiert.

Material aus einer Sitzung

Auch in den Sitzungen gab sich Herr S. zu Beginn zurückgezogen und die Übertragung war lange Zeit von einer hartnäckigen Negativsymptomatik geprägt. Seine Mitteilungen waren durchzogen von psychotischen Inhalten. Daher fand ich es oft schwierig, den Realitätsgehalt seiner Äußerungen zu differenzieren. Schrittweise trat das psychotische Denken in den Hintergrund, er begann mehr und mehr in der Realität zu leben. Gleichwohl erlebte ich ihn in den Stunden häufig ohne Affekt, ohne Bezug auf die therapeutische Situation: Die gesamte Behandlungssituation, Wochenenden oder Ferientrennungen, Ausfallsrechnungen, Fehler meinerseits, alles wurde kommentarlos von ihm hingenommen. Trotz der genannten Entwicklungen war er oft gelähmt aus Angst vor meiner Verachtung, ohne dass ihm zunächst auch bewusst geworden wäre, dass seine Lähmungen im Denken und seine blockierten Gefühle von dieser in der Übertragung aktivierten selbst-vernichtenden Schamangst herrühren könnten. Dagegen gestattete er sich aber eine gewisse Empörung und Wut wegen ungerecht erlebter Handlungsweisen seines neuen Chefs und ebenfalls zuweilen Schamgefühle wegen seiner Passivität und wirkte hier lebendiger, schien Zugang zu seinen Gefühlen zu haben. Seine Erzählungen erhielten viele Hinweise auf ein wiederkehrendes Interaktionsmuster, die jenen mit der Stationsärztin erlebten ähnelten: auf der einen Seite der grobe, unzugängliche Chef, der ihn abweist und quält, und auf der anderen Seite er, der doch an der Beziehung zum Chef und zur Arbeit festhält.

Wenn er in den Sitzungen von Auseinandersetzungen am Arbeitsplatz berichtet hatte, klagte er sich anschließend häufig an: »Ich bin falsch, etwas ist falsch an mir.« Parallel versuchte er, mit einer Arbeitskollegin, die neu in der Abteilung war und der er selbst auf realistische Weise half sich zurechtzufinden, einen libidinös besetzten Kontakt, realen Austausch und gegenseitige Unterstützung bei gemeinsamen Arbeitsprojekten zu entwickeln. Zudem bemühte er sich, nach einer langen Phase der Kontaktlosigkeit, die Beziehung mit seinen Eltern neu zu beleben. Wurden diese Wünsche oder Versuche frustriert durch die Realität oder durch seine Objekte, floh er entweder in seine Retterphantasien und die Welt der Erfindungen oder er reagierte mit wahnhafter Selbst-Verachtung: »Ich bin, etwas an mir ist falsch.« Meine Deutungen hoben in dieser Phase der Behandlung seine libidinösen Wünsche nach Wiedergutmachung seines beschädigten Selbst und seiner inneren und primären und sekundären Objekte hervor. So verstand ich etwa seine Beziehung zur Arbeitskollegin als Versuch, in Beziehungen andere als die bisher gesammelten Erfahrungen zu machen. Ich versuchte, ihm auch seine Angst zu zeigen, infolge neuerlicher Enttäuschungen, Missbilligungen und Kritik durch libidinös besetzte Objekte wieder einen Zusammenbruch zu erleiden, und ihm dies auch als einer der Gründe für seine Zurückhaltung in der therapeutischen Beziehung deutlich zu machen. Insgesamt schien er von der Behandlung zu profitieren, hatte eine Vollzeitarbeitsstelle, ich erlebte ihn sozial und psychisch integrierter, im formalen Denken geordneter, die psychotischen Vorstellungen traten in den Hintergrund.

In der Sitzung berichtete er von einem aktuellen Arbeitsprojekt. Der Chef behandle ihn schlecht, schließe ihn aus, entwerte seine Vorschläge, weise nur auf seine Fehler hin, kein Tag ohne die gleiche Litanei. Er halte es dort nicht länger aus. Seine Arbeitskollegin setze sich für ihn ein. Aber der Chef komme ständig mit neuen Vorwürfen, halte ihm seine Versäumnisse vor. Der Chef habe ja recht, er mache tatsächlich ständig Fehler. Weshalb halte der Chef an ihm fest und habe ihm nicht schon längst gekündigt! Seine Arbeitskollegin habe ihm gesagt, dass er so nicht denken dürfe, er sei kein Nichts, begehe nicht ständig Fehler. Er habe sie aber zurückgewiesen, denn sie sei ihm auf die Nerven gefallen, sie verstehe ihn nicht. Er habe nun seltener Kontakt mit ihr. Seine Mitteilungen lösten in der Gegenübertragung unterschiedliche Phantasien aus: Ich solle seinen Umgang mit der Arbeitskollegin, die sich doch für ihn eingesetzt hatte, als undankbar und irreal kritisieren und ihn maßregeln, solle aber auch wiederum wie seine Arbeitskollegin offen Position gegen den Chef beziehen und ihm den Rücken stärken; zugleich hatte ich die Phantasie, ihn in seiner Rolle des zu Unrecht Kritisierten und Verkannten bestätigen zu sollen, damit er sich verstanden fühlen könne. Ich sagte ihm, er wirke, als ob er sich in einer Zwickmühle gefangen fühle: Er erlebe den Chef als verachtend, wolle sich deshalb vielleicht von ihm lösen und frage sich in diesem Zusammenhang auch, weshalb er selbst den Chef nicht längst verlassen habe. Etwas scheine ihn trotz seines Leidens doch an der Arbeitsstelle und in der Beziehung zum Chef festzuhalten. Er ging nicht darauf ein, sondern fuhr fort mit ähnlichen Schilderungen der von Verachtung und Herabsetzung geprägten Haltung seines Chefs ihm gegenüber in Gestalt weiterer Details von der Arbeit an einem Projekt. Der Chef demütige ihn, auch vor der Arbeitskollegin, sei immerzu unzufrieden mit ihm und seiner Arbeit: Er solle nicht so larmoyant sein, die Firma sei kein Debattierclub, er solle einmal arbeiten, ohne zu jammern. Aus seinen Schilderungen gewann ich auch den Eindruck, als klebe er förmlich am Chef. Er beschrieb mehrere Begebenheiten, in denen er ihm wegen einer Frage durch die Werkshalle nachlief oder ihn abpasste und in Diskussionen verwickelte, während der Chef scheinbar versuchte, ihn abzuschütteln, er habe keine Zeit, was denn schon wieder los sein, er solle jetzt seine Arbeit machen und nicht so viel reden usw. Dies schilderte er in einem Ton, mit dem er nach meinem Eindruck andeutete, der Chef habe gleichermaßen recht und unrecht mit seinen Ordnungsrufen – ein Tonfall, mit dem er gleichsam den Boden vorzubereiten schien, so meine Befürchtung, für ein erneutes Auswalzen seiner negativen Sicht von sich selbst als einem Nichts und Niemand, wobei mir die Rolle zukäme, ihm darin zugleich zu widersprechen und zuzustimmen. Ich gewann die Vorstellung, dass ich jetzt, im Gegensatz zu vorhin, der Position des Chefs zustimmen und mit diesem gemeinsam seine Opferposition und Passivität kritisieren, ihn auch im Hinblick auf das Therapie-Arbeitsprojekt zur Ordnung rufen solle. Ich sagte ihm, es herrsche wie eine Verhakung, eine Verquickung zwischen ihm und dem Chef, eine schlimme, qualvolle Situation für ihn. Daher wünsche er vielleicht, dass ich zugleich zweierlei mache: Ihn gegen den Chef unterstützen und gleichzeitig die Kritik des Chefs an ihm bestätigen; ihm Argumente an die Hand geben, an der Arbeitsstelle festzuhalten, und gleichzeitig Argumente zu geben, gehen zu können. Manifest ging er wiederum nicht auf meine Bemerkung ein, sondern fuhr fort, etwas sei an ihm falsch, nichts helfe. Er wisse nicht weiter, er wolle nichts mehr fühlen, er wolle die Medikamente erhöhen, um den Chef und die Arbeit auszuhalten, er wolle taub sein. Nach einer kurzen Pause: Er müsse sich besser anpassen, der Chef habe recht usw. Dann, nach einer weiteren Pause: Er wolle, dass der Chef ein Ohr für ihn habe, einen Blick auf seine Erfindungen werfe und diese nicht herablassend übergehe. Seine Erfindungen seien dazu angetan, das Arbeitsprojekt entscheidend voranzubringen. Er führte dies weiter aus. Ich empfand in dieser Situation ein Gefühl zunehmender Hilflosigkeit, aber auch Irritation, hatte nicht den Eindruck, ihn erreichen zu können, war auch ratlos, was er mit »Erfindungen, die das Projekt vorantreiben« in Bezug auf die Therapie meinen könnte. Ich versuchte, ihn auf gewisse Widersprüche in seinen Ausführungen hinzuweisen, etwa: Einerseits sage er, er sei falsch und mache Fehler, andererseits erlebe er aber seine Erfindungen als bedeutsam, empfinde den Chef als ungerecht und kränkend. Was gelte jetzt eigentlich? Zu meiner Überraschung antwortete er prompt: Es gelte, dass er falsch sei, ein Nichts, Fehler mache und deshalb habe der Chef recht, er mache Fehler, das kränke ihn ja selbst! Der Chef spreche nur die Wahrheit aus. Er müsse den Chef mithilfe seiner Erfindungen vom Gegenteil überzeugen! Ich meinte darauf, ob er nicht eine Parallele sehen könne in seinem Erleben des Chefs und jener Stationsärztin. Er wurde einen Moment nachdenklicher, hielt kurz inne, stimmte zu. Danach sagte er, dass es auf Station eine Pflegeschwester gegeben habe, die sich um ihn kümmerte und sich auch für seine Erfindungen interessierte. Ich fragte: Wie die Arbeitskollegin?, was er sofort bejahte. Ich griff dies auf und meinte, dass ich mich auch wie die Arbeitskollegin und die Pflegeschwester für ihn einsetzen und mich für ihn interessieren solle, er wolle mich vielleicht bewahren, mich nicht verlieren durch Trennung wie die Pflegeschwester, aber ich solle ihn auch nicht bedrängen oder mich resigniert zurückziehen wie die Arbeitskollegin. Wiederum wirkte er kurz nachdenklich, hielt inne, um dann aber weiter fortzufahren mit seiner Schilderung, er sei ein Nichts und falsch, ich könne ihn nicht vom Gegenteil überzeugen, so sehr ich dies auch versuchte. Ich hatte den Eindruck, ihn kurz erreicht zu haben, bevor er nun, wie mir schien zum x-ten Mal, seine Ansichten über sich und den Chef wiederholte, und sagte ihm: Er befinde sich offenbar gefangen in einer Zwickmühle und erlebe dies als Beweis für seine Überzeugung, ein Nichts zu sein. Im Moment könne er nur wenig von mir annehmen, weil er anscheinend nicht glaube, dass ich diese Zwickmühle und seine Hilflosigkeit anders als er verstehen könne, sondern dies genau wie er selbst als Fehler verurteilen würde, denn falls ich es könnte, würde und müsste ich etwas sagen, was die Zwickmühle und die Lähmung mit einem Schlag auflösen könne. Dazu komme, dass seine Selbstkritik und die Verachtung seiner selbst eine abgelenkte, nach innen gewandte Kritik sei, die im Grunde mir gelte, da er mich als blind und taub erlebe, weil ich nichts an ihm finden, ihn nicht verstehen könne und viel falsch mache. Daher könnte man seine Probleme mit den Erfindungen auch so sehen, dass er mir vorwerfe, noch keine Erfindung von durchschlagendem Erfolg gemacht zu haben. Er beendete die Stunde mit einer Zustimmung, ja das alles könne er nicht, er sei unfähig, eben ein Nichts, das bringe alles nichts, ich hätte es ja selbst gerade erkannt und gesagt!

Kommentar zur ersten Sitzung

Da ich den Eindruck gewonnen hatte, dass das nicht-psychotische Selbst von Herr S., wie für schizophrene Psychosen typisch, unter einer ausgeprägten narzisstischen Vulnerabilität litt (keine sichere Internalisierung eines guten Objekts, Blockade und Dysfunktion der Systeme und Mechanismen bewusst und unbewusst sowie der emotional unbewussten Funktionen; De Masi 2009, Müller 2011), nahm ich während der Anfangsphase die Haltung einer »holding function« (Winnicott, Balint, Benedetti) ein. Ich versuchte, den Patienten, so wie er war und ich ihn wahrnahm, anzunehmen, versuchte, eine emotional unterstützende therapeutische Umgebung zu schaffen. Im Hinblick auf sein Wahnsystem gehörte zu dieser Haltung etwa, dass ich sein Wahndenken auch nicht indirekt deutete, sondern eine abwartende Haltung einnahm und mich dafür nicht mehr interessierte wie für andere Mitteilungen. Denn wenn er den Eindruck hatte, die Objekte, gleich ob Analytiker, Stationsärztin oder Chef, könnten sich für seine Wahnvorstellungen interessieren, diese befragen oder gar mit ihm diskutieren wollen, erlebte er Angst vor schamvoller Verachtung und reagierte negativistisch oder offen paranoid. Zudem versuchte ich, allzu große Differenzen in den Sichtweisen oder die Wahrnehmung von Andersartigkeit zu vermeiden, um die Erfahrung der therapeutischen Symbiose zu ermöglichen und damit einen sicheren Übergangsraum zu schaffen für die nächsten Therapiephasen (vgl. die Konzepte von Winnicott, Searles, Jacobson, Volkan; Überblick in Alanen 2001). Neben all seinen Problemen und seiner Angst, auch von mir verachtet zu werden, schien er doch dankbar für diese Haltung und es gelang ihm, eine ausreichend narzisstische und libidinöse Besetzung der Therapie und des Analytikers zu entwickeln (nachholende primäre Identifizierung, ausreichende anaklitische Übertragung). Er fühlte sich dann sicher genug (Sandler 1976), seine psychotischen Paradoxien zunächst in der Beziehung zum Chef zu thematisieren. Hier wurde deutlich, dass er in einem Dilemma gefangen war: Er suchte im Chef, teilweise auch in der Arbeitskollegin und in der Übertragung, das schmerzlich vermisste ideale Objekt, strebte danach, eine symbiotische Fusion mit diesem idealen Primärobjekt zu erleben, wurde dabei aber von Vernichtungsängsten (Verlust des Selbst in der Fusion) bedroht, auch weil die Beziehungen zu den sekundären Objekten unvermeidbar seine aggressiven Gefühle gegen die Primärobjekte aktivierten, mit denen er sich zudem bemühte, wieder Kontrolle über sich und die Objekte zu erlangen. Diese paranoiden Überzeugungen, die eine spezifische Färbung von Verachtung, Demütigung und Beschämung enthielten, bedrohten ihn gleichermaßen wie die Fusionswünsche. Dennoch schien diese Art von Arbeitsbeziehung ihn eine Zeitlang einerseits vor einer akuten psychotischen Regression zu schützen, zugleich aber seine persönliche Weiterentwicklung zu verhindern. Die Beziehung zum Chef und zu seiner Arbeit hatte vielfältige Bedeutungen: Beides sicherte ihm den Bezug zur Realität und, wegen eines eigenen Einkommens, eine gewisse Unabhängigkeit von Institutionen. Außerdem konnte er in diesen Beziehungen sowohl seine Lust auf Rache am Chef wie seinen Wunsch nach passiver Unterwürfigkeit befriedigen, hatte aber auch die Möglichkeit, den Chef zur Weißglut zu reizen. Aufgrund bestimmter »chaotischer Verhältnisse« am Arbeitsplatz fand er zudem geeignete Objekte für psychotische Projektionen.

Ein wesentlicher Aspekt des Enactments der Gegenübertragung, besonders sichtbar in der letzten Deutung und seiner Reaktion darauf, lag darin, dass die Externalisierung der paranoiden Gefühle und Beziehungserfahrungen durch verschiedene Faktoren labilisiert wurde und Herr S. zunehmend mich mit seinen Primärobjekt-Beziehungen identifizierte. Dies betraf vor allem jenen Aspekt, dass er kein Objekt finden konnte, das etwas an ihm findet und ihm zu einer Erfindung, zu einer eigenen Identität verhilft. Aus mehreren Gründen, unter anderem aus Verzweiflung, Ungeduld und Ärger über seinen Stillstand, kam es dazu, dass ich seine Projektionen nicht mehr reflektierte, sondern szenisch ausdrückte. Identifiziert mit einem Objekt, das nicht aufnimmt und versteht, sondern kritisiert – ein selbst-destruktives Überich (O'Shaugnessy 1999) –, formulierte ich die letzte Deutung mit einer Haltung des Vorwurfs und Angriffs, was er entsprechend wahrnahm. Ein weiteres dynamisches Motiv für die Gegenübertragungsinszenierung lag in den vielfältigen inneren Paradoxien des Patienten, die auf die therapeutische Situation und den Analytiker übertragen wurden, als er mich mit seinem psychotischen Denken, der Symbolisierungsstörung, gleichsam infizierte. Dies wurde zunächst in der Gegenübertragung spürbar als Ohnmacht, Ratlosigkeit und Hilflosigkeit, ihn nicht mehr zu erreichen oder zu verstehen. Die Deutungen waren unter diesem Aspekt eine Art Befreiungsversuch aus dem Dilemma. Insofern übersahen die Deutungen die Verfassung seines Selbst, den Stand der Entwicklung seiner Ich-Integration und stellten eine Reproduktion der fehlenden Holding- und Containing-Erfahrung mit den Primärobjekten dar. Gleichsam folgerichtig führte dieses Enactment zu einer weiteren psychotischen Regression in die Wahnwelt (»Ich bin ein Nichts«, auch introjektiv zu verstehen: »Der Analytiker ist ein Nichts, eine Null«).

Die inneren Paradoxien von Herrn S. hatten vielfältige Nuancen, etwa eine Variante des Need-Fear-Dilemmas (Burnham), des Nähe-Distanz-Dilemmas (Mentzos 2006) oder des Anti-Narzissmus, ein Zustand der »Nicht«-Identität: Nur bei psychischer Selbst-Auslöschung – was von seinen nicht-psychotischen Selbst-Anteilen als masochistische Unterwerfung unter eine mächtige, sadistische Vaterfigur inszeniert wurde – ist Existenz möglich (Racamier 1981). Im Material lassen sich in Gestalt zahlreicher Varianten seiner biographischen Situation weitere Paradoxien, reinszeniert mit den Sekundärobjekten, erkennen. Am wichtigsten scheint in der Übertragung die Suche des nicht-psychotischen Selbst nach einem Vaterobjekt, das dem Sohn gegen den Kontrollwahn der Mutter (Chef, Stationsärztin, Analytiker) hilft, nach einem Mutterobjekt, das den Sohn vor den impulsgetriebenen, von Verachtung und Demütigung geprägten Durchbrüchen des Vaters schützt, sowie nach einer Position, die zwischen den verfeindeten Eltern vermitteln könnte. In einer der mir zugedachten Rollen sollte ich diese Urszenen bzw. deren psychotische Versionen mit ansehen und war dabei auf dem Hintergrund meiner analytischen Ich-Ideale – hier vermutlich offen für die Identifizierung mit den projizierten Retterfiguren meines Patienten – in die Position geraten, etwas Unmögliches erfüllen zu müssen, und übte umgekehrt mit den Deutungen (der andauernd unzufriedene und kritisierende Chef) Druck auf ihn aus, ebenfalls etwas zumindest momentan Unerfüllbares zu leisten, etwa die Übertragung auf den Analytiker-Chef zu erkennen und seine Projektionen zurückzunehmen. Auf der psychotischen Ebene seines seelischen Funktionierens brauchte er den Chef als »containing object« für sein psychotisches Überich, wie er den Analytiker gebraucht hätte, um seine Paradoxien zu deponieren. Ansonsten hätte er offen aggressiv oder verwirrt werden und somit den Hass und die Scham in die Übertragung bringen müssen, wäre dann aber mit der Gefahr einer offenen paranoiden Übertragung konfrontiert gewesen. Daher wollte er den Chef loswerden und gleichzeitig an ihm festhalten. Hier offenbarte sich dann aber sofort die nächste Paradoxie: Festhalten, Orientierung finden, sich binden, Beziehung eingehen heißt in der psychotischen Welt häufig: Fusion, Verquickung, Überwältigung – oft den sekundären Objekten projektiv zugeschrieben und dabei nicht selten eine Mischung aus Projektion der Primärobjekte und Rückprojektion des infantilen Selbst – und damit wieder drohender Selbst-Verlust. Also musste er entweder mithilfe paranoider Einstellungen oder mit einem Zustand von »Nichts«-Identität sich emotional und gedanklich aus den Beziehungen, vor allem der Übertragung, lösen. Insofern war diese »Ich bin ein Nichts«-Überzeugung für ihn überlebensnotwendig.

Die Suche nach einem nicht von impulsgetriebenen Handlungen oder Kontrollwahn kontaminierten Objekt, das ihm die Lösung aus der negativen Symbiose hätte erleichtern sollen und zugleich das Wiederfinden genau dieses Objektes in der Übertragung wie in den Außenbeziehungen war charakteristisch für den Verlauf der beschriebenen Stunde. Ergab sich die Möglichkeit, ein solches Objekt zu finden, wurde es aber vom Patienten auch sofort attackiert: Er lehnte Deutungen ab, fühlte sich von der Hilfe der Arbeitskollegin bedrängt, als ob die psychotische Organisation die Entwicklung einer dritten Position verbieten würde. Dies zeigte sich auch in seiner letzten Reaktion auf die Deutung am Ende der Stunde, als er in reversibler Perspektive die Deutungen zu Tatsachenaussagen verzerrte und als Bestätigung seines Wahndenkens benutzte. Schließlich kann das Enactment auch unter dem Aspekt des Agierens des Widerstands betrachtet werden: Er ging auf der manifesten Ebene zwar nicht auf die Deutungen ein, vertiefte aber dennoch mit seinen Assoziationen einschließlich der Art und Weise sowie den Inhalten der Widerstände gleichermaßen das Material und den Prozess, denn was sich in der Dynamik von Übertragung und Gegenübertragung zwischen ihm und mir ereignete, erlaubt einen Blick auf seine innere Verfassung: Eine Objektbeziehung, geprägt von kontradiktorischen Qualitäten, entfaltet sich: Ich soll die Zwickmühle erleben, sie ihm gleichsam abnehmen und ihm aus der negativen symbiotischen Paradoxie helfen. Zugleich vertieft er das Dilemma, indem er wenig annehmen kann von mir, weil Aufnehmen Nähe und damit Fusion und Fremddefinition bedeutet.

Material aus einer zweiten Sitzung

Zwischen der ersten und der zweiten Sitzung hatten sich bewegende Phasen im Leben und in der Therapie von Herrn S. ereignet, unter anderem die Entwicklung eines Liebeswahns auf eine Prostituierte, eine offene paranoide Übertragung gefolgt von massivem Negativismus, sodass die ambulante Behandlung noch zweimal für stationäre Aufenthalte unterbrochen werden musste. Im Unterschied zu früheren stationären Behandlungen waren diese aber von kürzerer Dauer und zudem freiwillig, sodass bald darauf die ambulante Behandlung fortgesetzt werden konnte.

Kurz vor der im Folgenden dargestellten Sitzung hatte er mehrfach die Absicht geäußert, mit seiner Freundin, mit der er seit etwa eineinhalb Jahren zusammen war, zusammenzuziehen. Bei ihr war allerdings kürzlich eine noch nicht virulent gewordene Erkrankung festgestellt worden, welche die Fortsetzung ihrer speziellen Arbeitstätigkeit infrage stellte. Er hatte in den Sitzungen von gemeinsamen Überlegungen berichtet, die von Kündigung über Umschulung bis hin zu einer EU-Berentung der Freundin reichten. Er seinerseits hatte wiederholt erwogen, sich in seinem Beruf selbstständig zu machen und seine »Erfindungen« endlich als Patent anzumelden, um »Geld genug für uns beide zu verdienen«, ein Schritt, den er ohnehin schon zu lange aufgeschoben habe; er müsse sicherlich »am Anfang Tag und Nacht arbeiten«, aber ein Erfolg sei so gut wie sicher. Seine Überlegungen hinsichtlich der »Erfindungen« hielt ich für weniger realistisch und versuchte, ihm dies auch vorsichtig mitzuteilen (Abwehr der Hilflosigkeit und Abhängigkeit durch omnipotente Autarkie), eine Interpretation, an der sich einige heftige Konflikte zwischen ihm und mir entspannen (Vorwürfe, ich würde ihm »nichts« zutrauen, glaube nicht an ihn und seine »Erfindungen«, die sich abwechselten mit Rückzug aus der therapeutischen Beziehung). Diese Konflikte konnten allerdings quantitativ und qualitativ differenzierter als in früheren Phasen durchgearbeitet werden. Eine andere seiner Überlegungen in diesem Zusammenhang lautete, ob und wie er, was ich bei allen zu gewärtigenden Problemen für realistischer hielt, seiner Freundin bei einer beruflichen Umorientierung helfen könne.

In der Sitzung berichtet er dann von einer neuen Variante: Eine berufliche Neuorientierung seiner Freundin sei am ehesten möglich in ihrer Heimatregion. Dort stünden Verwandte und Bekannte bereit, die ihr bei der Wohnungs- und Arbeitsplatzsuche behilflich sein könnten. Dies würde aber auch den Umzug seiner Freundin und zugleich, wenn er sie begleite, die Gründung eines gemeinsamen Hausstands zur Folge haben. Das käme ihm, so fuhr er fort, sehr gelegen, denn er habe die Auseinandersetzungen mit seinem Chef und dessen andauernde Verachtungen satt. Zudem hätte ich ihn ja auch immer wieder auf seine Problematik mit dem Chef hingewiesen, seine Unfähigkeit, sich zu lösen und sich verbindlich auf seine Freundin einzulassen. Nach einer Pause fügte er hinzu: Er wisse aber gar nicht, ob er das alles schaffe, er müsse dort ja vor allem eine Arbeit finden. Zwar gäbe es Bedarf auf dem Arbeitsmarkt; aber dann das Zusammenziehen. Zudem habe er hier eine sichere Arbeitsstelle, der Kontakt mit den Eltern sei gerade etwas besser geworden, er müsse alles zurücklassen. Nach einer weiteren Pause: Er habe hier auch viele schlimme Erfahrungen machen müssen, die Krisen, die stationären Behandlungen, vielleicht sei ein Schnitt besser, vielleicht könne er damit Abstand gewinnen, ein Neuanfang würde ihn reizen, nicht immer das Gleiche usw. In der Gegenübertragung war ich einigermaßen überrascht von dieser Entwicklung, hatte geglaubt, noch sei ausreichend Zeit, die verschiedenen Möglichkeiten auszuloten, fühlte mich auch berührt von dem möglichen Ende der Behandlung, war aber auch positiv gestimmt und fühlte Sympathie mit seinen differenzierten Gedanken. Ich sagte ihm, dass er auf mich den Eindruck mache, Konflikte und schmerzliche Spannungen, die sich nicht sofort auflösen lassen, aushalten zu können, nach meiner Auffassung ein für ihn wichtiger Schritt, weil er dadurch einen größeren inneren Spielraum gewinne. Es gelinge ihm auch, widersprüchliche Gefühle zu tolerieren, sich der Konflikte bewusst zu werden, die nicht einfach glatt und schnell durch »phantastische Erfindungen« (dabei lächelte er) aufzulösen seien, und vor allem vorauszusehen, dass Entscheidung auch Konsequenzen haben. Er schwieg, stimmte dann zu, das überrasche ihn selbst, das sei richtig. Aber er habe Angst, einen Rückfall zu erleiden, wenn er sich zu viel zumute, ganz auf sich alleine gestellt, er wisse nicht, ob er das schaffen könne. Er wolle die Freundin nicht alleine lassen; er wolle aber auch nicht alles aufgeben müssen hier. Ich meinte, bei ihm einen Anflug von Trauer zu spüren, denn er fügte nach einem Schweigen hinzu: Er müsse einiges zurücklassen. Ich betonte darauf seine Fähigkeit, den Raum und die Zeit, die ich ihm anbiete, inzwischen recht gut für sich nutzen zu können, unterschiedliche Gefühle und Konflikte sowohl in der Beziehung zur Freundin wie auch zu mir erleben zu können, sich seinen Ängsten stellen zu können, sich vorzustellen und sich einzufühlen in mögliche Trennungen. Er fuhr fort und sagte, er müsse dann auch die Arbeitskollegin zurücklassen. Sie sei bei der Arbeit wichtig für ihn geworden. Wenn die Freundin umziehe und er sie begleite, er es dort aber nicht schaffe... Er könne sie aber auch schlecht zum Bleiben bewegen, sie hier festbinden, sie habe auch ein Anrecht auf ein eigenes Leben. Dann überlegte er: Vielleicht bleibe er, sie könne vorausgehen, er unterstütze sie in finanzieller Hinsicht, bezahle alles… Sie brauche ihn vielleicht gar nicht so intensiv, wie er das meine, denn sie habe ja Verwandte und Bekannte in ihrer Heimat. Auch wolle er sie mit seinen finanziellen Unterstützungen nicht klein machen oder sie bedrängen. Er habe Angst, es nicht zu schaffen. Doch er wolle ihr helfen, vielleicht später nachkommen, aber auf jeden Fall mit ihr zusammenleben, auch wenn er nicht wieder den gleichen Arbeitsplatz finden könne. Ich fragte, was dann mit seinen »Erfindungen« geschehe. Auch die könne er hier bei mir zurücklassen? Er schwieg, fuhr dann fort: Der Betriebsarzt habe gesagt, dass die Gesundheit seiner Freundin mit größter Wahrscheinlichkeit auf Dauer Schaden nehmen würde, wenn sie ihren Arbeitsplatz beibehalte. Er glaube auch, dass die Freundin in ihre Heimat zurückwolle, sie habe eine, aber er? Sie wolle, so glaube er, auch eine Familie gründen, aber das schaffe er sicher nicht! Vielleicht könne er doch einen besonderen Job bekommen und dann mitgehen. Soll er erst mitgehen und dann einen Job suchen oder umgekehrt und was sei mit der Wohnung, was solle zuerst gemacht werden usw. Nach meinem Eindruck schien er sich nun in einem ausweglosen Hin und Her zu verlieren. Ich sagte daher: Er sei vielleicht unsicher wegen der vielen Unwägbarkeiten, die nicht kontrollierbar seien. Vielleicht frage er sich auch, was ich dazu sage oder denke, wie meine Reaktion auf ein mögliches Therapieende aussehe? Glaube er, ich wolle ihn festhalten, gewiss mit guten Argumenten bezüglich der Therapie, aber letztlich, weil ich die Trennung nicht aushalten könne? Oder glaube er eher, dass ich ihn ziehen lassen könne, verstehen könne, wie wichtig die Beziehung zu seiner Freundin für ihn sei, aber auch seine Angst und seinen Schmerz mitfühlen könne, dass er seine »Erfindungen« zurücklassen müsse? So müssten wir beide etwas aufgeben und könnten uns beide aber auch über eine Entwicklung freuen, ob er und ich das dürften? Nach einem langen Schweigen: Ja, von allem etwas; dann bewegt, das sei alles so viel, so neu, das hänge alles zusammen, ob er das verstehe und behalten könne? Nach den Stunden sei oft vieles wie weg. Ich sagte darauf, es gelinge ihm, seine Gefühle in Worte zu fassen und sich mit mir darüber auszutauschen. Er erwiderte, dass seine Arbeitskollegin sehr bestürzt gewesen sei, geweint habe und er habe sich dabei schlecht gefühlt. Ich interpretierte: So schuldig, dass er nicht gehen dürfe? Irgendwie schon, meinte er. Wenn ihm jemand sage, dass man ihn möge, ihn vermisse, er wichtig sei, glaube er das nicht, es mache ihm Angst: Er fühle eine Verpflichtung. Was wolle man dann von ihm als Gegenleistung, deshalb sei er häufig in einer Hab-Acht-Haltung. Nach einem Schweigen schien er dann gegen Ende der Sitzung wieder auf Distanz zu gehen, der alte Streit mit seinem Chef flackerte wieder auf: Er werde bestimmt eine Auseinandersetzung mit dem Chef wegen der Kündigung haben, im gegenseitigen Einvernehmen, das sei mit diesem Chef gar nicht zu machen usw.

Kommentar zur zweiten Sitzung

In der zweiten Stunde gelang es, der Versuchung, die Gegenübertragung zu inszenieren, zu widerstehen. Mehrfach ergab sich die Gelegenheit zu einer Kollusion, etwa sich mit Herrn S. in eine Diskussion zu verwickeln über den Realitätsgehalt oder die »Vermarktungschancen« seiner Erfindungen oder Position zu beziehen in der Umzugsfrage oder ihm die Entscheidung über Trennung oder Bleiben abzunehmen. Verschiedene Gründe mögen dazu beigetragen haben, dass Inhalte und Atmosphäre in der zweiten Sitzung nicht von einer Haltung des Kampfes, sondern der Nachdenklichkeit und eher depressiv getönt waren: Einmal das kontinuierliche Durcharbeiten der verschiedenen Phasen der Entwicklung der psychotischen Übertragung, die bisher geleistete therapeutische Arbeit, aber auch in der Stunde die Fähigkeit meines Patienten, Trauer über nicht glatt und rasch zu lösende Konflikte zu erleben, sich der nicht unerheblichen Konsequenzen jedweder Entscheidung gewahr zu werden. Diese Entwicklung zur depressiven Position mit triangulären und ödipalen Strukturen – von mir zugleich gewünscht und erhofft, und da mein Patient dies unbewusst spürte, grenzte er sich in Form von Krankheitssymptomen, seiner psychotischen Art nein zu sagen, davon ab – wurde durch die Aktivierung der negativen Chef-Beziehung gegen Ende der Stunde wieder relativiert. In dieser inneren Verfassung der depressiven Position konnte er tiefer in Kontakt kommen mit seinen Paradoxien, dies auch aushalten und darüber nachdenken. Er schien dann auch eher in der Verfassung, Hinweise auf seine gewachsenen Fähigkeiten anzunehmen und ebenfalls dies als Deutung, als mögliche Sichtweise zu verstehen und nicht als von impulsiven Affekten getriebenen Kontrollversuch zu erleben. Allerdings mag er meine Deutungen gegen Ende der Sitzung als zu nah, zu intensiv erlebt haben, was die Angst vor Identitätsverlust aktivierte (»Verpflichtungen«), sodass er mithilfe der paranoiden Beziehung zum Chef wieder kontrollierenden Abstand zu mir herstellte.

Zusammenfassung

In der Literatur deutet sich Konsens an im Hinblick auf die Frage nach der (Un-)Vermeidbarkeit des Enactments, Dissens herrscht hingegen in der Frage der Notwendigkeit und Nützlichkeit des Enactments. Eine weitere Kontroverse betrifft den »Aufhänger auf Seiten des Empfängers der Projektion [...], damit sie haften bleibt« (Gabbard 1999, S. 976, Weiß 2009). Unbestritten ist, dass dieser Aufhänger eine Conditio sine qua non für jedwede Therapie ist, kontrovers diskutiert werden aber unterschiedliche Vorstellungen von der Qualität dieses Aufhängers: Beschreibt die Metapher des Aufhängers eine spezifische psychische Funktion des Analytikers? Handelt es sich also um eine je subjektive, emotionale und kognitive Fähigkeit zur Resonanz? Oder aber bezeichnet der

Aufhänger eher eine intuitive und empathische, reflexive Einstellung, die sich aus der professionellen Haltung und Technik des Analytikers, etwa der konkordanten und komplementären Identifizierung ergibt? Erfordert die Funktionalität jenes Aufhängers eine Verbindung mit den unbewussten, infantilen Konflikten des Analytikers und müssen diese agiert werden, mit anderen Worten: Reicht zur Aktivierung und Verfügbarkeit des Aufhängers die Affizierung der Gegenübertragung im erweiterten Sinn oder bedarf es der Beteiligung der engeren Gegenübertragung? Die wie etwa mit Herrn S. gemachten klinischen Erfahrungen in der Therapie mancher psychotischer Patienten legen nach meiner Ausfassung die Vermutung nahe, dass das Enactment in der Psychosentherapie einen mehrschichtigen intrapsychischen und interpersonellen Prozess bezeichnet. Es ist zum einen als Aktualisierung der Übertragung zu verstehen und gründet auf der Mobilisierung der psychotischen introjektiven und projektiven Identifizierungen. Weil das Psychotische per definitionem nicht symbolisch repräsentiert ist, sondern omnipotente Qualität hat, ist es oft unumgänglich, dass sich diese psychotischen Objektbeziehungen in der analytischen Situation bis zu einem gewissen Grad in Szene setzen (Rosenfeld 1990, 2001). Wegen dieser konkreten Wirkung und Eigenschaft der Übertragung kann der affektive Druck auf die Gegenübertragung so stark sein, dass der Analytiker in unbewusster konkordanter und komplementärer Identifizierung mit dem Selbst oder den inneren Objekten des Patienten, was unabdingbar für dessen Verständnis des Patienten ist, zum Acting in beiträgt. Eine weitere Dimension des Enactments besteht wegen der möglichen Beteiligung der Gegenübertragung im engeren Sinne an seinem Zustandekommen darin, dass es auch unbewusste aktuelle wie infantile konflikthafte Objektbeziehungen des Analytikers widerspiegelt, zumal psychotische Patienten in die passenden seelischen Bereiche des Analytikers projizieren, was ebenfalls zu einer Überlastung der »containing function« beitragen kann. Zugleich gibt es klinisch plausible Gründe für die Annahme, dass das Enactment als szenische Aktualisierung der Übertragung unter Beteiligung der engeren wie erweiterten Gegenübertragung keine nur den analytischen Prozess störende Begleiterscheinung ist, sondern ihre Untersuchung vertiefende Einblicke in die Natur der unbewussten Prozesse des Patienten (wie des Analytikers, mit denen er den Patienten aber nicht belasten sollte) ermöglichen kann. Enactment kann aus dieser Perspektive auch als eine Form des Widerstands betrachtet werden, in dem sich eine unbewusste Objektbeziehung aktualisiert, die nach Erkennen und Durcharbeiten neue Sichtweisen auf das Innere des Patienten eröffnen kann.

Literatur

Alanen, Y. (2001): Schizophrenie. Stuttgart (Klett-Cotta).

Benedetti, G. (1984): Todeslandschaften der Seele. Göttingen (Vandenhoeck & Ruprecht).

Brenman-Pick, I. (1988 [1985]): Durcharbeiten in der Gegenübertragung. In: Bott Spillius, E. (Hg.) (1990/91): Melanie Klein heute, Bd. 2, 45–64, München/Wien (VIP).

De Masi, F. (2009): Vulnerability to Psychosis. A psychoanalytic Study of the Nature and Therapy of the Psychotic State. London/New York (Karnac).

Feuerhake, H. & Lebrero, M. (2010): An interruption in the unconscious communication in the analytic couple. Int J Psychoanal 91, 63–90.

Freud, S. (1910c): Die zukünftigen Chancen der psychoanalytischen Therapie. GW 8, 108–125.

Gabbard, G. O.: Gegenübertragung. Die Herausbildung einer gemeinsamen Grundlage. Psyche – Z Psychoanal 53 (9/10), 972–990.

Hinz, H. (2011): Grenzsituationen in Psychoanalysen. Forum der psychoanalytischen Psychosentherapie 25, 10–38.

Kafka, J. S. (1991): Jenseits des Realitätsprinzips. Multiple Realitäten in Klinik und Theorie der Psychoanalyse. Heidelberg (Springer).

Kernberg, O. F. (1999): Plädoyer für eine »Drei-Personen-Psychologie«. Psyche 53 (9–10), 878–894.

Kutter, P. & Müller, T. (2008): Psychoanalyse. Eine Einführung in der Psychologie unbewusster Prozesse. Stuttgart (Klett-Cotta).

Lagache, D. (1964): La méthode psychanalytique. In: Michaux, L. et al: Psychiatrie. Paris (PUF), 1036–1066.

Mentzos, S. (2006): Das Unbewusste in der Psychose. In: Buchholz, M. & Gödde, G.: Das Unbewusste. Bd. 3, Gießen (Psychosozial), 315–341.

Müller, Th. (1999): Über die Bedeutung unbewusster Inszenierungen in der Behandlung schizophrener Psychosen. Psyche 53 (8), 711–741.

Müller, Th. (2009): Rückzug in Wahnwelten. Forum der psychoanalytischen Psychosentherapie 22, 83–94.

Müller, Th. (2011): Traumgedanken – Wahngedanken. Die Veränderung der Persönlichkeitsstruktur durch den psychotischen Prozess. Zeitschrift für psychoanalytische Theorie und Praxis 26 (1), 29–55.

Müller, Th. & Lempa, G. (1998): Die psychoanalytische Haltung in der Behandlung von Psychosen. In: Kutter, P., Páramo-Ortéga, R. & Müller, Th. (1998): Weltanschauung und Menschenbild in der Psychoanalyse. Göttingen (Vandenhoeck & Ruprecht), 255–282.

O'Shaugnessy, E. (1999): Die Beziehung zum Überich. Jahrb Psychoanal 41, 112–134.

Racamier, P. (1981): Die Schizophrenen. Heidelberg (Springer).
Racker, H. (2002 [1957]): Übertragung und Gegenübertragung. Studien zur psychoanalytischen Technik. 6. Aufl. München/Basel (Ernst Reinhardt).
Rosenfeld, H. (1990 [1987]): Sackgassen und Deutungen. Therapeutische und antitherapeutische Faktoren der psychoanalytischen Behandlung von psychotischen, Borderline- und neurotischen Patienten. München/Wien (VIP).
Rosenfeld, H. (2001): Herbert Rosenfeld at work. The Italian Seminars. Hg. v. F. De Masi. London (Karnac).
Sandler, J. (1976): Gegenübertragung und Bereitschaft zur Rollenübernahme. Psyche 30 (4), 297–305.
Segal, H. (1992 [1981]): Wahnvorstellungen und künstlerische Kreativität. Stuttgart (Klett-Cotta).
Steiner, J. (1997 [1993]): Orte des seelischen Rückzugs. Stuttgart (Klett-Cotta).
Steiner, J. (2011): Helplessness and the exercise of power in the analytic session. Int J Psychoanal 92, 135–147.
Thorwart, J. (2010): Gegenübertragung und Psychose. Theorie und Praxis der Gegenübertragungsprozesse in der analytischen Psychosentherapie. Berlin (Uni-Edition).
Weiß, H. (2009): Das Labyrinth der Borderline-Kommunikation. Klinische Zugänge zum Erleben von Raum und Zeit. Stuttgart (Klett-Cotta).

Horst Kipphan

Die Inszenierung der Sexualsymptomatik im Auftakt des Erstinterviews

Als Victor von Bülow alias Loriot gefragt wurde, welches Geheimnis hinter seinem unverkennbaren Humor stecke, brachte er es knapp und treffend auf den Punkt: »Man muss die Realität nur minimal verfälschen.« Ich komme später darauf zurück.

In Gedanken stelle ich eine Verbindung her zu dem Arbeitsplatz eines Psychotherapeuten und an das Setting im konkreten Raum einer Praxis. Hat es nicht Gemeinsamkeiten mit einem Schlafzimmer? Und müssten sich nicht gerade Sexualstörungen besonders in Szene setzen?

Mitte der 1970er Jahre wurde ich Mitarbeiter am Institut für Sexualwissenschaft am Klinikum in Frankfurt am Main. An der Sexualmedizinischen Ambulanz hatte ich Gelegenheit, das gesamte Spektrum von entsprechenden Symptomatiken kennenzulernen. Für viele Patienten bedeutete ein Termin Endstation und letzte Hoffnung. Entsprechend dicht und triebhaft aufgeladen war die Atmosphäre und es war beeindruckend, mit welcher Vehemenz man sich als Partner in die Konfliktdynamik einbezogen sah.

In den folgenden Jahren an der Klinik, aber auch danach in freier Praxis und später als Analytiker mit einer Erweiterung des Klientels, nahmen die Sexualsymptomatiken immer eine besondere Stellung ein, was deren Inszenierung betrifft. Als Therapeut bekommen wir in einer konfliktspezifischen Kollusion via Übertragung immer projektiv eine – oder oszillierend – mehrere Rollen zugeschrieben.

Bei einer Sexualsymptomatik wird man jedoch regelrecht als Partner in die Konfiguration hineingezogen. »Die psychoanalytische Situation evoziert die infantilen polymorph-perversen Szenarien des Patienten und über Resonanzphänomene auch die des Analytikers. Das erogene Potenzial erstreckt sich dabei über alle Sinnesmodalitäten. Sexualität in der psychoanalytischen Praxis (...) konstituiert sich im oszillierenden Feld einer Zu-zweit-/Zu-dritt-Situation« (Scharff, 2010, S. 26ff.). Die Passagen entstammten einem Beitrag anlässlich eines Symposions zum Thema »100 Jahre ›Drei Abhandlungen zur Sexualtheorie‹«. Sein Thema: »Das Sexuelle in der psychoanalytischen Praxis oder:

Wie weit reicht das Frankfurter Rotlichtviertel?« Darin vergleicht der Autor das Sigmund-Freud-Institut mit seinen roten Lampen über den Einzelzimmern (»Separées«) entlang eines langen Flures (»Kontakthof«) mit dem »Frankfurter Rotlichtviertel«. Loriot lässt grüßen. Auf eine für Psychoanalytiker ungewohnt offene Weise werden Gegenübertragungsgefühle und Reaktionen unter dem Aspekt des Sexuellen in der Behandlung einer Patientin geschildert.

Für die meisten Praxen ist neben ihrem spärlichen Interieur charakteristisch eine gewisse Nüchternheit, gedämpfte Atmosphäre, Abschottung nach außen, gegen Eindringlinge und »fremde Ohren« und ganz zentral ist eine Liegestätte. Also minimal abgefälscht, erinnert es an ein Schlafzimmer. Das ist auch der Schauplatz der Sexualneurosen, und die Schwelle zu ihrer spontanen Inszenierung wird durch dieses besondere professionelle Ambiente abgesenkt, schon beim Überschreiten der Türschwelle.

Der erste Kontakt und das Beisammensein mit dem Therapeuten bedeutet immer auch für beide Teilnehmer einen intimen Verkehr. Im allgemeinen Sprachgebrauch wird die Konsultation eines Psychologen nicht umsonst mit einem »Seelenstriptease« umschrieben.

Bei einer Beziehungsstörung, in der das Sexualsymptom unbewusst in die Abwehr eingebaut ist, erfährt diese Begegnung eine spezielle Umformung und Intensivierung. Hermann Argelander spricht von der »szenischen Fähigkeit des Ichs, in analytischen Situationen unter dem Eindruck von aktuellen Ereignissen unbewusste Konfigurationen situationsgerecht zur Darstellung zu bringen, zu einer Gestalt im gestaltpsychologischen Sinne zu verarbeiten, die das gesamte ›Material' einer Situation umfasst, einschließlich spontaner unbewusster Phänomene, die mit der Veränderung der Situation einem Wandel unterliegen.« (1970b, S. 335) »Unbewusste Mitteilungen haben offensichtlich eine Tendenz, sich in der Gesprächssituation zu manifestieren.« (Argelander 1970a, S. 18) Bei einer sexualisierten Beziehungsdynamik ist das Erstinterview unter den angeführten Implikationen schon im Auftakt eine strukturiertere Eingangssituation als bei Patienten mit anderen Störungsbildern. Der Therapeut wird dabei als Partner verstrickt in einen neurotischen Paarkonflikt, für den Jürg Willi den Begriff der Kollusion geprägt hat. Neurotisch meint, dass die Partner auf Grund innerer Fixierungen an unbewusste Konfliktsituationen der Kindheit nicht in der Lage sind, Differenzen zielgerichtet und sachbezogen miteinander zu bewältigen. Über die Wahrnehmung unserer Gegenübertragungen lassen wir uns kontrolliert passager ein, beziehen allerdings alternierend die Position eines beobachtenden Dritten als Instrument zum Verständniszugang. Hermann Argelander hebt die zentrale Bedeutung der »situativen Evidenz« hervor.

Nähern wir uns nach diesen Überlegungen dem szenischen Geschehen und seinem Auftakt am Beispiel von klinischem Material in ausgewählten Vignetten. Ohne die Modi bei der meist telefonischen Anmeldung zu übersehen, möchte ich an der Eingangstür zu meiner jetzigen Praxis beginnen. Sie ist nicht verschlossen, hat aber einen Schnapper, an dessen intensivem Geräusch ich das Öffnen bis in mein Behandlungszimmer registrieren kann. Sozusagen *ante portas* kann sie mir im Vorfeld als diagnostisches Instrumentarium dienen und ich entwickle manchmal spontan erste Hypothesen. Da gibt es auf der einen Seite des Spektrums den Patienten, der impulsiv regelrecht mit der Tür ins Haus fällt, und diametral entgegengesetzt den anderen, der einen Vorstoß erst gar nicht versucht, klingelt, den Summer überhört und wartet, als wollte er hereingezogen werden. Das Klingeln als Stakkato könnte starken Triebdruck signalisieren oder als Hinweis auf ein kontraphobisches Phänomen verstanden werden. Auch ein flüchtiges Klingeln oder ein Dauerton lässt Raum für sexuelle Phantasien.

Die folgenden Szenen sind Aufzeichnungen aus der Praxis als niedergelassener Psychotherapeut nach den Jahren in der Klinik. Sie landeten sprichwörtlich in einer Schublade, aus der sie jetzt, nach dreißig Jahren, als Grundlage für diese Arbeit herangezogen wurden. Eine Überarbeitung erscheint nicht zwingend erforderlich, obwohl ich heute durch die psychoanalytische Brille noch das eine oder andere Detail schärfer wahrgenommen hätte und die Deutung der einen oder anderen Szene differenzierter ausgefallen wäre. Das Charakteristische an den Szenen bleibt aber. Sie sprechen für sich selbst und stellen eine Herausforderung dar, vom Therapeuten »übersetzt« zu werden und dem Patienten deutend zu einem Verständnis für den in seinem Symptom verschlüsselten Konflikt zu verhelfen. Dabei weist keine andere Symptomatik so stringent auf einen Partnerkonflikt hin wie diese: Sexualstörungen sind Beziehungsstörungen. Die meisten Beziehungsstörungen treten auch nur im Sexuellen in Erscheinung. Anders als etwa bei einer Depression, die gewissermaßen von dem Patienten Besitz ergreift, lagert die Sexualstörung oft jahrelang durch Umgehung von Intimität wie in einem »Depot«. Der Auslöser, sich professionelle Hilfe zu suchen, ist fast immer eine neue Beziehung. Insofern beruht die Motivation zur Therapie meistens nur sekundär auf dem Wunsch, die Sexualität zu reparieren. An erster Stelle steht die Verlustangst.

So gesehen erlebt ein solcher Patient mit dem Betreten einer Praxis nicht nur einen höchst intimen, symbolträchtigen und massiv emotional aufgeladenen Raum, er gestaltet ihn auch unbewusst aus, indem er ihn auf seine symptomatische Weise inszeniert. In der Dechiffrierung der unbewussten Abwehrfunktion des Symptoms kann man einen ersten Zugang zu dem zugrundeliegenden Konflikt gewinnen.

Der intime Gesprächsrahmen, unter vier Augen, ist geradezu prädestiniert, die Psychodynamik solcher Erkrankungen zum Aufblühen zu bringen, geht es doch bei der Einleitung einer Psychotherapie für die Patienten darum, zu einem anderen Menschen eine offene, vertrauensvolle und stabile Partnerschaft herzustellen. Gerade darin zeigt sich oft das Problem.

Unter solchen Implikationen beginnt für diese Patienten der »Intim«-Verkehr mit dem Therapeuten bereits mit der telefonischen Anmeldung und erfährt eine Intensivierung durch den ersten persönlichen Kontakt. Unbewusst werden dabei die um das Symptom zentrierten Ängste und Abwehrmechanismen produziert und in für das Symptom typischen Interaktionsmustern – sprich: Verkehrsformen – sichtbar. Der beobachtende Therapeut kann auch anhand seiner Gegenübertragungsgefühle registrieren, wie ihm stellvertretend die Rolle des Intimpartners zugeteilt wird. Die Initialphase eines Erstinterviews als symbolträchtige Szene liefert dabei diagnostisch besonders interessante Hinweise.

Im Folgenden möchte ich einige Beispiele geben.

1. Szene

Ein Patient ruft mich zu einer ungünstigen Zeit an. Ich bitte ihn, später noch einmal anzurufen. Trotzdem möchte er mir »nur schnell« sagen, worum es bei ihm geht. Zur verabredeten Zeit ruft er wieder an und obwohl wir einen Gesprächstermin vereinbaren, möchte er mir am Telefon wieder »nur schnell« sein Problem schildern, worauf ich ihn auf seinen zeitnahen Termin verweise, bei dem uns genügend Zeit zur Verfügung stehen wird. Ich gewinne den Eindruck, dass er nicht versteht, warum ich auf seinen wiederholten Vorstoß in, aus seiner Sicht, zurückweisenden Haltung reagiere.

Zum Gespräch kommt der Patient 20 Minuten zu früh. Anstatt im Wartezimmer Platz zu nehmen, klopft er an die Tür zum Behandlungszimmers, platzt herein und fragt entwaffnend: »Komme ich zu spät?« Als ich dann wie verabredet meine Praxistür öffne, schießt er noch im Hereinkommen los mit den Worten: »Also, ich komme seit 15 Jahren immer zu früh. Ich hätte das gar nicht bemerkt, wenn mich meine Frau nicht in letzter Zeit verstärkt darauf aufmerksam gemacht hätte. Für mich war das nie ein Problem, denn ich habe ja immer meinen Orgasmus. Wie können Sie mir helfen?« Als ich darauf antworte, dass mir dies alles jetzt doch zu schnell ginge, zumal ich mit ihm noch gar nicht hätte »richtig warm« werden können und schon auf vollen Touren laufen solle, sagt der Patient verblüfft: »So was Ähnliches sagt meine Frau jetzt auch öfters im Bett. Darum bin ich hier.«

Diese Szene lässt keine Zweifel offen, welche Sexualsymptomatik hier zur Darstellung kommt. Interessant ist die kontraphobische Abwehr. Der Patient »kommt zu früh« und fragt verleugnend, ob er »zu spät« sei. Mittels dieses Abwehrmechanismus konnte er jahrelang das Eingeständnis seiner Krankheit – die funktionelle Sexualstörung in Form einer Ejaculatio praecox – ausblenden, bis ihn schließlich seine Ehefrau nach der erfüllenden Erfahrung bei einem Seitensprung unausweichlich und ultimativ konfrontierte.

Im Auftakt des Gesprächs beschreibt der Therapeut seine Gegenübertragung und spiegelt den Patienten in seinem Verhalten.

In der geschilderten Szene wird dem Patient seine gestörte Sexualbeziehung situativ evident. Aber vor allem bekommt er eine erste Ahnung, dass sich seine Abwehr nicht nur sexual-symptomatisch manifestiert. In der anschließenden Therapie versteht er sein Problem als ubiquitäres Problem, sich generell und dauerhaft auf intime Bindung einzulassen.

2. Szene

Eine Patientin kommt auf Überweisung ihres Frauenarztes. Dieser habe bei der Untersuchung zur Krebsvorsorge bemerkt, dass sie sich »unten« total verkrampfe. Daraufhin habe sie allen Mut gefasst und ihm gestanden, dass sie mit 29 Jahren noch immer »Jungfrau« sei. Wenn ihr langjähriger Freund bei ihr »eindringen« wolle, verkrampfe sich alles, obwohl sie den Wunsch habe, mit ihm zu schlafen und auch gerne ein Kind von ihm haben möchte.

Als ich die Patientin zur Eröffnung anspreche, schlägt sie die Beine übereinander und zieht den Saum des Mantels dazwischen, wobei sie sich gleichzeitig von mir wegdreht. »Ich möchte mit meinem Freund schlafen, aber es geht nicht.« Daraufhin ergreift sie die seitlich abgestellte Tasche und platziert sie auf ihrem Schoß. Ich bitte sie ungewohnt freundlich und behutsam, mir ihr Problem doch etwas näher zu beschreiben, worauf sie die beiden Mantelkrägen über der Brust zusammenklappt. »Ich verkrampfe mich, wenn er bei mir eindringen will und obwohl ich mit ihm schlafen will, geht gar nichts. Schon bei der leisesten Berührung ziehe ich mich zusammen, aus Angst, dass er noch weitergehen könnte.«

Bei dieser Äußerung fällt mir ein, dass die Patientin die Zeit im Wartezimmer stehend verbrachte, im Hereinkommen keinen Kontakt zu ihrem Sessel herstellt und sich stattdessen mit beiden Händen regelrecht umschlungen hält. Ihr Blick berührt mich nur selten; die meiste Zeit schaut sie unter sich und gelegentlich an mir vorbei.

Nach den ersten Äußerungen tritt eine längere Pause ein, worauf ich in hilfreicher Absicht, eine betont behutsame Frage stelle. Daraufhin schiebt sich die Patientin in ihrem Sessel nach hinten und schweigt. Bei allen weiteren Interventionen fühle ich mich wie ein ungebetener Eindringling. Eine Deutung käme einer Penetration gleich und ich fühle Hemmungen, die Patientin zu touchieren.

Das kollusive Patt inszeniert sich im Übertragungsgeschehen. Solange sich ein Intimpartner reserviert verhält und »außen vor bleibt«, ist er ein verlässlicher Stabilisator im Dienst der Abwehr von intrusiven Vorstößen. Jeder Vorstoß führt zur Verkrampfung.

Wenn sich Psychotherapeuten über ihre Erfahrungen mit vaginistischen Patientinnen verständigen, herrscht in einem Punkt Übereinstimmung: Der Einzige, der leidet, ist der Therapeut. In der kollusiven Verstrickung wird die Abwehr von Intimität stets an den Partner delegiert.

Bei dieser Patientin nahm die Behandlung einen konstruktiven Verlauf. Im Rahmen einer analytischen Therapie wurde evident, dass sie als Kind Opfer von sexuellen Übergriffen war. Als sich ihr Abwehrsymptom auflöste, outete sich der Ehemann mit einer massiven Erektionsstörung, mit der er sich hinter der Symptomatik seiner Frau über viele Jahre verstecken konnte.

3. Szene

Ein Patient ersucht telefonisch um einen Termin für sich und seine Ehefrau. Zum vereinbarten Gespräch steht das Paar vor der Eingangstür, Herr S. hinter seiner Frau, der er, weil sie einen Moment zögert, einen leichten Schubs auf mich zu gibt. Das wiederholt sich (szenisch) auf der Schwelle zum Behandlungszimmer. Nachdem das Paar Platz genommen hat, animiert Herr S. seine Frau mit auffordernden Blicken, den Kontakt zu mir aufzunehmen und ihr Problem vorzutragen. Als Grund für ihr Kommen gibt sie ihre mangelnde Lust an, mit ihrem Mann Verkehr haben zu wollen. Bereits im ersten Jahr der nunmehr zehnjährigen Ehe sei dieses Problem existent geworden. Eine Erklärung haben beide nicht. Herr S. hält sich in dem Gespräch weitestgehend zurück.

Zum zweiten vereinbarten Paargespräch erscheint Frau S. ohne ihren Mann, da dieser geschäftlich verhindert sei. Sie erklärt mir, dass ihr dies sehr gelegen käme, weil sie mir ein Geheimnis anvertrauen wolle. Ich verweise jedoch auf die sich ergebende Problematik, die darin besteht, dass ihr Mann jetzt ausgeschlossen ist und ich nicht zum Mitwisser von Geheimnissen werden will. Denn das würde mich für die weiteren Paargespräche befangen machen. Die Patientin ist sichtlich enttäuscht, kann aber einsehen, dass es besser ist, das Gespräch an dieser Stelle zu beenden.

Zum dritten Gespräch steht Frau S. wiederum alleine vor der Tür. Wir müssen zehn Minuten auf den Ehemann warten, weil dieser sich verspätet hat. In dieser Zeit, die wir schweigend verbringen, kommt eine peinliche und spannungsgeladene Atmosphäre auf. Die Situation lässt in mir verschiedene Bilder bzw. Phantasien aufkommen, z. B. die, ich träfe mich heimlich mit einer fremden Frau.

Als Herr S. dann eintrifft, liegt unausgesprochen die Frage in der Luft: Was haben die beiden inzwischen miteinander gemacht? Einleitend beichtet Frau S. jetzt ihr Geheimnis. In den zehn Jahren ihrer Ehe habe sie niemals einen Orgasmus erlebt, wohl aber davor mit anderen Männern. Die Sehnsucht, mit einem Mann wieder einmal einen sexuellen Höhepunkt zu erleben, werde immer stärker und damit ihre Angst, der Versuchung eines Seitensprungs zu erliegen. Herr S. scheint von der Offenbarung nicht überrascht zu sein. In seiner ersten Ehe sei dieses Problem bereits aufgetreten und sowohl damals als auch heute rate er dazu, es doch einmal mit einem anderen Partner zu probieren. Darüber hinaus habe er sich schon Gedanken gemacht, wie sich seine Frau sexuell selbst befriedigen könnte, weshalb er ihr zu Weihnachten ein Buch über weibliche Onanietechniken geschenkt habe. Gelegentlich schaut er zu, während sie sich zum Orgasmus stimuliert. Erst danach kommt es zum Verkehr. »Meine Frau ist wie eine hungrige und gereizte Löwin. Ich wage mich erst in ihren Käfig, wenn sie gefüttert worden ist. Wenn einmal ›ganz dicke Luft‹ ist, schicke ich sie in die Stadt zum Einkaufen. Hinterher ist sie immer ganz friedlich.«

Soviel zu den Initialszenen, in denen sich der zentrale Konflikt des Paares zeigt. Offensichtlich möchte Herr S. seine Frau einem »Sexualtherapeuten« zuführen und verbindet dies mit der Hoffnung, dieser möge ihr zur Orgasmusfähigkeit verhelfen und aus ihr sozusagen eine befriedigte (»gefütterte«) Frau machen. Anscheinend traut er sich und damit seiner fragilen Männlichkeit nicht zu, seine Frau »satt zu bekommen«.

Auch der Ambivalenzkonflikt von Frau S. kommt deutlich zum Ausdruck. Einerseits fühlt sie sich zu recht von ihrem Mann abgeschoben und möchte sich von ihm als Frau bestätigt fühlen. Andererseits nimmt sie die Gelegenheit in der zweiten Stunde wahr, sich alleine mit dem Therapeuten zu treffen, um sich ihm als eine sexuell potente und erlebnisfähige Frau zu offenbaren, was in Analogie zu ihrem bislang abgewehrten Wunsch nach einer Intimität mit einem anderen Mann verstanden werden könnte. Somit inszeniert jeder der beiden Partner unbewusst eine Situation, in welcher der Therapeut, als Dritter im Bunde, eine Rolle in der kollusiven Verstrickung des Paares spielen soll.

4. Szene

Ein Patient bittet telefonisch um einen »Verhandlungstermin«, bemerkt den Versprecher, korrigiert sich und unterstreicht, dass es recht dringend sei, weil er jetzt endlich etwas unternehmen müsse. Als ich ihm kurzfristig einen Termin anbieten kann, stellt sich heraus, dass er zunächst einmal eine Urlaubsreise antreten werde. Danach wolle er sich wieder melden. Vier Monate später ruft er erneut an und ich erinnere mich wahrscheinlich nur deshalb an ihn, weil er sein Anliegen wieder genau so dringlich vorträgt.

Zum Gespräch erscheint er zehn Minuten zu spät. »Ihre Praxis ist aber auch schwer zu finden«, sagt er im Hereinkommen, wobei er meine zur Begrüßung ausgestreckte Hand verfehlt. Zuvor hatte er »aus Versehen« bei der Logopädin geklingelt, mit der ich die Praxisräume teile. Ins Behandlungszimmer gebeten fragt er: »Wohin muss ich mich setzen?« und steuert zugleich eine deutlich abseits stehende Sitzgelegenheit an. Das Gespräch eröffnet er mit den Worten: »Was wollen Sie von mir wissen?«, wobei er ganz vorne auf der Sesselkante Platz nimmt, als sei er auf dem Sprung. Den Mantel behält er an, obwohl es weder draußen noch im Zimmer besonders kalt ist. Als wir dann auf sein sexuelles Problem zu sprechen kommen, knöpft er den Mantel abwechselnd auf und zu. Dann sagt er unvermittelt: »Ich habe meine Tasche im Wartezimmer zurückgelassen. Soll ich sie nicht besser hereinholen?«

Soviel zur Initialszene. Wie sich im weiteren Verlauf des Interviews zeigte, ist der Patient nur aufgrund des ultimativen Drängens seiner Frau und auf Anraten eines Internisten zu dem Gespräch bereit. Seit etwa zehn Jahren hat er keine Lust zum Geschlechtsverkehr und sieht sich zu stets neuen Strategien animiert, um diesem aus dem Wege gehen zu können. Wenn seine Frau zärtlich wird und ein Intimkontakt »droht«, fällt ihm beispielsweise ein, dass er schnell noch mal raus muss, um zur Toilette zu gehen, die Tür abzuschließen oder nach der Heizung zu schauen. Immer in der Hoffnung, seine Frau ist bei seiner Rückkehr eingeschlafen. Projektiv identifiziert mit seiner Abwehr, verspüre ich eine lähmende Müdigkeit und Langeweile. Gleichwohl setzt er alles daran, an seinem vorgeblichen Wunsch nach sexuellen Kontakten keinen Zweifel aufkommen zu lassen.

Der Versprecher des Patienten am Telefon (»Verhandlungstermin«) deutet auf seine Angst hin, für seine aufgedeckten Ausweichmanöver könnte ihm der Prozess gemacht werden.

5. Szene

Eine Frauenstimme meldet sich am Telefon, während im Hintergrund ein Kind schreit. Sie sei von ihrem Frauenarzt geschickt worden, der ihr geraten habe, einmal mit mir zu sprechen. Da sie zu einer ungünstigen Zeit anruft, nenne ich ihr einen anderen Zeitpunkt, zu dem wir alles weitere »in Ruhe« besprechen könnten. Wie vereinbart ruft mich die Patientin an und wieder höre ich im Hintergrund ein Kind schreien. Sie muss zunächst das Gespräch unterbrechen, um das Kind zu beruhigen, und kommt danach zum Telefon zurück.

Zu der vereinbarten Zeit klingelt die Patientin an der Praxis, aber es dauert sehr lange, bis sie mit einem Kinderwagen vor der Tür erscheint. »So helfen sie mir doch!«, sagt sie unwirsch, während sie versucht, den Wagen durch die Tür zu bringen. Sie hat einen Jungen von etwa vier Jahren bei sich, den sie vor sich her ins Behandlungszimmer trägt und auf ihren Schoß setzt, wo er lebhaft zu zappeln beginnt. Als Problem trägt mir die Patientin vor, dass es seit der Geburt des Sohnes in ihrer Ehe nicht mehr stimmt. Ihr Mann fühle sich vernachlässigt und habe kein Verständnis dafür, dass das Kind so viel Zuwendung bräuchte. Darunter leide auch die sexuelle Beziehung.

Bei meinen Interventionen scheint das Kind besonders unruhig zu werden, worauf sich die Mutter mit ihm beschäftigen muss und dadurch immer wieder abgelenkt wird. Schließlich muss das Gespräch abgebrochen werden. Zuvor können wir noch vereinbaren, dass sie für die weiteren Gespräche einen Babysitter organisiert. Noch am gleichen Tag ruft sie jedoch an und sagt alle weiteren Gespräche ab. Das Kind sei im Moment noch zu sehr auf sie fixiert, weshalb sie es auf keinen Fall abgeben könne. Sie wolle sich zum nächstmöglichen Zeitpunkt wieder an mich wenden. Das liegt nun Jahre zurück und das Kind dürfte schon erwachsen sein. Die Patientin hat sich nicht wieder gemeldet.

Aus den wenigen ungestörten Gesprächsphasen ergab sich das folgende Bild: Der Ehemann hatte Karriere als Arzt gemacht, während sie sich durch das Kind in ihrer Ausbildung behindert sah und Beruf und Promotionsmöglichkeit zunächst zurückgestellt werden mussten. Sie konnte ihren Sohn aber auch dann nicht loslassen, als es die Umstände erlaubt hätten.

Die Schuld an ihrem Leid projizierte sie auf den Ehemann und übertrug diese in gewisser Weise auch auf den Therapeuten, weil er mit der Dreiersituation – dem störenden Kind dazwischen – nicht fertig wurde. Das ängstliche Kind käme fast jede Nacht zur Mutter ins Schlafzimmer, weshalb ein ungestörtes intimes Beisammensein mit ihrem Mann so gut wie nie möglich sei. Offenbar wird das dazwischengeschobene Kind unbewusst zur Vermeidung von Nähe funktionalisiert, weil bei einem ungestörten Beisammensein sowohl im sexuellen Kontakt mit ihrem Mann, als auch im intimen Gespräch mit dem Therapeuten die vermutete Sexualproblematik der Patientin manifest werden würde. Deshalb hat sich die Patientin auch nicht wieder gemeldet, als das Kind schon älter war.

Die ausgewählten Beispiele machen deutlich, dass das Setting in einer psychotherapeutischen Praxis Sexualstörungen und ihre Begleitsymptomatik szenisch auf eine besondere Weise zur Darstellung provoziert. Im intimen Kontakt mit dem Therapeuten werden bereits im Auftakt eines ersten Gesprächs Gefühle, Haltungen und Abwehrstrategien aktualisiert.

Wenn der Therapeut die Aufmerksamkeit auf die initiale Szene richtet und über das Symptom ein Verständnis für den zugrundeliegenden Beziehungskonflikt gewinnen kann, hilft ihm das zur Entwicklung eines Behandlungsfadens.

Mit Loriot haben die Überlegungen zum szenischen Geschehen begonnen und es stellt sich jetzt die Frage: Wo ist der Witz? Er verbirgt sich in der Szene. Der Witz in seiner Beziehung zum unbewussten Konflikt arbeitet gleichermaßen mit dem Mittel der szenischen Darstellung, ganz analog zur Traumarbeit. Techniken wie zum Beispiel Verdichtung, Verschiebung und »minimale Verfälschung« werden zur Verschlüsselung und Symbolisierung eingesetzt und zur Darstellung gebracht.

Ein Witz wird verstanden und als lust(ig) empfunden, wenn es im Umkehrprozess gelingt, den primärprozesshaft verschlüsselten Bedeutungsgehalt zu erkennen. Beim szenischen Verstehen ist das ähnlich. »Die Leistung, eine Sinnversion zu finden, ist ein Ereignis, das ein Evidenzgefühl erzeugt – für einen Analytiker auch eine tiefe Befriedigung –, das der Interviewer mit dem Patienten teilen kann, wenn es gelingt, ihn an diesem Prozess teilhaben zu lassen und ihm im richtigen Moment eine Deutung zu geben. Die Deutung versprachlicht den vom Patienten szenisch umgesetzten Sinn und hebt ihn so auf eine andere Ebene, auf der nun über den vorher unbewussten und an die konkrete Inszenierung gebundenen Inhalt nachgedacht werden kann. Dadurch entsteht eine Befreiung von Handlungszwang, Probehandeln wird möglich und Alternativen tun sich auf. Im Erstgespräch ist die Teilhabe des Patienten an diesem Erkenntnisprozess eine unersetzbare Motivierung für jede weitere psychoanalytische Arbeit« (Laimböck 2001, S. 54).

Eine Initialszene, die mir noch aus der Zeit an der Klinik einfällt, passt an dieser Stelle recht gut. Ein junger Mann war zum Termin bei mir angemeldet und im Hereinkommen sagt er: »Das ist ja witzig. Ich lese gerade ihren Namen auf dem Türschild. Das ist genau mein Problem.« In kreativer Weise hat er meinen Namen zum Symbolträger seiner Sexualsymptomatik umgedeutet, was ihm leichter über die Mitteilungsschwelle half. Was sich zunächst auf seine erektile Dysfunktion bezog – und der Patient glaubte auch bislang, dass er nur »das eine« Problem habe –, konnte ihm im weiteren Gesprächsverlauf als eine generelle Verhaltensweise gedeutet werden, Konflikten auszuweichen. Am Ende des Erstgesprächs nahm er die Erkenntnis mit: »Ich kann in vielen Situationen meinen Mann nicht stehen. Ich knicke schon von vorne herein (siehe Türschild) immer ein.«

Aus dem Pool der nie versiegenden Quelle szenischer Vignetten möchte ich noch einen letzen »witzigen« Auftakt beschreiben.

Kürzlich kam ein Patient Anfang 50 auf Empfehlung seines Therapeuten in meine Praxis. Bei einem Kollegen, ebenfalls Psychoanalytiker, befindet er sich bereits etwa hundert Stunden wegen multipler psychosomatischer Beschwerden in tiefenpsychologischer Behandlung. Für die Sexualstörung fühle dieser sich allerdings nicht zuständig. Seit mehr als 10 Jahren leidet der Patient unter Erektionsstörungen. Er sagt: »Ich bekomme mein Problem einfach nicht richtig fest in den Griff.« Spontan höre ich mich sagen: »Im wahrsten Sinne.« Zuerst muss der Patient lachen, dann lachen wir beide befreiend und es entsteht eine entspannte Atmosphäre, die ihm das Sprechen erleichtert. Im weiteren Gesprächsverlauf wird offenbar, dass sich der Patient in zwei gescheiterten Ehen immer in der Opferrolle befand. Er war körperlichen Attacken ausgesetzt und sah sich ihnen gegenüber hilflos und wehrlos ausgeliefert. Abschließend stellte er fest: »Ich glaube, dass ich viel zu weich bin.« Ich machte dem Patienten den Vorschlag, seine nicht nur im Sexualsymptom zum Ausdruck kommende massive Aggressionshemmung im Rahmen einer psychoanalytischen Therapie zu bearbeiten.

Literatur

Argelander, H. (1970a): Das Erstinterview in der Therapie. Darmstadt (Wissenschaftliche Buchgesellschaft).

Argelander, H. (1970b): Die szenische Funktion des Ich und ihr Anteil an der Symptom- und Charakterbildung. Psyche – Z Psychoanal 24, 325-345.

Freud, S. (1905): Der Witz und seine Beziehung zum Unbewussten. In: Psychologische Schriften, Studienausgabe Bd. IV. Frankfurt am Main (Fischer), 9–219.

Laimböck, A. (2001): Diagnostizieren und Deuten im Erstgespräch. Voraussetzungen und Erkenntnisprozess. In: Drews, S. (Hg.): Zum szenischen Verstehen in der Psychoanalyse. Frankfurt (Brandes & Apsel), 53–63.

Scharff, J. (2010): Die leibliche Dimension in der Psychoanalyse. Frankfurt a. M. (Brandes & Apsel).

Willi, J. (1976): Die Zweierbeziehung. Hamburg (Rowohlt).

Sylvia Zwettler-Otte

Eine ergänzende Überlegung zu Winnicotts Konzept des Einfrierens einer verfehlten Situation

Dieses Buch zu Ehren Peter Kutters erscheint als Schnittstelle zwischen Persönlichem und Beruflichem, und so erlaube ich mir auch eine persönliche Vorbemerkung, welche die Themenwahl und Ausarbeitung meines Beitrags verständlich machen mag.

Ich habe Herrn Prof. Kutter kennengelernt, als ich selbst mit meinem Kollegen Albrecht Komarek 1996 eine Festschrift herausgab und mich aus diesem Grund – noch nicht lange dem Kandidatenstatus entwachsen – mit der Bitte um Beiträge an führende Psychoanalytiker wandte, wie R. H. Etchegoyen, A. Green, A. Gibeault, O. F. Kernberg, D. Widlöcher u. a. Einer von ihnen war Peter Kutter. Er war der Freundlichste und Herzlichste von allen und trug erheblich dazu bei, uns die Kontakte zu den prominenten Kollegen zu erleichtern. Daraus entwickelte sich eine auf zahlreichen Kongressen fortgesetzte Beziehung mit vielen erfreulichen Begegnungen.

Über manche Unterschiede unserer theoretischen psychoanalytischen Auffassungen hinweg – sie betrafen im Wesentlichen die Bedeutung der Triebtheorie, der Konfliktbearbeitung und der zentralen Rolle der Sexualität – blieb meine Wertschätzung für Kutters umfassende Studien zur Entwicklung der Psychoanalyse in den verschiedensten Ländern und Institutionen sowie für seine Beachtung vieler psychotherapeutischer Ansätze. Ich konnte Prof. Kutter in seinen Fallbeispielen als präsenten und gewährenden Psychoanalytiker sehen, dessen menschliche Haltung zweifellos viele Verhärtungen aufweichen half. Es war deutlich – und wird wohl auch in diesem Buch ersichtlich –, dass Prof. Kutter für viele die Türen zur Psychoanalyse geöffnet hatte durch seine Offenheit und Toleranz, ob sich dies nun im Austausch mit anderen Fakultäten an der Universität oder im Bereich unterschiedlicher psychotherapeutischer Orientierungen auswirkte. Ich sah mit einer gewissen Bewunderung Kutters Bemühen auf dem universitären Parkett, Psychoanalyse für die empirischen Wissenschaften leichter zugängig und kompatibel zu machen, obwohl mir dies nur sehr beschränkt möglich schien. Ich empfand schon damals das Bedauern, das Gregorio Kohon 2010 in seinem Hauptvortrag auf der Konferenz der Europäischen Psychoanalytischen Föderation in London so deutlich zum Ausdruck brachte, indem er auf das Dilemma der Psychoanalyse in der Öffentlichkeitsarbeit hinwies und darauf, dass wir derzeit zuschauen müssen, wie sich die besten Köpfe unserer Generation, die Ideologen der Forschung und die manualisierten Brigaden, die von manchen als die wahren Retter der Psychoanalyse betrachtet werden, durch die Straßen bürokratischer Wissenschaftlichkeit und universitärer Zirkusse schleppen. In gemeinsamen Gesprächen zeigte Prof. Kutter oft ein ernstes Innehalten und Überdenken meiner Überlegungen.

Dieses Innehalten Peter Kutters wurde nun gleichsam zu meinem Ausgangspunkt, als ich nach einem Beitrag für dieses Buch gefragt wurde. Innehalten kann ein Warten auf eine äußere Veränderung bedeuten – oder aber ein Stillhalten, das einem Verzicht auf Aktion und Reaktion gleichkommt und so mitunter einen Arbeitsprozess im Inneren einleitet und ermöglicht. Dieses Innehalten erinnerte mich an ein Konzept D. W. Winnicotts, das mich seit einiger Zeit wieder besonders beschäftigt: *das Einfrieren einer verfehlten Situation*. Die Auseinandersetzung mit diesem Konzept Winnicotts setzt in gewisser Weise das Thema der »Versteinerung« und der (Wieder-)»Belebung« von Objekten fort, dem ich mich in der »Melodie des Abschieds – Eine psychoanalytische Studie zur Trennungsangst« (Zwettler-Otte 2006a) gewidmet habe.

Winnicott beschrieb bereits 1954 in einem Vortrag vor der Britischen Psychoanalytischen Vereinigung das Phänomen des Einfrierens einer verfehlten Situation (»freezing of the failure situation«)[1] als einen wesentlichen Gedanken, den man in die Theorie der Entwicklung eines normalen und gesunden Menschen einbeziehen muss. Das Individuum versucht, sich auf diese Weise gegen spezifisches Umweltversagen zu schützen und gleichzeitig der Hoffnung Raum zu geben, »dass es zu einem späteren Zeitpunkt Gelegenheit für eine erneute

---

[1] Die deutsche Übersetzung von »freezing of a failure situation« ist schwierig. Genau und wörtlich genommen heißt es: das Einfrieren einer Versagens-Situation; es geht also primär nicht um eine verfehlte Situation im Sinne eines Versäumnisses, sondern um ein Versagen der Umwelt, die bestimmten Bedürfnissen des Individuums nicht gerecht werden konnte. Folglich ist die übliche Übersetzung mit »verfehlte Situation« zwar nicht wortgetreu, aber doch annehmbar, weil der Anpassungsfehler der Umwelt ja tatsächlich einem Versäumnis, dem Verpassen einer Gelegenheit zur Förderung der Entwicklung des Individuums gleichkommt. Deutlich ist hier zu sehen, wie die deutsche Sprache in eine bestimmte Richtung drängt (siehe Amati-Mehler et al. 1993, S. 227) und eher das Versäumen der Situation hervorhebt als den Misserfolg, den sie darstellt.

Erfahrung geben wird, in der die verfehlte Situation wieder aufgetaut und noch einmal erlebt werden kann« (Winnicott 1983, S. 188). Winnicott spricht in dem Zusammenhang von einer unbewussten Annahme, die zu bewusster Hoffnung werden kann, und von einer Erwartung, der aufbewahrte »Erinnerungen, Vorstellungen und Möglichkeiten (im englischen Original »memories and ideas and potentialities«, Winnicott 1987, S. 281) zugrunde liegen.

Winnicott erwähnt das Einfrieren einer verfehlten Situation an manchen Stellen als eine von mehreren Möglichkeiten, wie das Individuum auf eine Umwelt reagieren kann, die nicht gut genug ist im Hinblick auf seine Bedürfnisse. Dabei kann gelegentlich der Eindruck eines passiven Wartens auf »bessere Zeiten« entstehen. Der Akzent einer im wahrsten Sinn des Wortes not-wendigen Veränderung liegt dann bei einer auf die Außenwelt gerichteten Erwartung. Eine solche Haltung kennen wir wohl alle bei Patienten, die passiv auf ihren unrealistischen Wünschen und Vorstellungen beharren. Hoffnung – gewöhnlich als ein positiver Affekt betrachtet, der Entwicklung und Veränderung fördert – kann dann auch als eine neue Form des Widerstands auftreten, wie Anna Potamianou darlegte, und ein stures Sich-Verheddern im Narzissmus und Masochismus bedeuten. Es hat mit Fixierungen und Verleugnungen der Realität zu tun.

Die Gefahr einer ungerechtfertigten, unrealistischen Erwartung besteht freilich auch auf der anderen Seite: auf der Seite der Umwelt, die vielleicht tatenlos und ohne sachliche Hinweise auf eine spontane, positive Veränderung des Individuums hofft. Repräsentanten dieser Umwelt sind in der Nachfolge der Mutter als üblicherweise erster Bezugsperson unter anderem Psychotherapeuten.

Mir geht es in diesem Beitrag darum, dass das Einfrieren einer verfehlten Situation keineswegs immer ein Warten auf »bessere Zeiten« und auf eine neuerliche äußere Gelegenheit zu einer besseren Erfahrung bedeutet, sondern meines Erachtens sehr oft auch *ein Warten auf einen eigenen, weiteren Entwicklungsschritt des Individuums.*

Ich habe in manchen Analysen die erfreuliche Beobachtung machen können, wie sich der Akzent der Erwartungen gegen Analyse-Ende deutlich von der Umwelt auf die eigene Person verlagerte, so als würde ein Zünglein an der Waage von der einen Seite zur anderen geschoben, also gleichsam von der Seite, welche die Außenwelt repräsentiert, zu derjenigen, welche auf die Innenwelt verweist. Das ist sicher kaum eine besonders neue Erkenntnis, aber sie erscheint mir im Hinblick auf das von Winnicott beschriebene Phänomen bemerkenswert. Mein Eindruck ist, dass Winnicotts Beschreibung manchmal zu einer vielleicht kaum merklichen, aber doch wirksamen Akzentverschiebung Richtung Umwelt verleitet, vom Individuum zur Außenwelt, von innen nach außen, von eigener Aktivität zur bloßen Reaktion auf Übergriffe (impingements) oder andere äußere Störungen. Eine solche Gewichtung hat Winnicott anfangs zweifellos beabsichtigt, um einer Vernachlässigung der Bedeutung der Umwelt entgegenzutreten. Winnicott betont, dass unser Nachdenken über die Ich-Entwicklung und über Abhängigkeit »durch den Versuch verwirrt worden ist, die Ich-Organisation zurückzuverfolgen, ohne zugleich ein wachsendes Interesse an der Umwelt zu entwickeln« (Winnicott 1983, S. 191). Es ging ihm also selbst grundsätzlich um *eine Balance beider Aspekte*. Sein zum Schlagwort gewordener Satz »There's no such thing as a baby« (Winnicott 1987, S. 99) belegt eindrücklich genug, dass ein Kind ohne seine Mutter/Pflegeperson unvorstellbar ist und immer die Wechselwirkung zwischen Individuum und Umwelt berücksichtigt werden muss.

Ich möchte also eigentlich nur das von Winnicott mitgedachte Gleichgewicht von Individuum und Umwelt, von innen und außen, von Aktivität und scheinbarer Passivität bzw. der Reaktion auf Übergriffe wiederherstellen, wo ich meine, es könnte uns immer wieder leicht entgleiten. Manchmal braucht das Gewahrwerden und Austarieren dieser Gegensätze Zeit, ein Innehalten, um zu spüren, ob sich in der Spannung zwischen den Polaritäten ein Sog oder Druck in die eine oder die andere Richtung bemerkbar macht.

Zunächst zwei Bemerkungen zu den Ausdrücken »Umwelt – environment« und »Übergriff – impingement«. Beide deutschen Übersetzungen vermitteln dieselbe Tendenz wie die von Winnicott im Englischen geprägten Begriffe: »Umwelt« und »environment« erweitern die Mutter als erste Bezugsperson und machen begreiflich, dass damit alles gemeint ist, was das Kind umgibt, das im primären Narzissmus zwar von der Umwelt gehalten werden muss, aber zugleich nicht einmal etwas von ihr weiß, weil es mit ihr eins ist. Es ist also vielleicht sinnvoll festzuhalten, dass durch diese notwendigerweise verschwommene Erweiterung auch ein Ungleichgewicht entsteht zwischen dem Kind und der entpersonifizierten, nahezu desobjektalisierten (Green 2001) Umwelt. Das Kind ist für die Umwelt klar als Objekt erkennbar, aber das Baby kann noch nicht Objekte in der Umwelt von sich selbst unterscheiden. Der Begriff Umwelt spiegelt so die verschwommene Sicht des Kindes wieder, die noch keine differenzierte Wahrnehmung ermöglicht.

»Übergriff« und »impingement« deuten Gewaltsamkeit an, wobei »impingement« dies etymologisch betrachtet noch stärker tut (»impingere«, *lat.* »anschlagen«, »einschlagen«, klingt noch gefährlicher, als wenn jemand über seine Grenzen hinausgreift). Winnicott fasst den Begriff »impingement« einerseits sehr weit und nennt so alles, was von außen auf das Kind zukommt: »For Winnicott, impingement denotes the impact of anything external that happens to the infant – birth can in this sense be seen as the first impact« (Abram 2007, S. 277f.). Andererseits setzt Winnicott damit zugleich einen negativen Akzent, indem er – offensichtlich wiederum der Perspektive des Babys folgend – jeden Kontakt mit der Außenwelt zunächst einmal als Störung des kontinuierlichen Seins bezeichnet. In ihrem umfassenden Wörterbuch zu Winnicotts Begriffen kommentiert Jan Abram, dass es die *Reaktionen* auf häufig wiederkehrende »impingements« sind, die Schaden anrichten. Damit scheint sie einem ähnlichen Bedürfnis nachzugeben, wie ich es hier tue, indem das Gewicht von der Außenwelt zur Innenwelt hin verschoben wird. Abram entlastet gleichsam die Umwelt von dem Vorwurf primär schädlicher Störungen und rückt den Akzent zum Individuum, das eventuell (noch) nicht kontakt- und aufnahmebereit ist. »If the baby is not ready for whatever experience, he is forced to react. Thus it is the reactions to impingement that cause a distortion in emotional development« (Abram 2007, S. 278). Sie stellt auch die erforderliche Balance wieder her, indem sie festhält: »[...] however, impingements can be either traumatic (as described above), or strengthening« (ebd., S. 173).

Alles hängt davon ab, ob lange genug ausreichender Schutz durch eine Umwelt da war, die »good enough« im Hinblick auf die Bedürfnisse des Kindes war, sodass es schrittweise immer besser mit »Übergriffen« umgehen kann. Wenn die Betreuung des Kindes nicht gut genug ist, kommt es zu nachhaltig wirkenden Störungen, wie sie etwa später bei Psychosomatosen erkennbar werden. Peter Kutter beschrieb eine solche Form als »Basisstörung« und führte als Beispiel vier Grundmuster unempathischen Verhaltens der Mutter an:

a) Eine ängstliche Mutter kann das Kind gleichsam weit von sich halten und seine symbiotischen Bedürfnisse derart frustrieren, dass es zu massivem Stress und zu einem autistischen Rückzug des Kindes kommt.

b) Eine entgegengesetzte Haltung wilder Gier würde das Kind ohne Abgrenzung in seiner eigenen psychischen Welt vereinnahmen. Damit »sind elementare Schutzbedürfnisse des Kindes missachtet«, und seine alarmierenden Vernichtungsängste können es nach diversen Anpassungsversuchen dazu führen, erschöpft »um des Überlebens willen gleichsam seine Person zu opfern« (Kutter 1981, S. 49ff.).

c) Aber auch ein Nichtbeachten oder Verachten der kindlichen Bedürfnisse könnte letztlich mit (unbewussten) Todeswünschen der Eltern zusammenhängen. Die Spannweite reicht vom Extremfall der Kindestötung bis zum gelegentlichen normalen Wunsch, in Ruhe gelassen zu werden.

d) Als letzte Möglichkeit nennt Kutter ein *»Eindringen* in den schutzbedürftigen

Bereich des Kleinkindes, das rückhaltlose Ausbeuten des Kindes zur Befriedigung unersättlicher, triebhafter Wünsche«, und deutet so die vielfältigen Formen von Missbrauch aus narzisstischen Gründen an, durch die das Kind zum Opfer zerstörerischer Akte werden kann.

Jedoch nicht jede von außen kommende Aktion verdient als »impingement« den Hinweis auf Destruktion und Grenzüberschreitung. Es scheint nötig zu sein, das, was von außen kommt, genauer zu differenzieren, da es viele Möglichkeiten gibt: Es kann ein störender und zerstörender *Übergriff*, ein nötiger *Eingriff* oder ein kontinuierlicher *Einfluss* sein, und die bewusste oder unbewusste Absicht der Umwelt muss auch nicht mit dem Erleben des Individuums in Einklang stehen. Bereits bei der Geburt kann mancher *Eingriff* eine Not-Lösung sein, und auch später kann das Individuum sich nicht ohne äußere *Einflüsse* und Kontakte mit der Außenwelt weiterentwickeln. Probleme können also auf beiden Seiten ihre Ursachen haben, seitens einer nicht lange genug und ausreichend gut an die Bedürfnisse des Individuums angepassten Umwelt und seitens des Individuums, das möglicherweise verlangsamt reift und schwer lernt umzugehen mit dem, was von außen kommt. *Eingriffe und Einflüsse können in positivem Sinn förderlich oder aber in negativer Weise störend sein.*

Die Komplexität und Kompliziertheit der Vorgänge wird noch deutlicher, wenn man bedenkt, dass es nicht nur eine mangelhafte, sondern auch eine zu lange und eine übermäßige Anpassung der Umwelt gibt. Dann spornen unter Umständen weder Fehler noch ein angemessener Rückzug der Umwelt das Individuum zur Weiterentwicklung an. Aber damit die Fähigkeit, sich der Umwelt zu bedienen und sie mitzugestalten, im Individuum wachsen kann, ist es notwendig, dass sich die Umwelt nicht zu lange und zu gut an seine Bedürfnisse anpasst (siehe auch das Kapitel »De-adaptation and failing«, Abram 2007, S. 139ff.).

Gleichzeitig aber ist nicht zu vergessen, dass Winnicott sicher zurecht immer wieder auf eine Kraft des Individuums vertraut, die es vorwärtstreibt in Richtung einer gesunden, dem Alter entsprechenden Entwicklung, sodass normalerweise diese komplexen und komplizierten Prozesse spontan und natürlich ablaufen. Nur wo Probleme auftreten, ist ein genaues Hinschauen und Verstehen sowohl der Störung als auch der noch lebendigen Regungen des Individuums dringend nötig. Letzterem habe ich unlängst versucht, bei einigen Falldarstellungen besonderes Augenmerk zu schenken, weil solche *Selbstheilungsversuche* meines Erachtens einen hervorragenden Zugang eröffnen, auch wenn sie oft scheitern, solange sie nicht von einem aufmerksamen Umwelt-Repräsentanten wahrgenommen und anerkannt werden (Zwettler-Otte 2011).

Überlegung zu Winnicotts Konzept des Einfrierens einer verfehlten Situation

Was Winnicott zunächst für die frühesten Lebensphasen beschreibt, behält auch im späteren Verlauf der Entwicklung seine Gültigkeit. Das kontinuierliche Voranschreiten und die körperliche, geistige und seelische Entfaltung des Individuums gehorchen einem biologischen Drang (Winnicott 1983, S. 187). Auch wenn das Individuum nicht mehr ein geschlossener, mit seiner Umwelt verschmolzener Kreis ist, sondern bereits durch mannigfaltige Öffnungen mit der Außenwelt kommunizieren und auf Einflüsse schon differenzierter reagieren kann, so ist es dennoch über weite Strecken notwendig, dass die individuelle Entfaltung ungestört von außen verläuft. Sogar für Unterstützungen dieser Entwicklung, die von außen kommen, sind gewisse Voraussetzungen gegeben, wenn sie hilfreich sein sollen: Sie müssen zum richtigen Zeitpunkt, von der richtigen Person, in der richtigen Dosierung und im richtigen Rahmen angeboten werden.

Bei dem von Winnicott beschriebenen »Einfrieren einer verfehlten Situation« wiederholt sich die Frage, wo der Akzent liegt. Ist der Stillstand der Progression durch ein Versagen der Umwelt bedingt, oder liegt im Individuum selbst ein Hindernis für eine konstruktive Erfahrung mit den von außen kommenden Einflüssen? In der Formulierung »Einfrieren einer verfehlten Situation« sind die beteiligten und handelnden Personen zunächst noch weniger als bei der Gegenüberstellung von Individuum und Umwelt zu erkennen. Es ist aber klar, dass es hier um die Fähigkeit des Individuums geht, einen Prozess der Entwicklung wenigstens anzuhalten und nicht rückgängig zu machen oder aufzulösen, wenn er schon derzeit nicht fortgesetzt werden kann. Wiederum kann die Schwierigkeit bei einer von der Außenwelt oder aber in einer vom Individuum geschaffenen oder provozierten Situation liegen. Es kann gleichsam die Straße unpassierbar sein, oder das Fahrzeug funktioniert nicht; beides kann zum Stillstand führen.

Wie sehr Winnicott selbst beide Möglichkeiten, auch die an zweiter Stelle genannte, präsent hatte, geht aus seiner Ausführung über seelische Krankheit im Zusammenhang mit der Erwartung einer Gelegenheit zum Auftauen einer verfehlten Situation hervor: »Bei einem sehr kranken Menschen besteht nur sehr wenig Hoffnung auf eine neue Gelegenheit. Bei einem extremen Fall müsste der Therapeut zum Patienten gehen und ihm aktiv gute Bemutterung anbieten, eine Erfahrung, die der Patient nicht hätte erwarten können« (Winnicott 1983, S. 188).

Es ist bekannt, dass Winnicott tatsächlich aktiv auf Patienten zugegangen ist (Winnicott 1986) und solche therapeutische Initiative dort eingesetzt hat, wo ein Umweltversagen so schädlich gewesen war, dass das Individuum zunächst einmal Stabilität und kontinuierliches persönliches Management kennenlernen musste. Solches Management kann erstarrtes Seelenleben retten; wird es aber ungerechtfertigt eingesetzt, ist damit dem Agieren und Manipulieren des Therapeuten Tür und Tor geöffnet. An dieser Stelle wird deutlich, wie etwa bei verwahrlosten Kindern, Delinquenten oder auf andere Weise schwer gestörten Patienten eine Modifikation der Psychoanalyse die einzige Chance sein kann. Das gleiche Verhalten kann aber in anderen Fällen primär den Bedürfnissen des Therapeuten zu agieren dienen, ob er es nun erkennt oder nicht, und den Patienten eine Entwicklungsmöglichkeit erneut versagen. Aktionen der Umwelt können eben stärkend oder störend sein. Eine Theorie, die geeignet ist, das therapeutische Verhalten rationalisierend zu rechtfertigen, ist meist leicht zu finden. »Reason is emotion's slave and exists to rationalize emotional experience«, erinnert uns auch Bion in seiner Einleitung zu *Attention and Interpretation* (Bion 1993). Es besteht kein Grund für den Analytiker, auf Skepsis hinsichtlich seiner Behandlungsmethode und auf Selbstanalyse zu verzichten.

So wie Winnicott die Untrennbarkeit des Babys und seiner Umwelt betont, behält er auch für das erwachsene Individuum die Wechselwirkung zwischen innen und außen im Auge, wie aus seiner Bemerkung über den sehr kranken Menschen zu ersehen ist. Ob die neue Erfahrung, auf die man mit dem Einfrieren einer verfehlten Situation hofft, zustande kommt und sich eine neue Gelegenheit ergibt, hängt nicht nur von ihrem Vorhandensein in der Umwelt ab, sondern auch davon, ob das Individuum sie wahrnehmen und nutzen kann.

Winnicott nennt die Inhalte, die eingefroren werden, »unthinkable memories« (Abram 2007, S. 278). Sie werden katalogisiert und in gefrorenem Zustand aufbewahrt, um vielleicht später, wenn man zu ihnen zurückkehrt (Regression), in einer Umwelt, die sich angemessen anpasst, neu erlebt zu werden. Gelegenheiten dazu gibt es im normalen Alltagsleben in Fülle. Winnicott nennt als solche heilsamen Phänomene Freundschaften, Pflege bei körperlichen Erkrankungen, Kinderpflege sowie Freude an Dichtung und an kulturellen Unternehmungen allgemein (Winnicott 1983, S. 191, 206). All dies sind Mittel, die das Auftauen fördern und einleiten können.

Wer aber taut auf? Das Individuum oder die Umwelt? Wieder einmal souffliert uns unsere Sprache selbst eine Antwort: Auftauen kann transitiv und intransitiv (also mit oder ohne Objekt) verwendet werden. Man kann einen tiefgekühlten Fisch (Akkusativ-Objekt) auftauen, also aktiv von außen einen Veränderungsprozess einleiten; aber man kann auch selbst in einer Runde von Freunden im Gespräch warm werden und »auftauen«. Wie so oft liegt die Antwort im Ersetzen des »oder« durch »und«. Beides ist möglich. Das Auftauen kann von der Umwelt angeregt werden oder von einem seelischen Vorgang im Individuum. Und auf beiden Seiten kann es Hindernisse geben.

Die Seite, die ich in meinem Beitrag hier hervorheben möchte, ist die innere, weil sie mir manchmal unterzugehen scheint. Auf dieser Seite entstehen die Selbstheilungsversuche, die meines Erachtens immer dann scheitern, wenn sie die Schwelle zum Kommunizieren mit lebendigen, äußeren Objekten nicht erreichen und überschreiten können. Eingefrorene Affekte wie Hass und Wut – sie stammen von den ursprünglichen verfehlten Situationen und dem alten Versagen der Umwelt – tauen dann auf, zerstören aber die aufkeimenden neuen Bindungen vor ihrer Festigung in der Gegenwart. Die Umwelt scheitert dann unter Umständen ein zweites Mal mit ihren Angeboten, weil sie die alte Rache nicht versteht und nicht übersteht.

In der Psychoanalyse allerdings können die gefrorenen zerstörerischen Affekte zugelassen, verstanden und so genützt werden. Wolfgang Lassmann sprach kürzlich vom »Instrumentarium, welches die Psychoanalyse zur Verfügung stellt, um zu gefrorener Zeitlosigkeit erstarrte Vergangenheiten unter Nutzung der Übertragung zum Auftauen zu bringen« (persönliche Mitteilung). Wenn sich jemand in Analyse begibt, hat er somit oft einen entscheidenden ersten Schritt getan, um sich eine »Umwelt« zu schaffen, die sich nun besser an ihn anpassen kann, als es seine frühere Umwelt konnte. Diese neue Umwelt ist eine Person, die innehalten kann; die nicht, wie er selbst, auf Störungen des kontinuierlichen Seins gezwungenerweise und unreflektiert reagieren muss, sondern an sich halten kann, um zu versuchen zu verstehen, was vorgeht. *Und so kann aus dem Innehalten ein Halten werden, das auf das Innen achtet.*

Der Analytiker wird versuchen, zum richtigen Zeitpunkt im geschützten Rahmen der Übertragungssituation auf die richtige Dosierung der sich spontan entfaltenden Regression des Patienten zu schauen, um die Person und die Situation zu entdecken, die der Patient früher als versagend erlebt hat und deren Rolle er nun dem Analytiker zuweist in der Hoffnung, dass nun eine neue Gelegenheit für eine bessere Erfahrung gekommen ist.

Allmählich, nach vielen Stunden und zahlreichen verfehlten Situationen, wird dieses Innehalten des Analytikers den Analysanden möglicherweise anstecken: Er übernimmt es unbewusst vom Analytiker, weil es irgendwie gutgetan hat; er tut dasselbe wie dieser, eine wörtliche Übersetzung von Identifizierung (idem facere = dasselbe tun). In weiterer Folge wird das Innehalten vielleicht zu einer zweiten Natur, die selbst eine »holding function« übernimmt und es dem Patienten erlaubt, nach innen zu schauen und auch seine eigene Entwicklung und die Entfaltung seiner Gedanken und Gefühle abzuwarten. Dann ist aus dem Einfrieren einer verfehlten Situation ein Innehalten geworden, das inneren Halt bietet und einen Raum, in dem die Bindungen an die Objekte der Außenwelt Spiel-Raum haben.

»Schau' ma mal« (*hochdt.* »Schauen wir einmal«) war eine im sechsten und letzten Analysejahr einer Patientin immer wieder auftauchende Formulierung, mit der sie nun – wie sie erzählte – auf einmal in ihrem Alltag, aber auch manchmal in ihren Analysestunden eine Pause einlegte, anstatt wie früher entsprechend ihren unbewussten, paranoiden Phantasien sofort zu agieren.

Sie hatte einen weiten Weg zurückgelegt, seitdem sie mit der Diagnose Burnout mit Suizidgefahr zu mir gekommen war, weil sie nun auch den Zusammenbruch ihrer bisher überragenden Leistungsfähigkeit erwartete. Berufliche Überlastung, frustrierende promiskuöse Beziehungen und Gefühle von Leere hatten sie jahrelang gequält. Zuletzt hatte sie ein Vorwurf ihrer Geschwister zutiefst getroffen, sie hätte die Mutter, die ein Jahr zuvor gestorben war, »zu Tode gepflegt«. Daraufhin hatte sie die Beziehungen zu ihnen abgebrochen und hätte beinahe auch ihren Job gekündigt, wenn ihr Chef nicht gerade erkrankt wäre.

In ihrer Analyse, die lange Zeit durch große Furcht vor Abhängigkeit gekennzeichnet war, tauchten enorme Verfolgungsängste auf. Den frühen Tod des kränklichen Vaters vor ihrem Schuleintritt hatte sie als Strafe der Mutter für ihre Nähe zum Vater erlebt, mit der sie auch über ihre drei Geschwister triumphierte. Sehr rasch war auch ich in ihrer Übertragung übermächtig und drohend, ich würde ihr ihre beachtlichen beruflichen Erfolge aufgrund ihres infantilen Aussehens wahrscheinlich nicht einmal glauben, würde sie entlarven wollen und nur darauf warten, bis sie völlig regredieren und ihr wahres Gesicht einer bösartigen Versagerin zeigen würde, sonst würde ich sie doch in ihrer Aufregung beschwichtigen. Es dauerte lange, bis sie die Analyse selbst als Beruhigung im Sinne Winnicotts erleben konnte:

> Was könnte beruhigender sein, als zu fühlen, dass man gut analysiert wird, dass man sich in einem zuverlässigen Milieu befindet, in dem ein reifer Mensch die Verantwortung übernommen hat, der fähig ist, eindringliche und zutreffende Deutungen zu geben, und festzustellen, dass der eigene Prozess respektiert wird? (Winnicott 1983, S. 204)

Sie konnte mich benützen als Objekt, das ihren Hass und ihre Vergeltungsängste aushielt und mit dem sie die eingefrorene Situation auftauen lassen konnte, die nach dem traumatischen Verlust ihres Vaters durch ihre Schuldgefühle entstanden war. Wir lernten verstehen, dass all ihre perfektionistischen Errungenschaften Ablenkungs- und Wiedergutmachungsversuche waren, die aber nie ausreichten, um sie von ihren paranoiden Ängsten zu befreien und ihr Freude am Leben zu geben. Ihre ständige erregte Aktivität erinnerte an hysterisches

Verhalten, das Freud einmal als »einen Versuch, die Reaktion auf das Trauma zu vollenden« (Freud 1892–1894a, S. 159), beschrieb.[2] Als sie im vierten Analysejahr erstmals eine enge Beziehung zu einem Mann einging, mit ihm die Gründung einer Familie plante und schwanger wurde, fürchtete sie, ich würde ihr das Kind wegnehmen – so wie ihr seinerzeit die Mutter den Vater weggenommen habe.

»Schau' ma mal« war eine Einladung zunächst an sich selbst, in sich hineinzuschauen und hineinzuhorchen, was denn jeweils gerade Aufruhr in ihr verursachte. Am bemerkenswertesten daran erschien mir das Auftauchen eines Objekts, mit dem zusammen ein »Wir« gebildet wurde, das manchmal sie selbst, aber auch oft ein reales äußeres Objekt war, mit dem sie nun einfühlsam umging. »Schau' ma mal« war *ein Innehalten, das der Seele erlaubte, wieder in Bewegung zu geraten* (Zwettler-Otte 2011, S. 71) und aus der Erstarrung aufzutauen.

Zwei Dinge sind mir aus der Arbeit mit dieser Patientin nachhaltig in Erinnerung geblieben:

1. Ich hatte in diesen Jahren besonders oft an Winnicotts Satz »Regression is no picnic« (zit. n. Abram 2007, S. 286) denken müssen. Denn was uns manchmal als wohltuende Entspannung vorschweben mag bei der Vorstellung regressiver Zustände, lässt nichts erkennen von den Gefühlen der Angst und der Hilflosigkeit, die beim Wiedererleben früher und verfehlter Kindheitssituationen auftreten. Vielleicht könnte man noch folgende metapsychologischen Erwägungen anstellen: Das Einfrieren einer verfehlten Situation kann einen Fehler, einen Mangel oder ein Trauma isolieren, gleichsam dingfest machen und dadurch eine Schadensminimierung erreichen. So kann zumindest auch eine kleine Lustprämie am Werk sein, doch wenigstens in bescheidenem Ausmaß »Herr der Situation« zu sein. Ähnlich beschreibt Freud in *Jenseits des Lustprinzips* die traumatischen Erregungen, die zunächst die Bewältigung und Bindung der überfordernden Reizmengen verlangen, »um sie dann der Erledigung zuzuführen« (Freud 1920f, S. 29). Was auch immer die verfehlte Situation beinhaltet, es kann nicht *ad acta* gelegt werden, sondern nur *ad agenda,* als etwas, was der Erledigung harrt. Zum Lustgewinn einer relativen Kontrolle der Situation gesellt sich auch noch die Zeitlosigkeit des Unbewussten, das die eingefrorene Situation charakterisiert. So kann zwar das,

---

[2] Dieser frühe Gedanke Freuds an eine verspätete Reaktion, die vollendet werden will, scheint mir Winnicotts Konzept des Einfrierens einer verfehlten Situation auffällig nahezukommen.

was in der verfehlten Situation erlebt wurde oder vielleicht nicht einmal zu voll bewusstem Erleben gelangte,[3] zwar kaum sehr viel weiter psychisch verarbeitet werden, aber es ist doch aus dem lebendigen Ablauf der Prozesse herausgenommen. Was bleibt, ist eine »unbewusste Annahme beim Patienten (die zu bewusster Hoffnung werden kann) [...], dass es zu einem späteren Zeitpunkt Gelegenheit für eine erneute Erfahrung geben wird« (Winnicott 1983, S. 188). So wie das Einfrieren einer verfehlten Situation *sowohl* den seelischen Schmerz *als auch* die Hoffnung auf eine andere Lösung zumindest ansatzweise enthält, ist auch in den Metaphern von Versteinerung und Wiederbelebung von Objekten die Idee der Katastrophe und einer Rettungsmöglichkeit enthalten, und selbst ein Erstarren in Leblosigkeit kann noch die Hoffnung auf ein Anhalten in Ewigkeit in sich bergen (Zwettler-Otte 2006b). Erst in der Regression, die zum ursprünglichen Problem zurückführt, werden die in eingefrorenem Zustand ruhende Besetzung und »ihre bindende Kraft« (Freud 1920f, S. 30) wieder frei und drängen nach Abfuhr. Mit diesem Auftauen aber kehren auch die verdrängten schmerzlichen Affekte wieder zurück.

2. Dem Durchleben der ursprünglichen Vernichtungs- und Verfolgungsängste, des Hasses und der Wut folgt eine Loslösung von der früheren Version, wie die Umwelt in der Phantasie erlebt wurde. Metapsychologisch betrachtet ist diese Loslösung ein Besetzungsabzug und erscheint als eine Manifestation des Todestriebes. Sein Angriff auf Verbindungen aber ist, wie Joachim F. Danckwardt zeigte, keineswegs nur Zerstörung, sondern auch eine Bildung und Neubildung, wie es Freud schon 1915 mit der auf die rein narzisstische Stufe folgenden »Objektstufe« (Freud 1915c, S. 229) angedeutet hat. »Das bedeutet, das Todestriebgeschehen steht mit am Ursprung von Objektbildung, Bildung von Innen und Außen, Subjekt und Objekt. Das Todestriebgeschehen bekommt Rollen und Plätze in den Funktionsmodalitäten und Strukturierungsprozessen der Psyche« (Danckwardt 2011, S 148).

Diese konstruktive Seite der Zersetzung pathogener Vorstellungen wurde mir in diesem Fall besonders deutlich. Die Ablösung von den phantasierten, verfolgenden Objekten und ihre Umwandlungen erlaubten meiner Patientin allmählich, reale Objekte wahrzunehmen, sich auf sie hinzubewegen und an sie zu binden. Veränderung war nur in der Folge von durchaus kraftvoller Auflösung möglich geworden. Eros hatte über Thanatos wieder einmal gesiegt.

---

[3] Vgl. Winnicotts Arbeit *Fear of Breakdown* (1963).

Abschließend möchte ich nicht versäumen darauf hinzuweisen, dass ich zwar hier an den meisten Stellen Winnicotts Diktion gefolgt bin und von Individuum und Umwelt gesprochen habe: Es ist aber nicht in Vergessenheit geraten, dass auch die relevante Umwelt überwiegend aus Individuen besteht, die ihre eigene Geschichte und ihre eigenen Bedürfnisse haben, was die Situationen oft erheblich erschwert.

Literatur

Amati-Mehler, J., Argentieri, S. & Canestri, J. (1993): The Babel of the Unconscious. Madison, Conn., USA (International Universities Press).

Abram, J. (2007): The Language of Winnicott. A Dictionary of Winnicott's use of Words. 2. Aufl. London (Karnac).

Bion, W. R. (1993): Attention and Interpretation. 3. Aufl. London (Karnac). Dtsch.: Aufmerksamkeit und Deutung. Frankfurt a. M. (Brandes & Apsel)

Danckwardt, F. J. (2011): Die Verleugnung des Todestriebs. In: Jahrb Psychoanal 62: 137–163.

Freud, S. (1892–1894a): Anmerkungen zur Übersetzung von Charcots Leçons du mardi à la Salpêtrière. GW Nachtr.

Freud, S. (1915c): Triebe und Triebschicksale. GW 10, 264–303.

Freud, S. (1920f): Jenseits des Lustprinzips. GW 13, 1–69.

Green, A. (2001): Todestrieb, negativer Narzißmus, Desobjektalisierungsfunktion. Psyche – Z Psychoanal 55 (9/10): 869–877.

Kohon, G. (1986): The British school of Psychoanalysis. London (Free Association Books).

Kohon, G. (2010): Love in transference – Primary identification and the maternal imago. Hauptvortrag auf der EPF-Konferenz in London 2010. Amore nel transfert. Identificazione primaria e imago materna. Psicoanalisi 14, 2 (Luglio–Dicembre 2010), 5–20.

Kutter, P. (1981): Sein oder Nichtsein, die Basisstörung der Psychosomatose. Prax Psychother Psychosom 26: 47–60.

Potamianou, A. (1997): A Shield in the Economy of Borderline States. London (Routledge).

Winnicott, D. W. (1963): Fear of Breakdown. In: Kohon G. (1986): The British school of Psychoanalysis. London (Free Assoc. Books).

Winnicott, D. W. (1983): Von der Kinderheilkunde zur Psychoanalyse. Frankfurt/M. (Fischer).

Winnicott, D. W. (1986): Holding and Interpretation. New York (Grove Press).

Winnicott, D. W. (1987): Through Paediatrics to Psycho-Analysis. 4. Aufl., London (Hogarth).

Zwettler-Otte, S. (2006a): Die Melodie des Abschieds – Eine psychoanalytische Studie zur Trennungsangst. Stuttgart (Kohlhammer).

Zwettler-Otte, S. (2006b): The body and the sense of reality – Discussion of Simo Salonen's paper. In: Beyond the Mind-Body Dualism: Psychoanalysis and the Human Body. (6th Delphi International Symposium). Athen 2006 (Elsevier International Congress Series 1286), S. 41–44.

Zwettler-Otte, S. (2011): Ebbe und Flut – Gezeiten des Eros. Psychoanalytische Gedanken und Fallstudien über die Liebe. Stuttgart (Kohlhammer).

Teil 4
Geschichte in der Gegenwart

Hans-Volker Werthmann

Fahrenbergs Wiederentdeckung von Wilhelm Wundts Interpretationslehre und Freuds Beschäftigung mit Wundt in *Totem und Tabu*

Als ich vor einiger Zeit alte Kommilitonen in Internet googelte, stieß ich auf Jochen Fahrenberg, der mir in Freiburg wenige Semester voraus war. Auf seiner Homepage las ich Texte, die mich in Aufregung versetzten, weil ich hier eine Kritik der zeitgenössischen Psychologie auf dem Hintergrund ihrer historischen Anfänge vorfand. Fahrenberg war der Nachfolger auf dem Lehrstuhl von Robert Heiss, unserem gemeinsamen Lehrer. Er hat sich in seiner wissenschaftlichen Laufbahn überwiegend mit Physio- und Neuropsychologie beschäftigt. Ich wusste, dass er 2002 emeritiert worden war, aber neu war für mich, dass er sich danach mit der Geschichte der Psychologie befasst und sich unter ihren Vorvätern besonders Immanuel Kant und Wilhelm Wundt zugewandt hat. Es interessierte ihn dabei vor allem deren Idealvorstellung einer Anthropologie als einer Vermittlungswissenschaft zwischen den Natur-, Geistes-, Sozial- und Kulturwissenschaften. Diesen Anspruch habe bereits Kant in seiner »Anthropologie« entworfen, er sei aber in der heutigen Psychologie nur sehr begrenzt als interdisziplinäre Arbeitsaufgabe angenommen worden. Kant als Wegweiser, dessen »Anthropologie in pragmatischer Absicht« von 1798 Fahrenberg – auch wegen der kritischen Einstellung Kants zur psychologischen Methodik – als das erste vorbildhafte Lehrbuch der Psychologie ansieht, sei fast völlig vergessen worden.

Ähnliches sei mit Wilhelm Wundt geschehen. Er sei zwar nicht vergessen worden, aber erinnert wurde nur der Wundt der »Grundzüge der physiologischen Psychologie« (1874). Der Wundt der Logik der Geisteswissenschaften, d. h. seiner Wissenschaftslehre und seiner Interpretationslehre (1906-1908) sowie seiner anspruchsvollen Wissenschaftstheorie der Psychologie habe dagegen keinen nachhaltigen Einfluss auf die weitere Entwicklung des Faches gewonnen.

Wundt hat zwischen einfacheren und höheren psychischen Vorgängen unterschieden und war überzeugt, dass die höheren Seelentätigkeiten höchstens in einigen Ausschnitten experimentell oder statistisch untersucht werden könnten, und dafür eine eigene Methodik erforderlich sei. Er schrieb 1896: »Demnach verfügt die Psychologie, ähnlich der Naturwissenschaft, über zwei exakte Methoden: die erste, die experimentelle Methode, dient der Analyse der einfacheren psychischen Vorgänge; die zweite, die Beobachtung der allgemeingültigen Geisteserzeugnisse, dient der Untersuchung der höheren psychischen Vorgänge und Entwicklungen.« Beobachtung meint hier die systematische Beschreibung und den Vergleich von Objekten der geistigen Tätigkeit des Menschen anhand von Materialien, Quellen, Berichten usw. Erst später (und nie in seinen psychologischen Hauptwerken) verwendet er den Begriff Interpretation. Für Wundt ist sie in der Tradition von Boeckh, Schleiermacher u.a. die Grundmethode aller Geisteswissenschaften. Er schrieb: »Als die Hauptaufgabe der Wissenschaften, deren Objekte geistige Vorgänge und geistige Erzeugnisse sind, betrachten wir es, dass sie uns diese Objekte verstehen lehren. Die Methode aber, die ein solches Verständnis vermitteln soll, nennen wir die Interpretation.« Diese unterliegt ebenfalls wissenschaftlichen Kriterien und Prinzipien: »Zum Interpretationsprozess gehören das Hineindenken in das psychische Objekt, Aufstellung leitender Hypothesen und ein Prozess allmählicher Vervollkommnung der Interpretation durch Kritik« (Zitate nach Fahrenberg 2008c). Seine Beschreibung der Interpretation als Prozess spricht mich als Psychoanalytiker unmittelbar an, weil sie der Methodologie der Psychoanalyse als Forschungswissenschaft, welche man von ihrer Methode als Psychotherapie abheben kann, entspricht. Dabei ist zu beachten, dass Wundt die direkte Beobachtung »höherer« psychischer Prozesse nicht für möglich hielt und deswegen die Betrachtung der Objektivierungen menschlichen Geistes in Sprache, Sitten, Mythen usw. für den Weg hielt, der zum Verständnis der allen Menschen gemeinsamen psychischen Grundeigenschaften führen könne. Freud hat mit seiner Methode der freien Assoziation und der gleichschwebenden Aufmerksamkeit sowie weiteren methodologischen Elementen eine Situation hergestellt, die eine direkte Beobachtung psychischer Prozesse gestattet und zwar auf einer mikropsychologischen Ebene, ganz konkret, von Stunde zu Stunde, von Episode zu Episode, von einem psychischen Zustand zum nächsten, welche in Minuten- oder Sekundenabständen wechseln können, dies manchmal aber auch in Monaten oder Jahren nicht tun. Diese methodologische Perspektive hält meiner Ansicht nach das psychoanalytische Forschungsprogramm viel eher als irgendwelche metatheoretischen Annahmen im Kern zusammen und muss dabei die besonderen Schwierigkeiten von Konzeptualisierungen psychischer Phänomene in entwicklungspsychologischer und krankheitstheoretischer Betrachtung aushalten. Wundt hat Prinzipien der Interpretation, welche er als grundlegend für die Geisteswissenschaften, aber auch für die »Psychologie als empirische Geisteswissenschaft« ansah, in einer »Interpretationslehre« entworfen und sie – etwas versteckt – in der dritten und vierten Auflage und im hinzugefügten dritten Band seiner *Logik* 1906-1908 veröffentlicht. Fahrenberg hat sie in seiner Arbeit »Wilhelm Wundts Interpretationslehre« (2008c) vorgestellt. Diese Interpretationslehre war mir neu. Sie ist anscheinend nur Spezialisten bekannt gewesen.

Fahrenberg zufolge ist Wundt als Theoretiker der Grundlagen der Psychologie bis heute weder überholt noch überboten. Wundt habe als epistemische Grundhaltung einen psychophysischen Parallelismus im Sinne eines heuristischen bzw. methodologischen Prinzips empfohlen. Es folge aus ihm, dass jede Form von Reduktionismus vermieden werden kann und soll. Geistige Prozesse müssen nicht auf Hirnvorgänge reduzierbar sein. Psychologie sei nur »perspektivisch« möglich. Aus den unterschiedlichen Perspektiven kommen unterschiedliche Aspekte und Forschungsfelder ins Blickfeld; Wundt verlangt, eigenständige Kategorien und Erkenntnisprinzipien anzuwenden.

In seinen umfangreichen Kommentaren zu vielen Einzelfragen der Psychologie und zur Studienreform hat Fahrenberg es bedauert, dass verschiedene Teilbereiche kaum länger zur Psychologie gerechnet werden oder jedenfalls keinen Eingang in das Psychologiestudium finden. Dem Bereich »Psychoanalyse« weist er dabei eine methodologische Sonderstellung zu, weil deren Befunde aus der Rückkopplung mit den Reaktionen des Patienten gewonnen würden. Er erwähnt, dass »die Interpretationslehre in den Geisteswissenschaften und der Psychoanalyse darin übereinstimmen, dass Bedeutungen nicht sofort und nicht an der Oberfläche hervortreten, sondern aktiv gesucht werden müssen.«

Auf der Homepage von Fahrenberg ist seit August 2011 seine neueste Arbeit zugänglich geworden. Sie hat den Titel: *Wilhelm Wundt – Pionier der Psychologie und Außenseiter? – Leitgedanken der Wissenschaftskonzeption und deren Rezeptionsgeschichte.* Hier untersucht Fahrenberg besonders die Frage, wie es dazu kommen konnte, dass Wundt derart einseitig rezipiert wurde, und zeigt, dass schon Wundts engste Schüler und Mitarbeiter den Horizont Wundts und die vielseitige Methodenlehre nicht mehr nachzuvollziehen in der Lage gewesen seien. Allerdings sei Wundt auch kein leicht zugänglicher Denker.

Die Arbeiten Fahrenbergs über Wundt und die darin ausgedrückte Hoffnung auf das Wiederaufleben der Wundtschen Multiperspektivität finde ich äußerst anregend und nehme sie zum Anlass, die Interpretationsmethoden und Stile bei Wundt und Freud in Bezug auf gemeinsame Themen in wenigstens bescheidenem Rahmen zu betrachten. Dafür eignet sich Freuds *Totem und Tabu* von 1912, auch weil dessen Erscheinen sich 2012 zum hundertsten Male jährt.

Für Freud ist Wundt in vielen Schriften der maßgebliche psychologische Gewährsmann, z.B. bereits in der *Traumdeutung*. Am ausführlichsten jedoch hat sich Freud in seinem Buch *Totem und Tabu* auf Wilhelm Wundt bezogen. Dieses Buch, das aus vier Teilen besteht, welche zuerst 1912/13 in der psychoanalytischen Zeitschrift *Imago* erschienen und noch 1913 auch in Buchform herauskam, trägt den Untertitel »Einige Übereinstimmungen im Seelenleben der Wilden und der Neurotiker«. Im Vorwort schreibt Freud: »Sie (die vier Aufsätze) entsprechen einem ersten Versuch von meiner Seite, Gesichtspunkte und Ergebnisse der Psychoanalyse auf ungeklärte Probleme der Völkerpsychologie anzuwenden. Sie enthalten also einen methodischen Gegensatz einerseits zu dem groß angelegten Werk von W. Wundt, welches die Annahmen und Arbeitsweisen der nicht analytischen Psychologie derselben Absicht dienstbar macht, und andererseits zu den Arbeiten der Zürcher psychoanalytischen Schule, die umgekehrt Probleme der Individualpsychologie durch Heranziehung von völkerpsychologischem Material zu erledigen streben. Es sei gern zugestanden, daß von diesen beiden Seiten die nächste Anregung zu meinen eigenen Arbeiten ausgegangen ist.« – Geht man diesem Hinweis nach, so stellt man fest, dass sich auf die Zürcher Schule bzw. C. G. Jung in dem ganzen Buch nur zwei distanzierende Fußnoten beziehen. Ganz anders Wundt, von dem Freud sehr ausgiebig Gebrauch macht.

Beide Forscher treffen sich in der gemeinsamen Intention, Grundelemente einer psychologischen Anthropologie herauszufinden. Beide verstehen sich nicht als Ethnologen, stützen sich aber auf das ethnologische Material, welches in ihrer Zeit reichhaltig gesammelt worden war.

Wundt verfolgt in seiner Völkerpsychologie einen evolutionistischen Ansatz. Die Kultur entwickelt sich nach ihm aus einem gleichsam kulturlosen Zustand über das totemistische Zeitalter und das Zeitalter der Götter und Helden hin zu einer Weltkultur der Humanität. Das Material, das Wundt sichtet und bespricht, ist außerordentlich reichhaltig, und es werden alle Themen angesprochen, die auch Freud verwertet (*Elemente der Völkerpsychologie* von 1912). Dazu gehören die Entstehung der Familie, Exogamie, Zauber- und Dämonenglauben, Totemismus, Tabu, Formen des Seelenglaubens u.v.a.m. Auch das Thema des Opfers wird von Wundt behandelt.

Die vier Arbeiten, die Freud in *Totem und Tabu* versammelt hat, heißen:
I. Die Inzestscheu
II. Das Tabu und die Ambivalenz der Gefühlsregungen
III. Animismus, Magie und Allmacht der Gedanken
IV. Die infantile Wiederkehr des Totemismus.

Ich werde den Inhalt dieser Arbeiten jetzt nicht referieren können, sondern werde versuchen, mich auf das mir wesentlich Erscheinende zu beschränken.

Es sind zwei Hauptgedanken, die Freud einführt. Der erste besagt, dass man alle Phänomene, welche die Ethnologie als Verhaltensweisen der Tabueinhaltung und deren tödlichen Gefahren bei primitiven – heute sagt man schriftlosen – Ethnien beobachtet hat, in heutigen menschlichen Pathologien wiederfindet, besonders in bestimmten Formen von Zwangsneurosen. Sie haben oft folgenden Denkinhalt: Wenn diese oder jene Bedingung nicht eingehalten wird, geschieht etwas Böses, bevorzugt einer nahestehenden Person. Diese und andere individuelle Pathologien erwachsen nicht aus kulturellen Vorgaben, sondern scheinen spontan zu entstehen, gleichsam als »Privatreligionen«.

Der zweite Hauptgedanke in *Totem und Tabu* besteht in dem Aufweis, dass die animistischen und magischen Formen des Erlebens und Denkens Durchgangsstadien der kindlichen Entwicklung sind. Die Belebtheit von Dingen, die erst später als unbelebt erkannt werden, vor allem aber die Überschätzung des Psychischen, d.h. die Vorstellung oder besser die Gewissheit, dass Denkvorgänge die Außenwelt absichtlich oder unabsichtlich beeinflussen können, die »Allmacht der Gedanken«, welche Freud als Terminus für die Beschreibung des magischen Denkens neu einführt, seien ubiquitäre Erlebnisweisen des Kindes, welche als manchmal sehr mächtige Reste in das erwachsene Seelenleben eingehen. Sie führten zu später unverständlichen Ängsten und Schuldgefühlen, welche die Folge von verhängnisvollen Impulsen seien, welche wiederum die Ambivalenz der Gefühlseinstellungen widerspiegelten, das gleichzeitige Vorhandensein von Liebe und Hass gegenüber demselben Objekt.

Folgt man diesen Gedanken, so ergibt sich, dass Freud damit die Grenzen zwischen Hochkultur und sogenannter Primitivität eingerissen oder zumindest sehr stark relativiert hat, genauso wie in seinem Neurosenverständnis die zwischen psychischer Gesundheit und Krankheit oder – in seinen *Drei Abhandlungen zur Sexualtheorie* von 1905 – die zwischen sogenannter Perversion und normalem Sexualleben. Dieser Grenzabbau hat die Kultur des 20. Jahrhunderts sicher viel mehr beeinflusst als manche seiner speziellen Theorien und Modellvorstellungen.

Um das Gesagte zu illustrieren, gehe ich kurz auf die Entstehung des Dämonenglaubens bei beiden Autoren ein. Beide vermuten als Grunderlebnis die Begegnung mit dem Tod und sehen den Dämon als Verwandlung des Toten an. Bei Wundt sieht das so aus:

> An der Stätte zu weilen, wo ein Toter liegt, bringt den Lebenden in Gefahr selbst vom Tode ereilt zu werden. Und was diese Gefahr bewirkt, das ist augenscheinlich eben das, was dem Menschen, der eben gestorben ist, selbst den Tod gebracht hat. Der Primitive kann sich den Eintritt desselben nicht anders denken, als indem er glaubt, was das Leben erzeugt hat, trenne sich plötzlich vom Sterbenden. Dennoch verbindet sich mit dieser Vorstellung immer auch die andere, die Kräfte des Lebens seien noch im Körper vorhanden, der ja durch feste Assoziationen an den Eindruck des Lebens gebunden bleibt. So entsteht hier zum ersten Male die widerspruchsvolle Vorstellung eines Etwas, welches das Leben erzeugt, dabei gleichzeitig vom Körper verschieden und dennoch mit ihm verbunden sei. Diese zwei an sich disparaten Motive sind im Geiste des primitiven Menschen, soweit man eine Auskunft über den Todeseindruck gewinnen kann, unauflöslich vereinigt. So wird ihm das Leben zu einem Wesen, das teils in verborgener Weise im Leichnam fortlebt, teils ungesehen in dessen Umgebung sich umtreibt. Darum wird ihm der Tote zu einem Dämon, zu einem Wesen, das unsichtbar den Menschen ergreifen, überwältigen, töten oder Krankheiten in ihm hervorrufen kann. (S. 82)

Man könnte hier kommentieren: Wundt rekonstruiert einen Urahnen, der zwar zu falschen Ergebnissen kommt, dessen Denken man aber auch nicht als irrational bezeichnen müsste, weil es auf nachvollziehbaren Beobachtungen beruht.

Freud leitet die Verwandlung des Toten in einen Dämon aus der affektiven Ambivalenz ab. Dieser Ausdruck wurde von dem Psychiater Eugen Bleuler geprägt und bezeichnet das gleichzeitige Vorhandensein von aggressiven und freundlichen – Freud sagt »zärtlichen« – Einstellungen gegenüber derselben Person, was umso dramatischer sein kann, wenn man von der betreffenden Person abhängig ist. Dann muss die feindselige Einstellung unterdrückt oder sogar verdrängt werden, im letzten Falle ist sie dann nicht mehr spürbar, was bei Freud unbewusst heißt. In der Trauerreaktion muss es – so Freud – »zwischen diesen beiden Gegensätzen zum Konflikt kommen, und da der eine Gegensatzpartner, die Feindseligkeit – ganz oder zum größeren Anteile – unbewusst ist, kann der Ausgang des Konfliktes nicht in einer Subtraktion der beiden Intensitäten voneinander mit bewusster Einsetzung des Überschusses bestehen, etwa wie man einer geliebten Person eine von ihr erlittene Kränkung verzeiht. Der Prozess erledigt sich vielmehr durch einen besonderen psychischen Mechanismus, den man in der Psychoanalyse als Projektion zu bezeichnen gewohnt ist. Die Feindseligkeit, von der man nichts weiß und auch weiter nichts wissen will, wird aus der inneren Wahrnehmung in die Außenwelt geworfen, dabei von der eigenen Person gelöst und der anderen zugeschoben. Nicht wir, die Überlebenden, freuen uns jetzt darüber, dass wir des Verstorbenen ledig sind; nein, wir trauern um ihn, aber er ist merkwürdigerweise ein böser Dämon geworden, dem unser Unglück Befriedigung bereiten würde, der uns den Tod zu bringen sucht. Die Überlebenden müssen sich nun gegen diesen bösen Feind verteidigen; sie sind von der inneren Bedrückung entlastet, haben sie aber nur gegen eine Bedrängnis von außen eingetauscht.« Diese vielleicht etwas holzschnittartige Darstellung der Trauerreaktion wird Freud vier Jahre später (1916) in seiner Schrift »Trauer und Melancholie« umfassender bearbeiten.

Aus Freuds Ableitungen und der Verwendung des Ausdrucks Projektion kann man wie aus einer Nussschale die ganze Freudsche Kulturtheorie herausholen. Das, was projiziert wird, ist nämlich nicht nur ein Affekt wie Wut oder Aggression, sondern bereits ein bearbeiteter psychischer Zustand. Die Ambivalenz führt beim Tode des Objekts zu einer Aufspaltung in voneinander getrennte Gefühlseinstellungen gegenüber dem Toten: gleichzeitige Idealisierung bzw. Sakralisierung einerseits, Dämonisierung andererseits. Durch Projektion kommen dem Menschen die zu verehrenden und anzubetenden Ahnen und Götter wie auch die gefürchteten Dämonen sozusagen von außen entgegen und verdichten sich in den jeweiligen kulturellen Umwelten zu mehr oder weniger umschriebenen Gestalten. So gesehen ist aber die Kultur nicht mehr eine bloße Außenwelt, weil nämlich der psychische Innenraum, der in der Psychoanalyse als mentale Welt, Repräsentanzenwelt oder ähnlich benannt wird, sich in die Außenwelt erstreckt. Das führt unvermeidlich zu Verkennungen, aber auch dazu, dass sich innerpsychische Schutzfunktionen als kulturelle Institutionen in der Außenwelt etablieren, z.B. als Religionen.

In der letzten Abhandlung, auf die ich kurz eingehen möchte, bringt Freud bekanntlich seine von Darwin entlehnte und erweiterte Urhordentheorie. Als Grundsituation der Kultur sieht er die Opfertat als gemeinschaftsstiftende Handlung an, die im Ritual wiederholt wird. Das ist eine Idee, welche er von anderen Autoren übernommen hat. Sie spielt auch heute noch eine vieldiskutierte Rolle in den Kultur- und Religionswissenschaften (z. B. bei Walter Burkert oder René Girard). Freud fragt: Wer wird eigentlich in Gestalt des Totems als Opfer getötet und wie kommt es zu einem, wie er es später nennt, »wissenschaftlichen Märchen«? Der die Frauen allein besitzende Vater der Urhorde sei von den sich zusammenrottenden Söhnen ermordet worden, um die Frauen unter sich aufteilen zu können. Die Söhne hätten jedoch davon mächtige Schuldgefühle davongetragen, sie hätten daher den ermordeten Vater sakralisieren und zu einem Gott machen müssen, und aus den Schuldgefühlen sei das kulturelle Gewissen entstanden, welches den Zusammenhalt der Gemeinschaft erneuere und garantiere. Der Ambivalenzkonflikt aber, weil er ein Strukturkonflikt der menschlichen Psyche sei, würde mit jedem Kinde neu geboren, und auch in Kultur und Gesellschaft bleibe die gewaltbereite Ambivalenz latent erhalten. Man kann natürlich nicht fragen, ob es Beweise für sein wissenschaftliches Märchen gibt, aber man kann fragen, warum er geglaubt hat, es erzählen zu müssen. Eine Antwort könnte sein, dass er – dessen Werk ein darwinistisches Unternehmen ist – geglaubt hat, für den von ihm postulierten ontogenetischen Strukturkonflikt einen phylogenetischen voraussetzen zu müssen.

Wie dem auch sei: Totem und Tabu, der Urhordenmythos und der Ödipuskonflikt sind während des ganzen 20. Jahrhunderts kontrovers diskutiert worden. Die Freudsche Schöpfung der Psychoanalyse als Psychotherapieform und mentalistische Psychologie hat inzwischen ein wechselvolles Schicksal gehabt, und es sind Entwicklungen aufgetreten, die sich wiederum nur unter historischer Perspektive darstellen lassen.

Aus der unendlichen Flut von Kommentaren möchte ich das Werk eines psychologischen Autors herausheben, das nunmehr 20 bis 30 Jahre alt, mittlerweile vielleicht auch schon als historisch zu betrachten ist. Zu den Intentionen von Wundt, Freud und Fahrenberg passt es, weil es sich ausdrücklich als Beitrag zur Anthropologie versteht und weil es Gebrauch von ethnologischem Material macht. Man kann es somit als direkte Fortsetzung des Dialoges zwischen Wundt und Freud lesen, denn was sind schon hundert Jahre! Norbert Bischof, Schüler und Mitarbeiter von Konrad Lorenz, über den er ein »Psychogramm« verfasst hat, hat 1985 ein Buch über das *Rätsel Ödipus* vorgelegt und 1996 ein weiteres Werk mit dem Titel *Vom Kraftfeld der Mythen* mit dem Untertitel »Signale aus der Zeit, in der wir die Welt erschaffen haben«. Beide gewichtigen Bände sind selbst weder mythisch noch mysteriös, sondern ausführliche Auseinandersetzungen eines psychologischen Empirikers mit den Themen Freuds, Jungs und anderer Vertreter dieses Feldes. Wie er dem vielgeschmähten Ödipus Gerechtigkeit widerfahren lässt, kann ich heute leider nicht referieren, will aber kurz auf seine Hauptidee eingehen, die ich als genial empfinde. Die kosmogonischen Mythen, die in vielen Ethnien vom Beginn der Welt, vom Auseinandertreten von Himmel und Erde, von der Erschaffung von Mann und Frau, von Trennung und Schuld berichten, seien als nachträgliche Verarbeitung des psychischen Entwicklungsprozesses zu verstehen. Das erlebende Ich – so beschreibt er es in

Verwendung gestaltpsychologischer Denkmodelle – sei zu Beginn des Lebens zunächst ein mediales, d. h. unkonturiert und unabgegrenzt. Es lebt noch nicht in einer konturierten, gegliederten und strukturierten Welt, womit aber nicht die Wahrnehmungswelt gemeint ist, sondern die emotionale Beziehungswelt. Im Prozess der Entwicklung finde eine allmähliche Figurierung statt, das heißt die Bildung von Ichgrenzen, das Heraustreten aus der Symbiose, die Trennung und der Verlust der medialen Welt und schließlich das, was in der Psychoanalyse als Triangulierung bezeichnet wird, d. h. die mentale Repräsentierung der Generationenschranke und des elterlichen Paares in seiner separaten Sexualität und Prokreativität. Dieser Strukturierungsprozess ist während seines Verlaufs nicht wahrnehmbar und nicht verbalisierbar, er ist auch nicht erinnerbar. Aber in den kosmogonischen Mythen schlägt sich seine Erfahrung symbolisch nieder. Die Parallele zur psychotherapeutischen Situation liegt auf der Hand. Der Mensch kann seine Lebenserinnerungen und seine Assoziationen mitteilen, aber nicht seine Strukturgeschichte, erst recht nicht, wenn ihm sogar Strukturelemente fehlen.

Mit seinem Werk kommt Bischof psychoanalytischen Befunden und deren entwicklungspsychologischen Rekonstruktionsversuchen äußerst nahe und erklärt sie zum Teil besser. Seine Beschreibung der – wie er es nennt – »emotionalen Selbstorganisation des heranreifenden Bewusstseins« entspringt interpretativer Wissenschaft und lässt sich als Kernstück einer psychologischen Anthropologie in der Tradition Wundts und Freuds verstehen. Es zeigt, dass die von Wundt reklamierte Multiperspektivität nicht auf ein bloßes Nebeneinander mit Ausgrenzung von Unerwünschtem oder Unverstandenem hinauslaufen muss, sondern eine intelligente Vermittlung ohne Senkung des Diskursniveaus möglich ist.

Literatur

Bischof, Norbert (1985): Das Rätsel Ödipus. Die biologischen Wurzeln des Urkonflikts von Intimität und Autonomie. München, Zürich (Piper).
Bischof, Norbert (1996): Das Kraftfeld der Mythen. Signale aus der Zeit, in der wir die Welt erschaffen haben. München, Zürich (Piper).
Fahrenberg, Jochen (2004) (2. Aufl. 2008): Annahmen über den Menschen. Menschenbilder aus psychologischer, biologischer, religiöser und interkultureller Sicht. Texte und Kommentare zur Psychologischen Anthropologie. Heidelberg (Asanger).
Fahrenberg, Jochen (2007): Menschenbilder. Psychologische, biologische, interkulturelle und religiöse Ansichten. Psychologische und Interdisziplinäre Anthropologie. Online im Internet: http://www.jochen-fahrenberg.de [e-book. PDF-Datei, 268 Seiten, 1.8 MB, und Datum des Downloads].
Fahrenberg, Jochen (2008a): Die Wissenschaftskonzeption der Psychologie bei Kant und Wundt. e-Journal Philosophie der Psychologie Nr.10, März 2008. PDF-Datei auf Homepage www.Jochen-Fahrenberg.de
Fahrenberg, Jochen (2008b): Die Wissenschaftskonzeptionen der Psychologie bei Kant und Wundt als Hintergrund heutiger Kontroversen. Struktureller Pluralismus der Psychologie und Komplementaritätsprinzip. Defizite der Philosophischen und Psychologischen Anthropologie und ein Plädoyer für eine interdisziplinäre Anthropologie. Publikationsdatum: 15. 04. 2008. http://psydoc.sulb.uni-sarland.de/volltexte/2008/1557/ PDF-Datei auf Homepage www.Jochen-Fahrenberg.de
Fahrenberg, Jochen (2008c): Wilhelm Wundts Interpretationslehre. FQS Forum qualitative Sozialforschung. Volume 9, No. 3, Art. 29, September 2008. PDF-Datei auf Homepage www.Jochen-Fahrenberg.de
Fahrenberg, Jochen (2011): Wilhelm Wundt – Pionier der Psychologie und Aussenseiter? Leitgedanken der Wissenschaftskonzeption und deren Rezeptionsgeschichte. PDF-Datei auf Homepage www.Jochen-Fahrenberg.de: Wilhelm_Wundt__Pionier_ der_Psychologie_und_Aussenseiter.pdf
Freud, Sigmund (1912/1913): Totem und Tabu. Einige Übereinstimmungen im Seelenleben der Wilden und der Neurotiker. GW IX
Werthmann, Hans-Volker (2011): Zurück zu Kant und Wundt! Psychologie als »Empirische Geisteswissenschaft« auf dem Weg zu einer »psychologischen Anthropologie« – Die Diskussion von Grundfragen der Psychologie durch Jochen Fahrenberg. Psyche – Z Psychoanal 65, 265-271.
Wundt, Wilhelm (1896): Grundriss der Psychologie. Leipzig (Engelmann).
Wundt, Wilhelm (1912): Elemente der Völkerpsychologie. Grundlinien einer psychologischen Entwicklungsgeschichte der Menschheit. Leipzig (Kröner).

Hermann Pius Siller

Existentielle Bürgschaft und Trauma

Erinnerungen

Es muss das auslaufende Sommersemester 1977 gewesen sein, wenige Wochen nach meiner Berufung an den Fachbereich Katholische Theologie der Goethe-Universität in Frankfurt am Main, wir standen überraschend voreinander, unten vor den Aufzügen im AfE-Turm. Unvermittelt und beinahe übergangslos waren wir wieder bei den Themen, die es schon dreißig Jahre zuvor waren, als wir nebeneinander die Schulbank drückten. Kein Schwelgen in Erinnerungen an Vergangenem – so scheint mir heute –, sondern Wiederaufnahme dessen, was damals angefangen wurde, uns nach dreißig Jahren aber immer noch umtrieb.

Damals: wir waren etwa sechzehn Jahre alt, hinter uns schon ein lebensgeschichtlicher Bruch, als Niederlage erlebt, in die manche Schulkameraden als »Flakhelfer«, andere als an Infanteriewaffen ausgebildete Hitlerjungen hineingerissen waren. Unsere Väter waren seit 1939 eingezogen und viele, so mein Vater, anschließend in Kriegsgefangenschaft. Das, was über Jahre hinweg einer chaotischen Wirklichkeit so etwas wie eine Ordnung in unseren Köpfen gab, galt plötzlich nicht mehr. Wir waren ohne Krücken auf uns selbst gestellt, genötigt den Blick zurückzuwenden auf eine Vergangenheit, die allein schon durch die nationale Zugehörigkeit für uns beschämend war. Scham war für manche von uns ein dominierendes Gefühl. Zugleich wurde uns diese Vergangenheit seltsam fremd, so fremd wie die Zukunft vor uns, die wir in keiner Weise absehen konnten.

Als nach einem Jahr die Schule wieder begann, hatten wir alle schon auf unterschiedliche Weise einen ersten Kurs in elementarer Lebensbewältigung hinter uns. Ein großer Teil unserer Klassenkameraden kehrte nicht mehr in den Unterricht zurück. Die Notwendigkeit, sich zu beschaffen, was man zum Leben braucht, erlaubte ihnen den Luxus der Schule nicht mehr. Wir aber, die sich erneut auf den Schulbänken einfanden, empfanden die Zeit zum Lernen als Geschenk und waren eher dankbar für die Schule, weil sie unserem Leben eine gewisse Ordnung abnötigte. Das war entlastend. Dankbar, so will mir scheinen, waren wir auch für den Respekt, den die Lehrer uns jetzt entgegenbrachten.

Heimkehrer aus der Gefangenschaft und Flüchtlinge aus dem Osten stießen als neue Klassenkameraden zu uns. Glücklicherweise hatten wir Lehrer, welche die von uns gemachten Erfahrungen auf die eine oder andere Weise ansprachen und in den Lehrplan einbezogen. Wir waren neugierig und lasen in diesen Jahren viel: Vergil und Xenophon, Wolfram von Eschenbach und Walter von der Vogelweide, den *Simplicissimus, Unterm Rad* und das *Glasperlenspiel.*

Eine Lektüre

»Kannst Du Dich an das *Taschenbuch für junge Menschen* erinnern, das Du mir über die Bank geschoben hast?« Und ob. Ich hatte es mir von meinem Verdienst als Waldarbeiter und bei der Umzugshilfe erworben, 50 Pfennig die Stunde. Das Buch war für mich ein erster Anschluss an den aktuellen Büchermarkt, so etwas wie ein Entrée zum Umgang mit den Intellektuellen. Peter Suhrkamp gab es heraus für solche, die sich damals in einer ähnlichen Lage befanden wie wir: »Unter ihnen hatte sich die Erde aufgetan, sie hatten den Rand des Abgrundes mit Not erreicht und hielten dort an, der Grund unter ihren Füßen bebte noch, in der Luft war noch das Tosen eines Sturmes, vor ihnen lag das heimische Land unkenntlich und uneinsichtig.«[1] Peter Suhrkamp sammelte Beiträge von Autoren wie Josef Pieper, Reinhold Schneider, Rudolf Alexander Schröder, Albrecht Goes. Oft – so empfanden wir es – persönlich an uns gerichtete Briefe. »Verdichtungen der inneren Person war der Wunsch der Autoren.«[2] Heinrich Schirmbeck beschäftigte sich mit den Grenzen von Ethik, Wissenschaft und Religion.[3] Wolfgang Schadewald spiegelte in der »Heimkehr des Odysseus« die Schwierigkeit einer Generation, ihre Identität wiederzufinden. Odysseus »weiß nicht, wo er ist. Er fragte sich wieder einmal verzweifelt: Wohnen hier Wilde oder gesittete Menschen.« Und »zwischen ihm und der Heimat, zwischen ihm und dem eigenen Selbst liegt nun so vieles. Das legt sich wie ein Nebel auf die Dinge.«[4] Hugo Kükelhaus zeigte, was ein »meisterlicher Mensch« ist, »dass er sich einem Letzten anvertraut, über das er nichts mehr vermag, über das er keine Gewalt hat und haben will. Darin liegt seine Freiheit, seine Würde. Das ist das Geheimnis auch der Wirkung seiner Werke. ... Immer an die Grenze kommen,

---

[1] Suhrkamp 1946, S, 371
[2] Ebd.
[3] Ebd., S. 351-370.
[4] Ebd., S. 191.

wo die Macht aufhört.«[5] Das waren Stimmen, die wir verstanden und uns in Perspektiven einwiesen.

Ein erleuchtender Fund

Herbert Fritsche – wir kannten seinen Namen so wenig wie die meisten anderen Namen der Autoren auch – suchte in dem als Brief verfassten Beitrag eine Antwort zu geben auf die Frage: »Wo sollen wir den Wurzelgrund suchen?«[6] Gemeint ist der Wurzelgrund für die Krankheit unserer Kultur. Wo ist unsere kranke Kultur am tiefsten unwahrhaftig? Er lässt sich von einem indischen Sanskritgelehrten darauf aufmerksam machen, in Indien erwarte jeder selbstverständlich, dass die persönlichen Anschauungen durch das eigene Leben gedeckt sind. Im Okzident könne man diese Erwartung nicht mehr mit dieser Selbstverständlichkeit haben. Fritsche ging es um eine existentielle Grundhaltung, die ihm zufolge dem Abendland abhandengekommen zu sein schien: die intellektuelle Redlichkeit. Das war das Resumée seiner Erfahrungen aus dem Umgang mit der nationalsozialistischen Ideologie. Hätten Christen und Bürger in ihrer Lebenspraxis diese Ideologie zu realisieren versucht, ihr wahres Gesicht wäre schnell ans Licht getreten. Zu sehr hatte man sich an die Kluft zwischen öffentlicher Meinung und privater Lebenspraxis gewöhnt. Wenn man zum Beispiel die Ehrfurcht vor dem Leben wirklich ernst nehmen würde, dann könne man doch nicht die Lebenspraxis der Jaina-Mönche befremdlich finden, die vor dem Gesicht einen Schleier tragen und den Weg vor den eigenen Schritten kehren, um keinem Lebewesen zu schaden. Fritsches Hauptzeuge ist der späte Strindberg in den Inferno-Legenden und in den Blaubüchern. August Strindberg stellt sich darin »experimentierend auf den Standpunkt der Gläubigen«. Er meinte damit nicht so sehr das vorläufige »So-tun-als-ob«, wie es zum naturwissenschaftlichen Experiment gehört, dass also eine Vermutung auf wiederholbare Weise einer Versuchsanordnung unterzogen wird zum Zweck einer Falsifikation. Vielmehr meinte er, dass der christliche Glaube und wohl jede religiöse Überzeugung nicht allein theoretisch argumentativ zu überprüfen wären. Eine logische Konsistenz genüge nicht. Der Diskurs sei keine zureichende Begründung einer Überzeugung. Die Probe des Lebens sei unübergehbar. »Billiger kommst Du nicht davon.« Glaubensüberzeugungen haben sich in der »Lebenswelt«, in der Lebenspraxis zu bewähren, nicht

---

[5] Ebd., S. 144.
[6] Ebd., S. 237-255.

im Seminar und nicht im Laboratorium. »Willst Du sehen, was es auf sich hat mit dem christlichen Leben, dann führe es.« Das meint der Begriff »existenzielle Bürgschaft«: eine Pragmatik der Wahrheit.

Existenzielle Bürgschaft

Die Tatsache, dass wir auf diesen Begriff angesprungen sind, hatte lebensgeschichtlich wohl auch damit zu tun, dass unsere Berufswahl, mehr als in den Generationen zuvor und danach, mit den Fragen nach dem Lebenssinn überhaupt, mit den Fragen der Glaubwürdigkeit, der Vertrauenswürdigkeit, mit Wahrheit und Wahrhaftigkeit zu tun hatte. Erlittene Verblendungen und überspielte Grausamkeiten sollte es in unserem Leben nicht mehr geben. Um möglichst genau zu sprechen, versuche ich den Begriff »existenzielle Bürgschaft« als Maxime zu formulieren. Diese würde etwa lauten: Traue den lebensgeschichtlich wirksamen Überzeugungen eines anderen nur insoweit, als Du gewiss sein kannst, er kann sie in der Erfahrung seiner eigenen Existenz verbürgen. Und: Sprich von Deinen lebensgeschichtlichen Überzeugungen nur in soweit, als Du diese durch Erfahrungen mit eigener Existenz verbürgen kannst. In dieser Formulierung wird die kritische Funktion des Begriffs ebenso deutlich wie seine soziale Dimension, also seine therapeutische und pädagogische Bedeutung. Für die Wahrheit, in der ich selber leben will oder die ich einem anderen zu leben zumuten will, muss ich mit meiner Erfahrung Haftung übernehmen. Allein so hat sie die Überzeugungskraft, die sie haben muss und haben darf. Wenn die Maxime stimmt, dann ist die »jemeinige Erfahrung« ein Kriterium sine qua non für die Übergabe und Übernahme einer lebensweltlich praktischen Überzeugung.

Die Rede ist also nicht von experimentell gesicherten empirischen Daten naturwissenschaftlicher Systeme. Deren wissenschaftliche Exaktheit und Tragfähigkeit beruht auf der Reduktion ursprünglich lebensweltlicher Gegebenheiten auf eindeutigere und überprüfbare Parameter. Die Rede ist vielmehr von Gegebenheiten aus der Erfahrung der konkreten lebensweltlichen und intersubjektiven Praxis im Alltag. Von solchen lebensweltlichen Einsichten geht man im Allgemeinen auch bei seiner Berufswahl aus. Peter, mein Banknachbar, begann das Studium der Medizin, wurde Facharzt der Psychiatrie und begann – wie ich später, aber ohne Überraschung, vernahm – eine psychoanalytische Ausbildung. Ich konnte darin aus meiner Perspektive eine Folgerichtigkeit erkennen. Der ernste Versuch, einen heilenden Beruf auszuüben, entlässt aus sich die Frage nach der Ätiologie der Krankheiten; radikaler noch: Er entlässt aus sich die Frage nach den eigenen Verstrickungen sowohl bei der Anamnese als auch in den Prozess der Therapie. Die Bibel echote in mir: »Arzt heile dich selbst« (Lk 4,23), und nimmst du nicht »den Balken im eigenen Auge« wahr (Mt 7,3)? Ich daneben ging den Weg in die Philosophie und die Theologie; aber nicht geradewegs in das akademische Studium, wie sich das normalerweise nahelegen würde, sondern ich wurde zur Überraschung meiner Klassenkameraden zuerst Mönch. Ich ließ mich hineinziehen in die Sache im Bewusstsein, dass es im Leben Bereiche gibt, bei denen es nicht genügt, »sich etwas gesagt sein zu lassen«. Eine solche Art des Lernens würde der Sache, um die es mir ging, möglicherweise nicht zu Gesicht stehen. Philosophisch landete ich dann in der Phänomenologie, also bei der Frage nach der Erfahrung, und theologisch bei Karl Rahners »Logik existentieller Erkenntnis«. Die eigene Existenz wird Erprobungsfeld des Redens von Gott. In seinem *Philosophical Notebook*[7] hatte John Henry Newman einen ähnlichen Gedankengang, auf den ich viele Jahre später zu meiner Bestätigung gestoßen bin. Unter der Kapitelüberschrift »Proof of Theism« hat er, wohl angeregt von John Locke und der frühen analytischen Philosophie, keine Gottesbeweise vorgelegt, sondern eine Erprobung des Gottesgedankens vorgeschlagen und diese Erprobung als ein Vernehmen des Gewissens differenziert beschrieben.

Skizze eines phänomenologischen Erfahrungsbegriffs

Mit diesem Thema verwickle ich mich in eine ganze Reihe von Problemen, die nicht in einer Skizze, sondern in der Entwicklung einer Problemgeschichte, die von Hegel über Husserl und Freud bis zu Schütz und Waldenfels reichen würde. Sie müsste den Begriff der Erfahrung nicht nur argumentativ erweisen, sondern selber zur Erfahrung bringen, und nicht nur schließlich auch, sondern vor allem der eigenen geschichtlichen Verstellungen der Phänomene bewusst und sie zu umgehen fähig werden. Mit einer Skizze davon möchte ich hier wenigstens soweit kommen, einen verantwortbaren Sprachgebrauch möglich zu machen.[8]

Der Gebrauch des Wortes »Erfahrung« muss, wie das ja auch Freud tut, das Bewusstsein zum Topos seines Exerzitiums nehmen. Das Bewusstsein ist ein epochaler Begriff der Neuzeit. Er benennt die Offenheit des Daseins für die Anwesenheit von Wirklichkeit. Im Bewusstsein betrifft etwas den Menschen

---

[7] Newman 1970.
[8] Zum Ganzen vgl. Siller 2012.

so, dass er sich dazu verhalten kann und verhalten muss. Doch es ist nicht nur ein Ort, ein Schauplatz, sondern auch der Zustand einer Aktivität. Es greift aus, deckt auf und verdeckt auch wieder. Es ist differenziert, es muss verarbeiten, es ermüdet, kann abschalten und aufwachen. Das Bewusstsein ist aufmerksam. Das heißt, es richtet sich auf etwas, es ist intentional. Es verhält sich zu einer »Gegebenheit«, die von »außen«, also empirisch, objektiv auf es stößt oder von ihm »innerlich«, subjektiv erlebt wird.

Das Bewusstsein ist nicht leer. Die Gegebenheiten früherer Erfahrungen werden erinnert und bilden Zusammenhänge. In diesen apriorisch, »faktisch« schon vorgefundenen Zusammenhängen werden Gegebenheiten, seien es innere Erlebnisse oder äußere Widerfahrnisse verarbeitet. In diesen Zusammenhängen müssen sie verarbeitet werden oder sie werden abgedrängt, abgekapselt oder vergessen. Die erinnerten Zusammenhänge von Erfahrungen gehen in den orientierenden Sinnhorizont des Subjekts ein. Dieser Horizont bildet das lebensgeschichtlich gewordene faktische Apriori[9] des Handelns. Das macht die Erfahrung im Gegensatz zum *Erlebnis* aus, dass Erfahrung nachhaltig ist und das Subjekt in seinem künftigen Handeln und Verhalten prägt. Das Erlebnis aber bleibt im Bewusstsein nur punktuell und findet keinen Zusammenhang. Es bleibt isoliert oder wird im Bewusstsein an die Peripherie verdrängt.

Die vom Bewusstsein konstituierten und in ihm bewahrten Erfahrungen sind also keine bloßen Anhäufungen. Ihre Zusammenhänge können streng funktional geordnet sein und bilden dann Systeme, so etwa in den Naturwissenschaften oder auch in gesellschaftlichen Gebilden wie den Finanzen, dem Verkehr und der Wirtschaft. Ganz anders geordnet sind die Zusammenhänge in der »Lebenswelt«. Sie sind lebensgeschichtlich und biographisch, geschichtlich und epochal, in sozialen Zugehörigkeiten und Institutionen geordnet. Die Lebenswelt ist der fundamentalere Zusammenhang. Die Systeme sind aus ihr abstrahiert und formalisiert; und sie müssen, um im Alltag belangvoll zu werden, wieder auf die Lebenswelt zurückbezogen werden.

Das Bewusstsein des Subjekts öffnet sich in einem fundamentalen Akt, es spannt sich auf in dem konkreten apriorischen Horizont seiner Lebenswelt. So hält es sich für Gegebenheiten zugänglich, macht damit Erfahrungen und gewinnt zu den Gegebenheiten ein Verhältnis. In einem lebensweltlichen Horizont

---

[9] Um diese apriorische Prägung durch die Geschichte von dem in der Bedeutung Kants jeder geschichtlichen Erfahrung zuvorkommenden Apriori zu unterscheiden, das sich durch keinen Diskurs bestreiten lässt, ohne den Diskurs selber ins Unrecht zu setzen, spricht Apel von einem »Faktizitätsapriori«, vgl. Karl-Otto Apel 1973, S. 358-435, oder ders. 1993, S. 29-61.

schafft sich das Bewusstsein Lebenssinn und Entwürfe für das Handeln, also Zukunft.

Eine elementare und erschütternde Erfahrung macht das Subjekt damit, dass eine Gegebenheit seiner Erfahrung selber ein Subjekt ist, also Bewusstsein mit einem eigenen, lebensweltlichen Horizont hat, mit eigenen Erfahrungen und Erfahrungszusammenhängen, mit eigenen Lebensentwürfen und Handlungsplanungen: das Phänomen des Anderen, des Fremden. Damit erhebt sich mitten in der eigenen Lebenswelt das Problem der theoretischen und praktischen Verständigung. Das jemeinige Bewusstsein mit den eigenen Erfahrungen birgt somit für mich auch die Herausforderung eines anderen Bewusstseins mit seinen Erfahrungen: die Erfahrung des Fremden im Eigenen.[10]

Die Erfahrungszusammenhänge, in die Gegebenheiten geraten, können in verschiedener Weise geordnet werden: strengere, funktionale Systeme, wie etwa die Technik, die Naturwissenschaften, aber auch gesellschaftliche Systeme (Finanzen, Verkehr, Wirtschaft). Sie sind umso exakter, je mehr sie logischen Idealisierungen folgen. Allerdings umso reduzierter, von den konkreten Lebenszusammenhänge abgezogen, sind dann diese »Daten«.[11] Konkreter, weniger logisch idealisiert, sondern pragmatisch von intersubjektiven Interessen geleitet sind die Zusammenhänge der »Lebenswelt«, wie Nachbarschaft, Muttersprache und die mannigfachen Zugehörigkeiten. Diese Lebenswelt ist »letzturspünglich«, das heißt, die formalisierten Systeme sind im Interesse von mehr Eindeutigkeit und Funktionalität aus der Lebenswelt abgeleitet und müssen, wenn sie dem Leben dienen sollen, auf diese zurückgeführt werden.[12]

Zum analytischen Erfahrungsbegriff

Nicht unbescheidener als die Skizze eines phänomenologischen Erfahrungsbegriffs ist der Versuch eines Liebhabers der Philosophie und der Theologie, sich in einer Disziplin zu äußern, deren Ausgangsinteresse klinisch-therapeutisch ist und der sich nie einer eigentlichen Analyse unterzogen hat. Man muss fast so kühn sein wie die Analytiker selber, die sich nun aber mit gutem Recht zur Sache der Seele des Menschen äußerten, und wie die großen Meister Ricœur, Rahner, Adorno, Derrida, Habermas und Waldenfels, die sich in die Debatte eingemischt

---

[10] Vgl. Edmund Husserl 1963.
[11] Edmund Husserl 1999, S. 38, 44, 51.
[12] Jürgen Habermas 1981, bes. S. 171-293.

haben. Ansprechbar auf die Schwächen und im Interesse der wechselseitigen Verständigung sei es mir erlaubt zu sagen, was ich verstanden zu haben meine. Wahrscheinlich könnten beide Seiten sich schnell über den ungefähren Gebrauch des Wortes Erfahrung einigen, wenn man fürs Erste meint, dass sowohl die anamnestische wie auch die therapeutische Praxis auf ein Bewusstseinssubjekt zielt, das annähernd imstande ist, aus den unbewältigten Erlebnissen und Widerfahrnissen im Zusammenhang seiner Lebensgeschichte Erfahrungen werden zu lassen. Erfahrungen, das heißt Gegebenheiten, zu denen sich das »Ich« verhalten kann, deren es sich bewusst geworden ist und die einen Platz in der verantworteten Lebensgeschichte gefunden haben. Dieses Subjekt kann, obgleich die Erlebnisse topographisch ins Vorbewusste oder Unbewusste abgedrängt und nur in verschobenen (konvertierten) Symptomen, also in Träumen, Wiederholungszwängen und Neurosen, zugänglich sind, diese mit Hilfe der Analyse dechiffrieren und archäologisch lesen. Es kann aus dem Verdrängten Erfahrungen gewinnen, es als substantiellen Teil der eigenen Lebensgeschichte erkennen und anerkennen. Es kann mit seiner Lebensgeschichte in seiner Lebenswelt »leben«.

Die Analyse erfasst, soweit das überhaupt trennbar ist, in der Triebtheorie vor allem innere Erlebnisse, also Wünsche und Vorstellungen, und in der Traumatheorie eher die von außen beigebrachten seelischen Verletzungen. Ich beschränke mich im Folgenden auf Traumata. Sie werden erlebt in Symptomen extremer Ohnmacht, in letzter Hilflosigkeit, in automatisch sich einstellenden Ängsten, Träumen und Wiederholungszwängen. Die sogenannte »Objektbeziehungstheorie«[13] kann dies genauer beschreiben: Das traumatisierende »Objekt« wird ein Introjekt im Ichideal des Analysanden. Damit ist das Ich in seiner Selbstbestimmung, im Kern seiner Person, tangiert. Es erlebt sich mindestens partiell enteignet. Das Introjekt wird als Fremdkörper im Eigenen erlebt. Das »Objekt« stellt sich selbst ebenfalls als ein Subjekt heraus, wenngleich als ein anderes, fremdes, usurpierendes, mit eigenen Horizonten, besonderen Perspektiven, einer eigenen Lebensgeschichte und Lebenswelt, mit einer eigenen Wirklichkeit. Dieses andere Subjekt hat auf Grund anderer Erfahrungen andere Geltungsansprüche im Erfahrungsbereich des Analysanden. Dessen Ansprüche werden in Frage gestellt oder außer Kraft gesetzt. Seine Identität ist bedroht oder verletzt. Das Trauma ist ein verdrängtes Erlebnis, das, wenn es als verletzende Erfahrung rekonstruiert wird, auch in seinem Schmerz wiedererweckt wird. Diese Rekonstruktion einer merkwürdigen Erfahrung in der Analyse ist

---

[13] Kutter 1989, S. 30ff., S. 124; Kutter/Müller 2008, S. 157-165.

ein Schmerz. Das Ichbewusstsein erleidet nochmals den Schmerz, den Andere ihm angetan haben.

Die Erfahrung radikaler Endlichkeit

Dem Theologen unter den Phänomenologen möge die Frage erlaubt sein, ob die anamnestischen und therapeutischen Kategorien der Psychoanalyse zureichend sind, um die Zumutungen der Lebenswelt zu bewältigen. Oder um die Frage auf unseren Gedankengang hin genauer zu stellen: Gibt sich die gegenwärtige Psychoanalyse zureichend Rechenschaft, in welche Zusammenhänge der Lebensgeschichte das Bewusstsein ausgreifen muss, um verdrängte Erlebnisse zu Erfahrungen des Ichs zu machen? Oder: Welche lebensgeschichtlichen Zusammenhänge konstituieren die Erfahrung eines verantwortungsbewussten Ichs mit? Der Analytiker wird vielleicht antworten, der Analysand bekomme in der Analyse den Spielraum, dessen er bedarf, um die ihn berührenden Themen anzustoßen. Stärker dürfe ein Analytiker in einer auf Klienten zentrierten Analyse nicht intervenieren. Allerdings dokumentiert jedes Protokoll, dass der Analytiker vorsichtig lenkend eigene Fragen und Erfahrungen an die Äußerungen des Analysanden anknüpft. Ein Beispiel: In einem diagnostischen Interview erzählt die Patientin, dass die Kinderlosigkeit ihr großes Problem sei, dass sie Angst vor einem missgebildeten Kind habe, dass sie unter bestimmten Voraussetzungen schon eine Adoption überlege, sie aber Angst habe, zu diesem Kind kein Verhältnis zu finden.[14] Die vielen Fragen des Analytikers in dem Interview scheinen dem Theologen merkwürdig an dem fundamentalen Problem der Patientin vorbeizuführen. Müsste er nicht, um ihren Leidensdruck zu erfassen, irgendwann viel weiter ausgreifen? Bildet sich nicht in den erzählten Fragmenten die Angst vor dem Scheitern der Lebensplanung eines Ichideals ab? Vor allem aber zeigt sich, dass nicht nur früher gemachte enttäuschende Erfahrungen, sondern auch die mit dem Ichideal durchgespielten Möglichkeiten die Patientin ängstigen.

Der Lebenshorizont des reifen Ich reicht weiter; bis an die äußersten Grenzen der Lebensgeschichte, auch seiner Zukunft. Allerdings genügt es nicht, die Endlichkeit des Daseins so zu erfassen, wie es in den »Letzten Verfügungen«, in der Altersvorsorge, in der Sorge für die Hinterbliebenen, in der Regelung der Hinterlassenschaft und in der Organspende geschieht. Der Lebenshorizont, der bei der Konstitution von Erfahrung mitspielt, reicht bis in die »radikale

---

[14] Kutter 2008, S. 252-255.

Endlichkeit«.[15] »Radikale Endlichkeit« ist keine emphatische Formel. Radikale Endlichkeit meint das vollziehende Verhältnis zur Endlichkeit, das, was John Henry Newman »to realize« und Martin Heidegger »existieren« nennt. Für Hegel handelt es sich um die »bestimmte Negation«, also um die im endlichen Dasein vollbrachte und von diesem her konkret bestimmte Negation. Es handelt sich also nicht um einen abstrakten, sondern um den kontradiktorischen Widerspruch zwischen Endlichkeit und Unendlichkeit. In ihm wird das Negierte auch zugleich bewahrt. So wird in der bestimmten Negation ein Neues. Es handelt sich also nicht um einen spekulativen Gedanken. Es hat auch gewiss nicht nur mit dem späteren Tod zu tun. Endlichkeit ist unzureichend vollzogen als noch ausstehendes Ende, vielmehr kennzeichnet Endlichkeit die Lebensgeschichte axiomatisch. Endlichkeit durchzieht das Ganze. Das Ganze als solches wird erst mit der radikalen Endlichkeit das, wozu das Dasein sich verhalten kann. Im Leben wird dem Zwang der Wiederholungen durch seine Endgültigkeit ein Ende gesetzt und dem Abschied kein Wiederkommen gestattet.

Dieses Irreversible und Unüberholbare ist nicht nur ausstehend und nicht nur Faktum eines späteren Zeitpunkts. An den fragmentierten Ereignissen des Alltags scheint das Endliche, das Ganze auf. Um verantwortete Erfahrungen zu machen, muss das Ich dieses Ganze zu Gesicht bekommen, dieses muss Phänomen werden. Es tut dies ja in seinem »Ichideal«. Das Interview der Patientin oben spricht auf dieser fundamentalen Ebene vom Ganzen im Fragment. Dies ins Bewusstsein zu holen, bedeutet, die Erfahrung eines reifen Ichs zu konstituieren. Nochmals deutlicher: »Radikale Endlichkeit« bedeutet, selbst das Unvermögen noch zu vermögen. Sich des eigenen letzten Unvermögens bewusst zu werden, es anzuerkennen und lebensgeschichtlich zu realisieren, schließlich die Unvermeidbarkeit dieses Tuns als definitiv und irreversibel zu vollziehen. Das bedeutet das Unvermögen zu vermögen. Daraus bildet sich ein reifes erfahrungsfähiges Ich heraus.

Der Tod des Anderen, der Abschied vom Nahestehenden, bringt, bei aller bitteren Erfahrung des Alleinseins und der Einsamkeit, noch nicht die Radikalität der definitiv abschließenden Endlichkeit zur Erfahrung. Das aber ist wohl auch das Schwerste im Leben. Der Theologe beschreibt das so: »Dieses geheimnisvolle Ineinander von Tat und Erleiden kommt zu einem Höhepunkt: Wo der

---

[15] Vgl. dazu: Hermann Schrödter 1987, S. 86-95 und 184-187; Johannes Drescher 1991, S. 291-313. Ich wundere mich, dass die späte, wie mir scheint, Freuds Werk nochmals umwälzende Theorie des Todestriebes in der offiziellen Psychoanalyse, soweit ich sehen kann, kaum diskutiert und praktisch weitgehend folgenlos geblieben ist.

Mensch sich in Freiheit vollendet, ist er auch in einem der, der die totale Verfügung über sich erleidet. Die letzte Tat seiner Freiheit, in der er total und unwiderruflich über sich verfügt, ist die Tat der willigen Annahme oder des letzten Protestes gegenüber seiner absoluten Ohnmacht, in der ein unsagbares Geheimnis – das, was wir Gott nennen – über ihn absolut verfügt.«[16]

Die Abgeschlossenheit des Traumas

Die bodenlose Scham, die mir im Mai und Juni 1945 vor den Wandzeitungen der US-Army mit ihren Fotos von Auschwitz, Ravensbrück und anderswo die Röte ins Gesicht trieb, ist – so scheint mir heute – noch immer spürbar. Die jähe Desillusionierung von vielem, was bis dahin selbstverständliche Geltung in meinem Leben beanspruchte, die Wahrheit von manchem, was vorher zu denken nicht möglich schien, war wohl eine tiefe Kränkung des Selbstwertgefühls. So kam es, dass ich mit dem Thema der »existenziellen Bürgschaft« die Ermutigung zu einem neuen Zutrauen zu mir selbst sehen konnte. Damit wurde eine andere Dominante für die Lebensgeschichte angeschlagen. Die Verletzungen, die damals über das Vermögen der Seele hinausgingen, konnten allerdings nie zureichend in Erfahrung gebracht werden. Vielleicht wäre der Schmerz zu groß gewesen.

Ich war mindestens schon vierzig Jahre alt, als mir mein nächst jüngerer Bruder aus diesen Nachkriegswochen ein Ereignis erzählte, das ich bis heute nicht zureichend begreife. Von meinem Großvater besaß ich einen Revolver, ein Schmuckstück mit eingelegtem Elfenbein. Als die Amis alle Waffen einsammelten, wollte ich den nicht weggeben. Ich wickelte ihn in Wachspapier und versteckte ihn unter einem Felsen im Wald. An all das kann ich mich noch detailliert erinnern. Von da ab steht mit nur noch das Gedächtnis meines Bruders zur Verfügung. Polnische Zwangsarbeiter – sie nahmen mir Tage zuvor mein Fahrrad ab – hätten mich abgeholt und vor ein Scheunentor gestellt – auch diese Örtlichkeit ist mir erinnerbar. Sie hätten die Military Police der Army gerufen und von ihr verlangt, dass sie mich erschieße. Nichts davon ist in meiner Erinnerung, wie lange die Verhandlungen gedauert haben, wer beteiligt war, um was es ging, was in mir vorging. Zu all dem habe ich bis heute keinen Zugriff. Später stellte sich heraus, dass meiner Mutter und meinem jüngsten Bruder die Erzählung bekannt war, obgleich sie keine Augenzeugen waren.

Aus meiner Sicht musste es ein exorbitanter Schrecken gewesen sein, der den

---

[16] Karl Rahner 1971, S. 277.

Zugang zu dieser Erinnerung völlig verschüttet hat. Es blieb nichts davon. Kein erinnerbarer Traum, kein Wiederholungszwang, keine automatischen Angstgefühle, gelegentliche Neurosen und psychosomatische Erscheinungen? Ja, die hatte ich wohl, aber sie waren beherrschbar und hatten wohl andere Ursachen. Meine Lebenswelt blieb im Ganzen erträglich.

Die Störungen und Verletzungen meines Ichideals mussten tief gewesen sein. Aber sie selber und irgendwelche symptomatischen Verschiebungen zeigten sich nicht. Selbstverständlich begleiteten mich von dem Zeitpunkt an, da ich die Erzählung hörte, viele Reflexionen. Der Zusammenhang von Politik und Lebensgeschichte schien mir immer eklatant. Konnte das eine mit dem anderen zusammen aufgearbeitet werden? Aber ich frage mich jetzt im Alter immer noch, was hat eine kulturelle Amnesie mit einem persönlichen Trauma zu tun? Und gibt es so etwas wie eine sich nicht zu erkennen gebende »Symptomatik«, die sich lenkend in den Verlauf einer Lebensgeschichte einmischt? Hat die »existenzielle Bürgschaft« doch mehr verdeckt als geklärt? Darf ich meine theologische Arbeit vielleicht mit Walter Benjamin als ein Eingedenken verstehen? »Das Eingedenken kann das Unabgeschlossene (das Glück) zu einem Abgeschlossenen und das Abgeschlossene (das Leid) zu einem Unabgeschlossenen machen. Das ist Theologie; aber im Eingedenken machen wir eine Erfahrung, die uns verbietet, die Geschichte grundsätzlich atheologisch zu begreifen...«[17]

---

[17] Walter Benjamin 1983, S. 588f.

Literatur

Apel, K. O. (1973): Transformationen der Philosophie, Bd. 2. Frankfurt (Suhrkamp).

Apel, K. O. (1993): Diskursethik vor der Problematik von Recht und Politik: Können die Rationalitätsdifferenzen zwischen Moralität, Recht und Politik selbst noch durch die Diskursethik normativ-rational gerechtfertigt werden?. In: K. O. Apel, M. Kettner (Hg.), Zur Anwendung der Diskursethik in Politik, Recht und Wissenschaft. Frankfurt (Suhrkamp), 29-61.

Benjamin, W. (1983): Das Passagen-Werk, 2. Band, N8, 1. Frankfurt (Suhrkamp).

Drescher, J. (1991): Glück und Lebenssinn. Eine religionsphilosophische Untersuchung. Freiburg (Alber).

Habermas, J. (1981): Theorie des kommunikativen Handelns. Bd. 2, Zur Kritik der funktionalistischen Vernunft. Frankfurt (Suhrkamp).

Husserl, E. (1963): Cartesianische Meditationen und Pariser Vorträge. Den Haag (Nijhoff).

Husserl, E. (1999): Erfahrung und Urteil. Hamburg (Meiner).

Kutter, P. (1989): Moderne Psychoanalyse. Eine Einführung in die Psychologie unbewusster Prozesse. München, Wien (Verlag Internationale Psychoanalyse).

Kutter, P., Müller, T. (2008): Psychoanalyse. Eine Einführung in die Psychologie unbewusster Prozesse. Stuttgart (Klett-Cotta).

Newman, J. H. (1970): Philosophical Notebooks. Birmingham (Oratory).

Rahner, K. (1971): Schriften zur Theologie, Bd. VII. Einsiedeln (Benziger).

Schrödter, H. (1987): Erfahrung und Transzendenz. Ein Versuch zu Anfang und Methode von Religionsphilosophie. Altenberge (Akademische Bibliothek).

Siller, H. P. (2012): Letzte Erfahrungen. Vom Licht der Unbegreiflichkeit. Würzburg (Echter)

Suhrkamp, P. (Hg.) (1946): Taschenbuch für junge Menschen. Berlin (Suhrkamp).

Die Autorinnen und Autoren

Josef Dantlgraber, Jg. 1945, Dr. phil., Dipl. Psych., Psychoanalytiker, Lehr- und Kontrollanalytiker (DPV/IPV). Langjähriger Mitarbeiter an der Abteilung für Psychoanalyse an der Universität Tübingen und Supervisor in einer Psychosomatischen Klinik. In freier Praxis tätig. Veröffentlichungen zur Theorie und Technik der Psychoanalyse und zum Thema Musik und Psychoanalyse.

Alf Gerlach, Priv.-Doz. Dr. med., Dipl.-Soz. Psychoanalytische Ausbildung am Sigmund-Freud-Institut Frankfurt a. M. Langjährige Mitarbeit in der Abteilung für Psychotherapie und Psychosomatik (Prof. Dr. S. Mentzos) der Universitätskliniken Frankfurt. 1986 Niederlassung in eigener Praxis, seit 1992 in Saarbrücken. Lehranalytiker am Saarländischen Institut für Psychoanalyse und Psychotherapie. Leiter des Ausbildungsprojekts »Psychoanalytisch orientierte Psychotherapie« am Shanghai Mental Health Centre. Veröffentlichungen zur Ethnopsychoanalyse und zur klinischen Psychoanalyse.

Hans-Peter Hartmann, Prof. Dr., Dipl.-Psych., Jg. 1949, Facharzt für Neurologie und Psychiatrie, Psychiatrie und Psychotherapie, Psychosomatische Medizin, Psychoanalytiker (DPV, IPV, DGPT), ärztlicher Direktor des Vitos Klinikums Heppenheim. Interessengebiete und Veröffentlichungen zur Psychodynamik des Suizids, Mutter-Kind-Behandlung in der Psychiatrie, zu narzisstischen und Borderline-Persönlichkeitsstörungen, zur Psychosenpsychotherapie sowie zur Säuglingsforschung und psychoanalytischen Selbstpsychologie. Lehrbeauftragter für psychoanalytische Psychologie an der Abteilung Klinische Psychologie des Instituts für Psychologie und Sportwissenschaften der Justus-Liebig-Universität Gießen sowie der Fachhochschule Potsdam.

Horst Kipphan, Dipl.-Psych., Psychoanalytiker (DPV) in eigener Praxis in Mainz. Von 1976 bis 1981 Mitarbeiter am Institut für Sexualwissenschaft am Klinikum der Universität Frankfurt a. M. Innerhalb der sexualmedizinischen Ambulanz Schwerpunkt Paartherapie funktioneller Sexualstörungen und Transsexualität.

Die Autorinnen und Autoren

Annemarie Laimböck, Jg. 1951, Dr. phil., Dipl.-Psych., von 1977 bis 1982 wissenschaftliche Mitarbeiterin am Institut für Psychoanalyse der J. W. Goethe-Universität in Frankfurt a. M., Psychoanalytikerin (IPA) in freier Praxis, Lehranalytikerin am Innsbrucker Arbeitskreis für Psychoanalyse, Leiterin und Gründerin der psychoanalytischen Ambulanz in Innsbruck, zahlreiche Lehrveranstaltungen, Vorträge und Veröffentlichungen u.a. zur psychoanalytischen Methode und ihren Anwendungen, zuletzt: *Das psychoanalytische Erstgespräch* (2011).

Marianne Leuzinger-Bohleber, Prof. Dr., Lehranalytikerin der Deutschen Psychoanalytischen Vereinigung (DPV) und ord. Mitglied der Schweizer Gesellschaft für Psychoanalyse (SGP); Professorin für Psychoanalytische Psychologie an der Universität Kassel, Direktorin am Sigmund-Freud-Institut, Frankfurt a. M., Vice-Chair of the Research Boards der International Psychoanalytical Association (IPA), Chair der Forschungs- und Hochschulkommission der Deutschen Psychoanalytischen Vereinigung (DPV), Visiting Professor at the University College London, Member of the »Action Group« of the »Society for Neuropsychoanalysis«. Forschungsgebiete: Klinische und extraklinische Forschung in der Psychoanalyse, Psychoanalytische Entwicklungspsychologie, Präventionsforschung, Interdisziplinärer Dialog zwischen Psychoanalyse und Literaturwissenschaft; Psychoanalyse und Embodied Cognitive Science.

Friedrich Markert, Dr. med., Facharzt für Psychiatrie, Neurologie sowie psychotherapeutische Medizin, Ausbildung zum Psychoanalytiker am Sigmund-Freud-Institut Frankfurt a. M. sowie zum Gruppenanalytiker in Zürich. Seit 1981 in Frankfurt a. M. niedergelassen als Psychiater, Psychoanalytiker und Gruppenanalytiker. Seit 2008 tätig in Shanghai am Mental Health Center im Rahmen der Ausbildung chinesischer Psychiater und Psychologen in analytischer Gruppentherapie. Gegenwärtiger Forschungsschwerpunkt: Szenisches Erinnern der Shoa, zur transgenerationalen Tradierung extremen Traumas in Deutschland.

Udo Porsch, Priv.-Doz. Dr. phil. Dipl.-Psych. In freier Praxis niedergelassen, zuvor über 20 Jahre in Universitätskliniken in Berlin und Mainz als Wissenschaftler und psychosomatischer Konsiliarius tätig. Promotion im Fach Psychoanalyse und venia legendi für Psychosomatische Medizin und Psychotherapie; Forschungen und Veröffentlichungen zur Psychotherapieevaluation und zu Themen der psychoanalytischen Psychosomatik. Dozenten-, Supervisions- und Vorstandstätigkeit in mehreren staatlich anerkannten Ausbildungsinstituten, Privatdozent der Universitätsmedizin Mainz; Mitglied in der Vertreterversammlung der Landespsychotherapeutenkammer Rheinland-Pfalz.

Hermann Pius Siller, Prof. Dr., geb. 1929, Studium der Philosophie, Theologie, Ethnologie und Kunstgeschichte in Beuron, Innsbruck und Tübingen. Pastorale und Pädagogische Tätigkeit. Dozent und Professor an der Pädagogischen Hochschule Weingarten. 1977 Professor für Praktische Theologie und Religionspädagogik an der J. W. Goethe-Universität in Frankfurt a. M. Forschungen zu Handlungstheorie und Didaktik der Theologie, Bildungstheorie, biographische Kompetenz und religiöse Erfahrung. Initiator des Projekts »Theologie interkulturell«.

Helmut Thomä, geb. 1921 in Stuttgart, Dr. med. 1945, chirurgische und internistische Tätigkeit bis 1949. 1950 bis 1967 wissenschaftlicher Mitarbeiter von Alexander Mitscherlich an der Heidelberger Universitätsklinik, Psychosomatische Abteilung. Forschungsaufenthalte in den USA (1955/56) und in London (1961/62). 1962 Habilitation für psychosomatische Medizin und Psychoanalyse, zuletzt C3-Professor für psychoanalytische Grundlagenforschung. 1967-1989 Ordinarius und Leiter der Abteilung für Psychotherapie der Universität Ulm. 1968-1972 Vorsitzender der DPV. 1990 emeritiert, lebt in Leipzig. 2002 Internationaler Sigmund-Freud-Preis für Psychotherapie der Stadt Wien, 2004 Mary-Sigourney-Award (beide mit H. Kächele). 2006 Dr. med. h. c. Universität Leipzig. Zahlreiche Veröffentlichungen auf dem Gesamtgebiet der psychosomatischen Medizin, Psychotherapie und Psychoanalyse.

Ruth Waldeck, Dr., Pädagogin und Psychologin, arbeitet als niedergelassene Psychotherapeutin und Supervisorin in Frankfurt a. M. Publikationen zur weiblichen Adoleszenz, zum Generationenkonflikt unter Frauen, Dissertation zum Thema »Frauen und Nationalsozialismus« (Brandes & Apsel).

Hans-Volker Werthmann, Prof. für Psychoanalyse am Institut für Psychoanalyse des Fachbereichs Psychologie der J. W. Goethe-Universität Frankfurt a. M. von 1974-1998. Lehranalytiker und Supervisor am Mainzer Psychoanalytischen Institut; Psychoanalytiker in eigener Praxis. Publikationen zu Themen der Klinischen Psychoanalyse und Diagnostik, Wissenschaftstheorie der Psychoanalyse und Geschichte der Psychoanalyse.

Sylvia Zwettler-Otte, Dr. Mag., Psychoanalytikerin und Autorin. Studium der Altphilologie, Germanistik und Psychologie. Mitglied der Wiener Psychoanalytischen Vereinigung (WPV) und der International Psychoanalytic Association (IPA) seit 1992, Vorstandmitglied der WPV von 1996-2004, von 2000-2004 Vorsitzende der WPV. In Wien in freier Praxis als Psychoanalytikerin und Lehranalytikerin tätig, einige Buchpublikationen.